教学论前沿问题研究丛书 ｜ 李森·主编 ｜　　梦山书系

中国教学思想史
专题研究

Special Study on the History of
Chinese Teaching Thought

海峡出版发行集团 ｜ 福建教育出版社　　李森　王天平 主编

图书在版编目（CIP）数据

中国教学思想史专题研究/李森，王天平主编. —福州：福建教育出版社，2022.10
（教学论前沿问题研究丛书/李森主编）
ISBN 978-7-5334-9382-0

Ⅰ.①中⋯ Ⅱ.①李⋯ ②王⋯ Ⅲ.①教育思想－思想史－研究－中国 Ⅳ.①G40-092

中国版本图书馆 CIP 数据核字（2022）第 170567 号

教学论前沿问题研究丛书

李森　主编

Zhongguo Jiaoxue Sixiang Shi Zhuanti Yanjiu

中国教学思想史专题研究

李森　王天平　主编

出版发行	福建教育出版社
	（福州梦山路 27 号　邮编：350001　网址：www.fep.com.cn）
	编辑部电话　0591-83726908　83727542
	发行部电话　0591-83721876　87115073　010-62024258）
出 版 人	江金辉
印　　刷	福建省地质印刷厂
	（福州市金山工业区　邮编：350011）
开　　本	710 毫米×1000 毫米　1/16
印　　张	22
字　　数	314 千字
插　　页	2
版　　次	2022 年 10 月第 1 版　2022 年 10 月第 1 次印刷
书　　号	ISBN 978-7-5334-9382-0
定　　价	55.00 元

如发现本书印装质量问题，请向本社出版科（电话：0591-83726019）调换。

总　序

李　森

改革开放三十多年来，我国教学论学科的发展取得了举世瞩目的成就。教学论学科体系日臻成熟，学科概念、基本范畴、研究范式得以不断廓清。随着教学论研究团队的日益壮大和研究问题的不断深入，教学论基本问题的研究可谓硕果累累。然而，学界也不乏对教学论研究成果理论意义和实践价值的质疑，诸如教学论研究的理论情怀缺失、实践指导乏力，教学论自身话语体系残缺、本土特色不足，教学论研究"表面风光"的背后潜藏着"虚假繁荣"等问题。因此，教学论研究者无论是坐拥已有的"繁花锦簇"研究成果，还是面临振聋发聩的"声讨"，既不能沾沾自喜、满足于已有的学术成就，也不能妄自菲薄，对前人的研究成果嗤之以鼻，而应不卑不亢，在理论探究与实践摸索中准确把握教学论研究的"咽喉"，一路引吭高歌，保持毅然前行的状态，争取立足已有基础更上一层楼，以深层行动回应质疑与挑战。为此，我们紧紧扣住"教学论研究的前沿问题"这条线索，力图深入剖析教学论研究的热点、难点、重点和新问题，力求实现教学论研究言说问题持之有理、指导实践掷地有声的目的。教学论研究的前沿问题，是在教学论研究中处于边缘地带但却对教学论学科发展具有突破性意义的问题。教学论前沿问题源于教学论的基本问题，是教学论研究发展到一定阶段的产物，体现了对教学论研究时代特性的重大关切。前沿问题的研究，有助于教学理论研究和教学实践问题的解决获得新的进展。因而，如何在探讨教学基本问题时，了解教学论研究的前沿成果，形成自觉关注教学理论与教学实践中前沿问题的意识与能力，是一件有意义的事情。

国内外教学论研究者已然认识到了前沿问题在教学论研究中的重要意义，并对教学论前沿问题进行了一些有益探索。目前，我国教学论领域中对前沿问题的关注主要以两种方式呈现：一是兼顾学科内在结构的逻辑性，对教学论领域中重大、前沿问题，以"专题回顾""专题论述"的形式集结成册的专著；二是围绕教学论领域中某一具体的前沿、热点问题的专著。综观已有研究成果，国内关于教学论前沿问题的研究较少以丛书的形式出现，故我们萌生了集中系统呈现教学论前沿问题研究成果的想法。教学论学科建设与繁荣，离不开一支优秀的教学论研究团队。博士研究生群体作为教学论研究的新生学术力量，代表着教学论学科发展的未来，推动着教学实践的境界提升。博士研究生是否具有"顶天立地"的问题意识？能否保持"世事洞明"的学术敏感？我们认为，对教学论前沿问题的关注，是决定研究教学论学术队伍能否不断产出有价值的研究成果，推动教学论学科持续发展的关键所在。基于此，我们紧跟教学论学科发展及研究前沿，充分体现教学理论的引领性和应用性，形成了一批课程与教学论专业优秀博士学位论文精选集——"教学论前沿问题研究丛书"，旨在如实勾勒教学实践的现实状况，凸显教学论研究的问题意识，把握教学论研究的时代脉搏，彰显教学理论研究的前瞻性与时代性，解决教学理论研究和教学实践的迫切问题。

本套丛书主要着眼于教学理论和教学实践中具有重要学术价值和应用价值而容易为教学论研究者所忽视的问题，坚持学术性与实践性兼顾、现实性与超前性并重的原则，以教学论领域中的前沿问题为基本出发点，深入探讨教学活动中的基本问题，如教学主体（教师和学生）、师生关系、教学方式、教学范式、教学管理等。同时，对当前我国基础教育课程改革与发展中一些亟待解决的问题也有所思考和回答。

比如《教学论新探》，遵循教学论范畴—研究范式—研究方法的主线，分析教学论的脉络和框架，深入剖析英美文化圈、欧洲大陆文化圈和东方文化圈等不同文化传统中的教学论研究，展望中国教学论的未来发展。该书的最大特点在于从文化学视角审视教学理论的不同形态和研究路径。研究教学论不能无视文化的影响，而应从文化学角度观照当代教学论的新进展，如此将会获得许多新的观点和认识。现代教学论及其相关问题的产生是建立在已有教学论研究成果基础之上的，在这一过程中，传统教学论得到"新生"，现代教学论由此获得新的"营养"。教学论正是在这种传统与现代的整合过程中不断开拓新领域，获得持续发展的动力。

《教师的文化觉醒及其教学实现》从文化政治学、文化心理学、多元文化主义和后现代主义等角度对教学进行重新阐释，将研究问题置于社会文化生态情境下进行全面的研究；借助尼采哲学中精神三变的隐喻作为线索，运用其成熟的哲学思维框架构建全书的结构，突破了既有的思路建构范式；从教师文化以及教师实践有机结合的维度提出了教师文化觉醒的内涵和价值；对古希腊思想家自我修炼的"听说读写"方案，进行本土化的时代改造和从文化生态学构建教学评价维度等。

《教师感情修养论》提出教师感情作为一种职业感情，是教师对教育世界人事的好恶感受和体验。全书从"（教师）角色－（教学）文化"的视角，阐明教师及其教学工作为何具有感情性，并探讨教师感情修养的必要性和特殊性。在研究视角上，该书通过对教师感情修养的探讨，不求"面面俱到"，但求"孤军深入""以点带面"，旨在丰富教学论研究与实践的感情维度，强调感情研究的教育学立场；在研究内容上，提出了教师感情修养的原创性理论，诸如感情本体理论、感情规则理论、感情管理理论和感情劳动理论等，从教师感情角度探寻教学之道。而如果理解了教育之道，那就必然重视教师感情修养在教育中的地位，彰显教师感情修养的魅力与风采。

《感悟教学论》着重在构建一个比较完整的感悟教学理论体系的研究目的，以现代悟性认识论为视角，综合运用课堂志研究法、案例研究法和德怀术研究法，通过对国内外相关文献资料的收集和整理，梳理出感悟教学的基本内涵、特征与功能，在充分论证感悟教学理论的基础上，探索感悟教学的生成机制，最后落脚于感悟教学课堂设计，在探索感悟教学实施的基本策略和各学科具体策略的同时，也不忘对感悟教学的实施原则和评价机制进行深入探讨，以期为进一步研究感悟教学的理论与实践提供参考资料。

利益是人类活动的动因，教学是利益存在的活动，只有正视教学利益的存在，促进教学活动主体合理教学利益的生成和实现，才能实现教学活动中人的主体性发展，体现教学活动真正的价值。因此，《教学利益论》旨在系统性地探讨和揭示什么是教学利益，教学利益与教学价值和教学效率是怎样的关系，如何通过教学利益的生成和实现等问题，希望唤醒人们对教学活动利益性的关注和认识，采取措施推动师生主体性发展。

《教学民主论》借鉴当前颇受关注的女性主义理论来观照教学民主问题。女性主义旨在追求女性的解放和两性的平等。在女性主义的视野中，女性是相对于男性的弱势群体。在解放的女性主义分析模式下，教学民主不再是因为教师采取所谓的民主方法对待学生的结果，而是教师通过解放学生，让学生自觉自为地意识到解放自我的需要，并积极主动地争取解放，实现教学民主从"给予"到"解放"的转变，从而促成学生平等、自由的发展。

略举几例可见，丛书既包含从历史和学理的视角，对教学论研究的发展、教师的文化觉醒及其教学实现、教师的感情修养、教学活动的人学取向等教学论的重要理论问题与新兴领域进行了探讨，又从教学实践的角度，对教学管理、教学范式、教学利益等问题进行具体的分析和论述，以提升教学论的实践理性。还从研究的角度对教学论发展的方法论进行了反思，以期提供思考教学论问题的方法论体系。

本套丛书坚持学术研究与教学实践的有机结合，既着重从学理层面理性审视教学实践，又力求让教学实践凸显理论思维，以提升学术研究的实践自觉和教学实践的学术品性，使读者深入了解教学论研究前沿问题，达到掌握理论、认识实践、更好开展研究的目的。据此，本丛书特色主要表现在：

（1）时代性。本套丛书从反映时代特征的教学论研究和教学实践的全局性问题出发，直逼教学活动"目中无人"、忽视教师的教学感情世界、教学论研究中的方法论意识淡薄等现实问题，紧扣时代脉搏，以使教学论研究更好地顺应和引领时代需求。

（2）创新性。创新是学术发展的命脉。本套丛书的选题均围绕已有教学论研究较少涉猎或尚未系统思考的问题，如教学感情、教学利益、教学民主等，以期为教学论学术研究注入源源不断的新鲜血液。

（3）深刻性。本套丛书从人类学、生态学、文化学、心理学等多学科视角出发，对教学论研究中的诸多前沿问题进行鞭辟入里的历史透视与现实检视，不求做到"面面俱到"，但力求做到"片面的深刻"，以点带面。

（4）实用性。本套丛书虽然关注教学理论研究的热点，但内容不乏具有操作性的策略和案例，可供教学论研究者、教学管理者、教师和学生等在教学实践中借鉴与参考，有益于开阔视野、启迪思路。

教学理论是教学实践的先导，必须为教学实践提供思想和方法的滋养。教学实践是教学理论的源头活水，教学理论研究脱离了教学实践只能成为漫无边际的荒漠。因而，教学论研究者既要"坚守本分"，扎根教学实践，扎扎实实做好教学论基本问题的研究，又要有高瞻远瞩的视野和敢于领跑的情怀，走在时代前列，攻坚克难。本套丛书中我和我的博士生们致力于教学论前沿问题的研究，希望借此抛砖引玉，引起更多的教学论研究者对教学论前沿问题研究的关注。不当之处，欢迎大家批评指正！

最后，衷心感谢福建教育出版社的成知辛主任以及其他有关同志，他们在本套丛书的选题、组稿、修改、定稿和编辑出版过程中付出了艰辛的劳动。如果没有他们的关心和支持，这套丛书是难以与大家见面的。

2014 年 10 月

目 录

前言 ··· 1

第一章 《学记》中教学制度思想 ·· 4
  第一节 《学记》中教学制度思想的基本观点 ······················ 4
  第二节 《学记》中教学制度思想的基本特征 ······················ 19
  第三节 《学记》中教学制度思想的现代意蕴 ······················ 24

第二章 汉代太学的教学环境 ·· 40
  第一节 汉代太学教学环境的基本状况 ································ 41
  第二节 汉代太学教学环境的成因分析 ································ 58
  第三节 汉代太学教学环境的主要特征 ································ 66
  第四节 汉代太学教学环境的现代启示 ································ 71

第三章 魏晋南北朝时期的教学模式 ···································· 78
  第一节 魏晋南北朝时期的主要教学模式 ···························· 78
  第二节 魏晋南北朝时期教学模式的特征及其启示 ··············· 96

第四章　唐代蒙学教学思想 ……………………………………… 101
第一节　唐代蒙学教学思想的基本内容 ………………………… 101
第二节　唐代蒙学教学思想的形成原因 ………………………… 116
第三节　唐代蒙学教学思想的基本特征 ………………………… 125
第四节　唐代蒙学教学思想的影响与启示 ……………………… 131

第五章　北宋地方官学的教学管理 ……………………………… 140
第一节　北宋地方官学教学管理概观 …………………………… 140
第二节　北宋地方官学教学管理的特征及其成因 ……………… 162
第三节　北宋地方官学教学管理的现代启示 …………………… 170

第六章　陆九渊的教学思想 ……………………………………… 178
第一节　陆九渊教学思想的基本体系 …………………………… 178
第二节　陆九渊教学思想的基本特征 …………………………… 192
第三节　陆九渊教学思想的现代价值 …………………………… 203

第七章　元代书院教学思想 ……………………………………… 207
第一节　元代书院教学思想概观 ………………………………… 207
第二节　元代书院教学思想的特征 ……………………………… 225
第三节　元代书院教学思想的现代启示 ………………………… 236

第八章　王阳明的教学思想 ……………………………………… 241
第一节　王阳明教学思想的哲学基础 …………………………… 241
第二节　王阳明教学思想的主要内容 …………………………… 248
第三节　王阳明教学思想的现代启示 …………………………… 263

第九章 颜元的书院教学改革思想 …… 272
第一节 颜元书院教学改革思想的主要内容 …… 272
第二节 颜元书院教学改革思想的基本特征 …… 280
第三节 颜元书院教学改革思想的价值与现代启示 …… 286

第十章 民国前期教学思想 …… 295
第一节 民国前期教学思想概貌 …… 295
第二节 民国前期教学思想的基本特征 …… 305
第三节 民国前期教学思想的现代启示 …… 317

参考文献 …… 325

前　言

在 21 世纪，要构建中国特色、中国风格和中国气派的教学论，中国现代教学论就必须面向历史、面向世界和面向实践。面向历史表明教学论研究要从教学论史，尤其是中国教学论史中吸收丰富的养料，去其糟粕、存其精华，在传统教学论的现代转化过程中，实现传统教学论与现代教学论的有机整合，赋予传统教学论以浓烈的现代气息，使现代教学论呈现深厚的民族特色，体现中国特有的文化传统。面向世界是指教学论研究需要批判地吸收人类一切优秀的教学论成果，加强对国外教学理论的综合研究，尤其要对国外教学理论作必要的文化分析和文化改造，为中国现代教学论的发展提供有益的参考，进一步使中国现代教学论既是民族的，又是世界的。面向实践要求教学论研究必须注重探索教学实践，直面鲜活的教学生活世界，使教学观念世界既深深地根植于教学生活世界，又能够更加有效地解释、指导教学生活世界，从而改变教学理论与教学实践相互疏离的困境。总之，这些对于创生中国特色、中国风格和中国气派的教学论具有不可或缺的价值和意义。其中，加强教学论史以及教学思想史的研究，能够为中国现代教学论发展创设必要的历史基础。

中国有上下五千年的文明史，就有上下五千年的教学论史以及教学思想史。悠久的教学发展史使中国积淀了丰富多彩的教学理论，形成了难以计数的教学思想。在这个意义上，试图对中国教学论史作全面的、系统的研究非常困难。于是，我们尝试根据中国历史发展的大概脉络，从小处着眼，从专题入手，对中国教学论史的某些问题作了一些初步研究，并针对当前教学改革与教学发展提出了一些启示意义。比如，《学记》是中国历史上第一部系统的教育学著作，包含了丰富的教学思想，其中教学制度思想是其重要的组成部分。汉代创立了中国历史上第一所高等学府——太学，为莘莘学子创造了优美的教学环境，成为中国古代培养高级人才的典范。随着魏晋南北朝时期社会的急剧变迁与融合，人们在不断追求生存与实现自我的过程中，形成多种特色鲜明的教学模式。唐代蒙学处于从汉魏到宋元时期的转折和过渡阶段，实现了儿童的启蒙教学由家族负责为主走向家庭、社会和政府共同承担的方式，提升了蒙学教学的社会地位。北宋地方官学在经历著名的"三次兴学"之后，形成了一套相对完备的地方官学管理思想体系，例如"三舍法""分斋教学法"等。陆九渊是南宋一位著名的哲学家、教育家，他既创立了理学中的心学学派，又在一生的讲学过程中，形成了独树一帜的教学思想。元朝是中国历史上第一个由少数民族建立的统一王朝，为了维护政权而广设书院，从数量上看可谓是"书院之设莫盛于元"，这使得元代书院在得到极大普及的同时，官学化趋势更加明显，从而也使得元代书院教学成为中国古代书院教学发展的一个重要阶段。王阳明作为明代最有影响的哲学家和宋明新儒学的主要代表人物，以他的"心学"理论为指导，从自己丰富的教学经验中提炼出了极富价值的教学思想，尤其是"学者学为圣人""学贵自得""知行合一"等成为其教学思想的重要内容。颜元，明末清初思想家、教育家，面对当时理学空疏无用的现状，他反对空谈，提倡实学，主张经世致用，在经营漳南书院的短暂教学实践中，系统地贯彻了他的教学改革思想。在"教育救国"思想的指导下，民国前期的教育家开展了一场就其深度和广度来说都是前所未有的教育教学改革运动，进行了大量的教育教学调查、研究和实验，形成了丰富的教学思想。总体来看，对于博大精深的中国教学论史以及教学思想史，我们只是简单地管窥一斑，仅仅为中国现代教学论发展作了些许努力。

本书是集体研究的成果。首先，由李森总体规划，每位作者自行选定一个切入点，找到研究问题，并与主编深入讨论确定研究思路。然后，经过多次集体讨论，形成了整体的研究方案，再分别撰写各章内容。全书由李森、王天平统稿和定稿。各章具体分工如下：前言，李森；第一章，王天平；第二章，秦小健；第三章，兰珍莉；第四章，陈玉英；第五章，马吉宏；第六章，陈明君；第七章，黄泽良；第八章，薛荔立；第九章，张梦；第十章，赵爱荣。

由于我们水平有限，对有些问题的认识尚不够深刻，书中不妥之处难以避免，敬请大家批评指正！

编　者

2021年9月

第一章 《学记》中教学制度思想

"人制造了制度,制度服务于人。"① 教学制度是教学主体在长期教学实践中创生的关于教学行为的规范体系,引导教学主体形成具有某种特色的教学行为方式。它包括教学习俗、教学惯例、教学规章、教学规则等,是师生在教学过程中创生的教学资源,"直接地构成了教学活动的一个重要内生变量"②,使教学活动制度化、有序化。特定的教学制度产生于特定的教学组织,形成一种具有该教学组织特征的教学行为方式及教学文化。《学记》是先秦儒家总结的教育经验和理论,"系统地阐述了古代教学的思想、制度和原则,可以说是古代世界最早、体系最严整的教学论著作"③。其中,教学制度思想非常丰富。

第一节 《学记》中教学制度思想的基本观点

《学记》不但论述了教育教学的本质和规律,而且还从教学论的角度对教师、学生、课程与教材、教学评价、教学管理、教学督导、教学组织等方面做出了较为详细的要求和规定,使教学活动规范化。虽然《学记》中教学制

---

① 曾小华著:《文化·制度与社会变革》,中国经济出版社2004年版,第167页。
② 徐继存:《教学制度建设的理性与伦理规约》,《西北师大学报(社会科学版)》2006年第2期。
③ 宋宁娜:《〈学记〉所表现的中国古代教学论水准》,《苏州大学学报(哲学社会科学版)》2002年第2期。

度思想的内容非常广泛，但是可以按照与教学活动的相关性为切入点对它们进行分类。首先是教学主体的行为规范，《学记》主要论述了师生的资格、职责、行为、组织等方面的规范。其次是学校教学行为规范，《学记》主要涉及了课程设置、教材选择、教学组织形式、班级编制、教学管理等方面的规范。再次是教学外部管理规范，其制定者和实施者可能是学校外部的某些机构和个人，但是又与教学密切相关，《学记》主要提及了与教学评价和教学督导相关的规范。当然，《学记》中教学主体的行为规范是核心，学校教学行为规范和教学外部管理规范是围绕教师的教学方式和学生的学习方式而展开的。

一、教学主体的行为规范

"《学记》从人的能动性的角度强调了教学的主体性本质，确立了人的主体性在教学过程中的能动作用，揭示了教学过程中教师主导作用和学生能动性的辩证关系。"[1] 为了有效地发挥教师的主导作用和激发学生的能动性，必然对教师和学生的教学行为提出相应的要求和规范。在这方面，《学记》主要规定了什么样的人能够成为教师、什么样的教师称得上好教师、什么样的学生才是好学生、什么样的师生关系才能促进师生共同发展等。

1. 教师行为的规范

《学记》对教师行为的规范，首先赋予教师很高的社会定位，然后指出教师必须承担的重大责任和义务，接着明确教师实现自身使命所必须具备的能力和达到的要求。这要求教师不但要"能教"，而且还要"善教"，最终达到"善歌者使人继其声，善教者使人继其志"[2] 的崇高的教学境界。

（1）规定了教师的社会地位和作用

《学记》把教师的地位置得很高，曰："大学之礼，虽诏于天子无北面，

---

[1] 谌安荣：《阐释与反思：〈学记〉教学哲学思想研究》，湖南师范大学博士学位论文 2007 年，第Ⅰ页。

[2] 《礼记·学记》

所以尊师也"①。本着儒家的德治精神,认为"建国君民,教学为先"②,"君子如欲化民成俗,其必由学乎"③!所以,"三王四代唯其师",表明教师对国家兴亡、社会治乱有极其重要的作用。《学记》的尊师观正是植根于这一基本看法之上的。一方面,认为君主以至整个社会都要尊师。首先,《学记》认为:"能为师,然后能为长;能为长,然后能为君"④。把"为师"作为"为长"和"为君"的前提条件,"为长"或"为君"必须先能"为师",必须具有教师的道德品质和学问才能。其次,《学记》认为"师严,然后道尊,然后民知敬学"⑤。要使民知敬学,必有道之尊,要有道之尊、必先"师严"——尊师。这里,尊师成为"民知敬学"的先决条件和必由途径。再次,《学记》认为"君之所不臣者二"⑥,"当其为师,则弗臣也"⑦。在等级森严的社会里君主不以臣下之礼对待教师,可见《学记》推行尊师之风非同一般。另一方面,强调学生必须"亲师"。"亲师"就是尊敬教师、爱戴教师、亲近教师。学生只有亲师才能"博习";只有"亲其师",才能"安其学"。《学记》认为,学生在学习时同老师越"亲",越接近,越易达到"虽离师而不反"⑧。

《学记》将教师推到如此高的地位,其目的是为了"重道"和"敬学"。"凡学之道,严师为难。师严然后道尊,道尊然后民知敬学"⑨,"严师"就是尊师,只有尊师才能够使天下百姓愿意接受统治阶级的教化,使学生能够发挥自身的主观能动性而潜心学习。而对于具体的个体来说,学习的目的是"学为君",达到"至学"的境界。"能为师然后能为长,能为长然后能为君,"把"为师—为长—为君"作为"至学"的逻辑过程,作为学生"修身"的学

---

① 《礼记·学记》
② 《礼记·学记》
③ 《礼记·学记》
④ 《礼记·学记》
⑤ 《礼记·学记》
⑥ 《礼记·学记》
⑦ 《礼记·学记》
⑧ 《礼记·学记》
⑨ 《礼记·学记》

习过程，更要求教师是"至学"的楷模，必须具有很高的道德修养、精深的专业素养。

(2) 教师行为的基本规范是"能教"

要成为一名合格的教师，《学记》提出了相应的要求。首先，教师要掌握教学成败的规律。《学记》说"既知教之所由兴，又知教之所由废，然后可以为人师也"。教师要懂得教学成功的道理，把握教学过程的"兴"与"废"的规律，总结教学实践的得失，才能不断提升教学水平。同时，教师也要掌握学生的发展规律，做到"知其心"，根据"学者有四失"——多寡易止，引导学生克服学习过程中的不同心理缺失，力求达到"救其失而善长也"之状态。因而，教师要在"知其心"的基础上，正确处理好学生学习心理上的"得"与"失"之间的矛盾关系，循循善诱，促进学生发展。此外，教师还要掌握课堂内外的辩证关系。《学记》说："故君子之于学也，藏焉脩焉，息焉游焉。""'藏'是指掌握已获得的知识而言，'脩'是指增长要获得的知识而言。'藏'是'脩'的基础，'脩'是'藏'的提高。而'息'不过是两个学习阶段之间的休止符，'游'则含有融会贯通、左右逢源之意。"[1] 这就要求教师必须处理好"时教"与"居学"之间的关系，使学习贯穿于学生的整个生活中。

其次，教师要了解和理解学生。《学记》说"今之教者，呻其占毕，多其讯言，及于数进，而不顾其安"[2]。意为教师以"记问之学"进行教学，念诵书本，照本宣科，只顾自己的主观意愿，而不考虑学生是否适应。"多其讯言"，一味地灌输和注入，必然"使人不由其诚"，不能根据学生的学习现状出发，致使学生心中不安，感到学习苦难，也不知学习的价值所在。但是，"凡学贵心解也，苟不心解，其教无功"[3]，因此，"记问之学，不足以为人师，必也其听语乎"[4]。"'语'字指学生的发问"[5]，"听语"就是指倾听学生的发

---

[1] 高时良编著：《学记评注》，人民教育出版社1982年版，第59页。
[2] 《礼记·学记》
[3] 杜明通著：《学记考释》，国立四川大学教育研究会1943年版，第127页。
[4] 《礼记·学记》
[5] 高时良编著：《学记评注》，人民教育出版社1982年版，第97页。

问。要能够成为好的教师,就必须倾听学生的疑问,了解学生的疑难和困惑,根据学生的问题恰如其分地作出回答。在教学过程中,"记问"和"听语"的意义也有天壤之别。"记则教师为主动,问则学生为被动;听则学生为主动,语则教师为被动。"[①] "听语"能够发挥学生学习的主观能动性,教师处于被提问的地位,教师要能够收放自如地回答学生所提出的问题,适时给予必要的解答和引导。

再次,教师要掌握一些教学方法和技巧。第一,教师的讲解要"约而达,微而臧,罕譬而喻"[②]。正如"教者之言甚约,然本末贯通,未尝不达。教者之言甚微,然渊深粹美,其味无穷。曲为之喻,使学者自得于言之表"[③]。也就是说,教师的语言要简约而通达,道理精微而说理完善,论证虽少却意旨清晰,才能让学生易于理解。第二,教师要"善问"和"善待问"。"善问"若"攻坚木","先其易者,后其节目,及其久也,相说以解"[④]。教师从简单的问题开始,逐步增加所提问题的难度,渐渐地使较难的问题自然而然地就迎刃而解。对于"善待问",《学记》把教师比作钟,回答学生的问题必须做到"待其从容,然后尽其声"。"从容"是指"叩之者和意安详,钟声乃尽其铿锵,犹问者已承意从谀,答者使详其条目,则言无不入,说无不受,而业可进矣"[⑤]。而且选择"小鸣"还是"大鸣",不以教师的意志为转移,而应从学生提问的实际出发。[⑥] 这种"从容""尽声"的问答,可以使问题一环紧接一环,步步深入地进行下去,可以使学生思维始终处于活跃的状态。第三,教师要善于运用类比方法。《学记》指出:"古之学者,比物丑类。"即从各个事物的类比中,找出其内在联系,概括出规律性的东西。"比物丑类"的过

---

① 杜明通著:《学记考释》,国立四川大学教育研究会1943年版,第125页。
② 《礼记·学记》
③ 傅任敢著:《〈学记〉译述》,上海教育出版社1962年版,第19页。
④ 《礼记·学记》
⑤ 杜明通著:《学记考释》,国立四川大学教育研究会1943年版,第122页。
⑥ 刘永康:《论〈学记〉的择师观》,《四川师范大学学报(社会科学版)》1994年第1期。

程，就是学生开动脑筋，进行分析、综合、比较、抽象和概括的过程。《学记》之所以提出"比物丑类"的教学方法，目的在于通过"比物丑类"，使学生掌握普通的概念或原则，掌握基本的规律性的东西，从而"知类通达"，触类旁通，举一反三。第四，教师要精于使用练习法。《学记》还主张："良冶之子，必学为裘；良弓之子，必学为箕；始驾马者反之，车在马前。君子察于此三者，可以有志于学矣。"有经验的冶铁工人给儿子传授冶铁手艺，就先教他学会用皮革制成鼓风裘；有经验的造弓工人给儿子传授造弓手艺，则先教他学会用柳条编成箭袋子；训练小马驾车，则先由大马来带，小马跟在车后面跑。这要求学生在教学场景中不断观摩、受到熏陶，"由此及彼，因理推论，巩固消化运用已学知识，而且还能使学生扩展知识，猎取知识，发展能力"[1]。

最后，教师还需要具备自我反思教学的能力。"教学相长"的本意是教师通过自己的教而促进自己学习，"学"是"教"的基础，"教"是"学"的延续，"教与学实际是一件事情的两方面"[2]，教师要经常反思自己的教学过程，做到"吾日三省吾身"，发现自己的不足，通过"自强"，"反求诸己"，不断地进行自我总结，保持长久的进取心，才能促进自己不断提高自身的知识水平和教学能力。在教学实践中孜孜不倦，刻苦钻研，不安于现状，与时俱进，不断努力提升自身综合素质的反思性教师形象。[3]

（3）教师行为的完美规范是"善教"

"经师易得，人师难求"，《学记》要求教师把教学作为自己的事业，不断追求"善教"的教学艺术境界。"善教"要求教师能够对学生进行启发诱导，做到因材施教，表现为一种以"喻"为特征的教学能力。"喻字在教育上的意义甚雅适，教化之作用，唯'喻'之一字足以尽之。"[4]

---

[1] 朱志经：《〈学记〉析议》，《湖北师范学院学报（哲学社会版）》1985年第1期。
[2] 许梦瀛：《〈学记〉的教学论与教师论》，《河南师范大学学报（哲学社会版）》1991年第2期。
[3] 张传燧、蒋菲：《〈学记〉的教师思想与教师专业化》，《教育史研究》2004年第2期。
[4] 杜明通著：《学记考释》，国立四川大学教育研究会1943年版，第113页。

首先，要"博喻"。"能博喻，然后能为师，能为师，然后能为长"①，指出"博喻"是"为师"的一个基本条件，也是"为长"的一个基本条件，却又是一个高标准的"为师"条件。"博喻"就是要求教师通过多种途径、从多方面进行启发诱导，充分发挥学生的主体作用，尽可能地调动他们的积极性和主动性。教师在教学的时候，只有从各个角度分析问题，才能广泛地启发学生的思维，培养学生分析问题和解决问题的能力。《学记》认为要达到"博喻"的教学艺术境界，教师除了要有渊博的知识外，还必须具备两个条件：一是教师要"知至学之难易"，即教师要能"博喻"，就要懂得"入道"有难易、"达道"也有难易；二是教师要"知其美恶"，就是要了解学生个体之间存在差异，才能根据学生不同的资质进行因材施教，多方启发。②

其次，要"善喻"。《学记》继承和发扬了《论语》中的"夫子循循善诱人""不愤不启，不悱不发"③的启发教学思想，不但对当时教学活动中机械灌输的现象进行了尖锐的批评，而且提出"故君子之教喻也：道而弗牵，强而弗抑，开而弗达。道而弗牵则和，强而弗抑则易，开而弗达则思，和易以思，可谓善喻矣"④。这里所说的"喻"，即晓喻，是启发诱导，"感之于自然，重之以心悟，一切启人至极之术，无有逾于此者"⑤。"喻"，既有晓喻之义，亦可表示隐喻，有若明若暗之妙，以此表达合乎"中庸"的教之道，至为恰当。⑥引导学生，但不是强制性地牵着他们走，师生之间就能和悦相亲，处理好教与学之间的矛盾关系；严格要求学生，但又不抑制他们，不对他们施加压力，他们对学习自然就会感到容易；启发学生，但又不把道理和盘托出，学生就会去独立思考。教师如果能使学生觉得师生之间"和悦"，学习上"容

---

① 《礼记·学记》
② 谌安荣：《阐释与反思：〈学记〉教学哲学思想研究》，湖南师范大学博士学位论文 2007 年，第 145 页。
③ 《论语·述而》
④ 《礼记·学记》
⑤ 杜明通著：《学记考释》，国立四川大学教育研究会 1943 年版，第 113 页。
⑥ 陈桂生：《〈学记〉纲要》，《华东师范大学学报（教育科学版）》2004 年第 3 期。

易",并能独立思考,这就做到了"善喻"。"善喻"作为一种教学的精深境界,要求教师不断提升自身的职业素养,在教学中孜孜不倦以求之。

2. 学生行为的规范

《学记》对学生学习行为的规范,首先规定了学生是"建国君民"的统治人才,为此,学生必须要有坚定的志向,努力学习,"学为君",在学习的过程中,不断总结学习经验,形成"善学"的能力,养成"乐学"的良好习惯。

(1) 规定了学生的社会地位

《学记》与《大学》是互为表里的,"自天子以至于庶人,壹是皆以修身为本"① 为"大学之道"的根本,而《学记》是实现"大学之道"的"大学之法"。《大学》把"修身治国平天下"作为一个统一的逻辑过程,其主要的实践途径就是学生通过"修身"养成高尚的品德和"建国君民"的才能,进而通过做官实现自己的政治理想。所以《学记》的教学目的就是训练符合统治阶级需要的官员。"大学始教"就是"官其始也",只要学生进入大学就是做官的开始,"大抵学以仕事为归,故升于学者即入于政"②。由此看来,《学记》中所指的学生是官员、或者未来的官员,是统治阶级的一部分,具有很高的社会地位。

(2) 学生行为规范的前提是"立志"

《学记》指出"官先事,士先志"③。官指有爵位、有封邑的学生,是"有民人焉,有社稷焉"的学生,他们的首要任务是治理国家,所以要先教给他们治国平天下之术。而士是没有爵位、没有封邑的学生,但是是后备官员,因而就先教他们"尚志",立志"学为君"。"立志"在学习中具有"先河后海"之意,懂得了这一点,就抓住了学习的根本。④ 这表明学生立志的重要性,要求学生强化意志,只有立志于学,学生才能激发自己学习的主观能动

---

① 孟宪承主编:《中国古代教育文选》,人民教育出版社 1979 年版,第 101 页。
② 杜明通著:《学记考释》,国立四川大学教育研究会 1943 年版,第 57 页。
③ 《礼记·学记》
④ 张传燧、周文和:《〈学记〉教学艺术思想探微》,《教育评论》2002 年第 5 期。

性，形成学习的内在动机，主动自觉地学习。只有立志于学，学生才能坚持不懈静心于学，奋发向上，避免出现"一暴十寒"和"为山九仞，功亏一篑"的现象，最终学无所成。

（3）学生行为的基本规范是"善学"

"善学者，师逸而功倍，又从而庸之；不善学者，师勤而功半，又从而怨之。"① 所谓"善学"，就是要讲究学的艺术，善于学习，学会学习。《学记》对学生如何"善学"也提出了具体要求。首先要"善问"。学习是一个由"学问思辨行"五种学习方式构成的整体，其中"问"是一种重要的学习方式。"学问"是"学"和"问"连在一起的，要学有所得，就需要问。因此，对学生而言，不仅要"不耻下问"，也有"善问"的必要。"善问者如攻坚木，先其易者，后其节目，及其久也，相说以解。"② "善问"要根据回答者的答案，结合自己的理解提出新的问题，层层深入，对疑惑之处提出的问题多了，渐渐也就能够理解其实质，做到融会贯通。其次要"善摩"。《学记》提出"相观而善之谓摩"，主张"亲师乐友""相观而学"，强调学生之间相互切磋技艺、琢磨学问，共同提高。③ 尤其要注意远离"损友"，多交"益友"，要理解"燕朋逆其师，燕辟废其学"的道理，做到"相观而善"。

3. 教学主体关系的规范

《学记》对教学主体关系做出了比较明确的规定，并且提出了相当高的标准，从而保证了师生关系和生生关系的实质是促进学生的学习和为学生的学习服务。

（1）师生关系的规范是"和"

《学记》中关于师生关系的准则是"和"。《学记》说"道而弗牵则和"，教师引导学生而不牵着学生走，就能处理好教与学之间的矛盾，处理好师生

---

① 《礼记·学记》
② 《礼记·学记》
③ 谌安荣：《阐释与反思：〈学记〉教学哲学思想研究》，湖南师范大学博士学位论文 2007 年，第 157 页。

关系。"和"标志着和谐融洽的教与学之间的关系、亲密无间的师生关系。但是师生关系的"和"不是"调和",而是双方相济相成,其大前提是"教学相长"。"教学相长"的本意是教师本身的"教"和"学"是相互促进的,但是后来的学者又作了有益的引申,认为学生接受教师的"教"和学生自己努力的"学"是相互促进的。① "教学相长"表明师生关系是"博习"基础上的"亲师",是师生共同发展的和谐关系。

要达到师生关系的"和",实现"安其学而亲其师",教师必须杜绝因"呻其占毕,多其讯言"而使学生"疾其师",而要"能教"使学生"安其学","善教"使学生"乐学"、"亲其师"。学生不但要因为老师的"循循善诱"和"谆谆教诲"而"亲师",更为重要的是要尊师。"凡学之道,严师为难。师严然后道尊,道尊然后民知敬学"②,教师是文化的化身,师与道是同体的,尊师就是尊道、尊重文化。"亲师"和"尊师"就是学生对教师在价值上的认同,是对教师人格的尊重,是对教师劳动的肯定,使得教师更加乐意地把身心投入教学中,也会形成更加和谐的师生关系。

(2) 生生关系的规范是"论学取友"

《学记》中关于生生关系的准则是"论学取友"。"论学取友"指学生研究学问的本领和识别朋友的能力,其中包含了识别朋友是以研究学问为前提的,而不是不学无术的"燕朋",也就是说生生关系是建立在共同学习的基础之上的。"论学取友"的生生关系准则也有两个层次的含义。一是"敬业乐群"。学生群体内形成一种相互砥砺、共同发展的价值取向,个体愿意成为群体的一部分,在群体中具有强烈的归宿感。二是"乐其友"。在学习过程中,学生乐于交朋友,与学生群体内的成员和谐相处,尤其是要交"信其道"的志向相近、甚至相同的朋友,相互之间成为学业上的忠实伙伴和人生道路上的知己。当然,《学记》一方面要求学生要"乐群取友",另一方面又告诫学生应有识别益友与坏友的能力,这就表明《学记》在教育学生防患于未然方面用

---

① 陈高岑:《〈学记〉疏义》,《四川师范学院学报(哲学社会科学版)》1989年第1期。
② 《礼记·学记》

心良苦。

二、学校教学行为规范

《学记》对学校教学行为规范,也形成了一个初步的认识,尤其是对教学的组织管理、课程设置等做出了基本的要求。

1. 教学组织的规范

《学记》主要提出了分年级组织教学的初步设想,分为了两段五级。"比年入学,中年考校。一年视离经辨志,三年视敬业乐群,五年视博习亲师,七年视论学取友,谓之小成;九年知类通达,强立而不反,谓之大成。"① 以"小成"为界,前面一段七年,一年、三年、五年、七年分别实现一定的教学目标,后面一段"再经过九年苦博,正是孔子所云'三十而立'之时,达以'知类通达,强立而不反'的大成境界"②。"这当然并不就是今日的学年制度,但是似乎可以说是有了一点年级制度的雏型。"③

一定形式的教学制度必定有相应的物质手段和物质条件。"文字的产生、手抄书的出现为教学成为专门化活动奠定了基础,形成了与之相适应的个别教学制度;印刷书籍的出现,使班级教学制度的产生成为可能;现代化教学设施及手段的运用为教学制度的多样化发展提供了广阔的空间。"④ 在先秦时期,虽然有了文字,但是没有纸张,不可能大规模印刷教材,教学方式主要是口耳相传,这就决定了个别教学制度是主流的教学组织形式,还不能形成现代意义上的班级教学制度。个别教学制度的最大优点是有利于因材施教,教师要"长善而救其失",就必须了解"学者有四失",根据学生在学习过程中"多寡易止"的心理倾向进行纠偏,引导他们不断进步。

但是,由于当时生产力比较低下,能够受教育的人数比较少,而且采取

---

① 《礼记·学记》。
② 覃照:《〈学记〉教学管理思想探微》,《教育科学》1995 年第 3 期。
③ 傅任敢著:《〈学记〉译述》,上海教育出版社 1962 年版,第 28 页。
④ 安珑山:《论教学制度》,《西北师大学报(社会科学版)》2002 年第 3 期。

"官师合一"的教学模式，专职教师很少，教学主要是官员在政务之余的兼职活动，因此也极有可能采取初步的集体教学制度。《学记》指出"幼者听而弗问，学不躐等也"，这说明当对学业水平较高、年龄较大的学生进行教学时，年龄较小的学生也在一旁听讲，但是由于他们的学业水平较低，规定只能听讲不能够询问，防止"陵节而施"。这表明在同一课堂里，可能有的学生刚刚入学，有的学生即将大成，他们的学业程度与其年龄大小不统一。先秦时期的统治者组织教学活动是为了方便传播治国之道，他们更希望学生观摩官吏处理政务的过程，不会过多地投入人力物力对学生进行严格的分级和分班教学，要对年龄不一、学业水平高低有别的学生进行同时教学，所以复式教学制度也就是一种比较适合当时实际情况的教学组织形式。

在个别教学制度占主流的时代，提倡"论学取友"，学生之间的讨论就可能成为一种教学方式，防止学生"独学而无友，孤陋而寡闻"，以此追求共同进步。这就具有班组教学制度的雏形。总之，《学记》中的教学组织形式是以个别教学制度为主，辅之以班组教学制度、复式教学制度等。

2. 课程设置

《学记》指出："大学之教也，时教必有正业，退息必有居学。不学操缦，不能安弦；不学博依，不能安诗；不学杂服，不能安礼。不兴其艺，不能乐学。""时""正业"，说明大学按照时序有较为正规的课业。"弦""诗""礼"都是学的内容，而"艺"包含"操缦""博依""杂服"。"学"与"艺"的结合要遵循"时教"和"退息"相互补充、"正业"和"居学"相互促进的要求，比如，要学好"乐"，就必须课外学"操缦"与课内学"安弦"两者相互结合。"乐正崇四术，立四教，顺先王诗、书、礼、乐以造士。春秋教以礼乐，冬夏教以诗书。"[①] 这也正好说明《学记》所提到的主要课程是"诗""礼""乐"，而且各类课程与教学时间的安排紧密结合，并且考虑到了课内外的作息安排。

---

① 《礼记·王制》

此外，《学记》中教学评价的考查内容是"离经辨志""敬业乐群""博习亲师""论学取友""知类通达，强力而不反"。这也是《学记》追述周代大学关于"六艺"的教学和课程状况，是一个分年分段制课程计划，而且相当周密完备，根据修业年限的不同，由浅入深、由低到高安排。① 这一课程计划"标志着教学从随意的、松散的状态转而为更有计划地、更有目的地进行"②。

3. 教学管理制度

《学记》非常重视入学仪式。"大学始教，皮弁祭菜，示敬道也"，指出大学开学的时候，最高统治者或者主管教育的官员带领全体学生，戴着鹿皮帽子，端着祭菜，致祭先圣先师，以此表示尊师重道。"宵雅肄三，官其始也"，就内容而言，《小雅》中的"《鹿鸣》主于和乐、《四牡》主于君臣、《皇皇者华》主于忠信"③，这三首诗歌可以使君礼臣忠，上下和乐，作为为官之道，传授给初入学的新生，使学生受到为官从政的熏陶，将来很好地为国家服务。入学仪式还对学生提出了具体要求："入学鼓箧，孙其业也"，要求学生听见鼓声就打开书箱，其目的是使学生重视学业，端正学习态度。"夏楚二物，收其威也"，学校里摆着体罚学生的棍棒，对学生具有"禁于未发"的威慑作用，如果不服管理者，违反了校规校纪，将受到处分。入学仪式"既采取正面的政治、道德及思想教育，开展多种形式的常规教育活动，同时也采取棍棒教育，用残酷的高压手段强迫学生'收威'就范，使之不敢越雷池一步"④。这种形式的入学教育是值得商榷的。

此外，入学仪式中所提到的一些内容，也是日常教学活动中的规章制度。杜明通就认为"箧"是"筴"，"筴是古代卜筮之用具，以竹为之，击之有声，可藉以聚众"。每天入学有一定的时间规定，"入学鼓箧"，使学生能够统一专

---

① 张传燧著：《中国教学论史纲》，湖南教育出版社1999年版，第82-83页。
② 吴杰：《孔子的课程理论和〈学记〉所设想的教学进程》，《东北师大学报（哲学社会科学版）》1981年第1期。
③ 高时良编著：《学记评注》，人民教育出版社1982年版，第40页。
④ 周立山：《〈学记〉教育管理思想初探》，《武汉教育学院学报（哲学社会科学版）》1994年第4期。

注于学习,"孙其业也",使学生在教学活动中有条不紊,不陵节而杂施。这与现代学校按钟声和铃声进行教学有相类似之处。①"夏楚二物"是泛指体罚学生的用具,虽然在入学仪式上也明确要求学生不得违背学校的规章制度,但是在日常教学中,仍然使用体罚工具维持教学秩序。这在后来封建社会的教育教学中显而易见。

三、教学外部管理的规范

对于教学活动的外部管理规范而言,《学记》主要从当时统治者的角度出发,比较全面地阐释了与教学的评价和督导相关的规范。

1. 教学评价制度

先秦时期的教育主要分为小学和大学两级。"古者年八岁而出外就舍,学小艺焉,履小节焉;束发而就大学,学大艺焉,履大节焉"②;大学与小学的学习内容不同,八岁入小学,学书计;"十五意志明,入大学,学经术"③。《学记》所记述的教学制度是属于大学的。学生进入大学之后,国家每隔一年考查他们的学业和操行一次,"盖考校行于每岁夏季卜禘之后,而受考者则为入学后一三五年者"④。第一年考查学生析句分段的能力和学习的志向;第三年考查学生是否专心学习和与周围的人是否和睦相处;第五年考查学生学术是否广博,同老师是否亲密无间;第七年考查学生研究学问的本领和识别朋友的能力。如果这些考查合格者,就取得了"小成"。然后再学习九年,做到认识事物能够触类旁通,闻一知十,形成自己的价值观,政治上成熟,立场坚定不移。符合标准的就叫作"大成"。只有这样,才有本领教化人民,移风易俗,实现"建国君民"。

这一考核制度规定了时间间隔,每次考查的具体要求,后面的考查以前

---

① 杜明通著:《学记考释》,国立四川大学教育研究会1943年版,第90页。
② 《礼记·保傅》
③ [东汉] 班固撰:《白虎通义·辟雍》,商务印书馆1940年版,第80页。
④ 杜明通著:《学记考释》,国立四川大学教育研究会1943年版,第87页。

面的考查为基础，要求越来越高，说明《学记》所描述的教学评价制度相当规范，形成了一个比较严密的考核体系。而且，这一考核制度具有智育和德育并重的特点，智育方面要考查"离经""敬业""博习""论学""知类通达"，德育方面要考查"辨志""乐群""亲师""取友""强立而不反"。但是，就二者的关系来看，德育处于核心地位，或者说在强调德育的前提下，实现德智结合。中国古代教育评价目标虽然学业、品德相互联系，但品德精进重于学业的成功，如孔子所说"行有余力，则以学文"；教育的最终目标是形成"庙堂之器"——能够使周围的人心悦诚服，能够担当治理国家责任的统治阶级。① 此外，这一考核制度还突出了学习自觉性问题。《学记》在"知类通达"句前不提"视"字，表明此时可以放手让学生独立进行知识的"再生产"。② 对于"游其志"、让学生从容地学习，以及"存其心"、培养学生的独立思考能力，学习自觉性都是非常重要的心理基础。而"强立而不反"的前提是自觉自为，就更加要依靠学生自觉。

2. 教学督导制度

《学记》指出，"未卜禘，不视学，游其志也"。其中"卜禘"是君王每年举行的一种祭祖活动。将"卜禘"与"视学"联系起来，"是我国古代宗庙活动和国家活动相结合的宗亲贵族统治的一种仪式"③，说明"视学"非常重要。在每年春祭之后，君王亲自视察大学，了解教学状况，激励师生继承和发扬祖先所开创的事业，为统治者效忠尽力，建立新的功业；或者也有可能委托官员代表他视察大学。大学每年还要由政府派人去考查学生的学业一次。对于每一个学生而言，视察的内容每次都有侧重点，就是从第一年的"离经辨志"直到第七年的"论学取友"，以及再学习九年之后是否能够做到"知类通达，强立而不反"。《学记》中的教学督导制度是比较正规的，说明统治者非

---

① 宋宁娜：《〈学记〉所表现的中国古代教学论水准》，《苏州大学学报（哲学社会科学版）》2002年第2期。
② 高时良编著：《学记评注》，人民教育出版社1982年版，第35-36页。
③ 高时良编著：《学记评注》，人民教育出版社1982年版，第41页。

常重视大学的教学工作，能够通过对教学的督导和评估提高学校的教学质量。"在中国整个封建时代里，这种君主视学制度一直存在着，成为古代教育管理制度的一个传统。"① 在一定程度上，这一传统就是以评估教学质量为核心的教学督导制度。

第二节 《学记》中教学制度思想的基本特征

从制度及教学制度的角度来看，《学记》中教学制度思想必然具备了相应的基本特征。同时，《学记》作为对先秦教育教学实践的理论总结，其教学制度思想也必然反映当时的时代特色。

一、公共性

《学记》中教学制度思想所适合的对象或是所有教学主体，或是所有教师，或是所有学生，或是某一个人数相对较多的群体。比如，入学仪式往往就要求所有学生都参加，甚至所有老师都得出席，在仪式上宣布的教学管理制度是针对所有学生的。又如，每个学生都必须接受考核，考评人员根据教学评价标准判断学生是否合格。再如，教师行为的规范是从"能教"到"善教"，标志着一个教师从合格到优秀、再到名家的成长历程，这要求每位教师都必须不断努力、持续进步。总之，《学记》中教学制度具有明显的公共性。

教学制度作为一种"公共品"，不但对教学组织内的成员具有规范约束作用，而且对于其他类似的教学组织也具有借鉴性和移植性。《学记》中教学制度的公共性相对比较弱，仅仅规范了先秦时期大学教学组织的教学行为，对大学外的教学活动不具有明确的规范性。《学记》中提到的大学教学组织具有自身的独特性。学生主要是"王大子、王子、群后之大子，卿大夫元士之适子、国之俊选"，一部分是统治阶级的贵族子弟，经过良好的家庭教育和小学

---

① 刘颖：《〈学记〉中的教育管理思想》，《教育管理》1995 年第 3 期。

教育直接升入大学，在"家国同构"的政治背景下，他们是未来统治阶级的中坚力量，是大学学生的主要部分。另一部分是"国之俊选"，管理国家教育的司徒"命乡论秀士升之司徒，曰选士。司徒论选士之秀者而升之学，曰俊士"①。这些自由民经过层层选拔，成为大学的学生，必然会遇到重重困难，因此入选的机会也是极少的。由于《学记》中的教学对象多为贵族子弟，他们的学术水平高，因此不大可能存在像大学教学组织之外的类似教学组织。而且贵族子弟作为统治阶级，拥有土地，具有很高的政治地位，有经济条件、有政治资格接受大学教育。在被统治阶级中，"士农工商四民者，国之石民也，不可使杂处"，最有可能接受教育的就是"士"，"农工商"只能在生产劳动中采取一种师徒式的"传帮带"教学，没有资格或者没有条件接受大学教育。即使后来"学术官守"衰落，学术下移，出现了一批私学大师，受教育的对象也主要在"士"这一阶层中有所扩大，培养目的仍然是德才兼备的君子，为统治阶级输送统治人才。虽然孔子提倡"有教无类"，但他选择弟子也是有条件的：一定要有介绍人，孔子要亲自面试，而且弟子还要"自行束脩以上"。总之，由于先秦时期教育对象的范围狭小，教育主要是为政治服务，远离了劳动生产，所以《学记》中教学制度的公共性水平较低，对当时教育的影响范围是有限的。

二、系统性

《学记》中教学制度思想包含了教学制度的基本成分，并构成了一定的体系，具有较强的系统性，主要包含教学主体的行为规范、学校教学行为规范、教学外部管理的规范，其中每一部分都包含了一些具体的内容。但是，由于时代背景的限制，教育科学研究还处在前科学化阶段，人们对教育教学规律的认识水平还比较低，所以《学记》中教学制度思想一方面具有一定的系统性，是能够反映一些教育教学规律的科学理论，服务于当时的教育教学实践，

---

① 《礼记·王制》

另一方面作为一个系统又是不完善的。比如当时所出现及使用过的许多行之有效的教学形式：个别教学是主要形式，随机教学、小组教学、分层教学、次相教学、集体教学、现场教学、无形教学等是辅助形式，《学记》没有全面地论述反映上述教学形式的教学制度。《学记》中的教学制度思想，既存在许多组成成分未被涉及的现象，如学校教学行为规范中就没有教材选择的论述，也存在某一具体的教学制度不够深入的问题，又如关于教学评价的过程就没有被提及。当然，这不是采取历史虚无主义的态度，否认《学记》中光辉的教学制度思想，而是力求系统地分析展示《学记》中教学制度思想，有利于发掘《学记》中教学制度思想的科学价值。

三、稳定性

所谓"规范"是约定俗成或明文规定的标准，而"规则"是规定出来供大家共同遵守的制度和章程。① 规范的范围较广，既包含明确的规则，又包含约定俗成的习惯、习俗、风俗等。在《学记》中，明确的教学规则比较少，而教学习惯、教学习俗、教学风俗等非正式的教学制度相对比较多，因此《学记》中教学制度思想可被看作一个"教学规范"的体系。国内有学者将制度分为制度秩序、制度规则和制度规范。制度秩序就是制度中的制度、规则中的规则，对制度的框架具有决定作用，是制度的上层。制度规则指组织和机构的明确规则、制度安排，是制度的中层。制度规范就是个人行为规则或准则，处于制度的最底层，主要是非正式的制度，是制度的灵魂和核心。制度规范作为制度起源和制度实施的基础，反映着制度的根本目的和需求，只有牢固地建立在个人行为规范和准则基础之上的制度，才具有合法性、权威性和有效性。② 这说明制度规范一方面保证整个制度体系的合法性、权威性和有效性，另一方面具有很强的内在确定性。根据这一制度理论，《学记》中教

---

① 中国社会科学院语言研究所词典编辑室：《现代汉语词典》，商务印书馆 1980 年版，第 416 页。

② 曾小华著：《文化·制度与社会变革》，中国经济出版社 2004 年版，第 169-183 页。

学制度思想的主要部分——非正式的教学习惯、教学习俗、教学风俗等是整个教学制度思想的核心和灵魂，具有很强的稳定性，规定着整个教学制度思想的实质，也影响其实施过程。并且，《学记》中教学制度思想的稳定性还表现在后世的教学活动中，比如日常教学规范认为体罚能够有效地维持课堂秩序，使学生专注于学业。虽然人们也认识到体罚不利于学生的身心健康，但是在后世的教学中仍然或轻或重地存在体罚这种教学习俗。这就证明了《学记》中教学制度思想，尤其是非正式的、内在的教学制度具有很强的稳定性，甚至会随着历史进程而流传下来。

四、强制性

"一般来说，制度的根本特征，在于它具有规范性和系统性。在其规范性方面，无论是法制性教育制度，还是惯例性教育制度，都具有浓厚的强制色彩。这种强制，通常由制度制定机构的权威性（如国家），或制度持久的形成、维系过程中凝固的权威性予以实施的。"[①] 同样，教学制度也具有浓厚的强制性。从法制性制度的角度来看，《学记》中教学制度思想的强制性是由国家培养"建国君民"和"化民成俗"的统治人才的教育教学目的所决定的，而且"强制不是基于外部物质环境或教育制度实施机制的强制，而是内在于正式、非正式教育制度本身的强制。这种强制来源于这些制度本身所依附的等级/阶级关系"[②]。这就表明《学记》中教学制度思想的强制性形成的根源是其自身所依附的等级关系和阶级关系。以西周为例，社会属于统治阶层的贵族，而且这些贵族又分为不同等级，从高到低有天子、诸侯、大夫、士，各级贵族都是土地所有者，士以下都是被统治者，主体部分是平民。[③] 被统治阶级只有出力养活自己和供养统治阶级的义务和责任，而统治阶级通过教育教

---

① 李国钧、王炳照总主编：《中国教育制度通史》，山东教育出版社2000年版，总序第8页。

② 康永久著：《教育制度的生成与变革——新制度教育学论纲》，教育科学出版社2003年版，第251-252页。

③ 翦伯赞主编：《中国史纲要》（增订本·上），北京大学出版社2006年版，第27页。

学掌握治理国家和统治平民的社会文化知识，维护这种不平等的社会等级和阶层关系。所以其教育教学制度就强制地剥夺了被统治阶级的受教育权利，同时也强制本阶级成员接受教育教学。而且，在统治阶级内部，受教育者也是严格分层的。学校分为国学和乡学，其中国学又分为小学和大学，小学是贵族子弟就学的地方，大学则主要是君王的私学，而乡学则是地方官学，是地方小吏子弟和少量平民子弟的学校。由此看来，由于《学记》是总结先秦时期教育教学理论和实践的一部系统性著作，必然反映出当时社会的阶级对立与阶层分化导致教学制度的强制性。如"由于古代社会维系教师的地位和角色的基础是'官本位'的社会制度"①，"官师合一"有可能将统治者与被统治者之间压制和服从的关系"复制"到师生关系之中，强化了"师严而道尊"，更加突出教师的绝对权威，从而使师生关系表现出明显的强制性——由教师到学生的单向度服从。

五、人文性

《学记》中教学制度思想具有很强烈的人文意蕴。"玉不琢，不成器；人不学，不知道"，将琢磨美玉的过程与人的学习过程相比较，说明要实现教学目的，必须立足于个体学习，发挥学习者的主观能动性。那么，相应的教学制度就必须考虑个体存在，为教学活动创造条件，促进学生的个性发展。《学记》中教学制度思想尤其注意到了教学过程的心理因素。例如，教师要"能教"，就必须知道教学的"兴"与"废"，善于了解学生的认知规律和行为发展规律，了解学生心理上的个别差异和不同学生所具有的学习态度倾向，以及学生的个性差异；"知其心"，根据学生在学习过程中所表现出来"多寡易止"的学习心理状态，因材施教，"长善救失"。教师要做到"善教"，就必须"博喻"和"善喻"，主要是因为"喻""具有鲜明生动的特点，符合学生的心

---

① 田山俊：《中国古代师资养成特点探究》，《教育史研究》2004年第4期。

理要求，最容易引动学生进行积极思维，并能提高教学效果"[1]。学生有无坚定的志向是学习成败的关键，"立志"是《学记》所倡导的最为重要的心理因素之一，比如刚入学时就要求学生立志"学为君"，一年后就"辨志"，考查学生是否形成了坚定的志向。此外，《学记》中的教学评价制度也是根据学生的成长规律而安排学生的学习进程，"不陵节而施"，不要超越学生的心理接受能力，"当其可"，掌握适当的时机进行教学。这一教学制度思想"充分依据人的发展规律，即年龄特征和认识发展水平，体现了递进性"[2]。

第三节 《学记》中教学制度思想的现代意蕴

教学制度作为教学主体之间通过相互博弈而形成的内生性教学资源，对于教学活动的有效开展具有决定性作用。教育主体基于自身利益的理性计算，形成适合所有参与博弈的利益主体的教学制度，这实质上是教学制度的不断创新过程。但是，教学制度一旦形成就具有一定的稳定性，当教学制度适应教学需要的时候，就是教学活动有序开展的重要保障；当教学制度不适应教学需要的时候，教学制度的惰性就发挥作用，成为桎梏教学活动的生命活力的"洞穴"。过去由于人们过分地注重了教学制度对于教学活动的规范作用，将教学制度看成了凌驾于教学活动之上的强制力量，没有认识到教学制度本身也是教学活动的内在变量，所以教学主体认为自己虽是教学活动的主体，但这种主体作用只能限于教学制度规定的框架内，逐渐地形成了一种"洞穴思维"，失去了教学制度创新的意识。[3] 当前基础教育课程改革就是要打破这种"洞穴思维"，激活教学主体的创新意识，使教学制度创新成为教学主体的

---

[1] 常校珍：《〈学记〉的教育心理思想研究》，《四川师院学报（社会科学版）》1985年第2期。

[2] 孙伟儿：《试论〈学记〉的人文价值》，《浙江师范大学学报（社会科学版）》2004年第3期。

[3] 徐继存：《教学制度创新与基础教育课程改革》，《教育研究》2004年第7期。

自觉行为，真正发挥教学制度作为内生性教学资源的作用，改变教师的教学行为方式和学生的学习方式，重建学校文化，最终变革以班级为核心的课堂教学制度，重构课堂教学，促进因材施教在课堂教学中有效开展，使学生在生态和谐的环境里实现科学发展。

"传统文化所蕴含的思维方式、价值观念、行为准则，一方面具有强烈的历史性、遗传性；另一方面又具有鲜活的现实性、变异性，它无时无刻不在影响着今天的中国人，为我们开创新文化提供历史的根据和现实的基础。"[①]《学记》是我国古代教育教学经验的系统总结，精辟地论述了教育教学理论的许多基本问题，对于今天的教育教学理论与实践，同样提供了"历史的根据和现实的基础"。《学记》中教学制度思想涉及到教师、学生、学校教学管理人员，以及校外的教学管理人员等利益主体，他们在"建国君民"和"化民成俗"的教育教学目的指导下，形成了适合时代需要的教学制度，规范了教学主体的教学行为方式，能够有效地完成培养"政治精英"的教学任务。这是《学记》中教学制度思想的闪光点，是其存在的合理性之所在。因此，有必要对《学记》中的教学制度思想做现代解读。

一、《学记》中教学制度思想与现代教学制度创新

"现时代教育制度处于由强制性教育制度向自主性教育制度变革的过程中，导致这种制度变革不是道德理想，也不是精英理性，是一种基于个人教育利益的多元主义的制度博弈。"[②] 同样，教学作为教育的核心，也正经历着从强制性教学制度向自主性教学制度过渡。传统教学制度"以工厂制度为蓝本"[③]，追求高效率、大数量、统一标准，具有明显的强制性特征。这使得教学行为关注教学客体而不关注教学主体，关注教学结果而不关注教学过程，

---

① 张岱年、方克立主编：《中国文化概论》，北京大学出版社 2004 年版，第 7 页。
② 康永久著：《教育制度的生成与变革——新制度教育学论纲》，教育科学出版社 2003 年版，第Ⅲ页。
③ 刘旭东：《教学制度创新与改善教师教学行为》，《青海民族学院学报（社会科学版）》2004 年第 2 期。

关注传输接受而不关注主动建构，关注教学示范而不关注真情感化。传统教学制度还使得教学行为成为一种外在于教学主体的异化行为，其强制性是以牺牲教学主体的教学自由为代价的。而自主性教学制度就是要克服工业生产模式主导下的强制性教学制度的缺陷，"以人为本"，"以学生的发展为本"，找回教学主体的教学自由，促使学生在教学过程中实现自身的教学利益和教学效益最大化。《学记》中教学制度思想虽然理论体系不太完整，许多论述也不够深入，或者某些观点还有待商榷，但是由于涉及教学制度的诸多基本内容，对于现代教学制度的变革和创新，也就不乏启发意义。

1. 追求"博喻"和"善喻"，达到教师培训制度的理想境界

《学记》指出教师的成长过程是从"能教"不断追求"善教"的复杂过程。"能教"是成为一名合格教师的基本教学能力，是教师专业化的一项基本要求。"善教"是以"喻"为基本特征，包括"博喻"和"善喻"，是成为名师所必须经历的过程，也是教师专业化不断深化的过程。教师成长是以教师专业化发展为向度的一个不断自我更新的成长过程。[①] 教师专业化是"教师职业具有自己独特的职业要求和职业条件，有专门的培养制度和管理制度"[②]。从开始走上教师岗位到成为专家型、学者型的名师，这一过程一般需要对教师不断进行培训，使教师能够不断结合自己的教学实践，"教学相长"，积极反思，逐渐进入游刃有余的教学境界，实现"君子之教喻也"，然后经过教学实践过程中的千锤百炼，达到"博喻"和"善喻"，使教学臻于化境。按照教师的成长历程，教师专业化的培训过程一般可以分为职前培训、上岗培训和在职培训。而《学记》主要涉及教师的职前培训和在职培训两个阶段。

《学记》提出一名合格教师的基本规范是：一要懂得教学规律，知道教学"兴"与"废"的规律；二要了解和理解学生，反对只有"记问之学"而为人师；三要掌握一定的教学技巧和教学方法，并能够娴熟地应用它们进行教学；

---

① 王铁军、方健华：《名师成功：教师专业发展的多维解读》，《课程·教材·教法》2005年第12期。

② 张传燧、蒋菲：《〈学记〉的教师思想与教师专业化》，《教育史研究》2004年第2期。

四要具有教学反思能力，成为"反思性实践家"①。这是《学记》对教师职前培训的规范和要求，既注重知识基础的教育，又重视教育教学原理的学习，还要形成一种自我反思的能力与习惯。但是，一方面我国师范教育一直侧重于对师范生进行广博的知识教育，而且还有过于强调专业化教育、忽视通识教育的不良倾向，导致学生的知识结构具有明显的学术研究性特征，容易形成"学科壁垒"；另一方面，师范生掌握教育教学理论并运用于未来的教学实践，是教师专业化的主要特色之一，是教师区别于其他专业人员的标志。不过，师范院校的课程设置还是综合大学所采用的课程设置模式，有关教育教学理论的课程比例很少，课程实施的力度也不够。师范生往往遵循在实际教学中一边教学一边摸索教育教学规律的教学实践逻辑，延长了自己教师专业化的成长过程。所以，对于师范生的教育既要处理好专业教育和通识教育的关系，又要加强学习和运用教育教学理论，才有可能尽快使师范生成为合格的教师，摆脱他们在走上工作岗位之后长期处于"半专业或准专业的状态"②。

而对于教师的在职培训，《学记》认为就是解决教师如何实现"善教"的问题，其标志是教师在教学过程中实现"博喻"和"善喻"。这指出教师在职培训的目标——通过不断深入教师专业化而造就名师，也就是要让教师在教学过程中运用"道而弗牵，强而弗抑，开而弗达"的教学方式，实现启发式教学；让教师在知道"至学"的艰难和了解学生能力的基础上，实施因材施教。但是，当前教师在职培训的专业化程度很低，不能有效地促使教师成为名师，在培训过程中具有形式化倾向；教师学到的教育教学知识不能指导教育教学实践；教师缺少参与培训的积极性；培训方式以讲授为主，不能将教育教学理论与教师个人头脑中的关于教育教学的"内隐理论"相结合；培训机构和培训人员过于看重经济效益，忽视了培训质量。③ 要改变教师在职培训

---

① 李森、黄继玲：《论新课程情境中的教师形象》，《西南师范大学学报（人文社会科学版）》2006 年第 6 期。
② 顾明远、孟繁华主编：《国际教育新理念》，海南出版社 2006 年版，第 139 页。
③ 李森：《教师培训制度创新与基础教育课程改革》，《教育研究》2004 年第 7 期。

的弊病，弥补教师在职培训的制度性缺失，就必须改变相应的培训模式，要将培训活动与教学实践紧密结合起来。比如，校本培训模式就能够很好地实现培训目标，教师从自己的教学实践出发，通过行动研究，不断学习教育教学理论，反思自己的教学行为，在与其他教师交流的过程中逐渐提高自己的教学水平。

2. 突显"继志"与"乐学"，达成教学管理制度的内生性目标

虽然《学记》中存在不符合科学规范和学生心理特征的教学管理制度，例如，"夏楚二物，收其威也"的体罚教学方式就与学生的天性相背离，"宵雅肄三，官其始也"过分强调"学而优则仕"，这就过于缩小了教学目的的指向范围。但是，通过对学生行为进行规范，使他们在教师的"善教"下"继其志"，在学习中不断坚定学习志向，"立志"于学，追求"善学"，理解学习的价值，达到"乐学"的境界，这些既是学生行为的规范，也是教学管理制度的内生性目标。因为教学制度是教学主体对自身教学利益的理性计算。学生自身的最大教学利益就是学习的价值，只有学生认识到学习的价值，才能认可与自身的教学利益相符的教学管理制度。

《学记》提出了学生的教学利益是首先要"继其志"，培养学生对学习的兴趣；然后"安其学而亲其师，乐其友而信其道"，深刻"知其益"，知道学习对自己的潜在价值，进而"乐学"，把学习看作人生的一种享受。如果学生对学习"不知其益"，就会认为教学管理制度是强加于他们的，也就不可能通过"继志"做到"乐学"。反之，学生就会不断调整自己的学习行为，使之适应教学管理制度，并且尽可能影响和修改已有的教学管理制度以适合自己的利益需要，使自己成为教学管理制度的利益主体，通过实现教学管理制度的内生性目标——"继志"与"乐学"，最终取得学业上的成功。当前有的学生对教学管理制度具有抵触情绪和抱着反感心态，主要原因是没有认识到学习对自己人生的重大价值，反而认为为实现这种价值而制定的教学管理制度是限制他们自身"自由"的"牢笼"，也就不可能使自己成为教学管理制度的真正利益主体，更不可能实现相应的教学管理制度的内生性目标。

3. 结合"正业"与"居学",形成结构优化的课程标准

《学记》中的课程标准形成了一个整体上较为优化的课程结构。从课程内容来看,《学记》至少提到"诗""礼""乐"三科,兼顾德育、智育以及美育,要求以德育为核心,智育和德育并重,美育贯穿于智育和德育之中。从课程范畴来看,"正业"与"居学"、"时教"与"退息"相互促进、相互补充,就是要解决好课堂教学和课外活动的关系。"正业"主要是按照时序教授的正规的课程,"居学"则是课后学生的自主学习,两种不同类型和功能的学习紧密配合。

这一结构优化的课程标准遵照"时教必有正业,退息必有居学"的要求,力求保证课程内容的全面性,整合课堂教学与课外活动,涉及到了课程的组成部分的组织、配合及其相互关系。同时,这一课程标准体现出了浓厚的人文特征,关注学生的生活世界,"操缦""博依""杂服"等内容融入了学生的日常娱乐活动,寓教于乐。《学记》中的课程标准虽然与现代课程标准之间的差异很大,但是由于该课程标准具有比较合理的课程结构、较强的人文性和一定的生活气息等特征,对现代课程标准的设置具有较大的参考价值。

4. "知类通达,强立而不反",构建"全人"评价的教学评价制度

《学记》中的教学评价制度构建了一个从"离经辨志"到"知类通达,强立而不反"的评价过程,这一教学评价过程使德育和智育密切联系起来,在重视德育的前提下,实现德育和智育相结合,并且"在德育和智育中,又蕴含着美育"[1]。儒家的教育思想既实行《诗》与乐相配合,又强调礼与乐相配合,这在《学记》中体现为"安弦""安《诗》""安礼"[2],也就是以"志于道,据于德,依于仁,游于艺"为教育宗旨,"兴于诗,立于礼,成于乐"[3]也表明教学过程中含有美育的成分。《学记》中的教学评价的内容涉及德育、智育和美育,在当时的历史条件下,把学生看作一个完整的人进行较为全面

---

[1] 高时良编著:《学记评注》,人民教育出版社1982年版,第36页。
[2] 《礼记·学记》
[3] 《论语·泰伯》

的教学评价，兼顾知识技能、情感态度甚至价值观等方面。

随着学生学习年数的增加，《学记》中的教学评价标准越来越高，当达到"大成"的时候，学生必须要做到"知类通达，强立而不反"。"知类，推广其知以辨事类也。通达者，通所知以达于行也。"① 而"强立"就是遇事不会感到困惑和无所适从，"不反"就是不违背老师的教诲。这表明教学评价的"大成"标准是指学生经过深入学习，对广博的知识能够做到融会贯通，形成自己的独特见解，通过独立思考坚定自己的行为，使自己的行为具有很高的内在自觉性。这是一个非常高的教学评价标准，要求学生在较为全面发展的基础之上，培养自己的独立意识和创新精神，形成自己的独特个性。

同时，《学记》中的教学评价的主体是多元的，君王、由君王委托的官吏、管理教育的官员、教师等都可能参与评价，这样使得教学评价的有效性更高。此外，从性质上看，《学记》中的教学评价是定性评价，不是强调定量评价。

虽然我国现代教学评价的应然标准是学生的德智体美劳全面发展，但是在升学和就业的现实压力之下，教学评价自然就以智育至上，分数为准，注重评价的甄别与选拔功能，忽视其他各育，是一种以知识取向为主的评价，实际上降低了教学评价标准。因此，教学评价制度应该以发展性评价为导向，多元评价主体参与评价过程，采用知识、能力、情感、态度等维度有机统一的评价标准，实现定性评价和定量评价相结合，真正通过"全人"评价促进学生的个性化发展。

二、《学记》中教学制度思想与学校文化重建

通常认为，文化与制度之间存在着高度的内在一致性。"文化的存在只有被认同和学习时才是有意义的。而被认同和学习的实现，必须依靠一套相关的制度规则。"② 制度作为文化的一部分，制度文化使人们感觉到实际存在着

---

① 孟宪承主编：《中国古代教育文选》，人民教育出版社1979年版，第99页。
② 曾小华著：《文化·制度与社会变革》，中国经济出版社2004年版，第230页。

的一套文化系统。制度文化偏重于强调制度的文化层面与规则层面的内在一致性，即强调制度的文化精神、价值观、思想意识与制度的习惯、规范、规则、秩序的内在统一性和一致性。文化虽然是一个非常难理解的概念，其影响无处不在，但是可以根据抽象程度分为三个层次：物质文化、制度文化和精神文化。"文化的物质层面是最表层的，而审美趣味、价值观念、道德规范、宗教信仰、思维方式等，属于最深层次，介于两者之间的是种种制度和理论体系。"[①] 所谓学校文化，是"学校全体成员或部分成员习得且共同具有的思想观念和行为方式"[②]。而教学制度是教学实践中形成的教学规范，并使教学主体形成特有的教学行为方式。这说明教学制度与学校文化具有内在一致性，教学制度的目的就是通过改变学校成员的思想观念，形成一定的教学行为方式。教学制度作为学校文化的重要组成部分，一方面反映着学校教育发展变化的时代制约性，另一方面也是学校教育发展水平的具体体现，有丰富的文化内涵和价值属性。[③] 教学制度介于学校文化的物质层面和学校文化的精神层面之间，具有承上启下的作用，既以学校的物质文化为载体，又反映学校的精神文化。由此看来，《学记》中教学制度思想具有丰富的文化意蕴，反映了先秦时期学校的制度文化，在教师文化、课程文化、学生文化等方面提出了独到的见解，也对当前的学校文化重建具有借鉴意义。

1. 审视教师行为规范，提升教师文化的自主性

教师文化总是代表着学校文化，与学校文化相一致，规定着学校的价值系统，体现着学校的文化传统。教师文化也表现出一定的文化特性，与一定的社会阶层相联系，体现着某一特定社会阶层的价值观念和思想规范；教师在与学生相互作用的过程中，随时面临着诸多的选择和决策，这要求教师文化具有专业主义倾向；同时还具有自主性，即教师应该常常感觉自主地支配

---

① 庞朴：《要研究文化的三个层次》，《光明日报》1986 年 1 月 17 日。
② 郑金洲著：《教育文化学》，人民教育出版社 2000 年版，第 240 页。
③ 刘旭东：《论教学制度创新与学校文化重建》，《教育理论与实践》2004 年第 17 期。

着自己的教育教学工作。① 因此，只要改变教师文化的特性，就能够重建教师文化。而《学记》中教学制度思想也通过其教师行为规范展示了特有的教师文化。

《学记》认为教师是统治阶级的一部分，具有很高的社会地位，"为师—为长—为官"的逻辑顺序支持"官师一体"的教师文化。在"政教合一"的先秦时期，教师主要是由官吏充当，尤其是退休官吏。即使在学术下移之后，由于受到儒家的"学而优则仕"的影响，"教师岗位往往成为官吏的暂居地和储备所，具有很大的随意性、变动性和流动性。"② 比如孔子、孟子、荀子等私学大师虽然四处奔波，颠沛流离，创办私学，四处游说，又都期望自己和弟子能够"待价而沽"。后世更是如此，"官师一体"的教师文化被很好地延续下来了，许多人如果不能做官，就退而教学；如果有幸成为官吏，也可以一边做官一边教学。在现代社会，虽然"官师一体"的教师文化在形式上随着教师专业化的不断推进而慢慢隐去，甚至消亡，但是其思想还没有完全退出人们的视野。例如，有时人们往往不看教师的学术成就，而是看他的行政职务，并且和政府官员的行政级别相比附。这使得教师文化中残存着"读书做官论"倾向，不利于建立"以学术为本"的教师文化，使得教师文化与教师专业化的发展趋势相背离，呈现非职业化的特征，增加了教师专业化的复杂度——"即使教师职业的性质正逐步由过去的国家干部转变为专业人员，教师职业实现专业化还需要一个长期的过程"③。因此，在教师文化建设过程中要尽力剔除"官师一体"的教师文化，防止过强的政治化倾向，形成具有职业化特征的教师文化，提高教师的专业化水平。

《学记》对教师提出了很高的专业化要求。"能教"是对一名合格教师的教学行为的规范，教师必须要具有渊博的知识，掌握教学的基本规律，洞悉学生的学习心理，熟练地运用一些教学技巧和技能，以及通过不断反思提升

---

① 郑金洲著：《教育文化学》，人民教育出版社 2000 年版，第 264-268 页。
② 田山俊：《中国古代师资养成特点探究》，《教育史研究》2004 年第 4 期。
③ 劳凯声：《教师职业的专业性和教师的专业权力》，《教育研究》2008 年第 2 期。

自己的教学能力。"善教"是对一名高水平教师的教学行为的规范，其实质是教师通过"喻"，对学生进行启发诱导、因材施教。《学记》对教师行为作出了由低到高的专业化规定，虽然不如专业化程度很高的现代教师教育那样系统化和规范化，但是包含了教师专业化的基本内容，并且在某些方面还提出了很高的要求，特别是在一定程度上考虑了学生的发展需要。"教师的专业成长和学生的全面发展是相辅相成的两个方面，它们的相互关系有赖于教学制度为其预留的空间。这个空间越大，越有利于教和学的发展。"[①] 因此，在教学制度越来越体现人性化特征、为教学主体服务的前提下，教师专业化发展要适应学生全面发展的需要，要使"知识本位""能力本位""价值本位"等取向相结合，使教师成为一个完整的人。从这个意义来看，系统而全面的教师专业化发展为师生共同发展提供了较大的"空间"，更加有利于教与学的和谐发展。

《学记》中教学制度思想指出，因为教师在"建国君民"和"化民成俗"过程中的重要作用，所以社会对教师提出了很高的能力规范，同时教师也获得了很高的社会地位，使"尊师重道"成为了一种社会风尚。即使在最高统治者面前，教师也可以"诏于天子无北面""当其为师，则弗臣也"，这在一定程度上表明教师文化具有很大的自主性，也赋予了教师很大的教学自主性。事实上，如果教师在教学活动中自主性越大，他们的教学成就有可能越大。所以，教育管理部门和学校要尽可能减少与教学无关的干扰，在教学制度的合理范围之内尽可能赋予教师更大的教学自主性，给予教师更多的教学自由，使教师有更多的时间和空间关注教学，让教师文化的自主性真正体现在教学过程中。

2．"论学取友"，促进学生文化的回归

学生文化是有别于学校主流文化的亚文化，是学生某一群体或某些群体共有的价值观念和行为方式。学生文化不但对群体内成员具有明显的保护功

---

① 刘旭东：《教学制度创新与改善教师教学行为》，《青海民族学院学报（社会科学版）》2004年第2期。

能和发展功能，而且"对学校生活的许多方面都发挥着重要影响，学生往往通过他们的群体而与学校发生联系"①。美国学者克拉克（B. R. Clark）对学生文化的分类研究最具代表性，他曾将中学生同辈文化分为三种类型。第一种是玩乐型亚文化（the fun subculture），其旨趣主要在于各种文体活动；第二种为学术型亚文化（the academic subculture），其关注中心在于学科课程的学习及学术性课外活动的参与；第三种是违规型亚文化（the delinquent subculture），其特征是回避乃至反抗整个学校教育过程。② 其中学术型亚文化与学校主流文化的价值取向一致，对学校文化有很强的补充性，能够促进学生形成良好的学习行为方式。《学记》中教学制度思想主张生生关系的规范是"论学取友"。这种学生之间的规范有利于形成学术型的学生同辈文化，学生把眼前的学习和将来的发展联系起来，与朋友在一起通常讨论与学习相关的话题，使学生"乐其友而信其道"。但是，由于"为了学生发展"的理念没有真正变为现实，主要是片面促进学生的智力发展和过分强调教学的社会工具价值，忽视了学生的"全人"发展和个性发展，所以学生很难达到"善学"和"乐学"的学习境界。相应地，学术型亚文化就很难在学生群体中建立起来，致使玩乐型亚文化、违规型亚文化等在学校大行其道，削弱了学校主流文化的影响。《学记》中教学制度思想通过"论学取友"来规范学生的交友行为，并且在教学过程中，注重德、智、美等方面的教育，比较全面地促进学生发展。这对于当前通过推进教学制度创新，回归学术型亚文化，构建促进学生学习的学校文化，具有较大的参考价值。

3. 注重课程设置的人文性，找寻缺失的人文精神

所谓课程文化的内涵主要包含两个方面，一是课程体现一定的社会群体的文化，二是课程本身的文化特征。③ 由于《学记》产生于农耕文明的早期，当时的科技水平极其低下，科学教育主要在生产劳动和生活过程中通过模仿

---

① 郑金洲著：《教育文化学》，人民教育出版社2000年版，第325页。
② 吴康宁著：《教育社会学》，人民教育出版社1998年版，第233页。
③ 郑金洲著：《教育文化学》，人民教育出版社2000年版，第288页。

进行学习,而教育目的主要是培养统治者所需要的治术人才,所以《学记》中的课程体现了当时统治阶级的文化特性——突出的伦理政治性。而课程本身也具有明显的人文性,课程计划体现了以治理国家和社会为需要的社会价值,课程内容主要提到了"诗""礼""乐"等人文课程。如果"我国古代的'课程'实际上是'学程',只有教学内容的规范,没有教法的规定"①,那么,《学记》中的课程没有像近代的"教程"一样明确教学的范围和进程,这可以让师生在"粗线条"的课程设置下发挥自身在教学中的主观能动性,实现教学过程的动态生成,促进学生对知识的主动建构。这在一定程度上也彰显了《学记》中的课程的人文性。

先秦时期,尤其是春秋战国时期,是中国文化的"轴心时代",这一时期的文化出现了以人文社会科学为主的"百家争鸣"的繁荣景象。② 由此,《学记》中的课程作为当时的文化精华,必然体现时代所赋予的丰富的人文性。这种丰富的人文性使人具有较高的人文修养,其精神世界更加充实。而在科学技术飞速发展的今天,课程的科技理性日益"排挤"其人文性,使人的精神世界变得"苍白"和支离破碎。在现实的教育实践中,仍然存在着课堂教学的本真意义缺失的现象,所以,课程变革要遵循科学与人文整合的课程文化观,构建科学主义课程与人文主义课程相互整合的科学人文性课程,实现以科学为基础,以人自身的完善和解放为最高目的,强调人的科学素质与人文修养的辩证统一,致力于科学知识、科学精神和人文精神的沟通与融合,真正建立起科学理性基础之上的人文精神。③

三、《学记》中教学制度思想与课堂教学变革

对于课堂教学而言,《学记》中的相关论述比较多。其中关于教学组织形

---

① 施良方著:《课程理论——课程的基础、原理与问题》,教育科学出版社1996年版,第2页。
② 张岱年、方克立主编:《中国文化概论》,北京大学出版社2004年版,第64页。
③ 靳玉乐:《论基础教育课程发展的新理念》,《教育理论与实践》2002年第4期。

式、师生关系、生生关系等方面的论述较为丰富,对于当前的课堂教学变革具有较大的借鉴意义。

1. 反思教学组织形式,激发其应有的活力

在课堂教学的诸多组织形式之中,班级授课制在当下处于垄断地位。这一方面使班级授课制具有规模效应,能够给更多的人提供教育机会。但另一方面,班级授课制在学校不断制度化的过程中变得越来越没有生气,反而"禁锢"了班级授课制的"光芒"。而《学记》所倡导的教学组织形式,对现代教学组织形式的变革具有一定的参考价值。

(1) 嵌入个别教学,提升班级授课制的弹性

《学记》论述了以个别教学为主,以复式教学和班组教学为辅的教学组织形式。这是与古代生产力水平低下、教学手段以语言为主、教学方法主要采取口耳相传等状况相适应的,是个体小手工业生产方式在教学领域的反映。由于个别教学的课程设置不统一、教学进度各不相同,以及教学时间先后不一,使得教学进展缓慢,教学效率低下。但《学记》恰恰展示了个别教学的最大优点——有利于教师根据学生在学习中所表现出来的"多寡易止"的个性心理进行因材施教、"长善救失",这恰恰是班级授课制的最大不足之处。事实上,班级授课制是让所有学生享有实质上"均等"的学习过程,其基本精神是:为了使所有学生达到同一目标,因而应使他们享有学习的等量时间;为了使所有学生沿着同一路径实现目标,因而应使他们学习同样的内容。[①] 这使得班级授课制具有整齐划一的刚性特征。在不断追求效率和标准化的过程中,班级授课制的弹性不足,其刚性特征越来越成为了阻碍学生个性发展的障碍,即使有时注意增强班级教学的灵活性,也是以维护班级的完整性为前提的。然而,教学制度的选择应当以满足每一个人的发展需要为原则,只要有助于学生的发展,所选择的教学制度应当是可以接受的,班级授课制因此

---

① [日]佐藤正夫著,钟启泉译:《教学原理》,教育科学出版社 2001 年版,第 401 页。

是可以变通的。① 班级授课制必须尽可能考虑到如何引入个别教学，增强自身的灵活性，也就是在班级教学中恰当地实行个别化教学，从而满足学生的个别需要。

（2）复式教学适应人口变化的现实需求

虽然《学记》中所记述的复式教学还只是一个雏形，与现代的复式教学也有很大差别，但已经包含了复式教学存在的主要因素，比如教学条件落后、教师少、学生相互之间的年龄悬殊和学习程度差距较大等。这对于今天的教育教学也是有参考价值的。因为无论是发展中国家，还是发达国家，复式教学仍然是一种非常普遍的教学组织形式。比如，1988年，澳大利亚北部地区40%的学校含有复式教学班；瑞典1987—1988年的可比数字为35%；法国1987—1988年学校中的22%为复式教学班；英国1987—1988年有6.3%的学校学生注册人数少于50名，复式教学的情况正在增多。② 随着城市化进程，农村人口密度变得越来越小，复式教学在农村地区，尤其是小学教育阶段是一种比较合理的选择。只要有效地采用这种教学组织形式，复式教学就能够减少教育资源的投入，提高教育资源的利用效率，取得较好的教学质量。③ 现阶段，我国广大农村地区的人口密度不断减小，入学适龄儿童的数量也大幅度下降，复式教学就可能成为农村地区的一种比较理想的教学组织形式，通过整合优化有限的教学资源，从而提升教学质量。但是在一些地方，复式教学没有受到应有的重视，所以，有必要克服只有单式班才是正规学校的认识偏见，使复式教学在基础教育中处于重要位置。④ 当然，复式教学组织形式可以结合班级授课制、班组教学形式等集体教学形式，也可以结合个别化教学，

---

① 刘旭东：《教学制度创新与改善教师教学行为》，《青海民族学院学报（社会科学版）》2004年第2期。

② 蓝健、章鹏远：《国际复式教学的现状与趋势》，《天津市教科院学报》2004年第1期。

③ 张素蓉：《论复式教学在基础教育规模布局调整中的作用》，《教育学报》2005年第2期。

④ 吕晓虹：《复式教学在义务教育中的地位及前景》，《教育评论》1999年第3期。

实现优势互补，提高教学质量，促进学生的全面发展和个性发展。

2. 以"和"引导师生关系，构建和谐课堂

正如赞可夫所说："就教育工作的效果来说，很重要的一点是看师生之间的关系如何。"[①] 教学过程中师生关系的情况如何，在一定程度上决定了教学效果。"和"是《学记》中师生关系的准则，是和谐的师生关系的理想状态。和谐的师生关系要求教师做到"道而弗牵"，使学生"安其学而亲其师"、"继其志"，经过努力学习达到"知类通达，强立而不反"的状态，成为具有独立人格和创新精神的高素质人才。同样，和谐的师生关系要求学生"尊师重道"，要尊重教师、尊重教师的教诲；要"善学"，主动学习，让教师的工作事半功倍，"师逸"而使教师感到教学的乐趣。在一定程度上，《学记》所倡导的师生关系体现了"以生为本"的理念，有利于构建"和谐课堂"。因为从师生关系的状态来看，"和谐课堂"是师生心灵融通、情感共振的绿洲，师生关系体现出民主、平等、融洽的特征。[②]

在以"和"为准则的师生关系的指导下，《学记》中生生关系的准则是"论学取友"。这种生生关系是以促进学习为目的的学生之间的交往，要求学生远离以吃喝玩乐为主的"燕朋"，追求相互促进的"益友"，甚至是志同道合的"诤友"。至于实现"论学取友"的途径和方法，《学记》认为是在学生的学习生活中采取"相观而善"。"相观而善"说明学习需要通过学生之间相互观摩而获得进步，同时也能够促进学生之间建立良好的关系。

教育社会学的研究表明，由于家庭与学校无法完全满足学生的平等需要，无法成为学生完全自由地展现自己、充分发挥自己潜力的场所。学生为了寻求可使自己获得真正的平等、民主与自由的另一种世界，就会组成学生同辈群体。这种同辈群体会对学生的社会能力产生促进作用。[③] 学生群体由于在价

---

① [苏] 赞可夫著，杜殿坤等译：《教学与发展》，文化教育出版社1980年版，第6页。
② 彭泽平：《"和谐课堂"论——基于"和谐社会"构建与素质教育实施的课堂观》，《中国教育学刊》2006年第4期。
③ 吴康宁著：《教育社会学》，人民教育出版社1998年版，第228-232页。

值观上的趋同而可能导致学习行为上的趋同，这种趋同具有强烈的"感染性"，有时甚至超过师生关系的作用，因此良好的生生关系就显得很重要。由此看来，如果能够合理利用同辈群体的强烈的"感染性"，引导学生在学习上"相观而善"，使学习行为上的趋同向好的方面发展，就能够真正地建立起以促进学习、追求进步为旨归的生生关系。

如果以"和"为准则的师生关系与以"论学取友"为准则的生生关系紧密配合，那么，我们就能够实现教学之"兴"，远离教学之"废"，构建以民主、平等、融洽为特征的"和谐课堂"，实现"教学相长"，促进师生共同发展。

第二章 汉代太学的教学环境

元朔五年（前124年），汉武帝采纳董仲舒提出的创办太学的建议，"臣愿陛下兴太学，置明师，以养天下之士，数考问以尽其材，则英俊宜可得矣。"① 为博士置弟子，标志着汉代太学的正式设立。它是我国历史上第一所官办的为统治阶级培养人才的正规大学，也是汉代中央官学的主要形式。汉代太学作为我国封建社会官办的高等学校，是商朝和西周时期官立大学在新的历史条件下的继续发展，更是战国时代在私学基础上形成的比较松散的官立大学——稷下学宫的进一步完善。从太学的建立到停办共经历了高祖到景帝末年的酝酿期、武帝到昭宣时期的初兴期、元成哀平到新朝的畸形发展期、光武帝到明章帝时期的重振期、和安时期的萧条期、顺帝时期到东汉末年的再度畸形发展直至停办期六个阶段。

教学环境是指对教学活动产生直接或间接作用的所有因素的有机集合。教学环境作为一个由诸多因素相互作用而构成的复杂系统，主要涉及教学建筑、设备、制度、校风班风、校园文化、学校传统仪式、人际关系、教师期望、学生心理等因素。从这些因素出发，教学环境可以分为物质空间环境、制度文化环境与人际心理环境。当然，汉代太学的教学环境也是由许多因素构成的复杂系统。但是由于时代的特殊性和局限性，汉代太学的教学环境所涉及的因素主要包括以下几个方面：物质空间环境中的校舍及其空间环境，

---

① ［东汉］班固撰：《汉书》卷五十六《董仲舒传》，中华书局1962年版，第2512页。

制度文化环境中的学校制度和校风建设，人际心理中的师生和生生关系等。

第一节 汉代太学教学环境的基本状况

任何教学活动都必定在一定的环境中进行，汉代太学虽然是我国历史上最早的官办正规大学，但是在其教学活动展开的过程中也逐渐形成了自己独特的教学环境。

一、物质空间环境

物质空间环境是学校进行正常教学活动所必备的条件，也是教学活动的基础，教学活动离开物质空间环境便无从谈起。一般来说，教学物质环境应包括校园环境建设、校舍建设、教学器具设施等。由于时代久远，关于汉代太学的物质空间环境建设，我们不能进行全面的考察研究，只能依据文献记载主要对太学的校舍建设及其位置空间等加以尝试性的研究。

许多研究者对校舍进行了探讨。"有人认为成帝兴辟雍才正式有了太学的校舍，也有人认为在王莽建舍万区之后，甚至有的说是在东汉光武帝把太学和辟雍分立时"[1]。程舜英认为汉武帝未设博士之前已有博士授徒的黉舍，到汉武帝时期重新扩建其成为太学校舍。原因有二：一是公孙弘为博士官置弟子员的奏议中提到"请因旧官而兴焉"，马端临为其注释"旧官为博士；旧，授徒之黉舍也。至是，官置弟子员，来者既众，故因旧黉舍而兴修之"[2]。二是，宣帝时王式就任博士职位时就住在太学博士舍，《汉书·儒林传·王式》记载"诏除下为博士。……既至，止舍中，会诸大夫博士"。何武曾歌于太学下，"武等学长安，歌太学下"[3]。哀帝时博士弟子王咸为救鲍宣举幡于太学

---

[1] 程舜英编著：《两汉教育制度史资料》，北京师范大学出版社1983年版，第85页。
[2] [元]马端临撰：《文献通考》卷四十《学校考一》，商务印书馆1936年版，第382页。
[3] [东汉]班固撰：《汉书》卷六十四《王褒传》，中华书局1962年版，第2821页。

下，《汉书·鲍宣传》有"博士弟子济南王咸举幡太学下"的记载。

最早详细记载太学校舍的材料集中在王莽时代。《三辅黄图》记载："王莽作宰衡时，建弟子舍万区，起市郭上林苑中。"《汉书·王莽传上》记载：汉平帝元始四年，王莽"奏起明堂、辟雍、灵台，为学者筑舍万区，作市、常满仓，制度甚盛"。《三辅旧事》记载："汉太学中有市有狱。"黄图曰："礼，小学在公宫之南，太学在城南，就阳位也。去城七里。王莽为宰衡，起灵台，作长门宫（当为常满仓），南去堤三百步。起国学于郭内之西南，为博士之官寺门，北出正于其中央为射宫门，出殿南向为墙，选士肄于此中。北之外为博士舍三十区，周环之。北之东为常满仓，仓之北为会市。但列槐树数百行为队，无墙屋。诸生朔望会此市，各持其郡所出质物及经书、传记、笙磬乐器，相与买卖。雍容揖让，或论议槐下。其东为太学官寺，门南出，置令丞吏，诘奸宄，理讼词，……学士同舍，行无远近皆随檐，雨不涂足，暑不暴首。"① 由此可以看出，西汉太学建在上林苑中，周围有会市、狱、常满仓、殿堂、博士舍等。一般认为，这里的上林苑是武帝所建。

东汉建都洛阳，其太学建在都城之南。《后汉书·光武帝纪》注引中提到陆机在《洛阳记》曾写道：太学设在"洛阳城故开阳门外，去宫八里，讲堂长十丈，广三丈"。此外，《洛阳记》又有这样的记载："太学在洛城南开阳门外，讲堂长十丈，广二丈。堂前石经四部。本碑凡四十六枚，西行，《尚书》《周易》《公羊传》十六碑存，十二碑毁。南行，《礼记》十五碑悉崩坏。东行，《论语》三碑，二碑毁。《礼记》碑上有谏议大夫马日碑、议郎蔡邕名。"② 考古资料证明，"（东汉）太学遗址范围很大，经勘探和试掘，有两处：一部分在辟雍之北，东西长200米，南北长100米；一部分在辟雍东北，南北长200米，东西长150米。灵帝熹平四年（175年）由蔡邕用隶书写成的石经46

---

① ［清］王先谦撰：《汉书补注》（卷九十九），中华书局影印本1983年版，第1686页。
② ［南朝宋］范晔撰：《后汉书》卷六十下《蔡邕传》注引，中华书局1965年版，第1990页。

块，立于太学门前，称为《一体石经》或《熹平石经》。"① 根据以上记载，东汉时期的太学位于都城洛阳之南的开阳门外，其讲堂长十丈，宽两丈或三丈，门前立有石经，周围有辟雍等礼制性建筑与之毗邻。

二、制度文化环境

"没有规矩不成方圆"，学校作为社会的一个细胞也必然需要一套制度文化体系来约束和指导师生行为，以使教学能有秩序地运行。汉代太学在长期的教学实践中，逐渐形成了自身的一系列规章制度、行为规则和文化氛围——对教材的规范、教师教学行为准则的把握、太学生学业评价制度的确立，以及积极向上校风的形成，从而构建了较好的制度文化环境，保证了教学活动的顺利进行。

1. 学校教学制度

汉武帝"罢黜百家，独尊儒术"后，儒学经典成为汉代太学的主要教材，在教学过程中恪守师法家法以保证儒家的学术统治地位和统治者指导思想的延续性，并且将考试作为考查太学生学术水平，以及选拔治国人才的主要手段。

（1）以儒家经典为主的教材规范

在武帝之前，汉朝一直以黄老学说作为统治阶级治理国家的指导思想，虽然儒家思想也曾经为汉家政权的巩固起到了不可忽视的作用，但是武帝之前的六七十年间始终未能以正统思想的面目出现。武帝即位以后，儒学才被统治者所重视。此后儒家思想开始深入人心，作为汉代最高学府的太学，其教学所用教材也自然非儒家典籍莫属。

建元元年（前140年），武帝下诏令丞相、御史、列侯、中二千石、二千石、诸侯相举贤良方正直言极谏之士。"丞相绾奏：'所举贤良，或治申、商、

---

① 查瑞珍编著：《战国秦汉考古》，南京大学出版社1990年版，第302-303页。

韩非、苏秦、张仪之言，乱国政，请皆罢。'"① 这就从国家取士的角度将一些不合社会发展需求的学说排斥在外，如果说这个建议是为儒家学说步入正统扫清了道路的话，董仲舒的对策则是直接举起了儒家思想的大旗。他在对策中明确提出："春秋大一统者，天地之常经，古今之通谊也。今师异道，人异论，百家殊方，指意不同，是以上亡以持一统；法制数变，下不知所守。臣愚以为诸不在六艺之科孔子之术者，皆绝其道，勿使并进。邪辟之说灭息，然后统纪可一，而法度可明，民知所从矣。"② 这就从理论上确立了儒家的地位。儒家学说之所以能被统治者所重视，也与其本身适应当时的社会发展有很大的关系。首先，汉时所倡导的儒家学说是经过一批儒者根据时代的需要逐步改进而成的新儒学，本身比较适合当时时代发展的需要，同时也适合一心要建功立业的武帝的政治需求。其次，儒学本身博大精深，涵盖了各种学科的内容。有人认为："《易》属于哲学范畴；《尚书》记录了虞、夏、商、周的言和事，既属于历史学，又包含了历史地理学和政治学的一些内容；《诗经》是我国西周、春秋时代的一部诗歌总集，既是一门音乐艺术学，又是一门文学历史学；《礼经》共十七篇，详细记录了礼的仪节，从内容上看，它既是政治学，又是民俗学，也是军事学；《春秋》是一部史书，属于历史学。"③

汉代太学所用教材虽主要是儒家的经学，但是经学的设置并非一成不变，而是随着时代的变化和皇帝的喜好而有所改变。汉武帝初设"五经"主要有《诗》齐、鲁、韩，《欧阳尚书》，《田氏易》，《后苍礼》，《公羊春秋》。汉宣帝时期增设《尚书》大、小夏侯，《穀梁春秋》，《易》施、孟、梁丘。汉元帝时期增设京氏《易》。东汉时期没有大的变化。《论语》和《孝经》也是儒家的经典之作，虽然没有五经的地位显赫，但是它们却是学习五经的基础课程。据《汉书》记载，匡衡曾经奏曰："臣闻六经者，圣人所以统天地之心，著善恶之归，明吉凶之分，通人道之正，使不悖于其本性者也。故审六艺之指，

---

① ［东汉］班固撰：《汉书》卷六《武帝纪》，中华书局1962年版，第156页。
② ［东汉］班固撰：《汉书》卷五十六《董仲舒传》，中华书局1962年版，第2523页。
③ 何旭娟：《两汉校园文化初探》，湖南师范大学硕士学位论文2003年，第14页。

则人天之理可得而和，草木昆虫可得而育，此永永不易之道也。及《论语》《孝经》，圣人言行之要，宜究其意。"① 由此可以看出《论语》和《孝经》的重要性。

太学创建之初，由于没有统一的教材，各家各派之间从对经书的内容到对经书的解释，特别是在政治倾向上都存在着很大的分歧，因此各派之间经常进行辩论。到了西汉末年，各派之间的分歧更为突出，甚至相互攻击。为了解决这种混乱局面，发挥经学稳定国家的真正用途，统治者主持了官方干预下的几次影响深远的辩论。据史料记载，最早是西汉宣帝甘露三年的石渠阁会议，这次会议由当时任太子太傅的萧望之主持，辩论五经异同。第二次是东汉章帝建初四年的白虎观会议，这次会议意在纠正当时学派林立、章句繁琐带来的弊病，会议后总结各派各家观点，编定了《白虎通义》。虽然官方出面干预，但是并没有从根本上解决经学带来的混乱局面，甚至东汉时发生了考生用金钱贿赂考官私改经书的现象。因此，灵帝熹平四年第三次正五经，并立石碑于太学门外，这标志着统一教材的产生。

(2) 恪守师法家法的教师行为准则

现代教师为达到教学目标可以采用各种教学方法、教学手段等，但是汉代太学则完全不同。由于秦始皇的焚书行为导致经书的残缺，以及汉统治者统一思想维护皇权的需求，汉代太学就对教师的教学行为进行规范，从而达到太学为统治者服务的目的。在教学过程中，恪守师法家法便是汉代太学教师最基本的教学行为准则。

汉代太学教学过程十分注重师法家法。总体来讲西汉时期重师法，东汉重家法。清末今文经学家皮锡瑞在《经学历史》中对师法家法作了如下解释："前汉重师法，后汉重家法。先有师法，而后能成一家之言。师法者，溯其源；家法者，衍其流也。师法、家法所以分者：如《易》有施、孟、梁丘之学，是师法；施家有张、彭之学，孟有翟、孟、白之学，梁丘有士孙、邓、

---

① ［东汉］班固撰：《汉书》卷八十一《匡衡传》，中华书局1962年版，第3343页。

衡之学，是家法。家法从师法分出，而施、孟、梁丘之师法又从田王孙一师分出者也。"① 程舜英在《两汉教育制度史资料》中对皮锡瑞的话作了进一步的解释："师法是源，家法是流。师法是干，家法是枝。例如，《易》有施、孟、梁丘之学是师法，他们的弟子再传下去又可分为小派别，如施仇授张禹，禹授彭宣叫家法。"②

  西汉时期，因为十分注重经学传授中的师法，就有人因此而被推荐为博士。"张禹……甘露中，诸儒荐禹，有诏太子太傅萧望之问。禹对《易》及《论语》大义，望之善焉，奏禹经学精习，有师法，可试事。"③ 但是如果改师法就会与太学无缘。孟喜就是一个因改师法而被逐出太学的例子。孟喜"从田王孙受《易》，喜好自称誉……博士缺，众人荐喜。上闻喜改师法，遂不用喜"④。东汉重家法在史书中有明确的记载。《后汉书·儒林传》就明确记载："立五经博士，各以家法教授。"⑤ 皇帝对经学的家法也是十分重视，安帝就曾令通儒校对家法："四年，帝以经传之文多不正定，乃选通儒谒者刘珍及博士良史诣东观，各雠校家法，令伦监典其事。"⑥ 东汉徐防还针对太学考博士弟子不遵守家法而奏曰："伏见太学试博士弟子，皆以意说，不修家法，私相容隐，开生奸路。每有策试，辄兴诤讼，论议纷错，互相是非。孔子称'述而不作'，又曰'吾犹及史之阙文'，疾史有所不知而不肯阙也。今不依章句，妄生穿凿，以遵师为非义，意说为得理，轻侮道术，浸以成俗，诚非诏书实选本意。"⑦

  （3）以考试作为尺度的评定制度

---

① 周予同注释：《经学历史》，中华书局 1959 年版，第 136 页。
② 程舜英编著：《两汉教育制度史资料》，北京师范大学出版社 1983 年版，第 49 页。
③ ［东汉］班固撰：《汉书》卷八十一一《张禹传》，中华书局 1962 年版，第 3347 页。
④ ［东汉］班固撰：《汉书》卷八十八《儒林传》，中华书局 1962 年版，第 3599 页。
⑤ ［南朝宋］范晔撰：《后汉书》卷七十九上《儒林传》，中华书局 1965 年版，第 2545 页。
⑥ ［南朝宋］范晔撰：《后汉书》卷七十八《宦官列传》，中华书局 1965 年版，第 2513 页。
⑦ ［南朝宋］范晔撰：《后汉书》卷四十四《徐防传》，中华书局 1965 年版，第 1500 页。

汉代太学严格的考试制度作为一种学校教学制度环境，从根本上影响着太学的教学。汉代太学的考试制度在太学创建之初主要是为了招揽人才，"数考问以尽其材，则英俊宜可得矣"①。但是到后期随着太学生人数的不断增加，太学考试的管理职能和取士职能日益明显。但是不论从选拔人才的角度出发，还是从管理职能的视角来看，太学的考试制度都为汉代统治阶级培养了大批人才。

汉代太学最初对太学生每年考试一次，到了东汉桓帝永寿二年，由于太学生人数的增加，将原来每年考试一次改为每两年考试一次。太学生的考试形式主要是"射策"。颜师古在注《汉书·萧望之传》中曾解释为："射策者，谓为问难疑义书之于策，量其大小置为甲、乙之科，列而置之，不使彰显。有欲射者，随其所取而释之，以知优劣。射之，言投射也。"② 因此有人认为"射策"类似今天的抽签考试。

汉代太学的考试制度随着时间的推移，从西汉末年之后曾经出现过几次大的变动。首先，王莽时期不仅增加了录取名额，还将原来的甲、乙两科改为甲、乙、丙三科。"岁课甲科四十人为郎中，乙科二十人为太子舍人，丙科四十人补文学掌故。"③ 东汉初年又恢复了甲、乙科。和帝时，根据徐防的建议又进一步对太学的考试进行了改革："臣以为博士及甲乙策试，宜从其家章句，开五十难以试之，解释多者为上第，引文明者为高说。若不依先师，义有相伐，皆正以为非。五经各取上第六人，《论语》不宜射策。"④ 即根据每经的章句内容出五十道题，五经各取前六人，《论语》不在射策之列。质帝时进一步进行改革，不分甲乙科，只取高第之人。"岁满课试，以高第五人补郎中，次五人太子舍人"⑤。那么每经取10人，五经不过50人，与太学多至三

---

① ［东汉］班固撰：《汉书》卷五十六《董仲舒传》，中华书局1962年版，第2512页。
② ［元］马端临撰：《文献通考》卷四十《学校考一》，商务印书馆1936年版，第383页。
③ ［东汉］班固撰：《汉书》卷八十八《儒林传》，中华书局1962年版，第3596页。
④ ［南朝宋］范晔撰：《后汉书》卷四十四《徐防传》，中华书局1965年版，第1501页。
⑤ ［南朝宋］范晔撰：《后汉书》卷六《质帝纪》，中华书局1965年版，第281页。

万余人的太学生总数比起来，显得凤毛麟角。到桓帝永寿二年，由于太学生人数的进一步增加，太学考试进行了综合性的改革。据《文献通考》记载："学生满两岁试，通二经者补文学掌故；其不能通二经者，须后试复随辈试之，通二经者亦得为文学掌故。其已为文学掌故者，满二岁试，能通三经者，擢其高第为太子舍人；其不得第者，后试复随辈试，第复高者亦得为太子舍人。已为太子舍人，满二岁试，能通四经者，推其高第为郎中；其不得第者，后试复随辈试，第复高者亦得为郎中。满二岁试，能通五经者，推其高第补吏，随才而用；其不得第者，后试复随辈试，第复高者亦得补吏。"① 这将原来的一年一试改为两年一试，这次考不中者可以下次再参加考试，本次考中者也可以参加下次考试，以获得更高的职位，但是每次录取的人数并没有明确规定。这种考试制度虽然减轻了太学生的压力，使太学生可以参加多次考试，为培养儒学通才打开了方便之门，但是在学习年限上却延长了很多。这是东汉末年儒学发展的趋势，由此也造成了"结童入学，白首空归"② 的现象。对于在儒家经典中苦苦求索一生而终无所获的皓发之人，汉朝政府也给予他们一定的补偿。灵帝熹平五年，"试太学生年六十以上百余人，除郎中、太子舍人至王家郎、郡国文学吏"③。献帝初平四年，献帝诏曰："今耆儒年逾六十，去离本土，营求粮资，不得专业。结童入学，白首空归，长委农野，永绝荣望，朕甚愍焉。其依科罢者，听为太子舍人。"④ 当时长安城中还流传了一首民谣，也生动地再现了白发太学生的形象："头白皓然，食不充粮。裹衣褰裳，当还故乡。圣主愍念，悉用补郎。舍是布衣，被服玄黄。"⑤

2. 积极向上的校风

---

① ［元］马端临撰：《文献通考》卷四十《学校考一》，商务印书馆1936年版，第387页。
② ［南朝宋］范晔撰：《后汉书》卷九《献帝纪》，中华书局1965年版，第374页。
③ ［南朝宋］范晔撰：《后汉书》卷八《灵帝纪》，中华书局1965年版，第338页。
④ ［南朝宋］范晔撰：《后汉书》卷九《献帝纪》，中华书局1965年版，第374页。
⑤ ［南朝宋］范晔撰：《后汉书》卷九《献帝纪》（注引），中华书局1965年版，第374页。

校风是一种独特的教学环境，一旦形成便对生活于其中的教师和学生产生潜移默化的影响。它是学校内师生在共同的目标下，经过长期的集体努力所形成的行为风气。汉代太学的博士与太学生在长期的教学活动过程中也逐渐形成了自己独特的校风。

(1) 尊师重教

汉代太学的教师称为博士。博士本身并不是汉代独创，早在春秋战国时期便以"士"的形式而出现，但是当时只是作为一般学识渊博者的统称，并非官名。战国时期，各国君主为加强中央集权，图强称霸，纷纷打破传统的世卿世禄制，招贤纳士。由于博士通古达今，博学强志，能够充当君主的参谋或顾问，齐、魏、秦三国都设置了博士官。[1] 此后"博士"便由泛称变为官职名称。[2] 秦朝也设置了一定数量的博士官职。汉承秦制，到汉武帝时，不仅为博士置弟子员，而后还增加了学官这一职能。本书主要涉及博士作为太学教师的角色。

汉代的统治者十分尊重太学的博士，主要表现在以下两个方面。

首先，在政治上得到统治者的礼遇。汉代的统治者用儒家学说来控制人们的思想和行为，汉代的教育实际上就是经学教育，博士作为太学的教师，也是经学的最高代表，自然会受到统治者的各种礼遇。《汉官仪》曰："天子冠通天，诸侯王冠远游，三公诸侯冠进贤三梁，卿、大夫、尚书、二千石、博士冠两梁，二千石已下至小吏冠一梁。"[3] 这就说明汉代的博士在服装上可以与卿、大夫等这些上等的官员一样。在等级森严的封建社会里，博士在着装上能受到如此待遇足见他们的政治地位已非同一般了。

其次，在经济上享受特殊的待遇。博士享有比较高的俸禄，《汉书·百官公卿表》记载："博士，秦官，掌通古今，秩比六百石，员多至数十人。"[4] 国

---

[1] 姜维公著：《汉代学制研究》，中国文史出版社2005年版，第149页。
[2] 王国维著：《观堂集林》（第一册），中华书局1959年版，第175页。
[3] [南朝宋] 范晔撰：《后汉书》卷二《显宗孝明帝纪》（注引），中华书局1965年版，第100页。
[4] [东汉] 班固撰：《汉书》卷十九上《百官公卿表》，中华书局1962年版，第726页。

家除了给博士高俸禄之外，还为他们设置了专门的居所。《汉书·儒林传》记载王式"诏除下为博士。……既至，止舍中，会诸大夫博士"①。王先谦《汉书补注》引沈钦韩曰："起国学于郭内之西南，为博士之官寺门，北出正于其中央为射宫门，出殿南向为墙，选士肄于此中。北之外为博士舍三十区，周环之。"② 这说明汉朝政府为博士设置了专门的住所。除了以上这些之外，皇帝还会给博士额外的一些赏赐，据《东观汉纪》记载："甄宇，北海人，建武中，……每腊，诏书赐博士羊，人一头，羊有大小肥瘦。时博士祭酒议欲杀羊，称分其肉。宇曰：'不可。'又欲投钩，宇复耻之。宇因先自取其最瘦者，由是不复有争讼。后召会，诏问瘦羊甄博士，京师因以号之。"③ 这段话虽然是记载了博士分羊的事情，但是从另一方面却肯定了皇帝对博士的赏赐是确有其事。高俸禄、专门的住所、皇帝的赏赐等表明了汉代博士具有相当高的经济地位。

从上面的分析可以看出，汉代的博士受人尊敬，地位非常显赫。因此汉代十分重视博士的质量，对博士的遴选非常严格。《汉官六种》记载武帝时期对博士的要求："取学通行修，博学多艺，晓占文尔雅，能属文章者为高第。朝贺位次中郎官史。称先生，不得言君，其真弟子称门人。"④ 可以看出博士选拔不仅要求学术水平高，品行也有一定的要求。到成帝时期又有了新的规定："古之立太学，将以传先王之业，流化于天下也。儒林之官，四海渊原，宜皆明于古今，温故知新，通达国体，故谓之博士。否则学者无述焉，为下所轻，非所以尊道德也。'工欲善其事，必先利其器。'丞相、御史其与中二千石、二千石杂举可充博士位者，使卓然可观。"⑤ 进一步要求博士不仅要有"明于古今"的渊博知识，"温故知新"的治学能力，还要有能够为人师表的风范。到东汉时期，不仅对学术和道德有要求，还增加了新的要求。首先，

---

① ［东汉］班固撰：《汉书》卷八十八《儒林传》，中华书局1962年版，第3610页。
② ［清］王先谦撰：《汉书补注》（卷九十九），中华书局影印本1983年版，第1686页。
③ 吴树平校注：《东观汉纪校注》，中州古籍出版社1987年版，第807页。
④ 周天游点校：《汉官六种》，中华书局1990年版，第89页。
⑤ ［东汉］班固撰：《汉书》卷十《成帝纪》，中华书局1962年版，第313页。

征召的博士要经过考试，文献记载："西京博士，但以名流为之，无选试之法。中兴以来，始试而后用，盖既欲其为人之师范，则不容不先试其能否也。"① 其次，博士的年龄必须在五十岁以上。最后，博士的身体必须达到一定的健康标准。此外，还要求举荐人必须写"保举状"。

(2) 通经致用

通经致用是汉代经学教育的目的，所谓通经致用就是学通经书以用于时事。对个人而言，通经致用不外乎学通经书以求得功名，为自己及家族带来无限的荣光与好处。公孙弘在拟定的从太学选择官员的方案中就明确规定："以治礼掌故以文学礼义为官，迁留滞。请选择其秩比二百石以上及吏百石通一艺以上补左右内史、大行卒史，比百石以下补郡太守卒史，皆各二人，边郡一人。先用诵多者，不足，择掌故以补中二千石属，文学掌故补郡属，备员。"② 此后，"文学礼仪"通一经以上者都有加官进爵的资本，而且通经多者会被优先考虑。事实上，汉代特别是武帝以后，许多高级官员都是因为通经而被重用的。贡禹因通经而官至御史大夫，匡衡因擅长鲁诗而官至丞相，如他们一样由于通经而加官进爵、地位显赫的人多不胜数。班固在《汉书》中曾经写道："自孝武兴学，公孙弘以儒相，其后蔡义、韦贤、玄成、匡衡、张禹、翟方进、孔光、平当、马宫及当子晏咸以儒宗居宰相位，服儒衣冠，传先王语。"③ 因此，在太学中，博士讲经时也通常以官位和地位来引导学生，夏侯胜就是一个很明显的例子。"胜每讲授，常谓诸生曰：士病不明经术；经术苟明，其取青紫如俯拾地芥耳。学经不明，不如归耕。"④ 东汉时期的桓荣也是一个因通经而步入仕途的典型代表。"荣初遭仓卒，与族人桓元卿同饥厄，而荣讲诵不息。元卿嗤荣曰：'但自苦气力，何时复施用乎？'荣笑不应。及

---

① [元]马端临撰：《文献通考》卷四十《学校考一》，商务印书馆1936年版，第384页。
② [东汉]班固撰：《汉书》卷八十八《儒林传》，中华书局1962年版，第3594页。
③ [东汉]班固撰：《汉书》卷八十一《匡张孔马传》，中华书局1962年版，第3366页。
④ [东汉]班固撰：《汉书》卷七十五《夏侯胜传》，中华书局1962年版，第3159页。

为太常，元卿叹曰：'我农家子，岂意学之为利乃若是哉！'"① 正因为如此，在当时社会上流传这样一句话："遗子黄金满籯，不如一经。"②

对国家而言，在以儒学独尊的汉代懂得将经学应用于国家事务，从而为统治者服务。清代皮锡瑞曾经这样写道："武、宣之间，经学大昌，家数未分，纯正不杂，故其学极精而有用。以《禹贡》治河，以《洪范》察变，以《春秋》诀狱，以三百五篇当谏书。"③ 皮锡瑞关于经学这样的记载和评论应该是符合汉代的社会实际的。无论是汉王朝要以武力征服敌人，还是以妥协之法面对社会问题，经师们总能从儒家经典中找出合适的理由。当年汉武帝想攻打匈奴以扫除汉王朝北部的不稳定因素，经师们就搬出了《公羊传》中关于"复父之仇"与"复九世之仇"的记载，为统治者呐喊助威。元帝统治时期，当面对社会的种种问题而无力解决时，经师们又提出《诗》的"温柔敦厚"来为王权找借口。④

总之，汉代太学以通经致用的经学教育密切了经学与政治的关系，为统治者培养了一批治国之才，这些儒生为政治的稳定起到了一定作用。但是将经学附会于政治也使经学不免多了功利色彩。

(3) 辩难之风

汉代太学始终弥漫着很浓烈的辩难风气。由于汉代太学的教育是高等教育，入学时学生都有一定的知识积累，具备了就经学的某一问题展开讨论的能力。汉代太学的讨论和辩难可以在博士之间、博士和学生之间、学生与学生之间三个层面上展开。

首先看博士之间的辩难。"车驾幸大学，会诸博士论难于前，荣被服儒衣，温恭有蕴藉，辩明经义，每以礼让相厌，不以辞长胜人，儒者莫之及。"⑤

---

① [南朝宋]范晔撰：《后汉书》卷三十七《桓荣传》，中华书局1965年版，第1252页。
② [东汉]班固撰：《汉书》卷七十三《韦贤传》，中华书局1962年版，第3107页。
③ 周予同注释：《经学历史》，中华书局1959年版，第90页。
④ 参见毛礼锐、沈灌群主编：《中国教育通史》（第二卷），山东教育出版社1986年版，第65页。
⑤ [南朝宋]范晔撰：《后汉书》卷三十七《桓荣传》，中华书局1965年版，第1250页。

这段对桓荣的描述从另一侧面说明博士之间的辩论事实。光武帝就曾主持各派经师的讨论，侍中戴凭因为善于讲辩而获得美誉。"时诏公卿大会，群臣皆就席，凭独立。光武问其意。凭对曰：'博士说经皆不如臣，而坐居臣上，是以不得就席。'帝即召上殿，令与诸儒难说，凭多所解释，帝善之，拜为侍中……正旦朝贺，百僚毕会，帝令群臣能说经者更相难诘，义有不通，辄夺其席以益通者，凭遂重坐五十余席，故京师为之语曰：'解经不穷戴侍中。'"① 西汉元帝时，诸儒曾经就梁丘《易》展开激烈的辩论，据载："少府五鹿充宗贵幸，为梁丘易。自宣帝时善梁丘氏说，元帝好之，欲考其异同，令充宗与诸易家论。充宗乘贵辩口，诸儒莫能与抗，皆称疾不敢会。有荐（朱）云者，召入，摄登堂，抗首而请，音动左右。既论难，连拄五鹿君。故诸儒为之语曰：'五鹿岳岳，朱云折其角。'"② 东汉时，肃宗召集诸儒就五经异同问题在白虎观进行辩论，丁鸿因其善辩而受到皇帝及众人的称赞。"肃宗诏鸿与广平王羡及诸儒楼望、成封、桓郁、贾逵等，论定五经同异于北宫白虎观，使五官中郎将魏应主承制问难，侍中淳于恭奏上，帝亲称制临决。鸿以才高，论难最明，诸儒称之，帝数嗟美焉。时人叹曰：'殿中无双丁孝公。'数受赏赐，擢徙校书，遂代成封为少府。门下由是益盛，远方至者数千人。"③ 由此可见，博士之间的辩论不仅存在，而且备受关注。如果能够在辩论中脱颖而出，则晋升、扬名等将随之而来。

其次，还有博士与学生之间的辩论。王充曾称赞太学中互相诘难的教学方式："汉立博士之官，师弟子相诃难，欲极道之深，形是非之理也。"④ 这说明当时太学师生之间的辩难确实存在。

最后，博士弟子之间也经常辩论。如："井丹字大春，少受业太学，通《五经》，善谈论，故京师为之语曰：'《五经》纷纶井大春。'"⑤ 刘宽"典历

---

① ［南朝宋］范晔撰：《后汉书》卷七十九《儒林传》，中华书局1965年版，第2553页。
② ［东汉］班固撰：《汉书》卷六十七《朱云传》，中华书局1962年版，第2913页。
③ ［南朝宋］范晔撰：《后汉书》卷三十七《丁鸿传》，中华书局1965年版，第1264页。
④ ［东汉］王充著：《论衡》卷十五，上海人民出版社1974年版，第238页。
⑤ ［南朝宋］范晔撰：《后汉书》卷八十三《逸民传》，中华书局1965年版，第2764页。

三郡……每行县止息亭传,辄引学官祭酒及处士诸生执经对讲。见父老慰以农里之言,少年勉以孝悌之训。人感德兴行,日有所化"①。在这里虽没有明确提出辩难,但是"诸生执经对讲"实际上就是诸生之间相互讨论的意思。《汉书补注》记载有"诸生朔望会此市,各持其郡所出质物及经书、传记、笙磬乐器,相与买卖。雍容揖让,或论议槐下"②,此处的"论议槐下"实际上描述了太学诸生相互讨论的情景。

汉代太学的辩难争鸣一方面活跃了太学的学习氛围,另一方面由于辩难争鸣的最终目的是寻求适合统治阶级的大一统思想,从而使经学走向了僵化。

(4) 勤学之风

汉代太学中由于严格的考试制度,以及以"学而优则仕"为思想指导,特别是汉代太学的学生主要来自一般平民或贫寒家庭,而太学的学习及考试为他们的出路创造了希望,因此太学生一般学习十分刻苦。在史料中,有很多这样的记载。

汉代太学生勤奋学习主要表现在三个方面。

首先,表现在好学方面。王充,"少孤,乡里称孝,后到京师受业太学"。"好博览而不守章句。家贫无书,常游洛阳市肆,阅所卖书,一见辄能诵忆,遂博通众流百家之言。"③ 王充这种博览群书的做法实际上就是太学生勤学的真实写照。"萧望之字长倩,东海兰陵人也,徙杜陵。家世以田为业,至望之,好学,治《齐诗》,事同县后仓且十年,以令诣太常受业。"④

其次,表现在能克服困难坚持读书。汉代太学的学生主要以平民子弟为主,通过太学的考试步入仕途是很多人的出路。因此他们不仅要面临学习的挑战,还要解决生活带来的压力。西汉太学生倪宽,家贫无资用,靠替同学烧饭以自给。翟方进"家世微贱","欲西至京师受经,母怜其幼,随之长安,

---

① [南朝宋] 范晔撰:《后汉书》卷二十五《刘宽传》,中华书局1965年版,第877页。
② [清] 王先谦撰:《汉书补注》卷九十九,中华书局影印本1983年版,第1686页。
③ [南朝宋] 范晔撰:《后汉书》卷四十九《王充传》,中华书局1965年版,第1629页。
④ [东汉] 班固撰:《汉书》卷七十八《萧望之传》,中华书局1962年版,第3271页。

织履以给方进读，经博士受《春秋》，积十余年，经学明习，徒众日广，诸儒称之"①。东汉太学生公沙穆家贫，"无资粮，乃变服客佣"，为别人"赁舂"。②"匡衡字稚圭，东海承人也。父世农夫，至衡好学，家贫，庸作以供资用，尤精力过绝人。诸儒为之语曰：'无说诗，匡鼎来；匡说诗，解人颐。'"③

第三，表现在能排除外界干扰而静心学习。不论是直接提倡经学，还是将其作为察举的主要科目，都决定了所有想进入仕途的人必须具备三个条件：首先是要求精通经学，有一定的经学造诣；其次，与社会名流结交，以获得被举荐的机会；再次是要修身。汉代太学是当时的学术中心，汇集了全国的精英人才，能到太学去学习不仅可以达到通经的目的，而且也为察举举士搭建了桥梁。因此想通过太学获取功名的人日益增多，太学生的生源也呈多样化的趋势。特别是东汉时期游学之风日盛，太学人员复杂，至少有以下几种：一是平民子弟；二是官宦及经学世家子弟；三是位卑秩低的小吏；四是非良家子弟。④这些人员进入太学，对那些潜心研究学问的太学生来说，可能会带来不良影响。正如吕思勉先生所言："前汉太学，颇多孤寒之士。如倪宽诣博士受业，贫无资用，常为弟子都养，及时时间行佣赁，以给衣食；翟方进西至京师受经，后母怜其幼，随之长安，织履以给；王章学长安，独与妻居，疾病卧牛衣中皆是。后汉亦非无其人，如桓荣少学长安，贫窭无资，常客佣以自给；公沙穆游太学，无资粮，乃变服客佣，为吴佑赁是也。然时儒学既行，时主复加提倡，贵游子弟，掺入其中，风气遂至一变。"⑤这些来自平民的学生就是在同浮躁之风作斗争的过程中，还坚持勤奋学习。鲁恭，"十五，与母及丕俱居太学，习《鲁诗》，闭户讲诵，绝人间事，兄弟俱为诸儒所称，

---

① ［东汉］班固撰：《汉书》卷八十四《翟方进传》，中华书局1962年版，第3411页。
② ［南朝宋］范晔撰：《后汉书》卷八十二《公沙穆传》，中华书局1965年版，第2730页。
③ ［东汉］班固撰：《汉书》卷八十一《匡衡传》，中华书局1962年版，第3331页。
④ 姜维公著：《汉代学制研究》，中国文史出版社2005年版，第188页。
⑤ 吕思勉著：《秦汉史》，上海古籍出版社1983年版，第718页。

学士争归之"。① 魏应,"建武初,诣博士受业,习《鲁诗》,闭门诵习,不交僚党,京师称之"。② 因此,太学人员的日益复杂也使热衷于学的人面临挑战。

最后,还表现在能博学,不仅在太学内学习,还向社会名流学习。如朱云"从博士白子友受《易》,又事前将军萧望之受《论语》"③;郑玄"遂造太学受业,师事京兆第五元先"④;王充"受业太学,师事扶风班彪"⑤;符融"游太学,师事少符李膺"⑥。"任安字定祖,广汉绵竹人也。少游太学,受《孟氏易》,兼通数经。又从同郡杨厚学图谶,究极其术。"⑦ 太学生能向多个大师学习,由此我们可以看出太学生是何等的勤学。

三、人际心理环境

人际关系是人们在社会交往活动中形成的各种关系。在学校的生活、学习和教学活动过程当中,教师和学生逐渐形成的相互之间的人际心理是学校内部教学环境的重要成分,也就是人际心理环境。汉代太学的学生之间、博士和学生之间在日常生活和教学活动过程当中也形成了独特的人际心理环境。

1. 同学关系

太学生在平时的学习和生活过程中形成了紧密的同学关系,主要表现在学习和生活两个方面。在学习上,经学教育自身的特点决定了太学生之间要相互辩论,课堂辩论是常有的事,其他课外的时间也经常讨论学术问题,这也一定程度促进了同学之间密切关系的产生。其中《汉书补注》中"但列槐树数百行为队,无墙屋。诸生朔望会此市,各持其郡所出质物及经书、传记、

---

① [南朝宋] 范晔撰:《后汉书》卷二十五《鲁恭传》,中华书局 1965 年版,第 873 页。
② [南朝宋] 范晔撰:《后汉书》卷七十九《儒林传》,中华书局 1965 年版,第 2571 页。
③ [东汉] 班固撰:《汉书》卷六十七《朱云传》,中华书局 1962 年版,第 2912 页。
④ [南朝宋] 范晔撰:《后汉书》卷三十五《郑玄传》,中华书局 1965 年版,第 1207 页。
⑤ [南朝宋] 范晔撰:《后汉书》卷四十九《王充传》,中华书局 1965 年版,第 1629 页。
⑥ [南朝宋] 范晔撰:《后汉书》卷六十八《符融传》,中华书局 1965 年版,第 2232 页。
⑦ [南朝宋] 范晔撰:《后汉书》卷七十九《儒林传》,中华书局 1965 年版,第 2551 页。

笙磬乐器，相与买卖。雍容揖让，或论议槐下"①，这些描述应该是太学生课堂之外相互讨论的真实反映。《后汉书·儒林传》载："（孔）僖与崔骃相友善，同游太学。习《春秋》，因读吴王夫差时事"②，两人废书而叹，议论开来，邻房梁郁也来和。③ 这些都反映了汉太学生在学习上互相讨论、互相学习的场景。

在生活中太学生广结朋友，互相照顾。范式"少游太学，为诸生，与汝南张劭为友"④。张皓游学"与广陵谭粲、汉中李郁、蜀郡张霸共结为友"⑤。《论衡·骨相篇》载，韩太傅为诸生时，闻知博士弟子倪宽后当显贵，遂"通刺倪宽，结胶漆之交，尽筋力之敬，徙舍从宽，深自附纳之。宽尝甚病，韩生养视如仆状，恩深逾于骨肉"⑥。申屠蟠与王子居同在太学，王子居以病危之身相托，王死后，申屠蟠"乃躬推辇车，送丧归乡里"⑦。由此，我们可以看出同学之间的深情厚谊。

2. 师生关系

汉代太学在教学过程中恪守师法家法。由于经书得之不易，想要学习经书者必须求学于老师，而且学习者还必须维护老师的认识和教义，这在客观上决定了汉代太学的师生关系比较密切。一方面，师生之间存在学术渊源关系。师生关系是以学术为纽带而联系起来的人与人之间的关系，在学术的传承过程中，师生之间自然而然地形成了学术上的渊源关系。家法、师法虽有不同，但从宗师的立场说，二者性质上是相同的，严格的师法家法，把师生之间紧密地联系起来，开创了求师问学和尊师重道的学风。教师的学术被视

---

① ［清］王先谦撰：《汉书补注》（卷九十九），中华书局影印本1983年版，第1686页。
② ［南朝宋］范晔撰：《后汉书》卷七十九《儒林传》，中华书局1965年版，第2560页。
③ ［南朝宋］范晔撰：《后汉书》卷七十九《儒林传》，中华书局1965年版，第2560页。
④ ［南朝宋］范晔撰：《后汉书》卷八十一《独行传》，中华书局1965年版，第2676页。
⑤ ［清］王先谦撰：《后汉书集解》卷四十六《张皓传》，中华书局影印本1984年版，第633页。
⑥ 杨宝忠著：《论衡校笺》卷三，河北教育出版社1999年版，第85页。
⑦ ［南朝宋］范晔撰：《后汉书》卷五十三《申屠蟠传》，中华书局1965年版，第1751页。

为弟子学术的渊源，弟子的学术被视为教师学术的延伸。这种学术继承关系颇类似血缘继承的父子关系。① 另一方面，在政治上师生之间也相互依存，一荣俱荣，一损俱损。王式就是由于学生出众而受到重用的。据记载："唐生、褚生应博士弟子选，诣博士，抠衣登堂，颂礼甚严，试诵说，有法，疑者丘盖不言。诸博士惊问：'何师？'对曰：'事式。'皆素闻其贤，共荐式。诏除下为博士。"② 桓荣也是由于弟子被重用而得到赏识的。"建武十九年，年六十余，始辟大司徒府。时显宗始立为皇太子，选求明经，乃擢荣弟子豫章何汤为虎贲中郎将，以《尚书》授太子。世祖从容问汤本师为谁，汤对曰：'事沛国桓荣。'帝即召荣，令说《尚书》，甚善之。拜为议郎，赐钱十万，入使授太子。"③ 后来由于桓荣得志，在其死后，他的学生也因为老师而得到重用。"除兄子二人补四百石，都讲生八人补二百石，其余门徒多至公卿。子郁嗣。"④

以上这些都是从交往行为方面来看汉代太学的师生关系，从教学论的角度分析，则会看到不同的景观。从汉代太学师生之间的辩难这一事实来看，汉代太学的师生关系在教学过程中是相对平等的。教师和学生之间可以就某一问题提出自己的不同看法，并由此进行辩论，在某种程度上说明了师生之间在教学过程中的民主与和谐。虽然这种辩难是在统治阶级所限定的范围内进行的争鸣，但是在等级森严的封建专制社会中，有如此程度的平等也实属不易。

第二节　汉代太学教学环境的成因分析

任何事物的形成都不是凭空而来的，必定存在一定的原因。汉代太学教

---

① 参考姜维公著：《汉代学制研究》，中国文史出版社 2005 年版，第 331 页。
② ［东汉］班固撰：《汉书》卷八十八《儒林传》，中华书局 1962 年版，第 3610 页。
③ ［南朝宋］范晔撰：《后汉书》卷三十七《桓荣传》，中华书局 1965 年版，第 1249 页。
④ ［南朝宋］范晔撰：《后汉书》卷三十七《桓荣传》，中华书局 1965 年版，第 1253 页。

学环境的形成也必然有内在的原因。由于汉代在历史上纵贯四百多年，如果从宏观上对其形成原因进行分析必然只能是蜻蜓点水，不能触及事物的根本，因此尝试从微观角度对汉代太学教学环境形成的原因进行分析。

一、教育制度化趋势是太学制度文化环境形成的基础

教育的制度化是一个漫长而复杂的过程，是教育的各个因素在其发展过程中逐步完善和系统化的过程。中国教育最早可以追溯到远古时期自然状态下生产劳动过程中的教育，这种教育没有制度化的明显标志。商周时期的教育摆脱了早期的蒙昧状态，从在生产中的学习演变为"学在官府"，刚刚摆脱生产劳动的束缚，却又被关进了政治的藩篱。当然不可否认，虽然教育没有能从政治中独立出来，但是却在客观上形成了对学校这一机构的初步认识。春秋战国时期，随着学术的下移，私学大量出现，教师这一行业逐渐走向了职业化和专门化，这使中国教育的制度化又向前迈出了一步。秦的"以吏为师，以法为教"实际上是政治与教育不分的另一种形式的演变，因此教育制度化在秦朝没有得到发展。

随着教育自身的不断发展完善，汉代迈出了教育制度化过程中关键的一步，从此我国的教育结束了"政教不分"的局面。"'罢黜百家，独尊儒术'文教政策的实施，使得有着重教传统的儒学开始影响政府的政治决策。作为这一点的合理延伸，汉代开始在京师设立太学，并命令郡国设立学官，还实行了设科射策的考试制度。从此时开始，作为教育制度化最典型的代表——学校教育，正式在中国教育发展史中确立了它的地位。"[①] 当学校从政治中独立出来，变为专门的育人机构以后，必然会产生一系列的制度。这些制度一方面是出于教育自身的需求以保证教学的正常秩序，另一方面是为了使教育真正为统治者服务。因为"政教分离"在形态上将教育从政治中分离了出来，扩大了教育的空间，但是太学毕竟产生于封建阶级社会，它不可能完全脱离

---

① 俞启定、施克灿著：《中国教育制度通史》（第一卷），山东教育出版社2000年版，总序第11页。

政治而存在。不仅如此，在某种程度上，建立太学本身就是统治阶级的政府行为。正因如此，在教育制度化趋势下汉代太学产生了其独特的教学制度。以儒家经典为规范教材，一方面为太学教学提供了依据，另一方面确保了儒学在汉代的独尊地位。恪守师法家法的教师教学行为准则不仅为教师的教学提供了依据，也保证了在经书不完整、人们思想不统一的情况下能够使儒学按照统治者希望的方向发展，从而更加便于统一人们的思想。设科射策的考试制度为教学活动提供了评判的标准和依据，同时也保证了太学人才的质量，实现太学养士的真正目的。校风与学校制度不是两个完全独立的事物，一定的教学制度能够形成与之相匹配的校风。因此，从这一意义上说，汉代太学的制度文化环境就是汉代教育的制度化趋势的产物。

二、儒学的新发展为太学尊师重教之风提供了依据

儒家学说在秦代受到排挤，在汉初的发展也不是十分顺利，甚至可以说是坎坷而充满挑战。"在那个皇权逐渐膨胀的时代（汉代），一种思想学说的命运兴衰，并不仅仅是靠它本身思路的合理性，而往往要靠信奉这种思想学说的人的宣传政策、这种学说转化为国家意识形态的可能，以及若干偶然的但也是决定性人物的偏向与嗜好。"①

汉朝政权经过汉初几十年的巩固发展，已经展现了勃勃生机乃至出现了文景之治的繁荣局面，但是"七国之乱"的历史悲剧也在时时提醒统治者，汉朝政权并不是无懈可击。正如班固所言："汉承百王之弊，高祖拨乱反正，文景务在养民，至于稽古礼文之事，犹多阙焉。"② 因此，"到了武帝时，如何建立相应的制度、措施以巩固这些成果，如何在巩固成果的基础上充分利用成果，并进一步拓展势力，开创更坚实、更深远的汉家基业，便成为该时期的主要任务或汉武帝希望实现的主要目标"。③ 巩固政权的需求客观上为儒学

---

① 葛兆光著：《中国思想史》（第一卷），复旦大学出版社1998年版，第370页。
② [东汉]班固撰：《汉书》卷六《武帝纪》，中华书局1962年版，第212页。
③ 张瑞璠主编：《中国教育哲学史》（第一卷），山东教育出版社2000年版，第584页。

在汉代的发展提供了可能性。而"重振伦理纲常,规范封建秩序,希望一劳永逸地建立一套完整的封建宗法等级制度及其相应的道德观念,并从天人之际的哲学高度对之作出全面、系统而有说服力的理论论证,是董氏儒学的基本思路和主体内容"①。也就是说,由董仲舒改造而成的新儒学恰恰适应了当时的要求,得到统治者重视,从此奠定了儒学在汉代发展的基础。

虽然此时董氏儒学已经不是孔孟荀所提出的原始儒学,但是经过多次发展和改造之后重视"天人感应"和"性三品"的汉代儒学,却为尊师重教提供了思想上和理论上的依据。董仲舒根据汉代的实际情况提出了一套合理的社会秩序和行为规范,但是为了使自己的思想更容易被统治者和人们所接受,他将自己的理论放在了天的基础上,假托天的名义而道出,从而使其更加具有权威性和说服力,那么取之于天的天意便成了人们理应遵守的社会规范。但是天意神秘莫测,一般人是不能知道天意的,那么人们怎样才能懂得天意并且按照天意来规范自己的行为呢? 董仲舒认为圣人自身的学术和修养都超出一般水平,正所谓"圣人积聚众善以为功"②,他们是通过努力体悟到天意,这也是人们体察到天意的主要途径。因此,一般人如果能够"问为而为之,所不为而勿为,是与圣人同实也。何过之有"③? 董仲舒在社会上建构了一个社会阶层——圣人阶层,虽然"董仲舒所说的圣人没有一个确定的标准,像尧、舜、汤、禹、孔子这样的古代贤人自然被他明确地称为圣人,但从其对圣人之社会作用及其任务来看,从事礼乐制作及制定封建伦理纲常的儒者、文人都承担着传达天意的神圣作用,都可看作是圣人阶层的组成部分"④。董氏儒学的"性三品"说认为最上等的人性便是圣人之性,圣人之性是"不可以名性"的,是至善至美、完美无缺的。这些可以不学而能、不教而知的圣人就是上天旨意的主要传达者。虽然天子和万民也可以知道天意,但是他们

---

① 张瑞璠主编:《中国教育哲学史》(第一卷),山东教育出版社 2000 年版,第 584 页。
② [西汉] 董仲舒撰:《春秋繁露》卷七《考功名》,中华书局 1975 年版,第 221 页。
③ [西汉] 董仲舒撰:《春秋繁露》卷十四《郊语》,中华书局 1975 年版,第 501 页。
④ 张瑞璠主编:《中国教育哲学史》(第一卷),山东教育出版社 2000 年版,第 588 页。

知道的仅仅是天意的表象，知其然而不知其所以然。因此，如果他们要想明确通达天的旨意必须向圣人请教和学习。"圣人实际上成为通达天意的唯一使者，天子要治好国家，必须遵循天道，故必须依靠通达天意的圣人以及通晓'圣人之言'的儒者学人。他们是王者之师。百姓要唤醒自己的善良本性，去恶从善，也必须遵循天意，故有待圣人之教化。圣人儒者又成为万民之师。圣人由此成为天意的化身，智慧的代表，既神圣又重要，这就是为什么要重视圣人、儒者（或叫教师）的根本原因。在董氏儒学中，教师的社会地位是至高无上的，现实权力最高的天子也必须尊敬传达天意的使者——教师。中国古代尊师重教的传统在董仲舒这里已奠定了理论基础，中国古代教师的地位自董仲舒始才真正确立。"[①] 由此可见，新的儒学从"天人感应"的角度全面阐释了教师的重要地位，从而为汉代太学尊师提供了理论和实践的依据。

三、统治阶级统一思想的需求是辩难的基础

汉代太学的教育实际上就是经学的教育。因为汉代太学的教学已经是处于高级阶段的教育，太学生已经有了一定的经学基础，逐字逐句的经学教学和对经学的解释已经变得不再可行，对经学内容的解释和讨论成了经学教学的主要手段。两汉教育史实际上就是以经学为教学内容的教育发展史，经学在两汉的发展过程实际上就是经学内部各派之间的斗争过程，经学之间的这种斗争和辩论反应到教学实践中，形成了太学的辩难的校风。这种风气的形成有着深刻的社会政治根源。

汉初统治者为了缓和连年战争带来的社会矛盾，采用黄老之学的"无为而治"。这种指导思想在汉初的七十多年间，曾经起到了缓和阶级矛盾、稳定社会的作用。但是这种指导思想本身的局限性注定了它只能是战后的权宜之计。在政治上不能有效解决中央集权与地方势力之间日益尖锐的矛盾，在思想上"师异道，人异论"的状况则更加说明这种指导思想的局限性。很明显，

---

① 张瑞璠主编：《中国教育哲学史》（第一卷），山东教育出版社 2000 年版，第 600 页。

随着时间的推移和经济的恢复，黄老之学的"无为"已经不能适应社会稳定和发展的需求，这就需要另一种更加能够巩固皇权、维护中央集权统一的指导思想。而此时的儒学在经过几代人的改造之后正好适合了统治阶级的需求，并从此走向了历史的大舞台，影响了我国整个漫长的封建社会。正如马克思所言："理论在一个国家的实现程度，决定于理论满足这个国家的需要的程度。"①

虽然儒家学说经过汉初儒学大师的努力，满足了统治者的需求，并逐渐确立了其指导思想的地位，但是此时的儒学内部派别林立，班固在《汉书·艺文志》中曾这样说："儒家者流，盖出于司徒之官，助人君顺阴阳明教化者也。游文于六艺之中，留意于仁义之际。祖述尧舜，宪章文武，宗师仲尼，以重其言。"② 春秋后期由孔子创立的儒家学说，到孔子死后，逐渐走向分散。据《韩非子·显学篇》记载："自孔子之死也，有子张之儒，有子思之儒，有颜氏之儒，有孟氏之儒，有漆雕氏之儒，有仲良氏之儒，有孙氏之儒，有乐正氏之儒。……故孔墨之后，儒分为八，墨离为三。"③ 这说明孔子死后，儒家学派也走向分裂，此处说分为八家，但是实际上远不止这些。有人仅就可考的资料将儒家早期的思想倾向分为复旧派、改良派等不同的派别，各派之间的思想并不相同，只有对其改造才能更加适应统治者的需求。虽然经过战国时期的发展，儒家学说在秦朝也并没有真正融合并取得统一。汉代初期，儒家经学代替黄老之学成为了封建统治阶级的指导思想走上了历史的舞台。但是由于儒家内部的分裂以及秦朝焚书的影响，此时的儒家学说更是众说纷纭。为了对儒家学说有统一的解释，实际上也就是符合统治阶级统治需求的解释，汉朝统治者采取了在政府干预下的对经书的辩难来解决儒家内部的分歧，从而统一人们的思想，稳固汉家江山。在汉朝，不管是儒术独尊之初的今文经内部的辩论，还是西汉末年之后的今古文之争，其目的都是为了达到

---

① 《马克思恩格斯选集》（第一卷），人民出版社1972年版，第10页。
② ［东汉］班固撰：《汉书》卷三十《艺文志》，中华书局1962年版，第1728页。
③ 陈奇猷校注：《韩非子新校注》卷十九，上海古籍出版社2000年版，第1124页。

统治者统一人们思想的目的。将秦朝和汉朝的政策作比较不难发现，当形式上统一的国家建立起来之后，统治者都把目光转向了更为具有指导性的思想层面的统一，秦朝采取暴力手段企图以武力解决内部纷争的做法最终以失败告终，汉朝采用辩经的方式而最终取得成功。虽然采取的方式不同，但是目的都是为了统一人们的思想。由此可见辩难在统治阶级统一人民思想方面的价值和作用。

四、生源的平民化为太学勤学之风提供了保障

汉代太学是当时最高的人才培养机构，也是主要由平民子弟构成的高等学校。马端临认为"公卿弟子不养于太学"是汉代教育的一个特点，他在《文献通考·学校考》中说："西汉博士隶太常，有周成均隶宗伯之意。州有博士，郡有文学掾。五经之师，儒宫之官，长吏辟置，布列郡国，亦有党庠遂序之意。然有二失：乡里学校人不升于太学，而补弟子员者自一项人；公卿弟子不养于太学，而任子尽隶光禄勋。自有四科考试，殊涂异方，下之心术分裂不一，上之考察驰骛不精。"①

汉代太学的创建与公孙弘等人的奏议是分不开的，公孙弘指出："为博士官置弟子五十人，复其身。太常择民年十八以上仪状端正者，补博士弟子。郡国县官有好文学，敬长上，肃政教，顺乡里，出入不悖，所闻，令相长丞上属所二千石。二千石谨察可者，常与计偕，诣太常，得受业如弟子。"② 从这里最少有两点可以说明汉代太学的招生主要面向平民。首先，"复其身"是免除徭役赋税。而宗室、官宦子弟以及功臣等的后代享有免除徭役和赋税的特权。从这一意义上讲，汉代太学生主要是平民子弟。其次，"太常择民年十八以上仪状端正者，补博士弟子"中已经明确说明招生对象主要是"民"，只是博士弟子区分为"博士弟子"与"受业弟子"而已。

---

① ［元］马端临撰：《文献通考》卷四十《学校考一》，商务印书馆 1936 年版，第 383 页。

② ［东汉］班固撰：《汉书》卷八十八《儒林传》，中华书局 1962 年版，第 3594 页。

有记载表明，至少从汉武帝到宣帝时期，汉代太学的生源主要来自平民。桑弘羊在盐铁会议上抨击他们："发于畎亩，出于穷巷，不知冰水之寒，若醉而新寤，殊不足与言也。"① 又据《汉书·霍光传》记载："又诸儒生多窭人子，远客饥寒，喜妄说狂言，不避忌讳，大将军常仇之，今陛下好与诸儒生语，人人自使书对事，多言我家者。"② 俞启定也曾表达过这样的观点："查两《汉书》中所记载受业博士或太学者，除宣帝时光禄大夫冯奉世之子冯野王曾'受业博士，通《诗》'一例外，即再无注明为高级官员子弟者。在重视宗族家世谱系的古代，史书对贵胄子弟一般不会漏记他们的门第，尽管这些儒生原来未必都是劳动者出身，但必非身份性的官僚地主阶级。"③

汉代太学是封建统治者育士和选士的场所，将学术与仕途直接联系在一起。平民子弟只有通过多习经书才能步入仕途，除此之外别无他途，因此这些平民子弟为了改变命运不得不勤奋学习。与此相反，公卿弟子不在太学读书却有很多可以做官的途径。其中"父任"是最常见的一种形式，如《汉书·史丹传》记载："有子男女二十人，九男皆以丹任并为侍中诸曹，亲近在左右。"④ 正是因为在入仕之途上平民子弟不能与公卿子弟相比，这也刺激了他们更加发奋学习，以期能像那些公卿子弟一样享受高官厚禄。

到西汉末年王莽执政才开始规定官员子弟进太学读书，至此，太学生的来源才有所改变。"增元士之子得受业如弟子，勿以为员。"⑤ 这时虽然官员子弟进太学学习，但是他们是"受业如弟子"的身份，即非正式生，并没有占用正式弟子的名额。顺帝时，左雄曾"奏征海内名儒为博士，使公卿子弟为

---

① 王利器校注：《盐铁论校注》卷二《忧边第十二》（增订本），天津古籍出版社1984年版，第161页。
② [东汉]班固撰：《汉书》卷六十八《霍光金日䃅传》，中华书局1962年版，第2954页。
③ 俞启定：《略论"公卿弟子不养于太学"》，《教育史研究》1989年第2期。
④ [东汉]班固撰：《汉书》卷八十二《王商史丹傅喜传》，中华书局1962年版，第3379页。
⑤ [东汉]班固撰：《汉书》卷八十八《儒林传》，中华书局1962年版，第3596页。

诸生"①；质帝时，"自大将军至六百石，皆遣子受业，岁满课试，以高第五人补郎中，次五人太子舍人"②。虽然这时官员子弟和普通太学生一样都有考试与被选用的资格，但是入仕的途径并不相同，这就从根本上保护了普通太学生的利益。这就使他们更加增添了通过在太学的努力学习而取得功名的信心。直到东汉末年献帝时期，鲍衡还在主张："听公卿一千石、六百石子弟在家及将校子弟为郎、舍人，皆可听诣博士受业。"③ 从不停地提出要公卿子弟入太学的事实中可以看出，这一措施的实施十分艰难。汉代从始至终，这种公卿子弟不入太学的现象一直存在。公卿子弟由于平时一贯养尊处优，并不习惯被太学所束缚，再加上有其他途径入仕，因此不会对太学的学习有很大的热情。因此让他们入太学学习的措施实行之艰难便可想而知了。正是由于这些公卿弟子不屑于或不愿意进入太学学习，从而在另一层面上保障了太学的勤学之风。虽然到东汉之时游学之风盛行，使太学生的成分有所改变，从而导致太学学风掺入一种浮躁之气，但是来自平民子弟的太学生也绝不会放弃自己通经入仕的机会，因此太学之中的勤学之风一直居于主导地位。

第三节 汉代太学教学环境的主要特征

汉代太学的产生是政治、经济和文化发展到一定阶段的产物，也是中国教育发展的必然趋势。它的产生使中国的教育在制度化、科学化方面迈出了关键性的一步，但是汉代太学毕竟是封建政治的附属品。因此，汉代太学的教学环境独具特色。

一、校舍的独立性与融合性

汉代太学首先是一所由统治阶级所建的专门培养人才的高等学府，它在

---

① ［南朝宋］范晔撰：《后汉书》卷六十一《左雄传》，中华书局1965年版，第2020页。
② ［南朝宋］范晔撰：《后汉书》卷六《质帝纪》，中华书局1965年版，第281页。
③ ［唐］杜佑撰：《通典》卷五十三，中华书局1984年版，第302页。

校舍建设方面与商周时期相比已经有了很大的独立性，但是始终未能彻底摆脱政治宗教的影响。据《三辅黄图》记载："王莽作宰衡时，建弟子舍万区，起市郭上林苑中。"①《汉书·王莽传》记载，汉平帝元始四年，王莽"奏起明堂、辟雍、灵台，为学者筑舍万区，作市、常满仓，制度甚盛"②。从以上的描述中不难看出，在修建太学的同时修建辟雍、明堂、灵台，这说明汉代太学已经脱离了辟雍和明堂，而有了自己的独立校舍。"为学者筑舍万区"，可见当时太学就是专门为传授知识所建。东汉初年光武皇帝爱好经术，建武五年修建太学。"建武五年，乃修起太学，稽式古典，笾豆干戚之容，备之于列，服方领习矩步者，委它乎其中。"③ 明帝永平二年三雍建成，但是有人提出有了辟雍便要毁太学的观点，"明帝时辟雍始成，欲毁太学，太尉赵熹以为太学、辟雍皆宜兼存，故并传至今"④。正是赵熹的及时建议才维护了西汉以来太学校舍的独立性。

在校舍建设方面，汉代太学还表现出了学术性和政治性相融合的特征。《唐两京城坊考》卷四《西京外郭城》（普宁坊条下）记载："坊西街有汉太学余址。次东，汉辟雍。次东，汉明堂。"⑤ 这说明西汉的太学与辟雍、明堂相隔不远。东汉的太学，"据勘探发现：一处在辟雍之北，东西长 200 米，南北长 100 米；一处在辟雍东北，南北长 200 米，东西长 150 米"⑥，其与三雍的位置相距不远，大致如图所示（该示意图据《东汉洛阳城平面图》⑦ 改绘）。三雍是我国古代的礼制性建筑。明堂是天子的太庙，是举行祭祀典礼、召见王公大臣和颁布政令的场所；辟雍是皇家子弟学习六艺的地方；灵台是观天

---

① 何清谷校注：《三辅黄图校注》卷五，三秦出版社 1995 年版，第 287 页。
② ［东汉］班固撰：《汉书》卷九十九《王莽传（上）》，中华书局 1962 年版，第 4069 页。
③ ［南朝宋］范晔撰：《后汉书》卷七十九《儒林传》，中华书局 1965 年版，第 2545 页。
④ ［南朝宋］范晔撰：《后汉书》卷四十八《翟酺传》，中华书局 1965 年版，第 1606 页。
⑤ ［清］徐松撰：《唐两京城坊考》卷四《西京外郭城》，中华书局 1985 年版，第 122 页。
⑥ 查瑞珍编著：《战国秦汉考古》，南京大学出版社 1990 年版，第 302-303 页。
⑦ 查瑞珍编著：《战国秦汉考古》，南京大学出版社 1990 年版，第 303 页。

象望气之所。从图中可以看出，太学虽然已经与三雍分开，但是由于它们在实际中还是相连，那么当皇家在此举行活动时，太学生也是耳濡目染的，这也是"政教不分"在汉代的遗留。（见图 2-1）

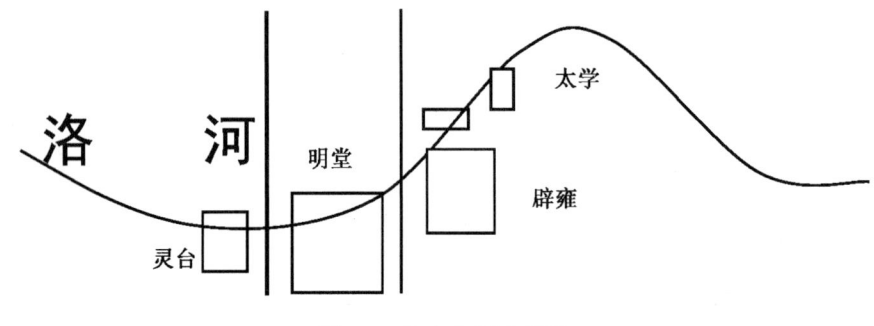

图 2-1　校舍位置示意图

二、学术自由性与思想控制性

汉代太学是一个以传授知识、研究专门学问为主的机构，在学术方面表现了很大的自由性。同时，也应该意识到汉代太学的建立毕竟是一种封建统治者的政治行为，与之相连的必然是思想的控制。

汉代太学自由的学术风气主要表现在以下几个方面。

首先，以辩论为太学的主要教学方式之一。汉代确立儒家为指导思想，太学以儒家经典为教材，但是由于秦朝焚书政策使很多儒家经典失传或不完整，再加上儒家经过春秋战国的发展，到汉代各家对经书的理解不尽相同，因此儒家各个派别对经书的辩论是当时太学普遍存在的现象。汉代经学各以师法、家法传授，西汉重师法，东汉重家法。鲁丕曾奏曰："臣闻说经者，传先师之言，非从己出，不得相让；相让则道不明，若规矩权衡之不可枉也。难者必明其据，说者务立其义，浮华无用之言不陈于前，故精思不劳而道术愈章。法异者，各令自说师法，博观其义。……陛下既广纳謇謇以开四聪，无令刍荛以言得罪；既显岩穴以求仁贤，无使幽远独有遗失。"[①] 这表明不同

---

① ［南朝宋］范晔撰：《后汉书》卷二十五《鲁恭传》，中华书局 1965 年版，第 884 页。

师法、家法之间经常会出现辩论，并说出辩论的原因以及原则。西汉末年至东汉末年，今古文经经历四次大的辩论，至东汉末年今古文经逐渐融合，合二为一。汉代所经历的四次今古文经学辩论，不仅有外在的今古文经存立之辩，也有今古文经学内部的辩论。除了史籍明确记载的四次大型辩论之外，以其他形式出现在太学的辩论更是不计其数，这种各抒己见的方式体现了太学的学术自由性。

其次，表现在博士的设置方面。同一经学虽然师传不同，但是只要有可取之处都可以被立为博士。汉武帝时期《诗》有齐、鲁、韩三家，宣帝时《尚书》有欧阳、大、小夏侯，《春秋》有公羊和穀梁，《易》有田氏施、孟、梁丘，汉元帝时《易》有田氏、施、孟、梁丘、京氏，这说明不同师法之间可以并列存在。汉代太学是汉王朝的最高学术机构，它的建立是一种政府的政治行为。因此太学在倡导学术自由的同时，不可避免地会受到政治以及统治者意识的影响，甚至被其束缚。在政府直接参与或间接控制的太学中，学与仕被严格地结合起来，这不仅为太学的教师和学生铺设了一条黄金大道，无形之中也钳制了他们的思想。

在汉代太学教学过程中，教师教学恪守师法家法的要求使学生严格按照老师所传授去记诵，不能有半点出入，不允许有个人思想的存在，这样的教学过程埋没了人的主体性。王充曾表示："世儒学者，好信师而是古，以为圣贤所言皆无非，专精讲习，不知难问。"[①] 这形象地描述了学生在学习过程中思想被控制的情况。汉代的"独尊儒术"将儒学推向了我国封建社会的历史舞台，这种"独尊"，一方面抑制和排斥了其他各派的思想，有利于国家的统一和民族的稳定；但是，另一方面却严重摧残了中国学术的繁荣。以通经作为人才选拔的标准更是将世人的命运与儒学紧紧相连，铺就了一条读经入仕的道路。学校养士取士本身无可厚非，但是太学以儒家经典为教学内容和以懂得儒家经典多少来取士的考试方式，却将士人的思维限制在儒学范围之内，

---

① ［东汉］王充著：《论衡》卷九，上海人民出版社1974年版，第135页。

从此一代一代的知识分子就被禁锢在儒学的牢笼之中而不能自拔。

总的来说，汉代太学在学术上表现出了比较大的自由性，博士之间、博士与太学生之间、太学生之间都可以自由地辩论。就博士的设置而言，有的经学同时设置了多家，允许他们并存，这给汉代的学术繁荣提供了生存的土壤。但是，这种学术自由无法掩盖的却是对思想的控制，辩论的目的是为了找到更适合于统治阶级需要的指导思想，是以统治者治理国家的要求为标准的。同时，以儒学为指导思想，将儒学和仕途紧紧结合的教育模式在无形之中禁锢了读书人的思想。

三、师道尊严与师生和谐

我国素有尊师重道的传统。汉代太学的经学教育更是将师道尊严发挥到极致。汉代太学讲究师法家法，无论是师法还是家法都注重老师的讲解，老师是绝对的权威。如果没有严格按照师传进行讲学将会受到惩罚。东汉的张玄因为在讲学过程中没有守家法，而被惩罚。"（张）玄去官，举孝廉，除为郎。会《颜氏》博士缺，玄试策第一，拜为博士。居数月，诸生上言玄兼说《严氏》《冥氏》，不宜专为《颜氏》博士。光武且令还署。"[①] 因此，遵守师法家法是每个博士的职责。这就将老师和学生紧密地联系起来，形成了汉代的师道尊严，维护了教师在经学传授过程中的权威，使教师处于主导地位，学生不敢有怠慢。这实际上抬高了教师的地位。据《礼记·檀弓上》记载：学生对师长"无犯无隐，左右就养无方，服勤至死，心丧三年"[②]。在实际生活中，学生也确实如规定的那样对待老师。楼望"世称儒宗，诸生著录九千余人。年八十，永元十二年，卒于官，门生会葬者数千人，儒家以为荣"[③]。不仅一般的弟子如此，即使居高位者对老师也十分尊重，于定国身为廷尉，但仍能十分尊敬老师，"定国乃迎师学《春秋》，身执经，北面备弟子礼。为人

---

① ［南朝宋］范晔撰：《后汉书》卷七十九《儒林传》，中华书局1965年版，第2581页。
② 杨天宇撰：《礼记译注》，上海古籍出版社1997年版，第73页。
③ ［南朝宋］范晔撰：《后汉书》卷七十九《儒林传》，中华书局1965年版，第2580页。

谦恭,尤重经术士,虽卑贱徒步往过,定国皆与钧礼,恩敬甚备,学士咸称焉"①。

以上这些都表明了汉代是一个注重师道尊严的时代,教师在教学中占主导地位,是教学过程中的权威,即使学生获得高官厚禄之后仍然十分尊重自己的老师。从另一方面也可以看出,汉代在注重师道尊严的过程中也为学生留下了一定的空间。太学讲课多是师生之间的辩论,这就为师生之间的平等发展留下了空间。虽然这种辩论只是统治阶级统一人们思想的方式和途径,辩论的内容也没能超出儒家经典,但是太学的师生关系也存在一些平等、和谐的因素。由此可见,汉代太学师生之间既严格地遵从师道尊严,又有平等和谐的痕迹。

第四节 汉代太学教学环境的现代启示

汉代是我国封建社会的奠基时期。汉代官学的建立,标志着中国封建官学制度的确立,为以后中国封建官学的发展开创了基本的形式和格局。太学是汉代官学的主要组成部分,是中国历史上第一所为统治阶级培养人才的官立大学,它的成功办学经验为后世官办大学提供了理论和实践的依据,太学的教学环境也为后世留下了许多值得思考和借鉴的地方。

一、抓好校园环境建设,发挥潜在育人功能

汉代虽然没有现代意义上的心理学,但是太学的建造特色即使在今天看来也是十分符合心理规律的。在校园环境建设方面,汉代太学比较合理地运用了心理学规律,尤其是心理暗示——在校舍的建造过程中很好地利用了环境对心理的暗示作用。这表现在建筑的选址与太学周围环境的协调两个方面。首先,汉代太学一般修建在环境优美的地方。西汉平帝时期王莽所建的太学

---

① [东汉]班固撰:《汉书》卷七十一《于定国传》,中华书局1962年版,第3042页。

在上林苑中。上林苑为武帝所建,作为皇家园林,其风景之优美可以想见。东汉太学修建在洛水之滨,洛水悄然流过,加上邙山的瑰丽之色,其所处的周围环境也是美不胜收。在这种非常优美的环境中,汉代太学的师生必然受到良好的心理暗示,能够做到静心学习,达到身心和谐。其次,汉代太学与周围建筑也十分和谐。汉代在社会形态上属于封建社会,统治者所做的一切都是在为维护封建政权服务,太学的建立无非是为统治阶级培养人才,而明堂和辟雍都是礼制性的建筑,将太学与这些建筑建在一起无疑是适宜的。

所谓心理暗示,是指人或环境以不明显的方式向人体发出某种信息,个体无意识地受到影响,并做出相应行动的一种心理现象。[1] 环境暗示是指学生在学习活动中与环境接触交往过程中所发生的一种心理现象。良好的学习环境使人身心舒畅,积极向上,产生良好的心理效应,反之,则会产生不良的影响。[2] 汉代太学校舍建设正好符合了好的环境标准,优美的学校周围环境,为太学生的学习提供了很好的条件,与礼制性建筑相混合的校园使太学生在潜意识中、于无形中受到封建伦理纲常的影响,有利于从思想上统一学生。

当今,我们处于高度发达的文明社会和凸显主体性的时代,更应该重视学校的选址,要一切以学生的发展为前提,使学校的建设符合学生正常的心理需求,不仅为学生的学习提供良好的学习环境,还要提供有利于他们心理发展的环境。首先,学校应该建在风景比较优美,没有污染,远离车辆喧嚣的地方;其次,学校要远离工厂,特别是有严重噪音,甚至排放有害气体的工厂,避免工厂里发出的噪音影响正常的上课秩序,有害气体危害学生的身心健康,为学生学习生活提供优美、安静的教学环境。

二、提高教师的地位,维护教师的合法权益

教师是人类社会一门古老而又特殊的职业,担负着人类文化传播和社会发展的重任。正是因为教师特殊的社会作用,奠定了教师这一职业在社会上

---

[1] 徐小琴:《心理暗示在班级管理中的作用》,《教学与管理》2005年第15期。
[2] 徐小琴:《心理暗示在班级管理中的作用》,《教学与管理》2005年第15期。

的崇高地位。《尚书正义》记载:"天佑下民,作之君,作之师。"① 汉代太学教师更是享有很高的待遇,不仅太学生尊重教师,整个社会从皇帝到王公大臣乃至平民百姓也给予教师以极高的礼遇。《汉书·董仲舒传》记载,董仲舒在武帝元光元年上书"天人三策"受到称赞后,"仲舒在家,朝廷如有大议,使使者及廷尉张汤就其家而问之"②,可见皇帝对经学大师的尊重。汉代的太学教师不仅受到各阶层的礼遇,同时也具有较高的政治、经济地位,皇帝还时常会给他们一定的赏赐。

当前,我国社会正处在转型期,教育已经放在了优先发展的战略地位,教师的地位问题就更加不容忽视。但是,实际上教师处在一个令人尴尬的境地,一方面由于受到传统尊师观念以及时代要求的影响,教师在理论上或者精神上处于神圣地位;而另一方面教师的实际社会地位偏低。不过,"教师地位的偏低,指的并不是政府对教师职业的重视和认可程度,以及与其他社会职业相比较在法律上所拥有的政治地位和职业权力,而是指现实的日常生活中作为教师群体的社会地位和经济处境。也就是说,与教师职业性质、工作责任和劳动付出相比较,教师不仅远远落后于社会各强势部门和行业,甚至连以追求个人利益为最终目的的个体职业行为的优越性,也已超过了教师"。③ 特别是工作在农村的教师,他们担负着我国基础教育的重任,但是物质和生活保障还处于较低水平。近年来,国家虽然加大了教育投资力度,教师的工资也有所提高,但其实际的效果却远未达到预期的目标。世纪之初,基础教育实施全面课程改革,这使得我们国家长期奋战在一线的教师,不得不花费更多的时间来转变教学思维模式和适应新的教学方式,由此给教师带来的压力与工作量进一步增加。现在社会一般认为大学教师不仅有相当稳定的收入,还享有较高的社会声誉,但是他们的实际处境也有待进一步探讨。"大学教授

---

① [西汉]孔安国传,[唐]孔颖达正义,黄怀信整理:《尚书正义》,上海古籍出版社 2007 年版,第 404 页。
② [东汉]班固撰:《汉书》卷五十六《董仲舒传》,中华书局 1962 年版,第 2525 页。
③ 郭常亮、陈行龙:《教师地位浅论》,《江西社会科学》1999 年第 3 期。

这种声望与权力和收入的反差在1999年上海市对50种职业的调查中清晰地展现出来：大学教授在职业声望上排在所有职业的前面，居第一位，但权力却排在15位，收入排在16位，三者综合排在14位，低于律师、医生等。"[1]

教育是人类社会永恒的话题，教师是人类文明之火的传播者，特别是在科学技术是第一生产力的当今社会，尊重知识，尊重人才，提高教师的地位，保障教师的合法权益不仅要在制度上加以保证，更要在实践中予以落实。

三、加强素质教育，提高学生综合能力

社会的发展离不开对人才的培养，人才培养的质量直接关系到民族的未来，因此培养多方面的高素质人才是教育追求的目标。汉代太学生不仅要熟读经书，做到通经，还要把从经书上学到的知识应用到社会实际中，解决实际问题。对太学生而言，只有具备了通经和致用的能力，才能平步青云于仕途；对国家而言，只有太学生具备了通经和致用的能力，才能将所学运用于解决国家面临的实际问题，从而达到为国效力的目的。因此，正是从这一角度出发，汉代太学不仅注重太学生对基础知识的理解与掌握，而且也注重培养太学生运用知识解决实际问题的能力。

在科技和经济飞速发展的今天，社会对人才的要求日益提高，因此，作为人才培育基地的学校必须推进素质教育。学校培养人才不仅要求学生掌握丰富的知识，更要求他们具备能够应对世界发展变化的各种各样的能力。"素质教育是一种以人类自身的身心素质为对象，按照社会和人发展的实际需要，面向全体学生，全面提高学生素质，使学生的潜能得到最大限度的开发和培养，在构建符合未来社会发展需要和个体发展规律的多元指标体系基础上，以生产和再创造自身素质为目的的全面和谐发展的教育指导思想。"[2] 新一轮的课程改革就是要注重学生对课堂的参与，发挥学生的积极性和主动性，培

---

[1] 仇立平：《社会地位：社会分层的指示器——上海社会结构与社会分层研究》，《社会学研究》2001年第3期。

[2] 朱俊荣：《推进素质教育 提升学生的综合能力》，《科技信息》2006年第4期。

养学生多方面的能力，这已经在素质教育的道路上前进了一大步。但是，由于我国受应试教育的影响比较深，要想从根本上解决这个问题，需要我们长时间不间断的努力。全面提高学生的综合素质，培养和开发学生适应社会、参与社会竞争和创造社会财富的能力，也是学校培养人才过程中必须解决的问题。面对知识日新月异的变化，首先要培养学生的自学能力。一个人在学校的求学生涯毕竟有限，学校不可能在短暂的时间内教会学生一生所需要的所有知识，因此，自学能力是学生应该掌握的基本能力。汉代太学的教师教学时间十分有限，太学生主要运用超强的自学能力达到通经的水平；正是通过自学能力的培养，太学造就了一批批高素质的太学生，从而稳定了汉王朝的基业。现代社会知识更新换代异常迅速，要做到永远跟上时代的步伐，自学能力同样必不可少。其次要培养学生学以致用的能力，将所学的知识运用于现实中解决社会实际问题。在汉代太学，这种能力也同样被太学生很好地发展，正是通过对太学生学以致用能力的培养，才使他们解决了不少实际问题。现在的社会到处充满了竞争和挑战，做到学以致用更是立足于世的法宝。能解决实际问题保证了学生可以与时代同行，而创造力则会使学生站在时代的前列，引领时代前行。从这一意义来看，学校不仅要培养学生的自学能力和学以致用解决实际问题的能力，更应该以此为基础培养学生的创造力。只有这样，学校培养的人才才是对社会真正有用的人。

四、建立平等的师生关系，构建和谐课堂

在汉代，太学学生与教师之间虽然保持着一定的师道尊严，但辩难的教学方式在一定程度上为师生的平等留下了一片生存的土壤。这种辩难的教学方式与平等的师生关系相互作用，促进了汉代太学的学术争鸣。当然，汉代的师生平等在当时还没有发育完全，也不是绝对的平等。

平等师生关系即使在当代也是教育教学一直追求的最佳师生关系，是构建和谐课堂的基础。"课堂是在特定时空条件下，具有不同特性的教师和学生

以一定的课程为中介相互作用而形成的特殊人际心理环境。"[1] 在这个特定的时空中，教师和学生是具有主体性和能动性的教学主体，课程是教师和学生的共同作用物，因此，教师与学生的合作水平直接关系到课堂的效果。教师与学生合作的最佳心理状态无疑是相互尊重、地位平等。教师与学生都应该相互尊重对方的观点，对于相互之间的不同意见要采取宽容的态度，任何一方都没有权力迫使另一方放弃自己的观点。教师与学生只有在相互尊重与平等的课堂环境中才能使课堂教学的效果达到最佳状态。教师与学生也只有相互尊重、理解对方，彼此之间保持平等的人格才能营造出和谐的教学环境。

　　构建和谐课堂的效果直接取决于人际交往的质量。课堂的人际交往主要指教师和学生之间的交往，而人际交往的质量又取决于交往双方对彼此的认识和定位。当教师对学生的认识发生偏差时，就容易造成控制型课堂环境的产生。教师片面地将自己的主观愿望强加于学生，而使教学处于低效状态；而当学生对教师的认识发生偏差时，就容易产生课堂问题行为影响正常的课堂秩序。在现实中师生之间认识错位时有发生，由于教师过于强调其在课堂上的"传道、授业、解惑"的功能，并且片面地把学生当作是呈现在课堂上的一张张白纸，任凭自己图画，完全忽视学生是具有主观能动性的个体，因此课堂成了以教师为中心的"一言堂"，教师具有绝对的权威。这显然与构建和谐课堂的要求相距甚远。此外，要构建和谐课堂，师生之间的有效交往是一个必需的前提，从而相互之间的沟通也就必不可少。"人际沟通是指人与人之间为消除互动中出现的对彼此行为的不一致理解，增进相互谅解和达成共识而进行的信息双向交流。"[2] 沟通是指使双方能相连，作为师生交流的方式，也必须建立在相互信任、尊重的基础之上，只有这样才能到达对方的真实世界。师生之间良好的沟通不仅可以使教师掌握学生对课堂教学的反应，而且

---

　　[1]　李森、潘光文：《行为分析理论视角下的课堂管理策略》，《课程·教材·教法》2003年第11期。

　　[2]　李森、潘光文：《行为分析理论视角下的课堂管理策略》，《课程·教材·教法》2003年第11期。

可以增进师生的感情,让学生感受到教师也是班级中的一员,而不仅仅是冷冰冰的知识传授者。

第三章　魏晋南北朝时期的教学模式

模式是"事物的标准样式"①，其本质"是一种样式，一种可供借鉴的范型，其外在表现是可供借鉴的简化而稳定的活动程序"②。教学模式就是"教育者在一定理论基础上，为实现特定的教学目标"，灵活应用教学方法指导学生学习的可供借鉴的稳定的操作程序，它"揭示了某一教学活动的各阶段、环节、步骤之间的内在联系"，揭示了教学目标达成度与教学活动各要素间的内在规律。③ 因此，教学模式的基本组成部分包括：理论依据、教学目标、教学方法、操作程序等。魏晋南北朝时期是中国历史上一个社会处于长期混乱状态的阶段，同时也是一个社会大融合、大变迁的时代。由于受到九品中正制、门阀士族经济和多元融合文化等社会因素的深刻影响，这一时期的教育教学呈现出了学术自由、思想解放的特征，使得教育教学思想更加丰富多彩，并且也出现了一些独具特色的教学模式。

第一节　魏晋南北朝时期的主要教学模式

魏晋南北朝被称为中国历史上的第二个"百家争鸣"时期，汉代以来儒学独尊的局面已经式微，出现了儒、佛、道相互争鸣和融合的局面，形成了

---

① 汉语大词典编纂处编纂：《汉语大词典》，汉语大辞典出版社 1989 年版，第 1208 页。
② 兰珍莉：《魏晋南北朝时期教学模式研究》，西南大学硕士学位论文 2008 年，第 7 页。
③ 张志勇：《对教学模式的若干理论思考》，《中国教育学刊》1996 年第 4 期。

独树一帜的魏晋玄学。同时由于这一时期社会变乱频繁，人们就更加关注自身的生存状态，使得魏晋南北朝时期的教学模式既注意清谈辩论，又关注实际效果。

一、清谈式教学模式

魏正始年间，何晏和王弼等人首倡玄学，何晏著《道德论》，王弼著《周易注》和《老子注》。何晏、王弼玄学的主调是"贵无"论[①]，但他们从维护地主阶级统治出发，指出封建社会政治制度和伦理道德（名教）也是自然的产物；在对待名教及教育问题时持摇摆不定的态度，使其理论出现难以克服的内在矛盾，也使其后的玄学出现两极分化。其中以嵇康、阮籍为代表，发挥了何晏、王弼思想中"崇本息末"的观点，主张"不与尧舜禹齐德，不与汤武争功""越名教而任自然"，彻底抛弃名教，任性自然无为，否认儒家的一切，特别是儒家礼法，走向玄学的一个极端。他们饮酒赋诗尽情欢乐，对礼法的冲击正是对两汉尊儒的反动，在当时是有积极意义的，表现在把玄学对本体抽象思辨落脚于"人"，落脚于对人的精神境界的关注。但是，玄学经过了嵇康、阮籍的片面发展之后，元康年间的玄学家对于维护名教的自觉性有了更进一步的增强。这一点在依然主张"贵无"论的王衍和乐广的思想中有所证明："阮宣子有令闻，太尉王夷甫（即王衍）见而问曰：'老、庄和圣教同异？'对曰：'将无同？'太尉善其言，辟之为掾。世谓之'三语掾'。"[②] "是时王澄、胡毋辅之等，皆亦任放为达，或至裸体者，广（乐广）闻而笑曰：'名教内自有乐地，何必乃尔。'"[③] 阮宣子认为老庄道家与儒家名教是相同的，而且乐广更明确指出服膺儒家名教同样也能够让人怡情养性、安身立命，这其中显然都包含了维护儒家名教的理论意向。

同时，"竹林七贤"中的向秀等则继承了何晏、王弼"崇本举末"观，主

---

① 刘文英主编：《中国哲学史》（上卷），南开大学出版社2002年版，第307页。
② ［南朝］刘义庆撰：《世说新语》（文学），上海古籍出版社1982年版，第121页。
③ ［唐］房玄龄等撰：《晋书·乐广传》（卷43），中华书局1974年版，第1243页。

张"以儒道为一",认为名教本身就是自然的体现,后来他还提出了"名教即自然"的理论。而裴頠则明确提出了"崇有论",旗帜鲜明地直接以维护儒家名教为己任,而且站在玄学的时代高度,通过为儒家名教确立新的本体来建构一种内圣外王之道。到西晋元康年间,郭象从理论上对自然与名教、理想与现实之间的统一进行了系统的阐述。郭象承认名教是唯一合理存在的同时不排斥自然,提出"名教即自然",以"自生独化、寄言出意、存意忘言"的教育教学主张来实现"内圣外王之道"。[1] 到东晋南朝,由于佛教和道教的广泛流传,学术呈现融合之势,玄学融汇到一个更广大的思潮中,不再是独立的理论流派。纵观玄学发展的各个阶段,其关于教育问题的见解具有一些共性,如"都强调自然无为,重视个体的地位和价值;强调因性自然,顺应儿童的个性发展;崇尚理性,得意忘言"。[2]

玄学传播的主要形式是清谈。清谈是对汉末品评人物的"清议"和魏初名理学家的继承和发展。但是汉代不少清议之士招致了"党锢之祸",到魏晋时社会形势仍然严峻,具有实质性的言论是易招致杀身之祸的。[3] 所以,魏晋名士们只借鉴了汉末清议的形式,而让谈论的内容逐渐转换为脱离实务的玄理,后又经过何晏、王弼等人的倡导,把讨论的中心转换成"三玄(庄、老、周易)",关注本末、有无、体用、形神、言意、天人关系、孔老异同、名教自然等重大理论命题。因此,"清谈又称玄谈,玄言,是清雅的言谈或者讨论的泛称,又专指以老庄哲学为内容的玄谈"。[4] 这一时期玄学教学就是以"三玄"为主要内容,以探讨人生意义为主题。玄学能成为这一时期社会的主要

---

[1] 王炳照等主编:《中国教育思想通史》(第二卷),湖南教育出版社 1994 年版,第 22 页。

[2] 王炳照等主编:《中国教育思想通史》(第二卷),湖南教育出版社 1994 年版,第 22 页。

[3] 王建华主编:《中国教育通史》(魏晋南北朝卷),北京师范大学出版社 2013 年版,第 235 页。

[4] 纪云华、杨纪国主编:《中国文化简史》(春秋战国 秦汉 魏晋南北朝),北京出版社 2004 年版,第 156 页。

思潮，除政治、经济、文化和自身魅力等因素外，还与其和私人讲学结合有关。① 关于这一时期玄学私人教学的记载有：杨轲，"少好《易》，长而不娶，学业精微，养徒数百，常食粗饮水，衣褐缊袍，人不堪其忧，而轲悠然自得，疏宾异客，音旨未曾交也。虽受业门徒，非入室弟子，莫得亲言。欲所论授，须旁无杂人，授入室弟子，令递相宣授……自归秦州，仍教授不绝"②；王嘉，"清虚服气，不与世人交游。隐于东阳谷，凿崖穴居，弟子受业者数百人，亦皆穴处"③。由此，在玄学教学和传播过程中就形成了一种"清谈式教学模式"。这种教学模式是以玄学哲学和玄学教学思想为理论基础，提出内省式教学目标，强调个体自身存在的地位和价值，并以"三玄"为主要内容，通过"主唱题，客诘难"的相互辩论的方式，阐发和追寻人生价值的相对稳定的教学操作程序。

1. 理论依据

清谈式教学模式主要以魏晋玄学为其理论基础。魏晋玄学的思想主题是"自然"和"名教"之辨及言意之辨。"'名教'是指由正统儒学所确认的社会规范、社会秩序以及与之相应的行为方式。'自然'就是指作为名教存在和发展之根据和本原的价值本体，以及社会存在的本真或本然状态或个人的自然本性以及人的内在（特别是感情）的真实。"④ "自然"和"名教"之辨的本质是自然原则与人道原则之间的关系问题，是关于形上本体对个体人生价值的思考，是天人之辨在这一时期的具体展开形式。⑤ 在不同时期，玄学家对自然与名教的关系有不同的看法，但在通过吸纳道家的自然原则来补充和改造儒家的人道原则上，却又是基本相同的，主要体现在"玄学力图寻找了一个超

---

① 罗宏曾著：《魏晋南北朝文化史》，四川人民出版社1989年版，第79页。
② ［唐］房玄龄等撰：《晋书·隐逸传》（卷94），中华书局1974年版，第2450-2459页。
③ ［唐］房玄龄等撰：《晋书·艺术传》（卷95），中华书局1974年版，第2496页。
④ 张瑞璠主编：《中国教育哲学史》（卷二）·引言，山东教育出版社2000年版，第2页。
⑤ 杨国荣著：《善的历程——儒家价值体系的历史衍化及其现代转换》，上海人民出版社1994年版，第188页。

越于现象之外而又贯通于现象之中的价值本体,都尊重人的自然性以及个体性的思想,强调人格自主性、独立性和精神境界的超越性"①。

此外,玄学的"言意"之辨是清谈教学模式的另一个哲学基础。"言意"之辨源于先秦,在魏晋时期达到高峰。汉武帝"罢黜百家,独尊儒术",使经学在西汉取得统治地位。西汉的经学宣扬天人感应、君权神授,到西汉后期经学和谶纬学说结合,以迎合统治者的意志,把儒家经典神秘化。东汉章帝以皇帝、宗师和教主的身份出场,使儒学成为国教,因此导致儒学宗教化。而且两汉儒学经学教学中严守师法家法的学风,出现了"泥象忘理""存言忘意"的现象,使经学逐渐禁锢了人们的思想,阻碍了人们精神的自由发展。这种繁琐、迂腐的经学趋于保守,不再适应教育教学的发展,就逐渐被魏晋南北朝时期兴起的思辨的、理性的玄学所取代。为了让士人们从根本上摆脱两汉经学教育思想的束缚,使名教与自然两者有机地结合起来,实现对现实名教社会的超越和对"用夫自然""不伤自然"理想名教社会的追求,王弼从教育哲学的角度提出了耐人寻味的一种方法论,这就是"寻言观意、得意忘言"的教学方法论。《周易略例·明象》中云:"夫象者,出意者也;言者,明象者也。尽意莫若象,尽象莫若言。言生于象,故可寻言以观象;象生于意,故可寻象以观意。意以象尽,象以言著。故言者所以明象,得象而忘言;象者所以存意,得意而忘象……故立象以尽意,而象可忘也;重画以尽情,而画可忘也。是故触类可为其象,合义可为其征。"王弼把握了"言意"之辨的深意,认为一切事物对于接受者来讲都是"象",要领会、掌握文字所表达的思想"意",就必须摆脱文字本身"象"的束缚。这对纠正汉儒经学教育的"泥象忘理""存言忘意"之弊有不可忽视的作用,同时反映在思维方式与教学方法上就是:强调道法自然,崇尚理性,不重视语言文字等知识的掌握,而重视思维品质的训练和对事物本质规律的认识与把握。

2. 教学目标

---

① 张瑞璠主编:《中国教育哲学史》(卷二)·引言,山东教育出版社2000年版,第3页。

清谈式教学模式的教学目标是建立在玄学教学目的之上的。玄学教学目的是教人从追求外在的东西转变到追求内在的东西。这种转变是从批判名教教育开始。玄学家首先批判了名教教育劝诫士人追逐名誉、地位、利禄、事功的目的。如王弼从"名教本于自然""崇本举末"的观点出发，认为名教教育所追求的都是末而非本，假如兴末息本，则患害无穷。阮籍、嵇康、郭象等人均对名教教学目的给予了深刻的批判。他们在怀疑、批判、否定外在价值和意义的过程中，极大地肯定了主体内在的价值和意义，强调对个体人生意义的追寻，使得对外在功利的追求转变为对内在审美的向往。因此，清谈式教学模式的教学目标也就发生了变化，突破了传统理想人格的标准，冲破经学教育思想的禁锢，把培养具有追求内在审美、追寻人生意义的个体与培养儒学所提出的圣人并举，甚至用培养具有老庄思想的个体来代替儒家培养圣人。如嵇康公然"非汤武而薄周孔"，以老子庄周为师。这种教学目标突破了儒家教学目标的限制，推倒了儒家教育单一的圣人形象，具有积极的进步意义，是大一统政治格局被打破后社会趋于多元化的反映。

3. 教学方法

清谈不是简单地聊天，更不是街谈巷议，而是内容相当丰富的学术争论，其过程剖析义理、崇尚理性。清谈虽然涉足了高深莫测、神秘难辨的抽象玄虚之学，但也是一门直接窥视人生本体论意义，探求真善美的理性活动。"清谈时，分为主宾双方，主唱题，客诘难，相互辩论，往返精苦，场面活跃激烈，达到废寝忘食的程度。"[①] 在这种自由的环境中，采取"主唱题，客诘难"的相互辩论的教学方法，阐发对人生价值的认识。这种辩论和诘难的教学方法使得在座的每一个人既是老师，也是学生。这种教学方法还可以提高学生的语言表达能力，锻炼学生的思维，强化学习效果。

4. 操作程序

清谈式教学模式的操作程序一般是：分主宾—主唱题（阐明辩论内容和

---

① 纪云华、杨纪国主编：《中国文化简史》（春秋战国 秦汉 魏晋南北朝），北京出版社2004年版，第156页。

自我立场）—客诘难（提问并反驳）—辩论。这种教学模式在魏晋南北朝时期被经学家广泛采用。如南朝宋时，伏曼容每逢来客访问，就升堂讲说，门下常有学生数十百人，《梁书》记载：伏曼容，"少笃学，善《老》《易》……聚徒教授以自业……施高坐于听事，有宾客辄升高坐为讲说，生徒常数十百人"①。梁时，周弘正会国子弟子袁宪，"弘正将登堂讲座，弟子毕集，乃延宪入室，授之尘尾，令宪树义。时谢岐、何妥在坐……何、谢于是递起义端，深极理致，宪与往复数番，酬对闲敏"②。

二、亲师合一型教学模式

在魏晋南北朝，九品中正制的选官制度赋予了士族享有命定做官的特权，但是，要在这个动乱的社会中生存和发展，没有一技之长，难以让本族长期兴旺下去。因此，当时各个士族都非常重视本家族内部的教育，特别是在医学、书法、画学、算学和音乐教学中，广泛采用了家传式教学形式，让本族的技能得到传习，以便保持门弟，在动乱的社会中继续生存和发展。

由于魏晋玄学盛行，其中魏晋士人喜欢饮酒服寒食散，并成为一种时尚。寒食散是一种毒药，如果服后不能有效地散热就会中毒甚至死亡，因此魏晋南北朝士族多通医学，出现不少世代名医的名士。如北齐徐之才家是世代名医，其父的医术在南方很有名，其弟徐之范任尚药典御官职。《北齐书》记载：徐之才，父雄，事南齐，以医术为江左所称。武明皇太后不豫，之才疗之，应手便愈……之才既善医术，虽有外授，顷即征还。既博识多闻，由是于方术尤妙……之才弟之范，亦以医术见知。③ 这一时期的书法和美术取得的巨大成就，也和当时的家传式教学分不开。东晋王羲之，称为书圣，他的儿子王献之，称为小圣，父子合称为二王。王羲之家的其他子弟也多善书，次子凝之也善于书写草书和隶书。由于绘画具有"形式的特征性、形象的直观

---

① ［唐］姚思廉撰：《梁书·儒林传》（卷48），中华书局1973年版，第728页。
② ［唐］姚思廉撰：《陈书·袁宪传》（卷24），中华书局1972年版，第338页。
③ ［唐］李百药撰：《北齐书·徐之才传》（卷33），中华书局1972年版，第444-445页。

性和由画到理的实践性"①的特点,这决定了绘画的主要教学方式仍是家传式教学形式。如南朝吴郡顾士端父子均长于琴书,尤妙丹青。这一时期的算学教学也广泛采取家传式的教学形式,如南北朝时期著名科学家祖冲之对数学、天文和机械制造等有巨大贡献,他的祖父是大匠卿(犹今之建筑师),而他的儿子暅之,精通算学,他的孙子祖皓也精历法。据史书记载:"祖冲之,祖昌,宋大匠卿……子暅之字景烁,少传家业,究极精微,亦有巧思……父(祖冲之)所改何承天历时尚未行,梁天监初,暅之更修之。于是始行焉……暅之子皓,少传家业,善算历。"此外,音乐作为一种表达内心真实感情的手段,在这一时期也为时人所好。如戴颙父子善琴书:"戴颙,父逯,兄勃,并隐遁有高名……父善琴、书,颙并传之。凡诸音律,皆能挥手……勃制五部,颙制十五部,颙又制长弄一部,并传于世。"②

从这一时期的医学、书法、画学、算术、音乐的教学可见家传式教学形式广泛存在,父子式的师生关系成为这一时期教学的主要形式之一,从而也形成了"亲师合一型"教学模式。这种教学模式是指"在家庭教育中,父母是教育者,孩子是受教育者,父母与子女不仅有着家庭的人伦关系,而且有着社会生活中的师生关系"③。在魏晋南北朝时期,亲师合一型教学模式就是指建立在当时的处世哲学的基础上,为培养具有一定专业知识和能力的、能适应社会现状的人,应用实践式教学方法进行教学的相对稳定的操作程序。

1. 理论基础

亲师合一型教学模式是建立在魏晋南北朝的处世哲学之上的。由于魏晋南北朝政局动荡,社会规范便处于无规则的波动之中,这使得每一个社会个体很难从已有经验的角度,对社会发展趋势作出总体把握和正常推断。在这

---

① 李永长、郑勤砚:《中国古代文人画家美术教育模式初探》,《西北师范大学学报(社会科学版)》1999年第6期。

② [唐]李延寿撰:《南史·隐逸传》(卷75),中华书局1975年版,第1784页。

③ 李永长、郑勤砚:《中国古代文人画家美术教育模式初探》,《西北师范大学学报(社会科学版)》1999年第6期。

种情况下，人们对人生和生命价值有着不同于以往的深切体验和认识，他们重视生命意义的追寻，也要求这种生活方式具有"传诸后世"的价值。王羲之在《兰亭集序》中就说："后之视今，亦犹今之视昔。"这种典型的心态导致了整个社会尤为重视个体的才、情、性、貌，并形成了一种品评人才的风尚。由于魏晋时期特殊的政治背景与社会生活状态，统治集团便充分利用和顺应着这一社会品评风尚来选拔人才，于是选才标准也从传统儒家的任人唯贤转变为对才、情、性、貌的肯定，较为集中地体现在人的知识、能力、言辞和秉赋等方面。而士族为了保持和巩固自身的地位，也必须顺应这种趋势，重视后代在才、情、性等方面的培养。亲师合一型教学模式，便是各世家大族为维护本族地位和利益而形成的一种教学模式。这种教学模式是家传式教学形式的体现，由于父母等亲人就是教育者，孩子是受教育者，所以更有利于技艺传授和因材施教，使医学、书法、画学、算学和音乐得以承袭并取得巨大成就。

2. 教学目标

亲师合一型教学模式的教学目标很明确，就是要培养有一定专业（医学、书法、画学、算学和音乐等）知识和能力的、能适应社会现状的人。只要是家传技艺，通常都采用亲师合一型教学模式使之传承，并成为维系本族发展的重要手段。亲师合一型教学模式的教学目标就是弟子掌握师父传授的专门知识和技能，以适应社会现状。

3. 教学方法

亲师合一型教学模式主要采用实践式教学方法。由于亲师合一型教学模式主要存在于医学、书法、画学、算学和音乐等专业性很强且需要大量实践的学科中，这决定了其教学方法主要是应用实践式教学方法。从亲师合一型教学模式的特点看，父母与子女之间有着渊源的血缘关系和社会生活中的师生关系，或者异姓师徒之间存在由非常亲密的学术渊源关系而形成的类似于父母与子女的亲情关系，因此这种教学模式中采用实践式教学方法具有容易操作和广泛适用的特点。

4. 操作程序

根据现有资料和当时专科教学的特点，可以推演出这种教学模式的程序是：师父讲授理论基础—师父示范—学生实践。《九章算术》第三卷、第四卷开章便明算理："衰分术曰：各置列衰，副并为法，以所分乘未并者各为实，实如法而一。不满法者，以法命之……少广术曰：置全步及分母子，以最下分母遍乘诸分子及全步，各以其母除其子，置之于左……"①《九章算术》作为当时的算术教材，其中部分章节以算理作为一章之首，讲述详尽，后备有问题，以供解答，可见算学采用的是从基础知识的学习开始的。在魏晋南北朝时期绘画教育不仅重视技法的传授，还要深悟画理、画法，以理论指导实践。所以，学习与熟悉古人的画理，成为画家应具备的基本素养，更是师授于徒的重要内容。画理通常寓于画论之中，如王廙画《孔子十弟子图》用来勉励兄子王羲之，提出"'画乃吾自画，书乃吾自书'的书画论断，要求书画表现自己的特色，要有创作个性"②，可见，其是通过画论来传道授业的。从顾恺之著《模写要法》，谢赫将"传移摹写"作为六法之一，表明早在魏晋南北朝时期就十分重视临摹了，是实践式教学方法的重要体现。在医学方面，王微深入研究本草，也重视教师的示范和指导及学生的实践。"王微，善属文，能书画，兼解音律、医方、阴阳术数……'家贫乏役，至于春秋令节，辄自将两三门生，入草采之。吾实倦游医部，颇晓和药，尤信《本草》，欲其必行，是以躬亲，意在取精。'"③

可见，在魏晋南北朝时期，存在这种"师父讲授理论基础—师父示范—学生实践"操作性强和易推广的亲师合一型的教学模式。也正因为这种教学模式的广泛实施，使得当时的医学、书法、画学、算学和音乐等方面取得巨大成就。

---

① 肖作政编译：《九章算术今解》，辽宁人民出版社1990年版，第54、70页。
② 李永长、郑勤砚：《中国古代文人画家美术教育模式初探》，《西北师大学报（社会科学版）》1999年第6期。
③ [南朝]沈约撰：《宋书·王微传》（卷62），中华书局1974年版，第1664页。

三、问题教学模式

问题教学模式是指以问题为主线，有效地组织和安排教学内容，使学生顺利获取所应掌握的知识和技能的相对稳定的操作程序。魏晋南北朝时期，在算学和佛教教学中应用了问题教学法，随着《九章算术注》成为算学的教材和佛教牟子《理惑论》的传播，问题教学模式就逐渐形成了。《九章算术》大约成书于公元1世纪，中间经过多人多次纂辑修改、逐次充实。刘徽自幼便学习《九章算术》，成年后又进一步深入学习、反复研究，认为术文过简、解法缺乏论据、某些问题的解法值得商榷，于是决定为该书作注释，弥补这部书的不足，以益于后人。魏陈留王景元四年（263年），刘徽写成了《九章算术注》。该书是一本非常适宜于采用问题教学法的算学教材，共分九章，收进了246个数学问题，采用问题集的形式编写，每个典型的问题是以"问""答""术""注"条目组成。"问"，提出具体的问题；"答"，给出具体的答案；"术"，是解这类问题的算法、公式或定理；"注"，是对造"术"原理的解释。自此，问题教学模式在算学教学中就成为了一种典型的教学模式。

《理惑论》，又称作《牟子》，成书大致在东汉末年，其作者牟子是位从学"经传诸子"到崇信佛教的佛教徒。在牟子的时代，由于世人熟悉儒家思想，通晓儒学典籍，而对于来自印度的佛教及其思想难以理解，一些佛教徒自身对佛教的理解也很肤浅。于是牟子采取自设宾主（一问一答：问者为一位北方儒者，答者为牟子本人）的体裁写成《理惑论》，根据所设置的不同问题，引经据典地予以解答。牟子《理惑论》作为中国第一部用问答体写成的佛教著作，其写作方式对后来佛教著作的写作产生了很大影响。魏晋南北朝时期一些佛教著作多采用这种问答体形式，如晋孙绰《喻道论》，东晋慧远《沙门不敬王者论》中《求宗不顺化三》《体极不兼应四》《形神不灭五》《三报论》和《明报应论》等，东晋僧肇《般若无知论第三》等，东晋郑鲜之《神不灭论》，南朝慧琳《黑白论》，南齐的明僧绍《正二教论》等。① 正是大量问答体佛教著作的出现，从而使得问题教学模式在佛教教学中得到广泛采用。

因此，对于魏晋南北朝时期问题教学模式的研究，我们主要以《九章算术注》和《理惑论》这两部著作为代表，说明问题教学模式的存在，并推导出这一时期问题教学模式的操作程序。

1. 理论基础

虽然魏晋南北朝时期没有产生过一部教学理论专著，但是在这一时期的教学实践中，却存在着先进的教学思想。现代心理学研究表明，思维起始于问题，是由问题情境产生的，而且是以解决问题情境为目的的。《九章算术注》以典型的问题为例，采用"问""答""术""注"四条目，其目的在于让学习者在解答问题时学会"术"。"问"虽是主线，但是主体仍是掌握"术"。《理惑论》中问题也是主线，但牟子的旨意是通过回答自设的问题来宣传佛教理论。可见，这两本教材早已在教学实践中渗透了一种以问题教学为核心的教学设计思想。苏联教学论专家马赫穆托夫的问题教学论认为："学生的'学习—认识过程'在教学中处于核心地位，教学活动的重心应当转移到这方面来。问题性教学的实质就是要遵循创造性思维活动的逻辑程序，教师有意识地创设问题情境、组织学生的探索活动，让学生自己提出问题和解决问题。"②在问题教学中，学生不仅要掌握科学结论，还需要掌握获得这些结论的途径和过程，其目的在于形成思维的独立性和发展的创造性。刘徽在《九章算术注·序》中说明了其作注的原因是："徽幼习《九章》，长再详览。观阴阳之割裂，总算术之根源，探赜之暇，遂悟其意。是以敢竭顽鲁，采其所见，为之作注。"③ 刘徽作《九章算术注》就是要弥补《九章算术》中缺少解答过程的不足。他认识到只有答案和算理在算学学习中是不够的，因为一题多解和

---

① 石峻等编：《中国佛教思想资料选编》（第一卷），中华书局1981年版，第25、79-90、146-150、197-200、257-260、275-278页。
② 李秉德主编：《教学论》，人民教育出版社1991年版，第262页。
③ 李继闵著：《九章算术校证》，陕西科学技术出版社1993年版，第206页。

错误解法得出正确答案的现象是存在的,所以刘徽认为算术的解题途径和过程更为重要,这包含了朴素的发展性教学思想。因而,魏晋南北朝时期问题教学模式的理论基础就是一种初步的以问题教学为核心的教学设计思想,同时伴以一种朴素的重视教学过程的发展性教学思想。

2. 教学目标

问题教学模式的教学目标,是教师在创设问题情境、师生共同解决问题的过程中,让学生学习知识、培养能力。《九章算术注》就是通过"问"(例题)学习"术"(算理),从"注"中学习正确的解题方法,从而培养学生在实际生活中解决与算学有关问题的能力。刘徽从学生掌握知识和培养独立运算的能力出发作注,如对"方田"注为"以御田畴界域",注明了"方田"学习的目的是要能丈量土地;对一些"术"作解,加强学生对解题过程的理解,"里田术曰:广从里数相乘得积里。以三百七十五乘之即亩数"。他在其后解释为"按此术,广从里数相乘得积里。方田之中有三顷七十五亩,故以乘之,即得亩数也";对约分术解释有"等数约之,即除也,其所以相减者,皆等数之重叠,故以等数约之"[①]。这种教学加强了学生对算理的理解和掌握,也有利于学生更好地提高解题能力。

《理惑论》设计为问答的体例,是直接针对当时世人对佛教的曲解和责难而作的。如佛教中的"孝"与中国传统的"孝"迥异,为宣扬佛教理论,牟子就设计了这样的问题和回答:"问曰:孝经言身体发肤,受之父母,不敢毁伤。曾子临没,'启予手,启予足'。今沙门剃头,何其违圣人之语,不合孝子之道也。吾子常好论是非,平曲直,而反善之乎?牟子曰:夫讪圣贤不仁,平不中不智也。不仁不智,何以树德?德将不树,玩器之寿也,论何容易乎!昔齐人乘船渡江,其父坠水,其子攘臂头颠倒,使水从口出,而父命得苏。父头颠倒,不孝莫大,然以全父之身;若拱手修孝子之常,父命绝于水矣。孔子曰:可与适道,不可与权。所谓时宜施者也。由是而观,苟有大德,不

[①] 李继闵著:《九章算术校证》,陕西科学技术出版社1993年版,第134页。

拘于小。沙门捐家财，弃妻子……何远圣语不合孝乎？豫让吞炭漆身……高行截容，君子以为勇而有义，不闻讥其自毁没也。沙门剔除须发，而比之于四人，不已远乎！"①

针对"问者"提出的这个尖锐的问题，牟子站在崇信佛学的立场上，吸取儒、道之学，对沙门剃头与儒家提倡的"身体发肤，受之父母，不敢毁伤"的孝，引用孔子"可与适道，不可与权"和孝经的圣言，来指出孝要"时宜施"，指出"沙门捐家财，弃妻子"是合乎圣人所谓的"孝"的，表现出了佛教为适应中原文化而作出的种种改变和重新解读。这种让步可以在一定程度上对这个混乱时代的一些社会现象作出相对让人心安理得的解释，容易让人们接受佛教及其教义，也达到了佛教教学的目标：传授佛教教义，理解现实，在现实生活中得到解脱。

3. 教学方法

问题教学模式采用的教学方法是问题式教学方法，以问题为中心来安排教学。比如："今有十八分之十二。问约之得几何？答曰：三分之二。约分术曰：可半者半之，不可半者，副置分母子之数，以少减多，更相减损，求其等也。以等数约之。刘徽注曰：按约分者，物之数量，不可悉全，必以分言之……等数约之，即除也，其所以相减者，皆等数之重叠，故以等数约之。"②这里围绕约分这一数学问题，教师不但要演示约分的过程，还要说明为什么如此约分，从而使学生对于问题要知其然，更要知其所以然。又比如，"问曰：佛道言一人死当复更生，仆不信此言之审也。牟子曰：人临死，其家上屋呼之。死已，复呼谁？或曰呼其魂魄。牟子曰：神还则生，不还，神何之乎？曰成鬼神。牟子曰是也。魂神固不灭矣，但身自朽烂耳。身譬如五谷之根叶，魂神如五谷之种实。根叶生必当死，种实岂有终亡？得道身灭耳。《老子》曰：'吾所以有大患，以吾有身也；若吾无身，吾有何患！'又曰……道

---

① 石峻等编：《中国佛教思想资料选编》（第一卷），中华书局1981年版，第5-6页。
② 李继闵著：《九章算术校证》，陕西科学技术出版社1993年版，第134页。

与不道，如金比草；善之与福，如白方黑，焉得不异，而言何异乎？"① 针对人死是否能复生的问题，牟子认为人的灵与肉是分离的，肉身是短暂的、易损的，而灵魂是永恒的、永生的，人的根本是人的灵魂，因此人是永生的。虽然牟子的理论不足为取，但是这种分析问题和解决问题的思维过程是很有价值的。

4. 操作程序

从上述《九章算术注》和《理惑论》的两个例子出发，我们可以推演出问题教学模式的操作程序是"问题—答案和原理—实践"。问题作为教学的引子，是安排教学内容的主线。对问题的解答在《九章算术注》中是答案和原理共同组成的，刘徽还对算理进行了更深入的解释，使算理更明白易懂；在《理惑论》中，牟子直接对问题作出回答，而且引用儒家、道家的经典来说明自己要证明的问题，把佛理讲解得明白易懂，贴近魏晋南北朝时期世人的现实生活和固有的传统思维。此外，这种问题教学法是直接指向实践的，其最终目的都是让学生和信徒能将理论应用于现实。《九章算术注》中的问题都是针对丈量和测算田地等现实问题而展开的；而《理惑论》则是要在宣扬佛教理论中使信徒达到精神解脱，即其教学目标不仅是学习佛教理论，而且应该是在现实生活中实践佛教理论，就像关于"孝"的解释一样，要因时而宜地践行孝。

四、家诫式教学模式

魏晋南北朝时期，除了家长亲自教授子弟以外，撰写诫子书也是家庭教育的一种形式，其内容多是讲为人处世之道。"家诫""家训"是"名臣仕宦、世族大家训诫子孙、族人的言论，其内容是用宗法——专制社会的礼法制度、伦理道德规范、行为准则指导人们处理家庭关系、教育子女成长的训诫"②。

---

① 石峻等编：《中国佛教思想资料选编》（第一卷），中华书局1981年版，第7页。
② 吴霓：《论魏晋九品中正制与私学的关系》，《华东师范大学学报（教育科学版）》1996年第1期。

由于九品中正制将选官标准定在品行情操上，而衡量品行情操，很大程度上取决于儒学的仁义忠孝，即私德的崇高与否。在当时的现实生活中，曾出现许多因私德稍有异议而遭朝廷终身不用的事例，如陈寿"遭父丧，有疾，使婢丸药，客往见之，乡党以为贬议……坐是沈滞者累年"①。又如张辅为中正官时，"梁州刺史杨欣有姊丧，未经旬，车骑长史韩预强聘其女为妻，（于是张辅）贬（韩）预以清风俗，论者称之"②。还有晋时的卞粹，因为弟弟触犯了郡将而被认为有失教训，竟遭多年不用。而且，由于统治阶级内部存在激烈的竞争，要使自己的家族在政权中保持不败，永葆世代为宦，就必须整齐家风，世代保持仁义忠孝的名声。

《五柳先生传》的作者陶潜写书给儿子说明自己超俗的志趣，并以之作为训诫："与子书以言其志，并为训诫曰：天地赋命，有往必终，自古贤圣，谁能独免。子夏言曰：'死生有命，富贵在天。'……"③梁徐勉身居高位，不营产业写书给其子崧，劝他要后其身而身先，见贤思齐："古人所谓'以清白遗子孙，不亦厚乎。'又云：'遗子黄金满籯，不如一经。'详求此言，信非徒语。吾虽不敏，实有本志，庶得遵奉斯义，不敢坠失……"④北朝有很多人写教诫教育家族中的后辈，如刁雍写教诫二十余篇以训导子孙；张烈为教育子孙廉洁，写《家诫》千余言，并命令立石碑以使子孙保持警戒。

而颜之推从个体生存的角度出发，"撰《家训》二十篇，并行于世"⑤。《颜氏家训》反对当时不重视读书的风气，反对溺爱子孙，是当时家庭教育的典范，是研究这一时期家诫式教学模式的重要依据。因而，这里就以《颜氏家训》为范本对家诫式教学模式进行研究。家诫式教学模式是以魏晋南北朝时期的处世哲学和儒家人性论为理论基础，以培养有一技之长和良好德行的封建士大夫为教学目标，灵活应用训导式教学方法、榜样教学方法等，以此

---

① [唐] 房玄龄等撰：《晋书·陈寿传》（卷82），中华书局1974年版，第2137页。
② [唐] 房玄龄等撰：《晋书·张辅传》（卷60），中华书局1974年版，第1639页。
③ [南朝] 沈约撰：《宋书·隐逸传》（卷93），中华书局1974年版，第229页。
④ [唐] 姚思廉撰：《梁书·徐勉传》（卷25），中华书局1973年版，第383页。
⑤ [唐] 李百药撰：《北齐书·文苑传》（卷45），中华书局1972年版，第617-618页。

供子孙后代学习的、相对稳定的操作程序。

1. 理论基础

家诫式教学模式的理论基础，除这一时期的处世哲学之外，还有传统儒家人性论。在先秦，孟子的性善说和荀子的性恶说发生了激烈的争论。性善说虽然符合儒家的道德理想，但是由于它无法解释恶的产生问题而流于空幻。性恶论切中人生的实际，但却无法为儒家伦理道德的确立和道德修养的产生提供理论依据。同时，人生应如何进行修养等问题成为影响儒家思想发展的难题。董仲舒就此提出了"性三品"学说，对上述理论难题予以了解答，成为当时社会流行的观念，取代了先秦儒学的性善说和性恶论。他将所有人分成三类：上品的圣人之性，下品的斗筲之性和中品的中民之性。"圣人之性，不可以名性，斗筲之性，又不可以名性，名性者，中民之性。中民之性如茧如卵。卵待覆二十日而后能为雏，茧待缫以涫汤而后能为丝，性待渐于教训而后能为善。"① 颜之推继承了这种人性论的思想，认为"上智不教而成，下愚虽教无益，中庸之人，不教不知也"②。即圣人的上智是至善的，斗筲的下愚是极恶的，都是不可教化改变的，绝大部分人是中民之性，通过教化可以为善。

因此，颜之推主张教育的对象只能是"中庸之人"，因为"中庸之人"具有很大的可塑性。这里的"中庸之人"实际就是指士族子弟。颜之推十分强调士族子弟受教育的必要性和重要性。他尖锐地指出，在当时混乱的社会中，"父兄不可常依，乡国不可长保，一旦流离，无人庇荫，当自求诸身耳。谚曰：'积财千万，不如薄伎在身'"③。在动荡的社会中，人们过着朝不保夕的生活，只有学得一身"薄伎"，才能随处安身立命，否则不但个人无法生存下去，就连整个士族地主阶级也无法存在，最后只有灭亡。

2. 教学目标

---

① ［西汉］董仲舒撰：《春秋繁露·实性》，中华书局1992年版，第311-312页。
② ［北齐］颜之推撰：《颜氏家训·教子》，中国社会科学出版社2003年版，第6页。
③ ［北齐］颜之推撰：《颜氏家训·勉学》，中国社会科学出版社2003年版，第60页。

颜之推从士族地主的利益出发，认为以前玄学教育培养的是难于应世经务的清谈家，传统儒学培养的是空疏无用的章句博士，而教学应培养真正有用的各种统治人才。"士君子之处世，贵能有益于物耳。不徒高谈虚论，左琴右书，以费人君禄位也。国之用材，大较不过六事：一则朝廷之臣，取其鉴达治体，经纶博雅；二则文史之臣，取其著述宪章，不忘前古；三则军旅之臣，取其断决有谋，强干习事；四则藩屏之臣，取其明练风俗，清白爱民；五则使命之臣，取其识变从宜，不辱君命；六则兴造之臣，取其程功节费，开略有术，此则皆勤学守行者所能辨也。人性有长短，岂责具美于六涂哉？但当皆晓指趣，能守一职，便无愧耳。"①

颜之推认为"人性"各有"长短"，不能要求人人都能成为"通才"，只能成为"守一职"的"专才"，并且依靠各种各样的"专才"，共同捍卫士族地主阶级的利益。由此可见颜之推的教学目标，是培养和造就有一技之长和良好德行的封建士大夫。这种观点冲破了儒家以培养比较抽象的君子为教育目标的传统框架，不再局限于道德修养与"化民成俗"方面，而是培养"应世经务"的各种人才。

此外，从《五柳先生传》、梁徐勉的诫子书、刁雍的教诫、张烈《家诫》等可以看出家诫的内容多是处世之道，也勉励后代立志学习，在乱世中多学技艺，不要空口浮夸。可见，家诫式教学模式较为重视情感教育和立志教育。

3. 教学方法

在魏晋南北朝时期写家诫成为一种新的教育时尚，并在各家族中逐渐形成了家诫式教学模式。在这之中主要应用的教学方法就是训导式教学法。这种教学方法主要应用在情感教学中，与亲师合一型教学模式所采用的实践式教学方法是有很大区别的。实践式教学方法注重实践操作，而训导式教学方法关注情感熏陶。同时，家诫式教学模式还采用了其他一些较有特色的教学方法，如陶冶教学法。②颜之推特别重视环境对幼儿的影响，"人在年少，神

---

① [北齐] 颜之推撰：《颜氏家训·涉务》，中国社会科学出版社2003年版，第112页。
② 廖其发主编：《中国幼儿教育史》，山西教育出版社2006年版，第83页。

情未定，所与款狎，熏渍陶染，言笑举对，无心于学，潜移暗化，自然似之"①。即幼年时，思想还未定，可塑性大，周围环境特别是所交的人对幼童影响很大。孩子耳濡目染，久而久之便"自然似之"。于是要求幼儿应尽量与善人居，勿与恶人处，"是以与善人居，如入芝兰之室，久而自芳也；与恶人居，如入鲍鱼之肆，久而自臭也"。这指出应给幼儿创造一个良好的环境，以使他们受到良好的环境熏陶。在《颜氏家训》中，颜之推还采用榜样教学法，列举了诸多人物的例子进行训诫。如在《教子》中举了王僧辩和其母魏夫人、齐朝一士大夫教子的例子；《兄弟》中举江陵王玄绍、王孝英、王子敏三兄弟为例；《后娶》中举父亲尹吉甫和儿子尹伯奇等例子；《治家》中举房文烈、裴子野等例子；《慕贤》中举丁觇、齐文宣帝、张延隽等例子，等等。

4. 操作程序

从《颜氏家训》和前面所举的一些家诫可以看出，虽然不同家族的教学内容有所不同，但它们都是传授为人处世之道，督促后生努力学习，并在生活中坚持志向，实践处世之道。所以家诫式教学模式的操作程序可以归纳为："作家诫—传习—实践"。世家大族或以著书或以家训或以家信的形式，总结其生活经验，对孩童进行是非廉耻观念教育、纲常教育、一般思想教育、识字习字教育及生活常识教育等。而这些家诫家训家书的共同指向是在当时变化无常、生命朝不保夕的时代，激励士族的子孙后代树立志向，恪守自己的原则，习得一技之长，使自己能够生存下来，从而保证家族延续不断。

第二节 魏晋南北朝时期教学模式的特征及其启示

"清谈式教学模式""亲师合一型教学模式""问题教学模式"和"家诫式教学模式"，虽然是从魏晋南北朝时期不同的教学思想和教学实践中分析概括出来的，但是从整体上看，它们仍然存在一些共同的特点。总结这些特点，

---

① [北齐] 颜之推撰：《颜氏家训·慕贤》，中国社会科学出版社 2003 年版，第 58 页。

可以进一步认识魏晋南北朝时期教学模式的本质，挖掘相关经验教训，为新型教学模式的建构提供启示。

一、重视对个体人生意义的追寻

魏晋南北朝时期的教学模式重视对个体人生意义的追寻。魏晋南北朝是一个离乱的、人民没有安全感的时代，这个时代的教学模式在一定程度上打上了这种社会烙印。当人们在战乱和不安中寻问人生意义时，这个时代的教学模式也以自己独有的方式试图引导人们探寻人生的意义。人们在清谈式教学中探求生命的真谛，在问题教学中解决自己的困惑，在亲师合一型教学和家诫式教学中立志学得一技之长，在现实生活中顽强地生存下去。

21世纪是经济高速发展的时代，人们享受着经济发展带来的福祉，同时也承受着快节奏生活产生的各种压力。这种压力让现代人在心理上产生焦虑、困惑、无助等情绪，使得他们对人生意义产生怀疑，心理疾病层出不穷，自杀现象屡见不鲜。所以，关注生命教育，建构适合我国国情和教学现状的生命教学模式迫在眉睫。从魏晋南北朝教学模式追寻人生意义这个特点和这一时期教学所取得的成就来看，当代教学应该指导学生积极追寻现实生活的崇高意义，并努力在生命教育中建构一种能减小心理压力、追寻人生意义的教学模式，从而使现代人生活得更幸福。

二、重视学生的主体地位和学习动机生成

魏晋南北朝时期的教学模式重视学生的主体地位。清谈式教学模式，作为学生的"客"，在"主"唱题表达了自己的观点之后，就提问发表不同的观点，主宾双方相互辩论，学生的主体地位在提问和辩论中得到充分发挥，有助于培养学生的表达能力、思维能力等。亲师合一型教学模式采用实践式教学方法，让学生通过自身实践，培养专业能力。家诫式教学模式重视学生领悟家诫的真谛，通过家诫让学生主动树立学习目标和人生目标，并通过自身努力实现这些目标。这些教学模式已经打破了两汉经学教学中以教师讲授为

主的教学模式,打破了学生被动学习的局面,强调学生通过主动学习、实践,去领悟知识。

随着知识增长速度的加快、终身教育的普及、社会竞争加剧和个人社会生活复杂化程度的提高,学生的一般能力、创造能力、社会交往能力等必将越来越受到重视。怎样最大程度地促进教学培养学生的这些能力,就成为建构新型教学模式的核心。随着"学生主体地位"思想的深入人心,重视学生的主体地位也就成为当代教学模式的共同特征。学生要实现其主体地位,成为学习的主人,就必须具有学习的需要及动机,即学生必须对学习活动本身有强烈的兴趣才能真正成为学习的主人。因而,在建构新型的教学模式时,应该从激发学生学习兴趣、培养学生的学习动机入手。魏晋南北朝时期的亲师合一型教学模式、家诫式教学模式之所以能够使士族教育取得显著效果,除了重视学生的主体地位之外,还有一个重要原因,即把教师的教学目标转化为学生的学习目标,并让这个目标转化为学生的学习动机,成为学生学习的内在推动力。只有这样,才能在新型教学模式中保持学生的主体地位。

三、重视实践教学方法,体现知行统一的认识论

魏晋南北朝时期的教学模式重视实践教学方法。如在清谈式教学模式中,学生参与辩论就是思维能力最好的锻炼。在亲师合一型教学模式中,实践式教学方法的有效应用是祖冲之、祖暅之、王羲之、王献之等人取得巨大成就的重要因素。问题教学模式就是从实践中来又旨在回到实践中去的一种教学模式。家诫式教学模式就是要让学生在家诫的训导下找到人生奋斗目标并实践之。可见,在这一时期教学模式中,处处贯穿着实践教学方法。这种实践教学方法,实际上体现了先秦时期的知行观。知行并举的概念,早在先秦就已出现,知与行是贯穿于认识论的一对重要哲学范畴。"知"是有知识、认识的意思;"行"的本意是道路的意思,引申为行动和践履。先秦时期对知行问题的争论相对活跃,两汉至隋唐时期知行问题的探讨陷入低谷,特别是魏晋南北朝时期,由于佛教和玄学的兴起,哲学的争论重心转向"自然"和"名

教"等哲学问题，只有个别人（如王弼）对知行观有所涉及。但是，从魏晋南北朝时期几种主要的教学模式来看，人们并不是把知行观束之高阁，而是用实际行动对知行观作出了回答，非常重视"行"，都把实践教学方法作为教学的不二法门。同时，这些教学模式还提倡学生在实践之前学习画理、算理、医学知识、为人处世之道等理论知识，从而重视"知"，以"知"指导"行"，使两者共同构成一个整体。可见，这一时期的知行观是一种无意识的"知""行"统一观。这种认识论，使得当时的教学模式普遍采用实践教学方法，并且取得了良好的教学效果。

魏晋南北朝时期教学模式中应用实践教学方法的主要目的就是要实现"知""行"统一。因而我们当前在建构新型教学模式时，应该以辩证唯物论的知行统一观为指导，有效应用实践教学方法。辩证唯物论的知行统一观认为，认识过程是认识、实践、再认识、再实践，循环往复以至无穷的过程。重视应用实践教学方法，一方面可以升华教师的教学艺术，以先进的、有效的教学理论指导教学实践，并在教学实践中加深对教学理论的认识；另一方面，学生应用实践教学方法，一则可以在实践中提高学生的动手能力，二则可以加深对理论的理解。这些也是建构新型教学模式应重视使用实践教学方法的目的所在。

四、重视育人效果的整体性和连续性

魏晋南北朝时期的教学模式具有整体性的特点，即在一定程度上促进人的全面发展。亲师合一型教学模式和问题教学模式以掌握知识和锻炼能力为主，家诫式教学模式主要以情感教育和立志教育为主，清谈式教学模式主要是人生价值观的指导，问题教学模式也体现了对过程与方法的重视。魏晋南北朝时期的教学模式还具有连续性的特点，即不同的教学模式比较符合不同年龄段的学生的身心特点和知识水平。家诫式教学模式适合对蒙学阶段的学生进行情感教育和立志教育，对于年龄较大、知识水平比较高的学生，亲师合一型教学模式重视提升他们的实践操作能力，问题教学模式促进他们形成问题解决能力，而清谈式教学模式适用于具有更高知识和能力的学生形成人生观和价值观。当然，这并不是说对某个年龄段的学生只能用某一种教学模式，而是要以一种为主其他几种为辅。由此看来，新型教学模式的建构应该树立整体性和连续性的观念，根据不同年龄阶段学生的身心特点和知识水平，选择最佳的教学模式，并把多种教学模式整合为有机体，建构为一个适合学生立志、塑造情感、发展智力和培养能力的教学模式群。

第四章　唐代蒙学教学思想

蒙学是指我国古代家庭、社会、学校对儿童进行的早期启蒙教育，又称童蒙教育、蒙养教育或启蒙教育。其目的是通过对儿童进行基础的文化知识教学和初步的道德养成教育来启迪儿童智慧、培养儿童品德，使之健康成长。教育对象是蒙养阶段的儿童即蒙童，其年龄段大致为七八岁至十五六岁，或者更早。从入学时间和教育程度上看，大致相当于现在的幼儿园和小学低年级阶段。教育者被称为蒙师，为蒙童所编写的蒙学读物或教材被称为蒙书、小儿书、蒙学书。我国古代非常重视蒙学阶段的教育，称之为"蒙养教育"。古代教育家在长期的蒙学教学实践中，形成了独具特色的教学思想，包括教学目的、教学内容、教学方法等，极大地促进了蒙童知识的增长和道德素养的形成。其中唐代是我国古代蒙学教育发展史上特殊而重要的时期，对促进蒙学教育的发展起到了举足轻重的作用，同时也形成了特色鲜明的蒙学教育教学思想。

第一节　唐代蒙学教学思想的基本内容

唐代是我国封建社会的鼎盛时期，其政治稳定，经济繁荣，文化思想十分活跃，极大促进了我国传统教育的发展。统治者在积极发展官学的同时，对私学的发展也给予极大的鼓励，形成了较为完备的学校教育体系。在这种时代背景下，作为基础教育的唐代蒙学得到了长足发展，不仅京师、州、县有官办小学，地方民间设有乡学、村学、乡塾等，① 而且在一些偏远地区还有寺学、社学等特殊形式的蒙学教育机构。另外，还存在许多家学、家馆等，一些士大夫在家设学，亲自教授子孙。由此可知，唐代蒙学教育的发展较为兴盛。唐代蒙学教育的普及发展，在客观上为唐代文化教育的普及作出了贡献。同时蒙学在发展的过程中，也积累了极其丰富的教学经验，为后代尤其是宋元时期蒙学教育的繁荣发展奠定了坚实的基础。

一、蒙以养正的教学目的

远在周朝，古人就从"正本慎始"这一辩证思想出发，提出"蒙以养正"的教育思想。唐代统治者从安邦定国的角度出发，制定了崇圣尊儒的教育指导思想，"明人伦"是其教育的主要目标。科举制度的实施，使"学而优则仕"成为社会各阶层子弟追求的目标。因而，在中国传统文化和唐代教育政策的指导下，形成了唐代蒙学教育的最终目的，即"蒙以养正"，也就是说，用正确的教育启迪儿童的智慧和心灵，使儿童能够健康成长，培养符合社会发展的人。

1. 文化启蒙

我国古人很重视儿童的文化知识传授，所谓"人生在世，耕读当先"。在幼儿早期即对其进行初步的文化启蒙教学，是古代蒙学教学的一项重要内容。它不仅能促进幼儿智力的发展，而且能为以后的学习甚至终身的生活奠定基础。在《礼记·内则》中提及的六岁"教之数与方名"、九岁"教之数日"，② 均属于早期的知识教育。唐代对儿童从很早就进行启蒙教育，其蒙学教育以识字为始，然后进行思想道德教育，再扩展到一些生活、自然常识、历史地理和科技知识等。

---

① 参见王炳照主编：《中国古代私学与近代私立学校研究》，山东教育出版社1997年版，第221页。

② 中国学前教育史编写组编：《中国学前教育史资料选》，人民教育出版社1989年版，第14页。

为了使儿童识字不至于太枯燥，唐人采用《急就篇》《千字文》《太公家教》《百行章》《咏史诗》等篇幅短小、编写灵活、极富情趣的蒙学教材进行文化启蒙教育，既介绍了"云腾致雨，露结为霜""海咸河淡，鳞潜羽翔"①"五岳嵩华，霍泰恒名""江河淮济，海纳吞并"② 的自然地理知识，也讲述了"王戎简要，裴楷清通，孔明卧龙，吕望飞熊"③"晋楚更霸，赵魏困横，假途灭虢，践土会盟"④ 的历史故事，有"逃窜隐避，徵掣债索，诉词辩牒，曹府恐嚇"⑤ 的社会生活常识，更有"财能败己，酒能害身""人无远虑，必有近忧"⑥ 的人生哲理。

2. 道德启蒙

毋庸置疑，蒙学教育的首要功能就是进行道德的启蒙。《易经·蒙卦》中的"蒙以养正，圣功也"⑦，点明了中国古代蒙学教育的最终目的。为此，古人在教育教学中，注重把道德训诫与识字教学有机结合，通过儿歌与韵语的形式，将道德教育融进知识教育之中，进而对蒙童进行初步的道德启蒙，使之做一个明伦理、懂孝悌、知廉耻、守法度的良民。在唐代蒙学教学中，不仅《孝经》成为蒙学教学的基本内容，而且唐代还编写了许多专门的道德启蒙教材，其中以《太公家教》最为典型。《太公家教》出自何人之手已难以确考，其内容主要是以规劝的语气向人们灌输封建伦理道德，是一部不折不扣的道德启蒙读物。比如："得人一牛，还人一马，往而不来，非成礼也。知恩报恩，风流儒雅，有恩不报，非成人也。……一日为师，终日为父；一日位君，终日为主。教子之法，常令自慎；言不可出，行不可亏。……居必择邻，

---

① 喻岳衡主编：《传统蒙学丛书·千字文》，岳麓书社1987年版，第4-5页。
② 汪泛舟编著：《敦煌古代儿童课本》，甘肃人民出版社2000年版，第6页。
③ 汪泛舟编著：《敦煌古代儿童课本》，甘肃人民出版社2000年版，第4页。
④ 喻岳衡主编：《传统蒙学丛书·千字文》，岳麓书社1987年版，第28页。
⑤ 汪泛舟编著：《敦煌古代儿童课本》，甘肃人民出版社2000年版，第27页。
⑥ 汪泛舟编著：《敦煌古代儿童课本》，甘肃人民出版社2000年版，第181页。
⑦ 黄寿祺、张善文撰：《周易译注》，上海古籍出版社2004版，第46页。

慕近良友；侧立齐庭，厚待宾客；……道之以德，齐之以礼。"① 另外，《百行章》《新集文词九经抄》《女论语》等也都是对儿童进行伦理道德教育的专门读本。可以说，唐代流行的蒙学读物大多包含丰富的道德伦理教育思想，就连在《千字文》这样的识字蒙学教材中也贯穿着丰富的道德教育内容。例如："资父事君，曰言与敬。孝当竭力，忠则尽命。……上和下睦，夫唱妇随。……仁慈隐恻，造次弗离。节义廉退，颠沛匪亏。"② 文中将儒家的忠、孝、仁、爱等伦理观念表现得淋漓尽致。总之，唐人对蒙童进行道德启蒙，其目的在于最终达到"修身、齐家、治国、平天下"的最高境界。

3. 能力启蒙

蒙学阶段是人的发展的基础阶段，起着非常重要的作用。古人认为它是"作圣之基""学圣之道"。因此，蒙学教育的基本目的，主要表现在初步的文化启蒙和道德养成上。实际上，由于中国古代森严的封建等级制度，并非所有的蒙童读书都是为了品学和修身。在唐代，除九五之尊的皇帝之外，整个社会可分为贵族、官吏、庶民、贱民等不同的阶层。不同阶层的人由于拥有的政治权利和经济地位的不同，他们受教育的权利和机会也有很大的不同。就平民阶层而言，有机会接受蒙养教育的儿童并不能全部接受高等教育。对于他们中的绝大部分人来讲，蒙学教育，既是他们受教育的开始，也是他们受教育的终结。送子读书的目的，除一部分欲通过科举求取功名以改换门楣、光耀祖宗外，大部分皆以谋生传家为宗旨。很多人送子读书，仅仅是为了让儿童掌握最基本的日常生活所必需的读、写、算能力和获取农业生产技术、生产经验及四时季节的变化规律与种植知识等内容。从这个意义上说，对蒙童进行初步的能力启蒙教育也是唐代蒙学教学的基本目的之一。

二、承旧增新的教学内容

唐代蒙学的教学内容在继承前代教学内容的基础上，又增加了一些新的

---

① 汪泛舟编著：《敦煌古代儿童课本》，甘肃人民出版社2000年版，第171-175页。
② 喻岳衡主编：《传统蒙学丛书·千字文》，岳麓书社1987年版，第13-19页。

内容，从而使教学内容比前代更为广泛、更加丰富。

1. 识字习书

蒙学教育作为其他专门教育的基础，识字是它的一项重要内容，无论是"离经辨志"①"数与方名"②，还是"学六甲五方书计之事"③，都与识字有关。不能认识一定数量的文字，教育就无从谈起。"蒙养之时，识字为先"④，与其说是清代学者王筠的教育主张，不如说是他对两千年传统蒙学教学经验的科学总结。隋唐以前，启蒙教育以识字为主，识字教学是那个时期蒙学教学最主要的内容。从周宣王时期的《史籀篇》，到秦李斯的《仓颉篇》，从汉元帝时史游所作的《急就篇》，再到后梁周兴嗣的《千字文》，都是常用的启蒙字书。虽然唐代蒙学教学内容突破了前代单一的识字教学，但是识字教学仍然是唐代蒙学教学的一项基础内容。

识字教学作为唐代蒙学教学的基础内容，其基本的表现是这一时期对一些字书的运用。《急就篇》《千字文》都是这一时期重要的启蒙字书。其中，颜师古还专门为《急就篇》注疏。《千字文》为南朝梁武帝时周兴嗣所编的识字教材，讲述了宇宙自然、历史人事、修身处事、读书饮食、农艺、园林以及祭祀等方面的知识，内容极其丰富，唐宋以降一直作为蒙学教材广为流传。从一些文献资料里，我们可以看到唐人使用《千字文》的情况。据《唐摭言》记载："顾蒙，宛陵人。博览经史……亦一时之杰；甲辰淮浙荒乱，避地至广州，人不能知，困于旅食。以致书《千字文》授于聋俗，以换斗筲之资。"⑤另《朝野佥载》卷五记载：并州人毛俊之子，四岁被武则天召入宫内试字，

---

① 高时良编著：《学记评注》，人民教育出版社1982年版，第1页。
② 中国学前教育史编写组编：《中国学前教育史资料选》，人民教育出版社1989年版，第14页。
③ ［东汉］班固撰，［唐］颜师古注：《汉书·食货志》，《丛书集成初编》卷0766，中华书局1985年版，第16页。
④ 李国钧主编：《清代前期教育论著选》，人民教育出版社1990年版，第485页。
⑤ 转引自张志公著：《传统语文教育初探》，上海教育出版社1962年版，第7页。

《千字文》皆能暗书。① 唐人不仅把《千字文》当作字书，还把它用作文字游戏和计数分类，将这一千字作为书法练习的必练之字。由此可见，《千字文》在唐代流传甚广。

《开蒙要训》是唐代新编的蒙学教材，为马仁寿所编。从字面上就可看出，它是一部以介绍基本启蒙知识为主的蒙学书籍。"开蒙"，即开启童蒙之智慧；"要训"，即关键、紧要的内容或注意事项。《开蒙要训》内容丰富，包含有自然、社会、做人的道理以及治国齐家等方面的内容，"长期流行于唐五代时期敦煌地区，是当时州县学和寺学普遍采用的一种儿童识字教材"②。唐代李瀚的《蒙求》和杜嗣先的《兔园策府》等介绍了自然、生活与历史等方面的知识。

识字之外，就是习书。习书是识字的有效辅助手段，也是书写能力培养的基础。唐代，综合性的蒙学教材如《急就篇》和《千字文》，都是识字习书两用的蒙学课本。《敦煌掇琐》所载敦煌遗籍中有这样的文字："上大夫丘乙己化三千七十二尔小生八九子牛羊万日舍屯。"③ 由此可知，唐代还有专门的写字教材（类似于今天的字帖）供蒙童习书之用。

2. 礼仪道德

伦理道德是中国传统文化价值体系的核心内容。对儿童进行封建伦理教育，一直是蒙学教学的中心内容。唐代几乎每一种蒙学教材都包含道德教育的内容，流行的道德类蒙学教材主要有：《太公家教》《百行章》《女论语》《古贤集》《武王家教》等。其中以《太公家教》《百行章》最为典型。另外，从一些人物传记、笔记小说和家训中同样可以看到唐代蒙学教材所蕴含的丰富伦理道德思想。

（1）孝悌之道

---

① 尹德新主编：《历代教育笔记资料》（第一册 魏晋南北朝隋唐五代部分），中国劳动出版社 1990 年版，第 144 页。
② 郑阿财、朱凤玉著：《敦煌蒙书研究》，甘肃教育出版社 2002 年版，第 51 页。
③ 张志公著：《传统语文教育初探》，上海教育出版社 1962 年版，第 37 页。

孝悌之道是中国传统伦理道德的核心。唐代尊崇儒术，以孝治天下。孝悌为礼教之本，唐代极力提倡孝道。唐太宗认为，读《孝经》"足以事父兄，为臣子"①。唐玄宗曾亲自注《孝经》。唐代统治者还把《孝经》作为科举考试的一项重要内容，"能通一经及《孝经》《论语》，卷诵文十，通者予官；通七，予出身"②。当时许多流行的蒙学读物都含有孝悌思想：杜正伦的《百行章》开篇即强调"立身之道，莫过忠孝""《孝经》始终，用之无尽"，"孝者，百行之本，德义之基。以孝化人，人德归于厚矣"。③ 这是把"孝"作为人生的基础。《太公家教》亦云："父母有疾，甘美不餐，食无求饱，居无求案。……其父出行，子须从后；路逢尊者，齐脚敛手……"④ 强调了对长者的绝对尊重。这些内容，为从孩提时代起推行封建教化，起到了重要作用。

(2) 忠君思想

"欲求忠臣，必于孝子"。在中国封建社会君君臣臣、父父子子的伦理纲常体系下，对君尽忠则是另外一种形式的孝，是大孝。基于此，唐代统治者从孩童时期就对人进行忠君思想的灌输和教化，以培养封建统治阶级的忠实卫士。在唐代流行的蒙学教材中，这方面的内容是不胜枚举的。《千字文》指出："资父事君，曰严与敬。孝当竭力，忠则尽命。"⑤《百行章·孝行章第一》提道："在家能孝，于君则忠。在家不仁，于君则盗。"⑥《太公家教》说道："事君尽忠，事父尽孝。""一日位君，终日为主。"⑦ 很显然，这些忠君思想反映了统治阶级的阶级意识，强调绝对的"忠"与"孝"，目的是为了培养封建国家的顺民，维护其统治秩序。从这个意义上讲，这一思想内容是糟粕，应该给予批判。

---

① ［后晋］刘昫撰：《旧唐书》卷五，中华书局1975年版，第65页。
② ［宋］欧阳修撰：《新唐书》卷四十四，中华书局1975年版，第1162页。
③ 汪泛舟编著：《敦煌古代儿童课本》，甘肃人民出版社2000年版，第67页。
④ 汪泛舟编著：《敦煌古代儿童课本》，甘肃人民出版社2000年版，第171页。
⑤ 喻岳衡主编：《传统蒙学丛书·千字文》，岳麓书社1987年版，第28页。
⑥ 汪泛舟编著：《敦煌古代儿童课本》，甘肃人民出版社2000年版，第67页。
⑦ 汪泛舟编著：《敦煌古代儿童课本》，甘肃人民出版社2000年版，第171页。

(3) 处世及交友

中国古代教育尤其是蒙学教育，非常强调做人的教育，在知识教学里往往渗透着做人的道理，贯彻着为人处世的准则。《千字文》云："女慕贞洁，男效才良。知过必改，得能莫忘。罔谈彼短，靡恃己长。信使可复，器欲难量。……景行维贤，克念作圣。德建名立，形端表正。"① 《太公家教》有："得人一牛，还人一马。往而不来，非成礼也。""凤凰爱其羽毛，贤者慎其言语。"② 这些为人处世之道，当然其中也不乏有一些明哲保身的思想和方法，其目的是让儿童将来能更好地立足于社会，至今仍不失其积极意义。

另外，古人在蒙学教育教学中，非常重视交友，强调交友一定要慎重，特别强调环境的重要性："近朱者赤，近墨者黑；蓬生麻众（中），不扶自直；白玉投泥，不污其色；近佞者谄，近偷者贼；近愚者痴，近贤者德；近圣者明，近淫者色。"③ 这说明了选择朋友对自身发展的重要性，所以要慎重交友。那么，如何交友？《太公家教》讲述了交友之道："居必择邻，慕近良友""与人相识，先正容仪，称名道字，然后相知""三人同行，必有我师焉，择其善者而从之，其不善者而改之"④。即要选择那些有良好品德的人作为自己的朋友，并且要以礼对待朋友，要虚心向朋友学习。这些内容包含积极的意义，对指导当今儿童、青少年如何选择良友，如何处理好人际关系依然有一定的指导作用。

唐代蒙学教学内容中有关伦理道德的还有许多，如惜时勤学、勤俭节约、知足常乐、男尊女卑等思想。总之，唐代蒙学教学内容中关于伦理道德方面的内容是极为丰富的，其中有不少糟粕和落后的东西，反映了封建阶级的思想意识，严重地束缚和压抑了儿童的个性。但是也应该看到，其中的精华和积极因素，对今天的儿童教育乃至成人教育依然有重要的指导意义。

---

① 喻岳衡主编：《传统蒙学丛书·千字文》，岳麓书社1987年版，第10-12页。
② 汪泛舟编著：《敦煌古代儿童课本》，甘肃人民出版社2000年版，第171页。
③ 汪泛舟编著：《敦煌古代儿童课本》，甘肃人民出版社2000年版，第173页。
④ 汪泛舟编著：《敦煌古代儿童课本》，甘肃人民出版社2000年版，第172-173页。

3. 儒家经典文化

唐人尊儒为主，把儒学看作是安邦定国的根本。同时，对个人而言，通过儒学教化可修身养性。为兴儒教，贞观年间唐太宗命颜师古考订五经，将其颁行全国学校；命孔颖达等撰写《五经正义》，作为学校教材和科举取士的标准答案。于是，儒家经典遂成为唐代蒙学教学的基本内容和必修课程。

4. 历史知识

历史知识也是蒙学教学的重要内容。对历史知识的学习，使一些儿童小小年纪就对历史典故了如指掌。高郢"九岁通《春秋》"[1]，王勃"九岁读颜氏《汉书》，撰《指瑕》十卷"[2]。除了利用现成的儒家经典对儿童进行历史知识的教学外，唐代还出现了专门的历史类蒙学教材《蒙求》。《蒙求》全书大约600句，选取古代经书、史传以及诸子等书中的历史故事、人物轶事汇辑而成，以四言韵语形式，介绍了上自古史传说时代，下及隋唐之世的大约600个历史故事，同时还涉及许多天文、地理、自然、神话等方面的知识，成为中唐至北宋时期较为流行的蒙学教材。它成篇以后，历代学者对之进行了不断的注释、增补、改编、摹仿，产生了众多以"蒙求"为名的读物，如《广蒙求》《叙古蒙求》《春秋蒙求》《三国蒙求》《宋蒙求》等等。

其他如胡曾的《咏史诗》，其内容多数也是从春秋战国到魏晋南北朝时期的历史故事。每首诗都以诗中所载的历史事件发生的地点作标题，如《乌江》《阿房宫》《铜雀台》《渑池》等；《千字文》在进行识字教学的同时，也介绍了一些历史知识，如："龙师火帝，鸟官人皇。始制文字，乃服衣裳。推位让国，有虞陶唐。吊民伐罪，周发殷汤。"[3] 从而通过一个个鲜明的人物故事或典故，让儿童对上古时期的历史有一定的了解和把握。

5. 诗赋文章

唐代是一个诗歌高度繁荣的时代。诗歌的蓬勃发展，与科举制度有很大

---

[1] ［后晋］刘昫撰：《旧唐书》卷一百四十七，中华书局1975年版，第3975页。
[2] ［清］董诰编撰：《全唐文》卷一百九十一，上海古籍出版社1990年版，第85页。
[3] 喻岳衡主编：《传统蒙学丛书·千字文》，岳麓书社1987年版，第6-7页。

关系。在"以诗赋取士"的科举制度刺激下,学校非常重视诗赋的教学。著名诗人元稹在《白氏长庆集序》中载:"予尝于平水市中见村校诸童竞习诗,召而问之,皆对曰:'先生教我乐天、微之诗。'"① 这生动地记录了当时学童们学习白居易和元稹诗歌的情形。晚唐著名文人皮日休在《伤严子重序》中说:"予为童在乡校时,简上抄杜舍人牧之集。"② 由此可知,唐代一些著名文人如白居易、元稹和杜牧等人的诗文作品在当时就被作为蒙学教学内容而家传户诵。

唐代诗赋盛行,为了满足应试诗赋的需要,唐代出现了专门教授学生学习作偶句或对仗的蒙学读本。一些士大夫在对子女进行训诫时也往往采用诗文的形式,如杜甫的《又示宗武》《宗武生日》,韩愈的《示儿》《符读书城南》,白居易的《狂言示诸侄》《闲坐看书贻诸少年》,元稹的《诲侄等书》,杜牧的《冬至日寄小侄阿宜诗》,李商隐的《骄儿诗》等。唐代的诗歌教学成就了许多少年诗人。李白"五岁诵六甲,十岁观百家"③,杜甫"七龄思即壮,开口咏凤凰"④,白居易五六岁就表现出诗才,九岁已通声律。这些少年诗童之所以成才,固然有其先天禀赋,也与他们在童蒙时期所受的教育有密切关系。

以上五个方面是对唐代蒙学教学内容的简单概括。实际上,这些教学内容是以整体的、综合性的方式呈现出来的,使蒙童在知识、道德、情感、技能等方面得到整体的提升,在一定程度上激发了蒙童的智力潜能。同时,学习内容的融合易使学习者形成重综合、重整体、重联通的思维方式,而这种思维方式正是文学与艺术创造所需要的,正是这种思维方式创造了唐代辉煌的文化成就。

---

① [清]董诰编撰:《全唐文》卷六百五十三,上海古籍出版社1990年版,第2943页。
② 万军杰:《试析唐代的乡里村学》,《史学月刊》2003年第5期。
③ 瞿蜕园、朱金城校注:《李白集校注·上安州裴长史书》,上海古籍出版社1980年版,第1544页。
④ 韩成武著:《诗圣:忧患世界中的杜甫》,河北大学出版社2000年版,第4页。

三、抚循善诱的教学原则

随着社会的发展，唐代对儿童身心发展规律有了进一步的认识，逐步形成了较为正确的儿童观，在教学中能够在一定程度上遵循儿童身心发展规律。

1. 量资而行，循序渐进

人的身心发展是遵循一定的规律循序渐进地进行的，表现出一定的阶段性特征。幼儿期，由于其生理、心理等方面的发展都很柔弱，对外界事物的理解能力有限，加上其掌握的知识较为贫乏，对幼儿进行教学应考虑其接受能力和身心发展的规律，量资而行，循序渐进。早在先秦时期，《礼记·内则》中就提出了"幼者听而弗问，学不躐等也"[1]，意思是说对于年幼者来说，可以让他们听教师讲课或年龄较大的学生上课，而不能提问，因为他们缺乏必要的思考能力。唐代蒙学教学思想在一定程度上也体现了量资而行、循序渐进的教学原则。前文中提到的"其父出行，子须从后；路逢尊者，齐脚敛手""得人一牛，还人一马"等，就以日常生活中的礼仪常规或儿童能理解的浅显道理对儿童进行伦理道德教育。道德教育如此，知识教学更是如此。唐代蒙学中的知识教学一般是先进行识字教学，再进行读写训练。唐代书法蔚然成风，蒙学中很重视书法教学，但是，儿童学习写字并不是从《千字文》中的"地、黄、荒"等开始，而是从最简单的"上大人丘乙己"开始练起。很显然，这样的安排考虑到幼儿手部骨骼稚嫩，肌肉群发展较晚，还不能很好地掌握精细动作的生理特点。唐代流行的另一初级书写技法教材《笔阵图》中说："凡学书字，先学执笔，若真书，去笔头二寸一分，若行草书，去笔头三寸一分执之……执笔有七种。有心急而执笔缓者，有心缓而执笔急者。若执笔近而不能紧者，心手不齐，意后笔前者败；若执笔远而急，意前笔后者胜。"[2] 可见，唐人把执笔看作是用笔的基础，体现出唐人在习字教学上同样

---

[1] ［清］阮元校刻：《十三经注疏·礼记》（下册），中华书局 1980 年影印本，第 1471 页。

[2] 廖其发主编：《中国幼儿教育史》，山西教育出版社 2006 年版，第 78 页。

遵循了由浅入深、循序渐进的教学原则。

2. 顺应性情，因材施教

每一个幼儿在成长过程中都有自己的成长特性和年龄特点，教育要适应儿童的这种规律和特点，必须因材施教。柳宗元在《种树郭橐驼传》中，以树喻人，借种树人郭橐驼之口，指出教育要顺应儿童的天性，"顺木之天，以致其性"，既不能太过，又不能不及，更不能人为地束缚和戕害儿童的身心发展。这样才能"不害其长"。柳宗元的这种自然主义的教育思想在当时对蒙学教学有一定的积极意义。唐代蒙学根据儿童的生理和心理的特殊性编排教材、选择教学方法，在具体的教学过程中，又能根据人的差异因材施教，促进了儿童身心的健康协调发展。唐代史学大家刘知几"幼奉庭训，早游文学。年在纨绮，便受《古文尚书》。每苦其辞艰琐，难为讽读。虽屡逢捶挞，而其业不成。尝闻家君为诸兄讲《春秋左氏传》，每废书而听，逮讲毕，即为诸兄说之。因窃叹曰：'若使书皆如此，吾不复怠矣。'先君奇其意，于是始授以《左氏》，期年而讲诵都毕。于时年甫十有二矣。次又读《史》《汉》《三国志》。既欲知古今沿革，历数相承，于是触类而观，不假师训"[①]。由此可知，幼年的刘知几和其他人并没有多少相异之处，虽在十一岁时，就学习了《古文尚书》，却常常苦于它的文字艰涩繁琐，难以记诵，虽然多次遭到责罚，却其业不进，转读《左氏》却欣然领悟，自不难理解。刘知几后来能成为我国古代一位史学大家，固然由其个人的兴趣所致，也与他的父亲能顺其秉性，因材施教的教学方法不无关系。正是由于其父"奇其意""授以《左氏》"，调动了刘知几的学习积极性，使他顺利地走上了治学之路。在唐代，像刘知几父亲那样能根据儿子的兴趣志向而改变其培养方向的，亦不在少数。

3. 激发兴趣，寓教于乐

兴趣是学习的动力。唐代蒙学教学，注意将抽象的知识、伦理道德观念等形象化、具体化，把枯燥的哲理和死板繁琐的作对格式以格言、诗歌、口

---

① [唐]刘知几撰：《史通》卷十，辽宁教育出版社1997年版，第85页。

诀等形式编排，既便于儿童掌握和理解，也激发儿童学习知识的求知欲和好奇心。如《千字文》有 62 个典故，《蒙求》共收集典故约 600 个。《太公家教》大量采用格言警句、民间俗语。讲故事也是幼儿喜闻乐见的一种教育形式，通过生动的情节、具体的行为规范来传授知识和培养良好品德，往往比抽象的、枯燥的说教更为有效。韩愈的《示儿》与《符读书城南》，则主要采用举例示范的方式勉励其子韩符发愤读书。他以年龄相仿、家世相同、幼年一同嬉戏的两个孩子截然不同的人生经历，来揭示读书对人命运的影响，勉励其子发奋读书。此外，唐代蒙学教材大都采用诗歌韵语的形式编排，不仅对一些生活知识和历史掌故运用诗歌的形式编写，对一些伦理道德训诫和科普知识也采用诗歌的形式编排，如《太公家教》《步天歌》《括星诗》等。诗歌的特点是句子短小，形式整齐，音律和谐，又蕴涵着丰富的思想内容，因而能最大限度地激发儿童的兴趣和想象力，特别受到幼儿的喜爱。

四、灵活多样的教学方法

顺应蒙学特定的教学目的、教学内容以及教学对象即儿童特有的身心发展规律的特点，唐代蒙学在教学上采取了多样的教学方法。

1. 集中识字

识字教学是传统蒙学教学的一个重要内容。汉语中汉字的独特性决定了儿童学习必然要以识字为先，只有认识一定数量的汉字，才有可能进行初步的阅读学习。因此，集中识字成为儿童初学的主要的学习方法。所谓集中识字，主要是通过教师读念，学生识记，教学生在短时间内认识一定数量的汉字。具体做法是蒙童跟着老师读识字课本，通过熟读和背诵训练，培养认读能力，最终达到识字的目的。在唐代，《急就篇》《千字文》《开蒙要训》等都是以教学识字为目的的蒙学读本，因此在教材的编排上尽可能避免重复，以便在尽可能短的时间内认识尽可能多的汉字。《急就篇》34 章共 2144 字，其中重复字只有 335 个，生字密度很大。《千字文》除个别字有重复，基本上保持不重复。这样，学生在习诵该文时便能很快学会常用的汉字。又如《开蒙要训》全书 1400 多字，也尽量避免重复字，并尽可能用当时日常生活常用的俗语俗字，注重以实用为主。①

在集中识字教学中，教师是以教会儿童认字为主，并不做过多的讲解，主要是要求学生熟读成诵。至于每个字怎样写和怎样讲，要求很低，而怎样用，几乎全无要求。为了便于儿童记诵，提高识字的效率，古人采用了韵语的形式。集中识字法充分利用汉字的特点，在一定程度上提高了儿童阅读的兴趣。但是，应当看到，由于在集中识字教学时，教师讲解少，甚至不讲，其结果是使儿童只会呆读死记，不知其意，更不能灵活应用，这不利于儿童智力的发展。同时，集中识字，感官刺激单一，不论其活动多么新颖，时间长了难免枯燥，儿童会失去兴趣，识记效果不如读写结合的方法有效。

2. 读写结合

现代学习心理学认为，单一持续的刺激，会诱发抑制效应，大脑迅速出现疲劳现象；而多种感官的交替刺激可充分调动大脑的功能，使之处于兴奋状态，可以提高学习效率。唐人虽然没有提出这样系统、科学的学习心理理论，但是很显然对此已有一定的认识，所以读写结合的方法成为唐代蒙学的一种主要的教学方法。所谓读写结合是指幼儿在读蒙学教材时，也将教材作为写字的材料。② 通常，幼儿在识字的同时，还要习书。很多蒙学教材都是综合性的，既是识字教材，又是字书。如唐代流行的蒙学教材《急就篇》《千字文》《开蒙要训》等均是这一类教材。运用此类蒙学教材，识字与习字兼得，以习字辅助识字，能取得巩固识字的效果。另一方面，写已经认识了的字，由于大体上已了解字的偏旁组成及字的意思，写起来既容易又能提高书写兴趣，在总体上可以起到相辅相成的作用。③ 但这种方法也有缺点，原因在于，受儿童生理特点的制约，起初蒙童写的字必须是最简单的，而且速度较慢，这样就与识字产生了矛盾。因此，就产生了"上大夫丘乙己化三千"等这样

---

① 参见廖其发主编：《中国幼儿教育史》，山西教育出版社 2006 年版，第 81 页。
② 廖其发主编：《中国幼儿教育史》，山西教育出版社 2006 年版，第 78 页。
③ 白鸿：《唐代蒙学中的书法教育》，《佛山大学学报》1996 年第 5 期。

类似于今天的字帖的初级习字教材。

3. 模仿训练

模仿是儿童的一种学习方式，是儿童智力活动的本能特点。整个幼儿时期，孩子无时无刻不在模仿，所谓"牙牙学语"即是指婴儿最初的语言学习是模仿成人的。进入学龄期，儿童的模仿性表现得更为明显，他们的学习是从模仿开始的。阅读、习字如此，吟诗作对更是如此。另一方面，古代幼儿学习，不管是阅读、习字、写作或吟诗，就其性质来说，是一种技能学习。而技能形成的基本条件是练习。只有经过多次练习达到自动化的程度，才能形成技能。模仿训练是蒙学教学的基本方法。以阅读诗歌为例，一般程序大致是：第一步，老师领读，学童跟读；第二步，儿童自己读；第三步，儿童读给老师听，老师给予评价和纠正；第四步，儿童自己反复诵读，达到能够背诵，从而通过模仿与训练，儿童能够掌握一些阅读和写作的技巧。

4. 熏渍陶染

人作为认知主体，是在与周围环境相互作用、熏渍陶染的过程中逐渐成长的。"近朱者赤，近墨者黑""染于苍则苍，染于黄则黄"等，都形象地说明了客观环境对人的影响。唐代蒙学在教学过程中非常注重教学环境对儿童的熏渍陶染。唐代蒙学教材大多采取偶句韵语的形式，以诗歌、故事、警句等方式对儿童进行熏渍陶染。《千字文》《急就篇》《开蒙要训》《太公家教》等采用三言或四言，句短而音谐，合辙押韵，便于诵记。特别是《太公家教》广泛采用先贤的格言语录，《蒙求》则辑录古代历史名人典故，内容丰富，知识性、趣味性和感染性强。在这样的教学环境氛围中，儿童自然而然地获得一定的知识和技能，形成一定的品德修养。

不仅如此，唐人还非常注重家庭环境的熏渍陶染。正如鲁迅先生所说："读书人家的子弟熟悉笔墨，木匠的孩子会玩弄斧凿，兵家儿早识刀枪……"由于幼儿的受暗示性和模仿能力较强，喜欢动手动脑，因而环境对幼儿的影响较大。如果幼儿长期生活在一个良好的环境中，再加上成人有意识地引导和教诲，就很容易掌握知识和技能，养成一定的品德。唐代家学兴盛，很多幼儿在良好的家庭环境熏渍陶染中学有所成。前述唐代史学理论家刘知幾便是一例。刘知几出生于一个官宦之家，书香门第。其从祖父刘胤之"少有学业"，是一位有相当素养的史学家，曾与国子祭酒令狐德棻、著作郎阳仁卿等，一同撰国史和《贞观实录》；其父兄皆以词学知名，幼时的刘知几很喜欢听父兄讲历史故事。①父辈的诱导、兄长的感召，以及整个家庭氛围的濡染，培养了刘知几对史学的浓厚兴趣，通过勤学努力，他最终成为一代史学大家。唐代著名的画家阎立本出生在一个书画世家，其父辈皆擅工艺、绘画，曾驰名于隋唐期间。其兄阎立德是唐代有名的画家、工程家。像这种在幼儿期即受到良好的熏陶和教育的人，在唐代有很多。《南部新书》丁卷记载：唐代名臣柳子温"家藏书万卷。经史子集皆有三本，色彩尤华丽者，镇库；次者，长行披览；又一本次者，后生子弟为业。皆有厨格部分，不相参差"②。这样的家庭环境对子弟的熏陶和影响是显而易见的，其子柳公绰、柳公权均为唐代有名的书法家，柳公绰的儿子柳仲郢同样成为晚唐的一代名臣。柳公权从小就接受《柳氏家训》关于"德行"的教导，终身以德行为根株，博贯经术。由此可见，良好的家庭环境不仅能让儿童学到一定的文化知识、社会生活技能，更能陶冶儿童的性情，培养品德。

第二节 唐代蒙学教学思想的形成原因

恩格斯说："一切观念都来自于经验，都是现实的反映——正确的或歪曲的反映。"③唐代蒙学教学思想不是凭空产生的，是在长期的教学实践中形成和发展起来的，有其深厚的社会背景和现实原因。

---

① 参见许凌云著：《刘知几评传》，南京大学出版社1994年版，第6-8页。
② 毕宝魁编著：《隋唐生活掠影》，沈阳出版社2001年版，第82页。
③ 《马克思恩格斯全集》（第20卷），人民出版社1971年版，第66页。

一、启蒙重教的传统是唐代蒙学教学思想形成的文化基础

我国古代很早就有启蒙重教的优良传统。早在先秦时期,《周易·蒙卦》就提出"蒙以养正,圣之功也"①,即强调从幼儿阶段起,就要在日常教育中,逐渐养成一个合格的人。孔子进一步阐发了这一思想,他认为:"少成若天性,习惯如自然",强调儿童时期的教养对人的一生有着重大的影响。西汉贾谊、南北朝时期颜之推等,也对此进行了多方面的论述。贾谊主张"绝恶于萌芽,起教于微妙",告诫父母要重视对孩子的早期教育。他还说:"古者年九岁入就小学,蹍小节焉,业小道焉;束发就大学,蹍大节焉,业大道焉。"②文学家、教育家颜之推十分重视童蒙教育,认为家庭教育对于人的成长具有特殊意义,强调要特别重视家庭教育,家庭教育要及早进行,越早越好:"当及婴稚,识人颜色,知人喜怒,便加教诲。"③ 也就是说,自婴儿会看他人颜色的时候,家庭教育就开始了。

我国早在商周时期就有了官办的正式"小学",西周还有乡学,分别接受奴隶主和平民的子弟进行识字、写字教学,而且还编写了我国最早的蒙学读物《史籀篇》。秦汉时期的蒙学教学思想已渐丰富,影响深远的蒙学读物大量涌现,如司马相如的《凡将篇》、扬雄的《训纂篇》、史游的《急就篇》等。魏晋南北朝时期有关蒙学的教学思想愈加丰富,尤以颜之推的《颜氏家训》最具代表性。

总之,中国自古以来就有重视启蒙教育的优良传统,这一传统对唐代蒙学教学思想的形成起到了积极作用。另外,我国是文明礼仪之邦,在长期的文化积淀过程中,形成了丰富的教育理论,这些理论无不在蒙学教育教学中得到继承和发扬。因此,对古代文化传统的继承是唐代蒙学教学思想形成与

---

① 黄寿祺、张善文撰:《周易译注》,上海古籍出版社2004年版,第46页。
② [东汉]班固撰,[唐]颜师古注:《汉书》卷四十八,中华书局1966年版,第2252页。
③ 刘彦捷、刘石注评:《颜氏家训注评》,学苑出版社2005年版,第4页。

发展的文化基础。

二、社会经济的发展是蒙学教学思想形成的物质基础

唐初统治者从"水能载舟,亦能覆舟"①的道理中,认识到人民群众的力量,他们以史为鉴,居安思危,在建政初期采取了一些恢复生产、缓和阶级矛盾的社会改良政策。在经济上,唐朝政府推行均田制和租庸调制,轻徭薄赋,改善了广大农民群众的生产生活条件,极大地调动了农民的生产积极性,客观上对恢复和发展社会生产起到了积极推动作用,从而使唐朝的农业、手工业、商业都得到了巨大发展,社会经济呈现出空前的繁荣景象。粮食产量逐年上升,到天宝年间已是府库充盈,玄宗时,"海内富实,斗米之价钱十三,青、齐间斗才三钱,绢一匹钱二百。道路列肆,具酒食以待行人"②。杜甫诗云:"忆昔开元全盛日,小邑犹藏万家室。稻米流脂粟米白,公私仓廪俱丰实。"③整个社会呈现出一派欣欣向荣的景象。在手工业方面,生产技术比前代有了显著提高,纺织业、印染业、造船业、冶铸业等手工业部门,不仅分工细、制作技术也高。在商业方面,唐代出现了商贾云集的大都市,还出现了大量的夜市和乡村草市。长安是当时著名的国际性大都市,内设东西二市,两市各占大约两坊之地,繁华异常,商业极盛。

发达的经济也给唐朝带来了对外贸易的繁荣。《新唐书》卷二百二十一记载:天宝年间归附的国家和地区有"七十二国",《唐会要》卷四十九则明确指出,当时"主客掌朝贡之国",有"七十余番"。④这就是说,在七至九世纪的300多年间,先后有70多个国家和地区与唐朝进行交往。这些国家和地区遍及亚洲、非洲和欧洲等地。经济的发展助推了文化教育的进一步发展,使唐朝文化教育在世界处于领先地位,文学艺术、哲学思想、教育思想都达到

---

① 王吉祥、王英志注译:《贞观政要注译》,河北人民出版社1987年版,第119页。
② [宋]欧阳修撰:《新唐书》卷五十一,中华书局1975年版,第1346页。
③ [清]彭定求等编:《全唐诗》卷二百二十,中华书局1960年刊行校点本,第2325页。
④ [宋]王溥撰:《唐会要》,中华书局1955年版,第860页。

了一个新的高度。这些在客观上刺激了唐代文化教育的发展,作为基础教育的蒙学不可能不受其影响。由此,经济的发展为唐代蒙学教学思想的形成与发展奠定了坚实的物质基础。

三、政治制度的变革和完善是唐代蒙学教学思想发展的前提

唐朝建立后,统治者总结教训,以史为鉴,为了巩固政权,加强集权统治,采取了一系列改革措施,为唐朝大一统的封建政治服务。贞观初年,唐太宗明确提出"以天下之广,四海之众,千端万绪,须合变通"①,奠定了唐代统治阶级不断进行制度改革创新的思想基础。因此,唐朝中央集权政治制度虽然大体上承袭隋朝,但陆续进行了多方面的改革。在官制上,唐中央实行三省六部制,地方上实行州、县两级制,加强了中央对地方的控制,巩固了中央集权,保证了封建国家的稳定和社会经济的繁荣发展;健全府兵制,既减少了国家的军费开支,又加强了中央的军权和封建中央的力量。在选拔官吏上,从唐太宗李世民开始,废除了魏晋以来等级森严的九品中正制,实行开科取士,打破了过去社会上层由世族门阀垄断的惯例,扩大了统治阶级的基础。政治制度的变革必然要求教育与之相适应,同时,政治制度的变革和完善也是这一时期教育事业发展的社会基础和前提条件。唐代的教育在教育对象上打破了严格的门阀贵族限制,显示出平民化和普及化的趋势。这在客观上引起了社会各个阶层对文化教育的强烈需求,促进了蒙学教育的迅猛发展,也丰富了唐代蒙学教学思想。

四、相对宽松的文化环境是唐代蒙学教学思想形成的深层原因

为适应政治经济高度集中和统一的需要,唐代统治者实行较为开明的文化政策,营造了相对宽松的思想文化氛围,促进了文化教育事业的发展。

1. "尊崇儒术,兼重佛道"文教政策的确立

---

① 王吉祥、王英志注译:《贞观政要注译》,河北人民出版社1987年版,第19页。

自从汉武帝实行"罢黜百家，独尊儒术"的文教政策以来，儒家思想成为中国封建统治的正统思想，尊孔崇儒是中国封建统治者一贯奉行的文教政策。但是到了魏晋南北朝时期，社会的动乱，加之佛教和玄学的冲击，作为中国封建统治思想基础的儒学失去了其独尊地位，并且一度呈式微之势。李唐建政后，为维护和巩固中央集权，扩大封建统治的阶级基础，在思想文化领域里奉行"尊崇儒术，兼重佛道"的文教政策。一方面，唐初统治者从巩固中央集权和统一大业出发，恢复了传统儒家正统思想，以儒学为本，加强儒家思想在文化领域的主导地位。高祖李渊开国伊始，即"颇好儒臣"，除设立儒学外，于武德二年（619年）六月下诏兴仕崇儒，在国子学立周公和孔子庙各一所，命有司四时致祭。在向学生进行儒家文化教育的同时，又通过释奠礼、观学礼等方式向社会宣扬儒家政治伦理道德思想。太宗李世民更是"锐意经术"，他宣称："朕今所好者，惟在尧舜之道、周孔之教，以为如鸟有翼，如鱼依水，失之必死，不可暂无耳。"[①] 明确了儒学作为治国根本的国策。不仅如此，李世民还采取多种措施鼓励和支持儒学的发展，尤其重视儒家经典的统一和推广工作。鉴于经籍文字多讹谬，贞观四年（630年），唐太宗命中书侍郎颜师古考订五经，又于贞观十二年（638年），命孔颖达等编撰《五经正义》作为学校的统一教材，"颁行天下，命学者习焉"，规定每年的明经科考试都依此为准，从而使唐代的学校教育和科举考试均以儒家经典为主要内容。在《五经正义》中，唐代君臣提出了对儒家思想的基本看法，强调儒学是实现教化的根本。孔颖达在《礼记正义·学记》的注疏中，强调指出："欲教化其民，成其美俗，非学不可。"太宗以后诸帝，也基本上是尊崇儒术的。高宗复立周公为先圣、孔子为先师；武则天追尊孔子为隆道公；李隆基为太子时，亲自赴太学大开讲论，即位后又多次下诏州县及百官举荐通经人才，并于开元二十七年（739年）追封孔子为文宣王，把孔子抬高到帝王的地位。代宗李豫曾说他自己是"志承理体，尤重儒术"[②]。唐文宗李昂、唐宣宗

[①] 王吉祥、王英志注译：《贞观政要注译》，河北人民出版社1987年版，第288页。
[②] ［后晋］刘昫撰：《旧唐书》卷十一，中华书局1975年版，第281页。

李忱曾做出诛杀和流放道士、唐武宗李炎曾做出毁佛拆庙等行动，都和崇儒有关。儒术的大力倡导，不仅使一度式微的儒学在唐代开始勃兴，并在学术界形成了"学者慕向，儒教聿兴"①的新局面。

唐代统治者在肯定儒学正统思想的同时，认为道教和佛教思想中同样存在着有利于维护封建统治秩序的因素，都能为封建王朝的社会安定、人民教化发挥作用。基于此，唐朝统治者在思想界采取了"尊崇儒术，兼重佛道"的方针。在对待佛道二教的关系上，尽管在不同时期，唐统治者会因现实的需要和个人喜好的不同，对三教的发展有所偏重，但就总体而言，他们对三教大多持调和、融合的态度。早在建政之初，唐高祖就提出了"三教虽异，善归一揆"②的观点，以后历代君主大都循此行事。即使在安史之乱后，这一态度也没有根本改变。这样，在"尊崇儒术，兼重佛道"政策影响下，唐代社会道教风行，佛教兴旺。尤其是道教，在唐代上层统治集团中备受垂青，其地位仅次于儒学，李唐宗室奉老子为先祖，唐高宗封老子为太上玄元皇帝，将道家经典作为科举考试的内容，并设"道举"科。唐玄宗执政时，另设崇玄学，广征道家学者，专门研究道教经典。同时，唐代许多皇帝自己也信佛并大力宣扬佛教，建佛寺、造经像一度十分兴盛。当时每个大寺院都是一个佛学教学和研究的场所，寺内设有"讲堂"，禅师设座讲经。

总之，在唐代，儒、佛、道虽然各有进退，但其文教政策总的说来，就是尊崇儒学，兼重佛道。唐代统治者尊道、礼佛、崇儒，三教并行不悖，不仅有力地促使儒佛道相互吸取和融合，而且造成一种开放的文化思想氛围，各种学术思想及外来文化在唐代都得到了自由发展，为唐代文化教育的发展提供了一个历史的机遇和舞台，也奠定了唐代蒙学教学思想的文化制度基础。

2. 发展与完善科举制度

科举制度源于汉代的策试，创立于隋朝。唐代在继承隋制的基础上使之进一步发展和完善，逐步形成一套较为完备的考试制度，影响中国选士用官

---

① [后晋]刘昫撰：《旧唐书》卷一百八十九上，中华书局1997年版，第4940页。
② [宋]王钦若等编：《册府元龟》卷五十，中华书局1960年版，第558页。

制度达一千多年之久。据《新唐书·选举志》记载："唐制，取士之科，多因隋旧，然其大要有三。由学馆者曰生徒，由州县者曰乡贡，皆升于有司而进退之。其科之目，有秀才，有明经，有俊士，有进士，有明法，有明字，有明算，有一史，有三史，有开元礼，有道举，有童子。而明经之别，有五经，有三经，有二经，有学究一经，有三礼，有三传，有史科。"①唐代科举制度分常举与制举两种。其中秀才、明经、进士、明法、明字、明算等科为常设科目，其中尤以明经、进士科为最重要。而三礼、三传、道举、童子等科为非常设科目。至于"以待非常之才"的"制举"所特设科目，多临时设置，不常举行。取士的途径主要来源于三个方面：由学校出身的叫"生徒"，由州县考送的叫"乡贡"，由天子诏举的叫"制举"。隋唐统治者创立和实行科举制度的根本目的，是为了加强皇权，扩大社会基础，巩固中央集权。同时，随着科举成为入仕的重要途径，对士人的吸引力越来越大，极大地调动了学子们学习的积极性。"昔日龌龊不足夸，今朝放荡思无涯。春风得意马蹄疾，一日看尽长安花。"②著名诗人孟郊的这首《登科后》真实地再现了当时人们科考高中的喜悦心情。在这种风气熏染下，一般上层的知识分子，"父教其子，兄教其弟，无所易业"，一心一意考取功名，社会上形成了"五尺童子，耻不言文墨焉"③的社会风尚，这为唐代蒙学教学思想的形成与发展，奠定了深厚的社会基础。

3. 大力发展文化教育事业

唐代统治者在思想上"尊崇儒术"，把儒学作为治国的根本，必然会重视教育，大力发展文化教育事业。从唐高祖李渊起就非常重视学校教育，把兴学视为经邦治国之本，武德七年（624 年）颁布《兴学敕》说，"自古为政，莫不以学为先，学则仁、义、礼、智、信五者俱备，故能为利深博"④，并令

---

① [宋] 欧阳修撰：《新唐书》卷四十四，中华书局 1975 年版，第 1159 页。
② [清] 彭定求等编：《全唐诗》卷三百七十四，中华书局 1960 年刊行校点本，第 4205 页。
③ 转引自刘海峰：《唐代乡村学校与教育的普及》，《教育评论》1990 年第 2 期。
④ [宋] 宋敏求编：《唐大诏令集》卷一百五十，商务印书馆 1959 年版，第 537 页。

州、县及乡里设学。唐太宗即位之后，首先采取的措施就是成立图书馆和设置学士，"大征天下儒士，以为学官"①。不仅如此，他还"数幸国学，令祭酒、博士讲论"②，有时亲自参加学校的讨论。唐玄宗也十分重视兴学。开元年间，他下令修成《唐六典》，对各级各类学校的体制作了比较系统的法律规定。开元二十六年（738 年），敕令天下州县也要设立学校，教授生员，使官学体系进一步向地方和基层延伸。同时，玄宗还明确表示允许百姓设立私学。安史之乱之后，由于政局的混乱、战争频繁与财政困难，学校教育遭受重创，一时"学校益废，生徒流散"③。针对这种局面，代宗、宪宗、文宗都想方设法，采取多种兴学措施，重振学校教育。

在统治者的大力倡导下，唐代不少地方官员也十分重视兴学。如：贞观时益州大都督府长史高士廉，"命儒生讲论经史，勉励后进，蜀中学校粲然复兴"④。唐高宗时期的檀州刺史韦弘机，大力兴学，整饬学宫，敦劝生徒。其孙韦景骏在肥乡兴建学舍，使生民大化。玄宗朝汴州刺史倪若水，"增修孔子庙，兴州县学庐，劝生徒，身为教诲，风化兴行"⑤。总之，唐代帝王、地方官员重视兴学，使得唐代学校数量大增，学校教育出现了前所未有的繁荣景象。史载："四方儒士，多抱负典籍，云会京师。俄而高丽及百济、新罗、高昌、吐蕃等诸国酋长，亦遣子弟请入于国学之内。鼓箧而升讲筵者，八千余人，济济洋洋焉。儒学之盛，古昔未之有也。"⑥ 学校教育的蓬勃发展，为蒙学教育提供了大量的师资力量，大批专业知识分子投身于蒙学教育，使得唐代蒙学教学水平和质量都得到大大的提高。他们的教学实践活动促进了唐代蒙学教学思想的不断发展。

---

① ［后晋］刘昫撰：《旧唐书》卷一百八十九上，中华书局 1975 年版，第 4941 页。
② ［后晋］刘昫撰：《旧唐书》卷一百八十九上，中华书局 1975 年版，第 4940 页。
③ ［宋］欧阳修撰：《新唐书》卷四十四，中华书局 1975 年版，第 1165 页。
④ ［后晋］刘昫撰：《旧唐书》卷六十五，中华书局 1975 年版，第 2442 页。
⑤ ［宋］欧阳修撰：《新唐书》卷一百二十八，中华书局 1975 年版，第 4812 页。
⑥ ［后晋］刘昫撰：《旧唐书》卷一百八十九上，中华书局 1975 年版，第 4941 页。

五、统治者关心重视蒙学教育是蒙学教学思想形成的直接原因

唐代各级统治者都非常重视蒙学教育。据《新唐书·选举志》载："（高祖）既即位，又诏秘书外省别立小学，以教宗室子孙及功臣子弟。……州、县、乡皆置学焉。"① 在为贵族子弟开办学校的同时，还非常重视一般中下层子弟的童蒙教育。唐武德七年（624年），高祖下《兴学诏》，诏诸"州县及乡里，并令置学"②。唐玄宗开元二十六年（738年），"天下州县，每乡之内，各里置一学，仍择师资，令其教授"③。玄宗令百姓读《孝经》，令"天下家藏孝经一本，精勤教习。学校之中，倍加教授，州县官长，明申劝课焉"④。由此可知，唐代统治者对蒙童教育的重视，不仅重视蒙学教育机构的发展，要求增加师资力量，同时要求地方官员督促乡学。不仅如此，唐代统治者还通过童子科直接刺激蒙学教育的发展。据《新唐书·选举志》载："凡童子科，十岁以下能通一经及《孝经》《论语》，卷诵文十，通者予官；通七，予出身。"⑤ 尽管童子科在唐代还只是科举制常设科目中的一个小科目，而且录取人数较少，与进士、明经等科相比，童子科不占重要地位，但国家通过考试选拔出成绩优异的儿童并对他们进行奖励，促进了整个社会对儿童启蒙教育的重视，许多地方鼓励儿童读书已经成为一种风气。实行童子科在客观上有利于智力超常儿童的成长。因此，凡是推行童子科并对及第的神童给予奖励或鼓励的时期，社会上关心、培养、发现以及推荐神童就会蔚然成风。童子科的设置对整个社会的教育发展水平，尤其是对当时蒙学教育有较大的促进作用，并对文化的传承与发展有积极的推动作用。此外，唐玄宗还常常让喜延后进的贤相张说查访颖悟超群、富有诗才的儿童，如奇童李泌、神童刘晏等，经张说的推荐，都受到唐玄宗的重用。

---

① ［宋］欧阳修撰：《新唐书》卷四十四，中华书局1975年版，第1163页。
② ［宋］宋敏求编：《唐大诏令集》卷一百五十，商务印书馆1959年版，第537页。
③ ［宋］王溥撰：《唐会要》卷三十五，中华书局1955年版，第635页。
④ ［宋］王溥撰：《唐会要》卷三十五，中华书局1955年版，第645页。
⑤ ［宋］欧阳修撰：《新唐书》卷四十四，中华书局1975年版，第1162页。

在唐代统治者的高度关注下，唐代蒙学教育得到了长足的发展。不仅有乡学、村学、家学等蒙学教育机构，也有设立在山林寺院中的寺学，并且私人讲学的地方、书院等在一定程度上也为童蒙教育提供了有利的学习场所。当时不少著名的政治家、文学家等或出资建校，或执教于乡学。如苗晋卿请归乡里后，"出俸钱三万以为乡学本，以教授子弟"，① 王栖曜天宝中曾"游乡学"，② 白居易也曾当过"乡校竖儒"③。这些在一定程度上促进了唐代蒙学的发展。同时，科举考试为大量的官宦地主与平民子弟提供了晋升机会。但科举成名者毕竟只是其中的少数，大量的落榜者无以为生，只好以授书为业，成为蒙学教师的主体。大量知识分子投身于蒙学教育事业，他们的教学实践活动在一定程度上促进了唐代蒙学教学思想的产生和发展，这是唐代蒙学教学思想形成与发展的直接原因。

第三节　唐代蒙学教学思想的基本特征

唐代蒙学教学思想既反映了唐代的社会生活状况，也在一定程度上反映了儿童身心发展的规律，因此表现出一定的独特性。

一、以实用功利的教学价值观为主导

蒙学教育的首要目的是让儿童识字、会读书，以便于初学、切近实用为原则。在教学内容方面，大多趋向于使用和介绍一些儿童熟悉的、与儿童生活联系紧密的常识。以《千字文》为例，全书仅一千个字，基本上不重复，所选取的大都是日常所用的字，而且包含着与儿童生活紧密相关的内容，既有"天地玄黄，宇宙洪荒""化被草木，赖及万方"的宇宙自然的变化，又有"盖此身发，四大五常""坚持雅操，好爵自縻"等伦理道德知识；既有"海

---

① ［后晋］刘昫撰：《旧唐书》卷一百一十三，中华书局1975年版，第3350页。
② ［后晋］刘昫撰：《旧唐书》卷一百五十二，中华书局1975年版，第4068页。
③ ［后晋］刘昫撰：《旧唐书》卷一百六十六，中华书局1975年版，第4341页。

咸河淡，鳞潜羽翔""果珍李柰，菜重芥姜"的社会知识，又有"知过必改，得能莫忘""笃初诚美，慎终宜令"的人生教诲。在语言运用上，多用浅近文言或文白夹杂。又考虑到儿童读书的注意力容易分散，兴趣保持不长，所以多用韵语，音节和谐，朗朗上口，易于记诵。其他的蒙学读物如《开蒙要训》《蒙求》《太公家教》等都记有一些农业生产耕作等方面的知识。这些内容与社会生活息息相关，实用性较强。

在中国漫长的封建社会中，官本位思想一直占据主导地位，"学而优则仕"是历代读书人孜孜以求的人生目标。科举制强化了这一主导思想，尤其是唐代童子科的设置，对蒙童及其父母产生了极大的吸引力。为适应科场考试的需要，社会上出现了仿照科举考试策题的样式编定而成的一种集应用和资料备查为一体的图书，即《兔园策府》。相对于其他的蒙学教材，《兔园策府》内容显得过于生涩难懂，文词生拗加上体裁古板，又是长篇大论，的确不太符合儿童的年龄特点和知识水平。但是由于它是为满足科举考试需要而编制的蒙学教材，其独特的内容和作用，很快使之成为蒙学教育的重要教材之一而广泛流传。和《兔园策府》同一性质的蒙学教材，在当时还有《文场秀句》。《文场秀句》是专门为应付科举考试而编选的诗歌教材，主要收录了当时的名人佳作，如白居易、杜牧等人的很多诗句，以供学童模仿练习。

尤为典型的是，当时有的父母为了使儿子早日考取功名，光宗耀祖，采取名利诱导等极端手段鼓励他们勤学苦读。《旧唐书·杨收传》记载："收七岁丧父……而长孙夫人知书，亲自教授。……收为母奉佛，幼不食肉，母亦勉之曰：'俟尔登进士第，可肉食也。'"[1] 这种以名利相诱导追求功名的教育方式在封建社会极为普遍。《南部新书》丁卷载："柳子温家法，常命粉、苦参、黄连、熊胆和为丸，赐子弟永夜习学含之，以资勤苦。"[2] 也即专门制作一种极苦的药来给夜间读书的孩子们提神，以此提示孩子们"吃得苦中苦，方为人上人"的道理。韩愈在《符读书城南》中反复强调读书科举对人命运

---

[1] ［后晋］刘昫撰：《旧唐书》卷一百七十七，中华书局1975年版，第4597-4598页。
[2] 毕宝魁编著：《隋唐生活掠影》，沈阳出版社2001年版，第81页。

的改变，将读书与不读书作了鲜明的对比，体现出读书目的的功利性。在韩愈看来，人之所以为人，就在于肚子里有诗和书。而诗书只有勤奋才会有。小时候，人的贤愚是一样的，后来的差别都是读书多少造成的。为了说明这一道理，韩愈举了一个浅显易懂的事例："两家各生子，提孩巧相如。少长聚嬉戏，不殊同队鱼。年至十二三，头角稍相疏。二十渐乖张，清沟映污渠。三十骨骼成，乃一龙一猪……问之何因尔，学与不学欤！"① 客观地讲，韩愈所分析的现象在当时是符合客观实际的，而且他把人之成才与否归结为后天的努力与否上，这是最容易让人明白，也是最实际、最有吸引力的地方。所以他用功名利禄来劝诱其子穷经苦读，以求飞黄腾达，显示了赤裸裸的功利主义的读书目的，也反映了当时社会上普遍的一种实用的、功利的教学价值观。

二、关注儿童身心发展的规律和特点

唐代的教育家和教学实践者在长期教学活动中充分关注儿童身心发展的规律和特点，在蒙学教学思想中就蕴含着丰富的儿童发展心理学的思想。

首先，蒙学阶段的儿童年龄较小，他们的无意注意占优势，有意注意发展较弱，集中注意的时间较短。因此，在教学内容的安排上既要简单多变、浅显易懂，又要形式灵活。从当时比较流行的蒙学教材来看，唐代蒙学教育充分考虑到了这些特点，大多数蒙学读物篇幅短小、句子较短、语言简练。如前所述《千字文》《开蒙要训》《蒙求》《咏史诗》《太公家教》等，这些教材采用韵语的形式表达，音韵流畅，铿锵悦耳，非常符合儿童的心理特点。在唐代的蒙学教材中，篇幅较长，内容较为艰涩难懂的当数《兔园册府》。也正是因为它不符合儿童心理的特点，所以流行的时间不长，宋元以后就逐渐消失。正如周谷城先生在《传统蒙学丛书·序》里所说："有的蒙学书能长久流行，为社会接受，在传授基本知识、进行道德教育，采取易于上口、易于

---

① ［清］彭定求等编：《全唐诗》卷三四一，中华书局1960年刊行校点本，第3822页。

记忆的形式方面，确实有其长处和优势……仅仅在这一点上，即有其文化史和教育史的价值。"[1]

其次，儿童思维发展的特点是以形象思维为主，不易理解较为抽象的知识。唐代蒙学切合儿童身心发展的这一特点，在教学中使用较多的典故、历史故事、民间谚语、格言等形式，将抽象的知识、伦理道德观念等形象化、具体化，把枯燥的哲理和死板繁琐的作对格式编成富有情趣的故事、格言、诗歌、口诀，便于儿童掌握和理解。《千字文》全文1000字，典故用了62个，如："存以甘棠，去而益咏""磻溪伊尹，佐时阿衡""晋楚更霸，赵魏困横""耽读玩市，寓目囊箱"等都是较为典型的历史典故。《蒙求》共收集典故约600个，大部分是关于历史人物的，也有少量天文、地理、神话、医药、动植物等方面的内容。《太公家教》开篇就是两个典故："太公未遇，钓于渭水，相如未达，卖卜于市。"民间口头俗语如"凡人不可貌相，海水不可斗量""人无远虑，必有近忧"等均也出自《太公家教》。这些蒙学教材，借助于生动形象的故事、格言、诗歌、口诀，化难为易，比较符合儿童的身心特征，有利于儿童的理解和吸收，能使儿童终身受益。

最后在教学方法上，唐代蒙学充分考虑了儿童记忆的特点和规律，大量采用诵读的方式。儿童时期机械记忆占优势，意义记忆发展较弱，强调熟读成诵，反复吟诵，日积月累。同时，在反复吟诵中，儿童的语感和语言表达能力也得到了很好的提高。

三、教学思想的伦理化倾向明显加强

唐代是我国历史上伦理思想发展的一个重要阶段。汉代董仲舒确立的五常三纲的伦理道德思想体系，经魏晋南北朝时期的发展逐渐深入人心，渗透到社会生活的方方面面。其间虽然经历了佛道、玄学思想的冲击，但儒家思想一直占据主导地位。尤其是唐代"崇圣尊儒"文教政策的确立，重新奠定

---

[1] 喻岳衡主编：《传统蒙学丛书·序》，岳麓书社1986年版，第2页。

了儒学的独尊地位。就教育思想来说，唐代是儒家教育思想的复兴阶段，又是儒家教育思想与佛老教育思想交融向宋明理学教育思想过渡的阶段。这一时期，教育思想的伦理化倾向明显加强。蒙学在发展过程中亦表现出这一显著特征。唐代蒙学智德并教、德识并举，它将识字教学、知识传授和思想品德教育融为一体，在识字教学中传授知识，在传授知识中培养品德习惯，教学生如何做人。主要表现为，不仅常用的识字教材中包含有丰富的伦理道德思想，如忠君思想、孝悌之道以及男尊女卑等，而且出现了关于伦理道德的专门的蒙学教材，如《太公家教》《百行章》《女论语》等。尤其是《女论语》，在内容和思想上，很显然是从汉代班昭的《女诫》发展而来，显示了封建伦理思想进一步加强的趋势。此外，唐代还有很多其他文字形式的家训、家范等，也留下了忠君孝悌道德教育的内容。如唐末柳玭的《柳氏家训》中云："予幼闻先训，讲论家法。立身以孝悌为基，以恭默为本，以畏怯为务，以勤俭为法，以交结为末事，以弃义为凶人。肥家以忍顺，保友以简敬。"①由此可知，柳玭非常重视修己立身，而把孝悌看作是立身处世的根本，强调孝慈友悌、忠信笃行等儒家行为规范。《柳氏家训》是中国古代历史上最早的一部比较系统、完整的家规用书。从某种意义上说，它的出现说明了唐代儿童教育教学的伦理化倾向进一步深化。

　　毋庸置疑，儒家的伦理道德思想片面强调对君父尊长绝对服从，强调男尊女卑的纲常体系，这些愚忠愚孝的奴化教育思想严重地压抑了儿童的个性，不利于儿童人格的健康发展。但同时，唐代蒙学教学思想中所体现出的父慈子孝、长幼有序、兄友弟恭等伦理道德思想，不仅有利于对儿童进行道德品行、精神人格的培养与熏陶，还有利于维护封建社会的稳定与和谐。这些思想直到今天，对儿童教育同样有着积极的启示和借鉴意义。

四、受科举制度的影响较大

　　唐代废除九品中正制，实行开科取士，使社会各阶层的人们有了入仕的

---

① ［后晋］刘昫撰：《旧唐书》卷一百八十九上，中华书局1997年版，第4309页。

机会。一旦考中,"一人得道,鸡犬升天"。因此,通过科举,光耀门楣,提高家族社会地位,是每个普通家庭的或多或少的梦想。尤其是设童子科,更是起到了推波助澜的作用。唐代诗人杜牧的《冬至日寄小侄阿宜诗》"朝廷用文治,大开官职场。愿尔出门去,取官如驱羊"①,反映出当时人们对科举趋之若鹜的社会心态。在这样的时代背景下,"惟教以科举之业,志在荐举登科"②。其结果是,学生为此而学,教师因此而教,整个社会几乎完全被笼罩在科举的气氛当中。

在整个社会大环境之中,作为基础教育的蒙学被深深打上了科举的烙印,"蒙学教育的一个主要目的,就是为将来士人应科举打好最早的基础,甚至一些蒙学教育,本身的目的就是直接为了科举"。③蒙学教学的内容和方法同样受科举制度的影响和制约,最直接的体现是,科举考试的内容决定了蒙学教学的基本内容。唐童子科规定考试"十岁以下能通一经及《孝经》《论语》,卷诵文十,通者予官;通七,予出身"。④因此,《孝经》《论语》等儒家经典也成为蒙学教学的内容之一。社会上还出现了为适应科举需要编写的蒙学教材,如《兔园册府》。有的蒙学教材甚至有对追求功名利禄的论述,如《千字文》中所说"学优登仕,摄职从政"⑤,《太公家教》则强调"勤学之人,必居官职"⑥。《百行章》亦云"人虽有貌,不学无以成人。但是百行之源,凭学而立,禄亦在其中矣"⑦等等,把学习和做官紧密相联系,学习的目的就是为了将来能够谋取高官厚禄、光宗耀祖。从高宗朝开始,科举考试的内容又以诗赋为主要内容,因而在蒙学教育中体现出普遍重视诗赋的特点,最明显的表

---

① [清]彭定求等编:《全唐诗》卷五百二十,中华书局1982年版,第5941页。
② 张艳国等编著:《家训辑览》,湖北教育出版社1994年版,第106页。
③ 王炳照主编:《中国古代私学与近代私立学校研究》,山东教育出版社1997年版,第220页。
④ [宋]欧阳修撰:《新唐书》卷四十四,中华书局1975年版,第1162页。
⑤ 喻岳衡主编:《传统蒙学丛书·千字文》,岳麓书社1987年版,第16页。
⑥ 汪泛舟编著:《敦煌古代儿童课本》,甘肃人民出版社2000年版,第173页。
⑦ 汪泛舟编著:《敦煌古代儿童课本》,甘肃人民出版社2000年版,第116页。

现是蒙学教材多用诗歌的形式来编写，出现了专门为应付科举考试而编写的诗歌教材，如《文场秀句》等。总之，蒙学在科举制的影响下越来越向功利化的方向发展。

第四节 唐代蒙学教学思想的影响与启示

唐代蒙学教学思想在中国教学思想史上占有重要地位，并产生了极大的影响。"历史的研究不是为了发思古的幽情，主要是为了现在"①。因此，研究唐代蒙学教学思想，就是本着古为今用的原则，力图在分析总结唐代蒙学教学思想的基础上，从古代的教学思想中汲取有益的经验，为今天幼儿教育教学的改革和发展提供一些借鉴和启示。

一、唐代蒙学教学思想的历史影响

唐代蒙学从发展的规模和数量上来讲，虽不及之前的魏晋南北朝和之后的宋元蒙学，但唐代蒙学处于古代蒙学发展的过渡期和转折时期，是中国幼儿教育发展史上的重要时期，具有重要的历史地位和深远的历史影响。

从纵向的时代演进来看，它具有鲜明的承前启后的作用。我国从先秦时期就有重视幼儿教育的优良传统，但是唐代之前的蒙学教育对象基本上限于上层社会子弟，教学内容基本上以知识教学为主，教材种类只限于识字类，编写方式单一，教学方法主要以熟读背诵为主。随着政治的变革和经济的发展，唐代中下层子弟有了读书的条件和机会，特别是科举制度的实施使他们有了晋升的机会。在这种时代背景下，不仅官学教育发展迅速，私学也得到极大的发展。作为基础教育的唐代蒙学，在继承前代蒙学教学思想的基础上迅速发展，不仅教学内容扩大，从单纯的识字教学向识字、知识教学和道德教育并行的方向发展，伦理道德教育的倾向性明显加强，以后宋元蒙学的教

---

① 董远骞著：《中国教学论史》，人民教育出版社1998年版，第6页。

学内容在此基础上继续发展，最终走上了重伦理道德、轻知识传授的道路。而在教学方法上，唐代蒙学充分关注幼儿的生理特点和年龄特征，运用灵活多样的教学方法，激发幼儿的学习兴趣。尤其值得注意的是，唐代蒙学在教材上开创了蒙求体和歌咏体等体裁形式。总之，唐代蒙学在继承前代蒙学的基础上，有所发展，有所创新，促进了蒙学教学思想的发展，为后代蒙学的发展奠定了基础。可以说，没有唐代蒙学教学思想的发展，就不会有宋元时期蒙学的繁荣。

从横向的断代剖面来看，唐代处于中国封建社会繁荣发展的阶段，政治稳定、经济发展、人民安居乐业，这一切促进了思想学术的繁荣。蒙学教学思想进一步发展，促进了教育事业的发展，不仅起到了普及知识、提高民众思想文化素质的作用，而且为封建国家培养了大量的"神童"，这些人后来大都成为封建国家的高层次人才，在政治、思想、文学、艺术等领域发挥了栋梁的作用。

二、唐代蒙学教学思想对当前幼儿教育教学的启示

唐代蒙学教学思想，在教学目的、教学内容和教材、教学原则和教学方法等方面，留下了丰富而宝贵的遗产，对今天的幼儿教育教学有诸多启示和借鉴意义。

1. 幼儿教育目标注重以人为本

唐代统治者实行"崇圣尊儒"的文教政策，尊孔崇儒，大力兴学，发展和完善科举制度，为社会营造了相对宽松的思想文化氛围，巩固了封建国家的专制集权。因而唐代蒙学具有双重职能：一方面为蒙童传授基本的文化知识和进行道德养成教育，另一方面普及文化，提高大众的文化素质。抛开历史的局限性不说，唐代蒙学在知识传授的同时，对于儿童的道德品质、生活仪节、行为习惯等都提出了严格的要求，尤其强调忠君爱国、修身养性，把儒家的"修身、齐家、治国、平天下"的人生信念融合在蒙学教学中，体现了唐代蒙学教学思想的人文性特点。

然而在当前,科学技术的迅猛发展,工具主义和理性主义盛行,对幼儿教育产生了一定的冲击,使得幼儿教育带有一定功利性和形式化倾向,教育的人文性功能不彰。具体表现在:无视幼儿身心发展的特点和规律,对幼儿进行过多的干预和保护,不顾幼儿的兴趣和需要,为幼儿"成才"举办诸如音乐、英语、书法、绘画、舞蹈、电脑、珠心算等各种特长班,对幼儿进行特长教育和早期定向教学,而对语言、品德、自然等人文性教学内容却没有引起足够的重视;过多强调纪律或规则,强调共同性,而不顾幼儿的个体差异性,严重影响了儿童的自由交往、自由游戏的情感体验,也降低了幼儿积累人文经验、涵养人文精神的可能性。由此可见,知识本位和"学习取向"成了我国当前幼儿教育在价值追求上的明显表现,知识学习和智力发展成为幼儿教育的主要目的,从而使幼儿教育忽视了儿童的情感、心理健康、社会性发展等需要,尤其是压抑了儿童天性的舒展,成为一种与儿童的天性"作对"的教育,在教育实践中集中表现为"幼儿教育小学化""过早教育""过度教育"等倾向。[1]

教育的对象是人,教育的核心是教做人,塑造健全的人格。幼儿教育尤其是如此。2001年,国家颁布的《幼儿园教育指导纲要(试行)》在总则中明确提出,"幼儿园教育是基础教育的重要组成部分,是我国学校教育和终身教育的奠基阶段。城乡各类幼儿园都应从实际出发,因地制宜地实施素质教育,为幼儿一生的发展打好基础",要求"幼儿园教育应尊重幼儿的人格和权利,……关注个别差异,促进每个幼儿富有个性的发展"。[2] 纲要旗帜鲜明地提出了尊重幼儿、保障幼儿权利、促进幼儿全面和谐发展的儿童观,体现了以幼儿发展为本的指导思想。

所谓以幼儿发展为本,是指幼儿教育要树立幼儿发展的基本观念,并以幼儿发展为根本出发点和最终归宿。以幼儿发展为本是现代幼儿教育最基本

---

[1] 李纯、郑红苹:《学前教育的价值诉求与教学应对》,《学前教育研究》2007年第10期。

[2] 《幼儿园教育指导纲要(试行)》,《中国教育报》2001年8月15日,第3版。

的理念和指导思想。对幼儿来说，由于其生理和心理发展的不成熟、不稳定性，决定了发展是这一时段的基本特征。幼儿教育的基础性表明了幼儿教育是为每一个幼儿今后的发展和终身学习打好基础，它应该不是精英式的教育，也不是职业教育。它是基础教育的基础，是提高国民整体素质的教育，它的重点应该是培养幼儿发展的基础素质。幼儿教育的任务，就是要创造良好的教育条件，促进幼儿身心和谐健康发展，为其以后乃至一生的发展奠定良好的基础。总之，当代的幼儿教育就要在以人为本的时代精神的指导下，以幼儿的发展为目标，重视幼儿的人性，尊重幼儿的人格，促进幼儿和谐健康发展。

2. 幼儿教学内容体现时代性和生活性

唐代蒙学的教学内容极为丰富，这种丰富的教学内容体现了中华民族几千年的人文精神和文化底蕴。在一定程度上，这些教学内容受科举应试的影响，带有极强的功利性，但是从素质教育角度讲，对培养孩子的道德意识，规范他们的做人行为等起着不可忽视的作用。更为重要的是，唐代蒙学的教学内容反映了唐代社会生活状况，又与幼儿的生活关系密切，所选取的内容都是儿童熟悉的、与儿童的生活密切相关的人、事、物，并以儿童喜闻乐见的形式表达出来，体现了教学内容的时代性和生活性。同时，唐代蒙学在进行知识教学时，又融入了情感和道德教育。儿童在学习这些教学内容时，既发展了智力，又在道德、情感等方面得到了相应的发展。在这个意义上，它体现了唐代蒙学教学内容的综合性。

如今，自改革开放以来，尤其是随着新一轮基础教育教学改革的推进，我国幼儿教育得到了长足发展。同时，我们也应该看到，在当前的幼儿教学实践中，幼儿教学的内容狭窄、陈旧，缺乏时代气息，与现代社会生活、科学技术，特别是与幼儿生活实际严重脱离，幼儿不能很好地感受和体会教学内容，无法将教学内容与家庭、社会之间的生活和生存状态看成相互融合的整体，感受不到其中的关联，难以形成对社会真实的统一的看法，因此在认识现实世界时有时会产生一定的困惑。① 我国 2001 年颁布的《幼儿园教育指导纲要（试行）》在总则中就明确提出："幼儿园应为幼儿提供健康、丰富的生活和活动环境，满足他们多方面发展的需要，使他们在快乐的童年生活中获得有益于身心发展的经验。"很显然，注重幼儿生活、回归幼儿生活的幼儿教学理念在这里得到了充分的重视，这也是以幼儿发展为本的幼儿教育理念在教学领域中的具体体现。根据这一教学理念，幼儿教学内容不仅要体现时代性，而且还要与幼儿的生活经验密切关联。

幼儿教学内容要体现时代性、生活性，就要做到：幼儿教学内容要跟上时代的步伐，应该反映时代发展的最新成果；要选择那些贴近幼儿生活经验和生活实际、与幼儿关系紧密的内容，加强教学与生活的联系，使幼儿最终成为社会和生活的主人。另外，教学内容还应注意整合，精简不必要的重复的教学内容，减轻幼儿的负担；指导和帮助幼儿完整地观察、认识世界，进而把握整个世界。

3. 儿童读物的编写符合儿童的身心特征

唐代蒙学教材在继承前代已有的教材编写经验的基础上，注意吸收当时的科学技术、思想文化等的最新成果，无论是在教材的内容上还是在编写形式上，在某种程度上都较为符合儿童的身心发展的规律和特征，因此除了能帮助学生识字之外，还能对提高阅读能力、丰富生活经验、启迪思想智慧等方面起到一定的作用。更为具体地说，即唐代蒙学教材编写的成功之处在于首先注意突出儿童特点，符合儿童认知发展的规律和特点，做到文字简练，句式简短，通俗易懂，便于记诵。"教材的编制不能脱离儿童认知的特点，它必须接受学生认知规律的制约。"② 其次，还突出工具性与人文性的统一，使儿童在诵读时能够将识字教育、基本知识教育及伦理道德教育有机地结合起来，既能传授知识，又注意培养能力，既能进行道德启蒙，又注重陶冶性情，

---

① 庞丽娟主编：《文化传统与幼儿教育》，浙江教育出版社 2005 年版，第 362 页。
② 倪文锦、欧阳汝颖主编：《语文教育展望》，华东师范大学出版社 2002 年版，第 114 页。

加强修养。

今天，随着社会的发展，人们更加关注儿童的早期启蒙教育，儿童启蒙读物也越来越丰富，既有文字类的，也有图画类的，有拼音文字类的，也有汉英双语类的；有字纸类的，也有音像制品，真可谓琳琅满目，不一而足，对我国当前的幼儿教育发挥了一定的作用。但是，当前我国蒙学教材还存在着良莠不齐、鱼目混珠的现象，不少儿童读物的编写并没有从促进儿童身心发展的角度出发，也有一些儿童读物内容脱离儿童的生活实际，这些反映出当代儿童读物编写的盲目性。这需要社会各界的共同努力，借鉴包括唐代蒙学教材编写的成功经验在内的传统蒙学教材的编写经验，注重儿童身心发展的规律和特征，编写出以幼儿发展为本的、高质量的儿童读物。

4. 以游戏为主导实现教学方法多样化

在唐代，人们对幼儿身心发展的认识较为科学化，形成了比较正确的儿童观，因此，注重顺应儿童性情，多采用歌舞、吟诗、讲故事等教学方法，让儿童在欢呼嬉笑之间习得行为规范。这种寓教于乐的教学方法实际上可以看作是一种高雅的智力游戏。可以说，唐代比较重视游戏在教学中的作用，将游戏看成一种重要的教学手段。

分析唐代蒙学教学思想，反观我们今天的幼儿教学，幼儿园由于受到成人教学价值观的影响或物质条件的制约，游戏在幼儿生活和学习中的作用并没有得到真正的发挥。究其原因，还是由于成人的教学观、儿童观和游戏观脱离幼儿特点，不能正确地认识游戏及其在幼儿学习和生活中的重要作用。在教学实践中，或者认为教学目的就是发展学生的智力，在教学中片面强调基础知识和基本技能的学习和运用，重上课轻游戏，认为游戏与教学无关，仅仅把游戏看作儿童在学习之后的一种放松和调剂，甚至将之作为"奖励"的方式，鼓励幼儿的表现和学习；或者把游戏等同于自由活动，常常是把玩具一撒，便不闻不问，让幼儿随意地玩耍——游戏成了一种无目的、无计划的活动；或者有的教师把游戏模式化，教师在游戏中参与得过多，有的为了使孩子们的游戏"更逼真""有趣""有教育意义"，往往亲自指挥幼儿游戏，一心将游戏导向自己心中的形式，幼儿则在教师的"精心"安排下消极模仿；[1] 或者也有不少教师认识到游戏具有特殊的价值，认为游戏能激发幼儿的兴趣和想象力，视游戏为教学的辅助手段，但更关注幼儿认知领域的发展和规则意识的习得，带有浓厚的功利色彩；或者更有人认为游戏无益于儿童的发展，因此采取一棒子打死的态度。种种现象表明，游戏在幼儿教学中的功能没有得到真正发挥，结果幼儿游戏的愿望未得到应有的满足。

但是，从某种意义上说，儿童的生活世界就是游戏世界。游戏对儿童并不仅仅意味着"玩"，也不仅仅是儿童用以理解生活世界的手段，它实际上是儿童存在的一种形式和状态。福禄培尔说："游戏是儿童发展的、这一时期人的发展的最高阶段，因为它是内在本质的自发表现，是内在本质出于其本身的必要性和需要的向外表现。""游戏是人在这一阶段上最纯洁的精神产物，同时是人的整个生活中所特有的，是人和一切事物内部隐藏着的自然生活的样品和复制品。所以游戏能给人以欢乐、自由、满足、内部和外部的平衡、同周围世界的和平相处。"[2] 这点明了游戏对儿童发展的重要性。游戏是儿童真实生活的一部分，是儿童的一种需要，也是儿童学习的一种主要方式。通过游戏，儿童锻炼了肢体，获得了生活经验，训练了思维，丰富了情感，陶冶了性情，也学会了如何与人交往。我国1989年试行、1996年正式颁布的《幼儿园工作规程》指出，幼儿园应当"以游戏为基本活动方式"，明确规定了游戏在我国幼儿园教育中的地位。2001年，国家颁布了《幼儿园教育指导纲要（试行）》，在纲要总则中重申"应尊重幼儿的人格和权利，尊重幼儿身心发展的规律和学习特点，以游戏为基本活动，保教并重，关注个别差异，促进每个幼儿富有个性的发展"，"应为幼儿提供健康丰富的生活和活动环境，满足他们多方面发展的需要，使他们在快乐的童年生活中获得有益于身心发展的经验"。[3] 新纲要提出，不仅要把游戏的权利交给儿童，还应通过游戏去

---

[1] 彭海蕾：《幼儿园游戏教学研究》，西北师范大学博士学位论文2002年，第22页。
[2] ［德］福禄培尔著，孙祖复译：《人的教育》，人民教育出版社1991年版，第33页。
[3] 《幼儿园教育指导纲要（试行）》，《中国教育报》2001年8月15日，第3版。

实现教学目的。

当然，游戏是幼儿教育的活动方式，但不是唯一的活动方式。游戏要和其他教学活动结合起来，以游戏促进教学，以教学带动游戏，让幼儿在游戏和教学活动中充分发挥其主体性，使其健康成长，并促其个性得到良好发展。

5. 创设良好的家庭幼儿教育环境

唐代家学兴盛，幼儿在家中接受教育是很普遍的。幼儿在家中或由家中长辈亲自执教，或延师受教。唐代许多有作为的大家，如刘知几、元稹、韩愈等，均在家庭中受到了良好的教学引导和教育熏陶，他们能成为大家，家庭教育无疑起了极为重要的作用。

在21世纪，随着知识经济时代的到来，社会对人的素质的要求越来越高。与之相适应，家庭所承担的责任也越来越大，幼儿家庭教育也受到了前所未有的重视。但是由于家长的教育观、儿童观不正确，当前的幼儿家庭教育还存在诸多问题和误区，主要表现为：把幼儿教育等同于幼儿园教育，认为幼儿园足以单独完成对幼儿的教育任务，把家庭和社会排斥在幼儿教育体系之外，弱化了家庭的教育功能。也有不少家庭意识到家庭在幼儿教育中的重要作用，但由于教育带有极强的功利性，没有照顾到儿童的兴趣和需要，使得教学内容单一，教学方法呆板，并且对儿童要求过高，因而极大地挫伤了幼儿探知的兴趣，给幼儿造成巨大的精神压力。许多孩子还没入小学，或者刚入小学就已经产生了厌学情绪，甚至有的还对学校产生了恐惧心理。作为家长，应创设良好的家庭教育环境，为幼儿学习提供良好的发展空间。

为此，家长应做到：第一，要了解和尊重儿童。幼儿的身心发展是有规律可循、呈现明显的阶段性特征的，父母所要做的，就是遵循儿童身心发展的规律，在尊重幼儿的兴趣和个性差别的基础上，引导儿童全面协调发展。第二，不断提高自身的知识结构。父母是幼儿的第一任老师，父母的言行举止对幼儿的影响也是最为深刻的，因此，父母应结合时代发展，加强自身文化修养，完善知识结构，营建良好的家庭文化氛围，使幼儿在潜移默化中受到感染和熏陶。第三，家庭要与学校社会相结合，营造良好的幼儿教育环境。

教育是一项系统工程,它需要社会各部门的通力合作。我国《幼儿园教育指导纲要(试行)》中也明确指出:"家庭是幼儿园重要的合作伙伴""幼儿园应与家庭、社区密切合作"。[①] 家庭、学校和社会三者在教育内容、教育方式、教育方法和效果上各有特点,三者的结合有利于实现各种教育的优势互补,从而为幼儿的健康发展提供良好的发展空间。

[①] 《幼儿园教育指导纲要(试行)》,《中国教育报》2001 年 8 月 15 日,第 3 版。

第五章　北宋地方官学的教学管理

教学管理是指中央、地方、学校教育教学行政部门以及师生根据教学规律和管理规律，充分利用校内外各种条件对教学系统各要素、各环节进行整合、优化、协调等，以确保教学工作的顺利进行，从而提高教学质量，实现培养目标的活动。教学管理主体有宏观、中观和微观三个层次。宏观层面的教学管理主体是中央教育行政部门；中观层面的教学管理主体是地方教育行政部门；微观层面的教学管理主体是学校教学行政部门以及师生。教学管理涉及学校内部各种条件和部分校外相关条件的整合与优化。因此，教学管理系统是一个由众多要素构成的，与外部不断发生物质、信息、能量交换的动态而开放的系统。

中国古代的地方官学一般是按照地方行政区划设置的。宋代地方行政实行三级管理制度，第一级为路，第二级为州、府、军、监，第三级为县。因各路不直接设学，仅设置学官管辖所属学校，所以宋代地方官学只有两级：一是由州、府、军、监所设立的，称为州学、府学、军学、监学，二是由县所在地设立的，称为县学。对此，本章主要从北宋的州学、府学、军学、监学及县学等发掘北宋地方官学的教学管理思想。

第一节　北宋地方官学教学管理概观

北宋地方官学的教学管理，主要涉及教学管理的指导思想、教学管理主体、教学管理职责、教学管理对象以及具体的教学管理措施等内容。

一、北宋地方官学教学管理的指导思想与目的

为了改变北宋时期国家积贫积弱的局面,北宋地方官学就是要在儒家思想的指导下,培养"经世致用""明体达用"的统治人才和军事人才。这就决定了北宋地方官学的教学管理必须为此服务。

1. 教学管理的指导思想

任何管理都是由一定的思想作为指导的。教学管理的指导思想不同于教学的指导思想,也不同于一般管理的指导思想,而是二者的有机结合。教学管理的指导思想既有基于一般管理的普遍性,也有立足"教学"这一对象的管理的特殊性。通过对北宋的历史考察,北宋地方官学教学管理的指导思想是以儒学义理为指导、以"致用"为经世理念、以"法度"为保障的教学管理思想。

首先,北宋地方官学教学管理是以儒学义理为指导的。儒家道德义理是维护中国古代封建统治的伦理根基,因而儒学一直是人们立志、成仁、齐家、治国、平天下的法宝。北宋也是如此。宋太祖赵匡胤重用儒臣,宋太宗规定选人才必须通经义,尊周孔之礼。宋真宗率文武百官到孔庙去行礼祭奠,掀起了尊孔崇儒的高潮。宋真宗还将九经正义、十三经正义定为法定教材。仁宗以后,地方官学更是加强了对儒家经学的研究和教育,形成了重儒家性命义理、缘词生义、舍传求经乃至己意说经的新学风。尽管宋代三百余年间产生了许多哲学家和教育家,对儒家思想的研究形成了不同的学派,但不论哪个学派都是以儒家伦常纲纪为基础。而北宋地方官学的教学管理正是在儒家所倡导的伦理纲常的指导下进行的。

其次,北宋地方官学以"致用"为经世理念。北宋教育教学思想在注重阐发儒家义理的同时,学者们还围绕"经世"的途径展开了争论。这种争论主要有两种观点:一种是重视"致用""外王"的经世理念;一种是强调内在修养的"克己""内圣"的理念。前者最典型的代表是王安石,后者则以二程

等为代表。前者的主要观点是从礼乐行政、经世致用等方面来理解儒家思想和为政之道,就义利而言,认为义不排斥利,甚至宣扬一种获取正当利益的观念;后者主要强调仁义道德,以伦理政治教化为主,就义利而言,认为二者势不两立,"利"是可耻的。儒家学说有"内圣外王"的内涵。以王安石为首的学派注重从"外王"的意义上阐发;而以二程为代表的学派则更关注"内圣"。虽然二者都是从儒家思想出发,目的都是维护封建统治,但二者的侧重点不一样。随着三次兴学运动的进行,"经世致用"的观点被统治者承认和采纳,成为北宋地方官学教学管理的指导思想。

再次,北宋地方官学教学管理以"法度"为保障。法制建设在北宋,尤其是王安石兴学时期受到重视。北宋学者曾巩指出:"孟唐之弊,自天宝(742—756年)已后,纪纲寝坏,不能自振,以至于失天下,五代兴起。五十余年之间,更八姓,十有四君,危亡之变数矣。"[①] 所谓纪纲,即指法制。宋朝的统治者认为,"法制立,然后万事有经,而治道可必"[②],也把法制作为行动的准则,以此达到天下稳定的局面。王安石更是提出了"大明法度"的思想。该思想是王安石为了改变宋王朝积贫积弱的状况和缓解社会阶级矛盾而提出的,旨在对社会政治、经济、军事、文化、教育等方面进行改革。王安石把"变风俗,立法度"看作是当务之急,认为世界万物是变化的,祖宗的制度也不是一成不变的,而应当随着社会的发展变化而变化。因此,根据实际需要,废除旧制度、旧规定,建立新法规是时代的需要。他还认为,作为一国之君,应该立善法,"盖君子之为政,立善法于天下,则天下治,立善法于一国,则一国治。如其不能立法,而欲人人悦之,则日亦不足矣"[③]。这样"法度"就成为了北宋地方官学教学管理顺利进行的制度保障。

2. 教学管理的目的

国家需要培养什么样的人才,让民众受到什么样的教化,是地方官学教

---

① 张其凡:《试论宋初的法制建设》,《中州学刊》1988年第4期。
② [宋]李焘撰:《续资治通鉴长编》(第六册),中华书局1985年版,第3455页。
③ 宁波等校点:《王安石全集》,吉林人民出版社1996年版,第690页。

学应该首先明确的问题。在北宋，地方官学的教学目的主要是培养"明体达用"之才。所谓"体"，就是封建伦理道德；所谓"用"，就是社会需要的实用人才。具体而言，"明体达用"的人才可以分为两类，即统治人才和治事人才。其中培养封建统治人才是历代封建社会教育教学的重点。因此，北宋地方官学的教学管理始终围绕这一教学重点，将教学系统中的各个要素进行优化、整合，以实现这一目的。

在北宋时期，由于经济发展，社会行业增多，分工更加细化，国家对各种类型的实用人才的需求增加。因此，"经世致用"的教育理念越来越受到重视。例如，范仲淹就反对死记硬背，主张经世致用，培养有道德有知识又实用的王佐之才，也就是说教学的目的是要培养有利于国家和社会的有用人才。王安石也认为教学的目的在于培养实用人才，他在《上仁宗皇帝言事书》中指出：学士所观而习者，皆先王之法言德行治天下之意，其材亦可以为天下国家之用。胡瑗针对"国家累朝取士不以体用为本，而尚声律浮华之词，是以风俗偷薄"[1]的问题，提出"明体达用"的教育宗旨和育才标准。胡瑗的教育教学思想在第一次兴学之后逐渐推广，"明体达用"成了北宋地方官学教学所要达到的目的。胡瑗解释"明体达用"为："圣人之道，有体、有用、有文。君臣父子，仁义礼乐，万世不可变者，其体也。诗书史传子集，垂法后世者，其文也。举而措之天下，能润泽斯民归于皇极者，其用也。"[2] 胡瑗主张通过儒家思想的教授，使得世人"明人伦、知礼仪"，掌握当代的政治现实，培养高级统治人才，"凡为人君、为人臣、为人子者，能勉而及夫子之主，则其国治焉，其家保焉，其身安焉"[3]。而治事斋的学科目标则在于使学生掌握某种专业知识和技能，从而培养专业技术人才。北宋地方官学的教学

---

[1] ［清］黄宗羲原著，全祖望补修：《宋元学案》卷一《安定学案》，中华书局1986年版，第25页。

[2] ［清］黄宗羲原著，全祖望补修：《宋元学案》卷一《安定学案》，中华书局1986年版，第25页。

[3] 曾枣庄、刘琳主编：《全宋文》卷八五四《并州新修庙学记》，上海辞书出版社2006年版，第349页。

管理就在于通过教学系统的优化整合，更好地实现"明体达用"的教学目的。

二、北宋地方官学教学管理的主体及其职责

教学管理系统是一个开放的系统。在北宋地方官学的教学管理过程中，不仅地方政府机构及官员对教育教学进行管理，中央教育行政机构还对其进行宏观指导，而学校则进行具体的管理，他们都是地方官学教学管理的主体。

1. 中央教育行政机构及其职责

中央对北宋地方官学的教学管理主要通过总体规划与监督，确保地方官学按照统治阶级的意愿培养人才。北宋仁宗以前，地方官学多处于荒废状态。仁宗起，到徽宗时期，中央对地方官学的宏观管理有所加强，主要表现在对地方官学学生的入学条件有了明确的规定，教官须选举名师硕儒，学生参加科举须在校听读等。这些管理措施在一定程度上促进了地方官学教学的顺利进行，但仍不够完善。此时的教学大多停留在形式上，而没有实质性的改善，其教学仍然存在许多问题。神宗时期，中央进一步加强了对地方官学的教学管理。例如，将《三经新义》规定为官学统一的教学内容，为各路州郡学校选派教授，给地方官学增拨学田以充学粮等等。徽宗时期，中央对地方官学教学的宏观管理表现在差遣教授、置学田、升黜学生，设置诸路提举学事司监督地方官学的教育教学情况等。

中央的礼部主管教育，国子监是礼部的职能部门。国子监主要参与对地方官学教师的审查与考核。《宋会要·崇儒》二之五载：元丰年间，选在任官为州学教授者，送国子监审察令兼管。《续资治通鉴长编》记载宋神宗熙宁年间，诸路州学教授不职，委国子监奏劾。所谓"奏劾"，即指弹劾、参劾之意，也即对违法乱纪、不称职的教师，由国子监揭发罪状。可见，北宋地方官学所选择的教授需要经过国子监审察，同时国子监还审察教授是否违法乱纪。

2. 地方教育行政机构及其职责

北宋地方教育行政机构主要是提举学事司。该机构负责统一监督地方官

学的教育教学，并为之提出意见或建议。提举学事司曾几度兴废。崇宁二年（1103年）置，五年三月废；同年七月又置，宣和三年（1121年）再废。提举学事司的最高长官称为提举学事使，其职责为协助提学处理日常事务，岁巡所部之学校。宋代政府规定，提举学事司的职责为："掌一路、州、县学政，岁巡所部，以察师儒之优劣，生员之勤惰，而专举刺之事。"① 也就是考察教师是否合格，学生是否勤于学习等。具体说来，管理地方五方面的工作。第一，根据本地实际，提出地方官学中的具体管理措施，对地方教育提出改进建议。第二，审察、监督教师。具体工作主要是对拟任教师进行资格审查，以便能够派遣赴任；任职期到后能否连任也需要审察考核；向中央政府报告教师编制增减、教学情况；检查教师讲义；申请是否增添教师编制等。第三，监督生员，考察学生实际人数，以便设置教官。第四，监督学规的执行。如政和年间，中央颁布《政和学规》。因此，提学的任务之一，是和地方长官共同监督各学规的执行，如失职要受到刑事处分。第五，参与教育经费的管理。可见，北宋提举学事司主要是对教师、学生和教学经费等实行监督管理。尽管如此，北宋地方官学教学管理的实权主要掌握在地方行政官员手中。《续资治通鉴长编拾补》记载：崇宁年间，"诏诸路知州、通判并增入'主管学事'四字"，"其知州、通判，凡学之事，悉已干预，唯不得参考文艺"②。因此，北宋地方官员及地方教育行政机构都参与了地方官学的教学管理。

3. 学校及其职责

在学校层面，教师参与教学管理主要是以中央、地方政府的规定为行动指南，对课堂教学进行具体的管理，包括训导诸生，执行升补考试的管理以及监督学规的执行等。地方官学的学官有教授、讲书、说书、学正、学录、学谕等，其中教授为地方官学的最高长官。首先，教授的职责是以经术行义训导学生。在训导过程中，教授有权自由组织课堂教学，从而为封建统治培养人才，如胡瑗在苏州州学和湖州州学任教时就创立了"分斋教学"制度。

---

① ［元］脱脱等撰：《宋史》，中华书局1977年版，第3971页。
② ［清］徐松辑：《宋会要辑稿》，中华书局1957年版，第2192页。

另外，教授还兼领祭祀先圣先师的典礼及主持管理州学的其他事务。其次，教授主持学生考试。熙宁兴学以后，太学与州县学校实行升补考试制度。熙宁七年（1074年），诏诸州州学，凡已差教授处，补试生员，由教授主持，"余官毋得干预"①。可见，教授有权管理考试。进入徽宗朝，州县学校实行"三合法"之后，学校的公试、私试，都由教授负责。崇宁三年规定，其知州、通判，凡学之事，悉已干预，唯不得参考去取文艺。教授之官，主行教事，当在学事官之上。② 这里已经明确地规定，州学学生的考试和录取，由教授全权主管，即使是地方行政长官也无权干预。再次，教授还主持制定和监督执行学规。《宋史·职官志七》明确规定，州学教授的职责之一是"纠正不如规者"，即州学教授具有监督和执行学规的权利。③ 另外，州学教授在学校田产的具体管理方面也有一定的权力。州学学正、学录、学谕。学正协助教授教学，并专掌学规的执行。学录协同学正执行学规。学谕负责将教授所讲授的内容与布置的作业及时转告给学员。同时，教师还吸收学生参与学校管理，以保证教学顺利有效地进行。这些学生大多是学生中学业品行优秀者，如斋长、斋谕由诸生充任，主管一斋之事务，并定时将斋内学生学业、品行、纪律等情况上报学校，作为考核、升舍的参考，并监督学规的执行。因此，学生是按照教师的规定来行事的，是执行者。

总之，北宋地方官学的教学管理是包括中央、地方、学校三个层次的主体共同参与的。中央通过颁布各种诏令，设置各种机构，宏观指导和监督地方官学教学。地方是在中央宏观规划下进行教学管理，地方行政官员有权在遵照中央意愿的前提下，选聘教师、筹措教学经费、优化教学环境等，同时地方教育行政机构监督地方官学教学，并为之提出意见或建议。学校教师是在中央和地方的指导下管理本校教学经费的使用，管理学生和课堂教学，组

---

① ［宋］李焘撰：《续资治通鉴长编》卷二五二，中华书局1985年版，第6148页
② 苗书梅等点校：《宋会要辑稿·崇儒》二之一〇，河南大学出版社2001年版，第94页。
③ 江铭主编：《中国教育督导史》（第二版），人民教育出版社2003年版，第210页。

织具体的考试等。可见，北宋地方官学教学管理主体的权责分工体现了加强中央集权与适当地方分权的统一。

三、北宋地方官学教学管理的内容及措施

北宋地方官学教学管理是对北宋地方官学教学系统诸要素的管理，主要包括对课程与教材的管理、教师的管理、学生的管理、教学经费的管理、教学组织形式与方法的管理、教学评价的管理以及教学环境的管理等。

1. 课程与教材管理

北宋地方官学对课程的管理主要体现在两个方面，其一是对经义课程的管理，其二是对实用课程的管理。具体的管理措施体现在地方官学选用哪些经义教材或实用教材，教师怎样运用这些教材，如何对教师的教学内容进行监督，学生学习这些教材需要掌握哪些必要的知识等方面。

(1) 经义课程与教材的管理

在经义课程的管理上，北宋地方官学选择儒家经典教材进行教学。学习儒家经典是获得大道、大才的途径，并且可"使斯人之徒辅成王道"[①]。因此，为培养遵从和维护封建伦理道德的统治人才，北宋地方官学加强对儒家经典的教学。范仲淹在《上时相议制举书》中指出："劝学之要，莫尚宗经。"因为"六经与世上下，世与六经薄厚。教化与学通塞，学与教化废兴。知此则知所以治民矣"[②]。可见儒家经义的重要作用。地方官学不仅要为中央太学输送人才，也要培养参加科举考试的人才。因此，北宋州县学校的经学教材既要满足基础文化知识和封建伦理道德思想的传播需要，又要服从科举考试和太学升补考试的基本要求。具体而论，北宋地方官学对教学内容管理主要有以下几种情况。

北宋初期，《九经》是科举考试的基本课程，北宋地方官学也主要讲习

---

① 曾枣庄、刘琳主编：《全宋文》卷三八一《上时相议制举书》，上海辞书出版社2006年版，第663页。

② 曾枣庄、刘琳主编：《全宋文》卷一七〇八，上海辞书出版社2006年版，第653页。

《九经》。北宋中央政府为地方官学赐《九经》。这九部经书是《诗》《书》《易》《左传》《穀梁传》《公羊传》《礼记》《周礼》和《礼仪》。在熙宁兴学之前，《九经》长期作为宋代科举考试的基本科目和依据，也是宋代中央官学和地方官学的基本经学教材。此外，《乐》和《春秋》作为经义教材，也在北宋地方官学中传授。北宋地方官学的每个学生都要选学一经，其目的是要从儒家经书中学习"道"。因为掌握"道"是根本，治理国家离不开它。

为了使学生更好地理解经义，教师必须对经义进行讲解。如石介在《答欧阳永叔书》中记述了教授之职，"日坐堂上，则以二帝三王之书，周公之《礼》，周之《诗》，伏羲、文王、孔子之《易》及孔子之《春秋》，与诸生相讲论"[①]。教师还可以将自己对经义的理解写成讲义向学生讲解，如胡瑗就有自己的"讲义"《周易口义》《春秋口义》《洪范口义》等。

熙宁兴学时期，北宋地方官学的教材由过去的《九经》转变为王安石的《三经新义》。宋神宗以前，北宋地方官学对经义教材的解读可以有多种观点，但随着这种自由解读经义的盛行，儒家学说形成了"一人一义，十人十义"的局面，对封建专制与集权统治极为不利。正如熙宁元年程颢就认为学者们对儒家经义的解说使得儒家经义缺乏完整性，不能起到很好的"明道"的作用。在熙宁兴学中，王安石深明统一士人的学术思想，使"一道德"、使"学者归一"对执行新政有重大意义。因此，他注疏的《三经新义》通过中央而颁布为官学教材。《三经新义》是对《周礼》《尚书》和《诗经》的训释，因为在他看来这三部经书最能经世务。而经书中的《春秋》为"断烂朝根"，"不使列于学官"，《易》虽重要，但不易掌握，晦涩难懂，后代经术的注疏繁琐，不能培养学生的真才实学。北宋地方官学的学生在《周礼》《礼记》《诗》《书》《易》中选学一经，兼习《论语》和《孟子》。地方官学以《三经新义》作为解释《周礼》《诗》《书》的标准。与《三经新义》并行的注疏还有王安石的《易义》《礼记要义》《论语解》，以及他儿子王雱的《孟子解》。王安石

---

① [宋]石介撰：《徂徕石先生文集》卷一五《答欧阳永叔书》，中华书局1984年版，第177页。

解释经典字义的《字说》也被用于经术课程。① 这样，儒家经义被统一注疏，成为地方官学的主要教材。直到北宋后期，地方官学仍以《九经》作为主要教材，并且《论语》《孟子》也是地方官学教学内容的一部分。

（2）实用课程与教材的管理

为了培养实用人才，北宋地方官学对课程与教材的管理除了加强儒家经典的学习外，还学习各种实用科目。例如胡瑗"分斋教学"，其教学内容主要包括两大体系：经学体系和实学体系。据《宋元学案·安定学案》记载：胡瑗在苏湖二学时曾立经义、治事二斋。其实学体系含治事、治民（政治）、兵战（军事）、法律、水利（经济）、算历（科技）等学科，以治事为主。另外，朝廷礼乐刑政之事是为官从政、经世治民之基本条件或先决条件。因此，地方官学为培养经世致用之才，就必须让学生"习典礼，明制度，臣主威仪，时政讼袭，等等"②。

另外，为了使教师能在教学过程中认真传授教学内容，北宋地方官学还检查教师的教学内容、讲义等。北宋徽宗年间曾建立规章制度，《宋会要辑稿·刑法》就规定：凡邪说、行，非先圣贤之书并元祐学术政事，不得教授。为了防止教师教授学生"异端邪说"，提举学事司还负责检查教师的讲义。宣和元年，京东西路提举学事司奏称"每岁看详文武学生上舍等试卷及州学讲义，每年上舍题目文字，最为浩繁"。③ 此时对教师讲义的监督检查已经到了"浩繁"的地步。大观年间，提举学事司还检查地方官学中是否有"趋尚不端，学术非正"的教师。

对于学生学习教材要达到什么样的程度，《京兆府小学规》将其分为三等：第一等，每日抽签问所听经义三道，念书一二百字，学书十行，吟五七言古律诗一首；三日诗赋一首（或四韵），看赋一道，看史传三五纸（内记故

---

① 袁征：《宋代学校教育的变化与理学统治地位的确立》，《孔子研究》1992年第1期。
② 顾树森编著：《中国古代教育家语录类编（补编）》（下册），上海教育出版社1983年版，第169页。
③ ［清］徐松辑：《宋会要辑稿·刑法》二之七六，中华书局1957年版，第6533页。

事三条)。第二等，每日念书约一百字，学书十行，吟诗一绝，对属一联，念赋二韵，记故事一件。第三等，每日念书五七十字，学书十行，念诗一首。可见，北宋地方官学教材的落实情况是具体到了学生实际所掌握的知识上的。

2. 教师管理

北宋地方官学对教师的管理主要体现在对教师有严格的素质要求，有多样的选聘方式，对教师的人数、升堂讲学情况、晋升与奖惩等方面都进行了严格的规定。

(1) 严格的教师素质要求

首先，教师必须具备一定的知识素养。这主要包括道业闻于乡里的一般庶人、各类硕儒、科举落第的知识分子和地方官员等。庆历四年，地方官学的教师可以是"取于乡里宿学有道业者，三年无私谴，以名闻"① 的人。这里的"有道业者"也包括一般庶人。如嘉祐五年五月己亥，翰林学士胡宿等言颍州学者常秩"其文行称于乡里……在陋巷二十余年，为学求自得，尤长于《春秋》"②，因而被举为本州州学教授。名师硕儒也是地方官学教师的最佳人选，如孙复、胡瑗、李觏等通经术的儒家。此外，科举及第的人才和地方上有学术造诣、德行修养好的官员都有可能成为教师。

其次，教师需要具备一定的道德素质。这里的道德素质主要包括伦理道德素质和职业道德素质两个方面。一方面，地方官学所选聘的教师是有一定道德修养的人。北宋中后期对教师道德的要求严格，到宋徽宗朝，北宋地方官学以"八行"作为选择教师的首要条件。政和三年（1113 年），诏八行添置诸州教授。③ 所谓"八行"的具体内容即"孝、悌、睦、姻、任、恤、忠、和"。由于以"八行"作为教师的首选标准，"主德行而略辞艺"，致使有不胜任教育教学者出任教师。至宣和时，北宋地方官学取消了以"八行"选聘教授的做法。另一方面，教师必须遵循一定的职业道德和政治倾向。北宋地方

---

① ［宋］李焘撰：《续资治通鉴长编》卷一四七，中华书局 1985 年版，第 3564 页。
② ［宋］李焘撰：《续资治通鉴长编》卷一九一，中华书局 1985 年版，第 4625 页。
③ 苗书梅等点校：《宋会要辑稿·崇儒》，河南大学出版社 2001 年版，第 105 页。

官学对"教师"这一职业也有相关规定和要求，即要求教师须忠于职守，潜心教导生徒，不得兼营他业。如规定"见任教授，不得为人撰书启、简牍、乐语之类，庶几日力有余，办举职事以副陛下责任师儒之意"①。不仅如此，教师的政见还必须与朝廷保持一致。宋徽宗政和四年五月十四日，"臣僚言：'乞应元符末上书邪等人，虽在未入仕以前，不差教授官及充考试官。'从之"②。这里所说的"上书邪等人"，指被宋徽宗列为持不同政见的人，他们是不能担任教师的。因此，在政见上是否与朝廷保持一致，也成为能否进入教师队伍的前提条件。

（2）多种途径选聘教师

北宋地方官学教师的选聘方式包括举荐制、中书堂除制、"教官试"制等多种形式。

首先，宋初教师的选聘主要是通过地方举荐的形式。由于北宋地方官学的教师一般由地方长官在州县内荐举本地举人、有德艺者充任，因此，地方官员对教育的重视程度决定了教育的兴办情况。教师也是由地方官员凭借自己的好恶选拔和任用的，因此带有很大的随意性和不规范性。

其次，通过中书堂除制任命教师，即州学教授直接由中书省选择任命。州学教授由地方自行选学官存在不少问题：由于没有专职官员负责，如果监司郡守不重视，学校就办不起来，或者名存实亡。③ 熙宁四年（1071年），地方官学教师由中书堂除制任命，将选聘权收归中央。《续资治通鉴长编》卷二二〇记载：熙宁四年（1071年）二月，朝廷于京东、陕西、河东、河北、京西五路先置学官；三月，朝廷任命王安石的学生陆佃等为五路州学教授。这也是宋朝第一次向地方派出专职学官。熙宁六年三月，朝廷将这种做法从五路推广到全国，命令请路"择举人最多州军，依五路法，各置教授一员。委

---

① ［清］徐松辑：《宋会要辑稿·崇儒》二之二八，中华书局1957年版，第2201页。
② ［清］徐松辑：《宋会要辑稿·崇儒》二之二二，中华书局1957年版，第2197页。
③ 袁征：《宋朝中央和州郡学校教职员选任制度》，《文史哲》1989年第6期。

国子监询考通经品官及新及第、出身进士可为诸路学官，即具所著事业以闻"①。由此，教师的选聘主要是由中央控制。

再次，通过"教官试"选聘教师。随着地方学校的不断发展，北宋朝廷对教师的要求也随之提高。为保证教师通经术，北宋朝廷建立了考试制度，以选择经义之师。北宋熙宁八年规定考核教师大义五道；元丰七年，已建立起统一的中央官学和地方官学拟任教师的考试制度——教官试，即通过特定的考试选派州县学教授。教师考试内容只为一经，即一种儒经大义。元祐年间曾改"教官试"为举荐制。哲宗亲政后，于绍圣元年恢复了"教官试"。政和二年，"教官试"再度停罢。翌年六月，朝廷颁布新的地方教官选任法，规定尚书省每季公布哪个州需要教授，愿意担任的官员可以申请。具体的选择条件如下②：一、曾考中"教官试"，或曾两次担任教授。二、曾任教授一年以上。三、曾任国子监或太学命官正录。四、曾任国子监或太学学谕以上职事超过半年。五、曾任国子监或太学斋长、斋谕。六、曾为太学员士第一名。七、曾参加太学公试，成绩在前十名。左司审查后报中书省，限两天内加以任命。在此后具体的施行中，"教官试"屡因政治原因而变更，直至绍兴十三年以后基本定型。"教官试"更好地保证了教师的质量，从而提高了教师的教学服务水平。

(3) 根据学生数量配置教师

随着北宋地方官学规模的扩大，不仅在教师的素质和选聘上更加规范和严格，而且在教师的数量上也有明确的规定，从而保证教学的顺利进行。《宋会要·崇儒》记载："大观四年八月，地方官学学生三百以上，置教官二员；学生及五百人以上，置教授二员；其不及五十人者不置，以本州在任、有出身官兼领。缺即知、通于本州在任官内，选曾在太学、辟雍及经行可称之人，申学事司审察权差。"③ 后来其不置教授的人数，由原来的五十人，改为八十

---

① [清] 徐松辑：《宋会要辑稿·职官》二八之七，中华书局 1957 年版，第 2975 页。
② [清] 徐松辑：《宋会要辑稿·崇儒》二之二〇，中华书局 1957 年版，第 2197 页。
③ 苗书梅等点校：《宋会要辑稿·崇儒》，河南大学出版社 2001 年版，第 99 页。

人。学生人数的变化与教师人数的变化是一致的。政和四年,"吉州州学依额养士七百九十二人,即日见在学生计六百三十四人。委是在学人数至多,除见任教授二员外,依大观元年七月十七日敕条指挥,更合添置教授一员"①。可见,教师编制的增加,要由提举学事司根据实际情况反馈中央,由中央决定是否增加。

(4) 教师升堂情况的管理

为避免地方官学教学名存实亡,北宋地方官学教师必须按时授课,若未尝升堂,会被"点检"并予以查办。政和三年正月,敕令所删定官李嘉言:"教授入学,堕而弗处,有未尝升堂者,往往止托逐经学谕撰成口义,传之诸斋,抄录上簿而已,未尝亲借一辞于其间,至于本斋轮流覆讲,则亦未尝过而问焉。欲乞委知、通觉察、点检,有似此者,觉察申提举学事司按实以闻"②。教师要遵循教学规定:一是要升堂讲授,二是要亲自撰写讲义,三是要轮流覆讲。③ 如违反这些规定,则要由地方行政长官即知州、通判"觉察点检",要申报提举学事司,并由提举学事司核实上报,做出处理。

(5) 注重激励教师教学

为了激励教师的教学,管理者还对教师的晋升与奖励作出了规定。具体来说是将教师的教学与学生的"升舍"相联系,升舍人数多,教师会得到更多酬赏或者晋升。庆历年间,州学教授"候及三年无私过,本处具教授人数并本人履业事状以闻,当议特与推恩。内有因本学应举及第人多处,亦与等第酬赏。如任满,本处举留者"④。也就是说,地方官学教师在任期内没有品德上的过错,所教学生及第人数多者,就有可能得到晋升。由于地方官学规定了教师的任职年限,对于教导有方、贡举如法的教师,允许改任,亦可"保明再任"。可见,对教师教学的评价是与学生的学业成绩紧密相连的。

---

① [清] 徐松辑:《宋会要辑稿·崇儒》二之二四,中华书局1957年版,第2199页。
② [清] 徐松辑:《宋会要辑稿·崇儒》二之一九,中华书局1957年版,第2196页。
③ 韩凤山:《唐宋官学师德建设的举措》,《江西社会科学》2002年第1期。
④ [清] 徐松辑:《宋会要辑稿·崇儒》二之四,中华书局1957年版,第2188页。

3. 学生管理

北宋地方官学对学生的管理主要体现在允许什么样的学生入学；学生入学后学籍如何管理；在教学活动中，学生必须遵守何种规章制度；对学生在校学习情况的激励措施等方面。

(1) 学生入学管理

北宋地方官学在学生入学条件方面，较中央官学的等级限制而言，放宽了许多。一般士庶子弟只要年满八岁就准许入小学。但是，必须是"无不孝不悌逾滥之行，及不曾犯刑责或曾经罚赎而情理不重者，方得入学"①。或者"试于州者，令相保任，有匿服、犯刑、亏行、冒名等禁"。② 这种基本没有门第限制的入学要求，调动了下层子弟的求学积极性。北宋地方官学为了让更多的学生能够入学，尤其是为了让寒俊有机会学习，政府还注意对寒苦子弟给予必要的经济支助。如政和七年，"州县居养院有孤贫小儿，内有可教导之人，欲令小学听读，逐人衣服襕衫，欲乞于本司常平头子钱内支给"③。这实际上就是降低了入学条件。

(2) 学生学籍管理

北宋中央政府规定"天下见有学官州县，宜令诸路转运司指挥，今后并只许本土之人听习，若游学在外者皆勒归本贯"。④ 因此，北宋地方官学对学生的入学有籍贯的限制，即要求学生按其籍贯所在地入学。但是，为了让外籍官员的子弟能够入学读书，学校采取的变通方法就是对这类学生的学籍单独管理，同时也对他们进行单独考试。

(3) 学生规范要求

为了维持正常的教学秩序，促进教育教学目标的实现，北宋地方官学的学规发挥了重要的作用。学规是教学活动中各种规范、规章的综合，是保障

---

① [清] 徐松辑：《宋会要辑稿·崇儒》二之四，中华书局1957年版，第2189页。
② [元] 脱脱等撰：《宋史》，中华书局1977年版，第3613页。
③ [清] 徐松辑：《宋会要辑稿·崇儒》二之二九，中华书局1957年版，第2201页。
④ 转引自顾明远总主编：《中国教育大系·历代教育制度考》，湖北教育出版社1994年版，第754页。

教学有序、顺利进行的条件。司马光在《并州学规后记》中曾对学规的意义作了如下评价：是规也存，虽屋不加多，食不加丰，生徒不加众，犹为学兴也；是规也亡，虽列屋万区，糗粮如陵，生徒如云，犹为学废也。北宋官学学规始立于仁宗景祐时，原则上由各州县学自定。庆历兴学时，宋朝政府有意统一州县学规，但因庆历新政不久失败而未果。学规的制定规范了学生的行为，如越州州学，"学鼓之南书大榜，条其篇目，皆学中规，为之法也。诸生服膺无哗，望之肃如也"①。但是在北宋后期，学规还往往与政府的法令结合在一起，其内容以罚禁为主，甚至近于苛细，使得州县学生人人心存忌惮，"无敢以帨巾短后之服行道上者。遇长上，无敢不避道拱揖者。茶肆酒垆，无敢辄游者。市人不逞者、醉者或凌嫚之，士人皆避去，无与较者"②。例如，为了尽量避免北宋地方官学的学生出现斗殴、争讼、杀人等违法乱纪行为，宋徽宗政和三年六月，中央政府出台了"政和学规"。学规规定提举学事司负责纠正、举报和巡察，禁止学生的违法乱纪行为。为保障学规的顺利执行，北宋时期一直都对违纪的学生实施体罚，"州县学生有犯，在学，杖以下，从学规。徒以上，若在外有犯，并依法断罪"③。可见，北宋地方官学对学生的规范和要求是严格的，甚至达到苛刻的程度。

(4) 学生激励措施

为了促使学生积极向上，认真学习，北宋对特殊人群，即新民学生和孤贫儿童中的俊秀者给予笔墨纸砚之费、免费入学等优厚待遇。例如大观三年二月二十六日，中央政府根据提举黔南路学事戴安仁的建议作出规定：对新民学生就学期间表现突出的，即上等能诵《孝经》《论语》《孟子》及一经略通义理的学生，给予"特与推恩"的待遇；中等能诵《孝经》《论语》《孟子》的学生，给予"赐帛及冠带"的待遇；下等能诵《孝经》《论语》或《孟子》

---

① 曾枣庄、刘琳主编：《全宋文》卷四八〇《越州新学记》，上海辞书出版社1991年版，第38页。
② [清] 徐松辑：《宋会要辑稿·崇儒》二之二一，中华书局1957年版，第2197页。
③ [清] 徐松辑：《宋会要辑稿·崇儒》二之二一，中华书局1957年版，第2197页。

的学生，给予"纸笔砚墨之费"的待遇。① 由此可知，北宋地方官学在教学管理上还注重对学生学习的激励。

4. 教学经费管理

北宋地方官学教学经费的来源是多元的，中央政府所赐"学田"是教学经费的相对稳定的来源，地方政府的拨付、地方官员的赠与、民间的捐赠等也是其重要来源。在教学经费的使用方面，地方教育行政机构保证经费落实到地方官学，地方官学的教授负责具体的支配和使用。

(1) 学田

学田也即属于学校的田产，是学校教学得以维持的物资条件。据《文献通考》记载，仁宗天圣元年（1023年）始"赐兖州学田"，并作为一项制度确立下来，规定以后诸郡有愿立学者，均稍增赐田如兖州。到宋神宗熙宁年间，赐予地方官学的学田进一步增多。景祐元年（1034年），诏许京兆府立学，赐《九经》，赐"学田"五顷。到景祐四年（1037年）赐蔡州学田四十顷。学田的经营形式，是以类似现在拍卖的形式将学田租赁给农民耕种，每年收取钱粮用于养士。如元丰二年规定"又取郡县田租、屋课、息钱之类，增为学费"②。宋代州县学校的学田制不同于其他建设经费那样收支往往是一次性的，而是维持学校的长久用度。③

(2) 地方政府资助

宋代以文治国，州府长官和县令大多由科举出身的文人担任。这些官员文化素质较高，往往热心办学，甚至自出官俸作为学校建设经费，这种情况在熙宁兴学之前比较多见。如真宗乾兴元年，孙奭言："知兖州日，于文宣王庙建立学舍以延生徒，自后从学者不减数百人，臣虽以俸钱赡之，然常不给……"④ 地方财政拨付也是其经费来源的形式之一。宋徽宗政和年间规定

---

① [清]徐松辑：《宋会要辑稿·崇儒》二之一四，中华书局1957年版，第1586页。
② [元]脱脱等撰：《宋史》卷一五七《选举志三》，中华书局1977年版，第3661页。
③ 乔卫平著：《中国教育制度通史》（第三卷），山东教育出版社2000年版，第124页。
④ [宋]李焘撰：《续资治通鉴长编》卷九九，中华书局1985年版，第2303页。

"州、郡学舍，随所添人数增修，以学事司钱充支用"①。"学事司钱充支用"，即路级财政拨付给提举学事司修建校舍的经费。由此可知，北宋地方政府也支付一定数额的教学经费。

（3）民间捐赠

民间捐赠是指地方上的士民自愿为建立州县学校而捐资，是地方官学办学经费的重要辅助部分。《吉州学记》记载："庆历四年十月，吉州之学诚……李侯治吉，敏而有方。其作学也，吉之士率其私钱一百五十万以助。"② 饶州州学也记载："郡之秀民，闻是谋者，争出家以助其费。"③ 南丰县的学校经费也受到士民资助："士民靡靡然争出财币，惟恐人先。"④ 另外，据《全宋文》记载，受到民间捐助的还有福州、虔州、寿阳县、光化县、慈溪县等地的地方官学。

对"学田"的管理，主要由提举学事司监督"学田"是否得以落实。如绍兴二十一年（1151年），大理寺主簿丁仲景上奏章说，远方各州县的"赡学公田"，多为"形式户"所占，他希望朝廷下诏，令有关部门，督促诸路提举官，"常切觉查""并令根究"；然后将各学学田的确切数目和分布情况，报提举学事司"置籍拘管"，即建立专门档案，进行管理。⑤ 这说明通过提举学事司的监督，保证"学田"真正为地方官学所利用。熙宁七年诏文规定：州学已差教授，管下有书院并州县学旧有钱粮，并拨入本学。⑥ 这规定了对"学田"的具体管理主要由教授负责。

---

① ［清］徐松辑：《宋会要辑稿·崇儒》二之二八，中华书局1957年版，第2201页。
② 曾枣庄、刘琳主编：《全宋文》卷七三九《吉州学记》，上海辞书出版社1991年版，第107页。
③ 曾枣庄、刘琳主编：《全宋文》卷五六九《饶州新建州学记》，上海辞书出版社1991年版，第54页。
④ 曾枣庄、刘琳主编：《全宋文》卷二七〇《南丰县兴学记》，上海辞书出版社1991年版，第294页。
⑤ 江铭主编：《中国教育督导史》（第二版），人民教育出版社2003年版，第57页。
⑥ 转引自乔卫平著：《中国教育制度通史》（第三卷），山东教育出版社2000年版，第211页。

5. 教学组织形式与方法管理

鉴于北宋地方官学学校众多，因而对于教学组织形式与方法的管理主要以胡瑗的教学管理为例。北宋胡瑗的苏湖教学法在当时非常具有代表性，胡瑗的教育教学管理措施也在第一次兴学后逐渐推广。

(1) 教学组织形式管理

从庆历兴学开始，胡瑗的"分斋"教学就成为了地方官学中突出而重要的教学组织形式。胡瑗在湖州州学任教时，以其所确立的"明体达用"为指导思想，实施"分斋教学"。在教学组织形式上分为"经义"和"治事"两个学斋。据《宋元学案·安定学案》记载："经义斋"选择心性疏通、有器局、可任大事者，以学习儒家经典为主，使学生有较高学术和道德修养，成为可担负朝廷政、法、刑、教等方面政务的人才；"治事斋"又分治民、讲武、水利、历算等科，让学生按照自己的兴趣爱好和特长，选学一科为主科，兼治一科或几科为副科，成为政府各职能部门的专业技术人才和管理人才，即培养治事人才。当然，各地分斋的具体标准有所不同，如有的是因为学生数量多少，有的是基于教学侧重点和培养方向的不同，有的是根据教学层次的不同，有的是由于教师队伍的扩大等等。[①]

(2) 教学方法管理

北宋地方官学允许教师在教学过程中运用多种教学方法。这些教学方法主要有讲读法、讨论法、辅导法、直观教学法以及外出游览考察法等，形式多样而且生动活泼，使学生人人乐学而富有成效。讲读法一直是我国古代教学最常用的一种方法，北宋地方官学也是如此。学生先熟读经文，然后教师讲授经文。北宋地方官学还采用榜样教学法。如胡瑗奉行由己及人的原则，在日常教学和生活中，以自己的言行举止为学生树立模范。蔡襄在《太常博士致仕胡君墓志》中记载胡瑗在苏、湖两州教学时，解经能抓住要害，真诚恳切地为学生讲先治己而后治人的道理。可见这一教学方法取得了很好的成

---

① 陈国灿、高飞：《宋代两浙地区州县官学发展述论》，《台州师专学报》1999年第1期。

效。直观教学法也是北宋地方官学所运用的教学方法。《吴兴郡学重绘三礼图记略》记载：胡瑗在讲授儒家经学时，将"三礼"中所记载的，而在当时已不易见到的礼仪、器物，绘制成图表悬挂在讲堂上，让学生借助直观性的图表来理解和掌握古代的礼制，取得了很好的教学效果。另外，游历考察教学法也是胡瑗经常用到的方法，因为游历考察对于开阔人的眼界、不断获得新知是非常有益的。

6. 教学评价管理

北宋地方官学对教学评价的管理主要包括对教师教的评价管理和对学生学的评价管理。对于教师教的评价管理前文已经论述过，因此，这里主要谈北宋地方官学对学生学的评价管理。北宋地方官学对学生学的评价主要是通过科举考试或者"三舍法"进行的。同时，北宋中央政府还对地方官学学生的政治取向进行评价和管理。

在北宋初期，地方官学对学生学习的评价主要是科举考试。北宋延续隋唐以来的科举制，并有所改进。为保证科举考试顺利进行和合理选才，不准朝廷官员推荐考生应试；为限制主考官的权力，改为临时差选、年年更换主考官的制度；为限制主考官子弟、亲戚在考试方面的特殊权利，另设"别头试"等防弊措施。在考试内容上，由过去重诗赋、经义的死记硬背转变到重视经义的理解、经义与时政结合上来。从范仲淹的第一次兴学开始规定科举考试先策、次论、次诗赋，罢帖经、墨义，专尚经义，士通经术，愿对大义者，试十道。王安石兴学时更是罢诗赋、帖经、墨义，专尚经义，加重了科举考试中经义考试的比重。科举制的改进，评价学生学习的重点也由原来的诗赋、帖经、墨义转到对经术、义理等方面的考察。

由于受到王安石兴学的影响，在北宋中后期，地方官学对学生学习的评价主要是"三舍法"。学生要升级，需要衡量学生的学业所达到的程度，合格者才能升级，这一衡量标准主要是通过"三舍法"来实施的。在州县学校推广"三舍法"之前，宋代地方官学并没有统一的考试制度，因而各地官学考试的方式、内容和难易程度，没有统一的标准。宋哲宗元符二年（1099年），地方官学开始运用"三舍法"作为评价制度。"三舍法"的升舍制度相当于学分制,并且主要从"行"和"艺"两方面来考察学生。所谓"行",主要指服从教师领导和遵守纪律的操行表现;所谓"艺",指学生考试所取得的成绩。每个学生的测试成绩都被转化为学分,连同操行表现按月登记,至季度末进行检查,学分总数较多、没有严重违犯纪律的学生获得季度评定。[①] 学分制能够把学业成绩量化,积分的数量就成为了能否升级的重要依据。学生为了取得较高的学分必须努力学习,形成了学习上的竞争机制,从而提高教学质量。"三舍法"的推行,将地方官学与中央官学直接联系起来。但宣和三年二月,朝廷宣布所有州县学都不再实行升级制,仍然实行科举取士,从而使得全国性的升学系统解体。

北宋地方官学不但注重学生的学习评价,还对学生的政治素质进行评价。徽宗时期党派之争激烈,思想控制加强,这在地方官学教学管理中也有所反映。地方官学对学生的思想进行了严密的控制。比如,对于学生考试答卷的评价,首先看学生的政治态度和政治用语。这造成了州县学考试,不管文字精弱,先问是否有涉及时政禁忌,如果有涉及时政禁忌用语,即便文章工整优美,也不采用。比如"哉"与"灾"同,"危""乱""凶""悔"等用语都要注意。如果答卷内容涉嫌谤讪朝政的学生,还要受到编管,也就是以编名籍、接受监督管制、限制犯者人身自由为特征的法律制裁措施。[②] 这种对政治态度的重视造成对文字用语的政治敏感,在一定程度上影响了学生的发展,是应引以为戒的。

7. 教学环境管理

教学环境是由影响人的教学因素所组成的总体,它包括教学自然环境、教学物质环境、教学人际环境、教学观念环境、班级教学环境和社会教学环境。北宋地方官学教学环境的管理主要涉及教学自然环境和教学物质环境。

(1) 教学自然环境管理

---

① 吴云鹏:《论宋元明清积分制的演变》,《吉林教育科学》2001 年第 6 期。
② 郭旭东著:《宋代法制研究》,河北大学出版社 2000 年版,第 222 页。

北宋地方官学大多选择环境优美的地方作为校址。如苏州州学的校址南园景色优美，高木清流，交荫环酾。景祐年间，饶州州学也处于有山有水、有塔有湖的美景之中。张伯玉在《越州新学记》中也提到该校："学舍近市隘嚣，靡宁厥君。嘉祐中，始于州之东南得爽燥地，平衍高古，敞然一方，乔木淳水，有泮林之象焉。"① 可见，北宋地方官学校址远离闹市区，占地面积较广，自然环境优美。

（2）教学物质环境管理

首先，北宋地方官学学校内部的设施日益完善，由最初的左庙、右学发展为主要包括讲堂、祭祀设施、生活设施、图书设施等。修成于景德四年（1007年）的袁州州学，其基本建制只有左庙右学两个部分。北宋中期以后，州学的建制有了较大的扩展。例如，景祐（1035年）期间修建的蔡州州学就有讲堂、师生休息之所、习射之亭、藏书之库、庄圃等。《邠州建学记》记载："谈经于堂，藏书于库，长廊四回，室从而周，总一百四十楹，广厦高轩，处之显明，士人洋洋，其来如归。"② 可见邠州州学有讲堂、藏书设施、生活设施等。每篇"学记"对于学校完备的设施都有详细介绍，这些设施为教学提供了良好的教学环境。

其次，北宋地方官学教学设施中必不可少的是"夫子像"的设置，这与当时崇尚儒学的风气是一致的。北宋地方官学具有祭祀和教学的双重职能，因此，几乎所有的地方官学都把孔子庙作为学校的主体建筑。一方面是为了祭祀的需要，另一方面是通过建孔子庙，塑孔子像，潜移默化地宣扬儒家道德伦理，提高儒学的地位。福州庙学中"设孔子与其高徒高第者十人像，又绘六十子及先儒以业传于世者，皆传于壁"③。郴州州学也有："夫子与十哲人

---

① 曾枣庄、刘琳主编：《全宋文》卷四八〇《越州新学记》，上海辞书出版社1991年版，第38页。

② 曾枣庄、刘琳主编：《全宋文》卷三八六《邠州建学记》，上海辞书出版社1991年版，第776页。

③ 曾枣庄、刘琳主编：《全宋文》卷一〇八一《福州修庙学记》，上海辞书出版社1991年版，第181页。

于殿者，若王若公若侯，各视其冕服。"① 东阳县学也记载："（庆历中）凡屋，巍然中崇者曰殿，内塑先圣及十哲之像安居。又绘七十二子于两壁，服章升降，皆用其数。"② 总之，《全宋文》59 篇"学记"中几乎都提及的一点就是州县学校内置夫子像，绘其他儒家大师像于厅堂、走廊之壁上。通过孔子像的设置，潜移默化地唤起师生的道德意识，影响师生的道德追求，从而更好地培养封建统治人才。

第二节 北宋地方官学教学管理的特征及其成因

由于唐末五代的社会动荡不安，传统儒学在北宋社会生活中的主导地位已经比较式微，致使人们的价值观念混乱，因此使人们的思想重新统一于儒家学说就成为时代的需要。同时，国家积贫积弱的局面还使得统治者必须改革，在重振儒学的时候，还要使社会发展进步、国家强盛。面对这样的社会现实，北宋地方官学教学管理就必然响应时代要求，地方官学要为北宋经济社会的发展作出应有的贡献。

一、北宋地方官学教学管理的特点

与唐代官学教育和北宋书院教育相比较，北宋地方官学教学管理呈现出自己的时代特色，比如加强集权与适当分权相结合、重视道德与崇尚实用相结合、严格规范与适度自由相结合等。

1. 加强集权与适当分权相结合

北宋地方官学以集权与分权相结合的方式进行教学管理。一方面，集权的管理方式使得地方官学教学管理比较规范，为培养人才提供了有力的保障，

---

① 曾枣庄、刘琳主编：《全宋文》卷九三五《郴州学记》，上海辞书出版社 1991 年版，第 305 页。
② 曾枣庄、刘琳主编：《全宋文》卷九九二《东阳县学记》，上海辞书出版社 1991 年版，第 516 页。

避免了教学管理上盲目性、随意性,并且始终保持其"官"学性质;另一方面,在集权的前提下适当分权,能够更好地调动地方和学校的积极性,并根据本地本校的实际更好地进行管理。具体而言,这一特点主要体现在以下几个方面。

从教学管理的主体方面看,北宋地方官学教学管理的主体是多层次的,既包括中央层次,也包括地方层次和学校层次,地方层次和学校层次都是在中央的宏观指导下进行分工管理的。中央教育行政部门对地方官学进行宏观指导与监督,地方官员与地方教育行政部门在中央的总原则下管理本地区的教育教学,学校教授主要进行本校具体教学的管理,地方教育督导机构提举学事司专门负责监督反馈地方官学教育教学的实施情况,中央—地方—学校三级形成了一套完整的教学管理体系。其中,提举学事司是北宋政府设置的不同于前代的地方官学管理机构,是中央对地方官学进行教学指导和监督,保证地方官学教学正常、规范运行的重大举措。

对于教师的选聘,既有地方自主选聘,也有中央直接任命。北宋地方上选聘教师大多是要经国子监审察的。而中书堂除制,是朝廷直接为地方官学选聘教师,从而将教师的选聘权收归中央。为了保证教师质量,北宋建立了从中央到地方统一的教师选聘考试制度,即"教官试"制度,把中央官学和地方官学的教师联成一个整体,使朝廷能以统一的标准对全国教官进行审察。

北宋地方官学对学生的评价既包括学校、地方平时考察,也包括中央统一考试。北宋地方官学在实行"三舍法"期间,学生可通过"三舍法"进入太学。"三舍法"包括教师对学生平时行为遵守规矩情况的考核和年终考试的成绩,将二者所获得的总分作为评价依据。与唐代入学偏重身份等级,不重视学生品德要求相比,"三舍法"无疑是一大进步。但是,"三舍法"就其本质而言,同样是维护封建集权统治,它使得学校从地方到中央,从小学到大学,都通过这一严密的评价体系而集中于中央。

2. 重视道德与崇尚实用相结合

北宋地方官学在教学管理中不仅重视宣扬封建伦理道德,还特别提倡培养实用人才。这主要体现在对师生的道德要求、教学内容的管理、教学组织形式与方法的管理等方面。封建伦理道德教育是中国古代社会教育的核心，北宋地方官学也不例外。首先，北宋地方官学对师生的道德要求较高。比如，教师的道德规范是"八行"，即善父母、善兄弟、善内亲、善外亲、信于朋友、仁于州里、知君臣之义、达义利之分，从"小家"到"大家"，从亲朋到君主都作了详细的规定。相比较而言，唐朝对地方官学教师的道德要求比较笼统。其次，北宋地方官学还加强儒家经义教材的教学，改变了过去重视章句训诂，转而追求义理的阐释，通过改造儒学，进而满足封建统治的需要。再次，北宋地方官学还通过塑孔子像来宣扬儒家道德风范。北宋几乎所有地方官学都有孔子像，这就无声地宣扬了一种道德规范和价值诉求。地方官学的师生在这种潜移默化的熏陶中，牢固树立儒家的纲常伦理。

北宋地方官学在重视学生的道德品质教育的同时，非常注重培养学生具有"经世致用"的才能和处理实际问题的技能。在教学内容的管理上，北宋地方官学对儒家经典的解读已开始从唐朝僵化规范的注疏转变为"为我所用"。这种解读方式具体体现为"疑古：理性的批判；心解：情性体察；论世：本末探究；释事：密码破译；活参：自由解读；亲证：存在还原"[①]，其"质疑"特色与北宋书院的教学相似。只是书院质疑的目的是提高心性修养，而北宋地方官学的质疑更多是为现实服务，教师在讲解经义时也注意联系时政。"分斋"教学在加强儒家经义教学的同时，也将兵、农、算等实用课程正式纳入教学中，与儒家经典并列，从而注重实用技能的培养。而北宋书院的教学目的主要是培养"圣人"，注重学生的内在修养和人格的完善。与官学培养参加科举的学生相比，书院不注重科举入仕。如程颐在鸣皋书院讲学期间，告诫他的学生谢良佐不能存有科举之心。其实二程并不完全反对科举，他们也曾参加过科举考试，只是他们更注重内在修养。可见，书院教学注重向"内"的发展，注重道德境界的提升，而北宋地方官学教学在注重内在修养的

[①] 周裕锴：《中国古代阐释学研究》，上海人民出版社 2003 年版，第 205-206 页。

同时，还比较注重向"外"的发展，追求致用、追求功利。

3. 严格规范与适度自由相结合

北宋地方官学对教学行为的管理有严格的规范。首先，北宋地方官学对教师的教学内容有严格的规定。如《京兆府小学规》就规定了教师每天教授什么知识，讲授多少知识；对学生而言，学生学习哪些知识，对学习知识的考查具体到了念多少字，看多少书，答多少道经义等。其次，学规还规定了学生犯过失的惩罚。其中关于学生犯过错的惩罚主要是行扑挞之法、罚学粮，甚至其他严重的惩罚。学生倘若犯规，则会受到身体、物质、精神上的惩罚。与唐代比较，唐代对学生的处罚于文献记载中未见有开除学籍与罚财物的规定。北宋则对学生学业不合格或严重违犯校纪者予以开除学籍的处罚。大观元年，"县学生三不赴岁升试及三赴岁升试而不能升州学者，皆除其籍"①。学生在"惧怕"中生活，以便养成一种"服从"的习惯。此外，北宋地方官学对学生的试卷用语有严格的禁忌。北宋地方官学为加强教学管理，还对学生的言论作了严格的规定。绍圣以后，统治者继续加强思想统一的措施，学校师生稍有不同意见，就被撤职流放。尤其是徽宗时期对学生的思想进行了严密的控制，出现了"苟语涉时忌，虽甚工不敢取"的局面，对其试卷内容涉嫌谤讪朝政的还进行编管。朝廷将政见不同的官员和学者指为"元祐党人"，禁止学生学习他们的"元祐学术"。《宋史·刘勉之传》记载了徽宗多次命令各地烧毁三苏、范缜等一大批学者著作的印版。二程等人的理学思想也遭到严禁。而北宋书院则倡导"论辩争鸣"的学风，允许不同学派之间进行广泛的辩论，而不是独守一家学说。每所书院的教学内容可以不同，如范仲淹在应天书院讲述治国安邦的大政方针，传播爱国思想；理学兴起之后，理学家程颐在鸣皋书院讲述自己的著作《易传》，张载在龙门书院传播"关学"。不仅如此，书院之间还相互讲学交流，各抒己见。可见，北宋地方官学对教学行为的管理比较严格。

---

① ［元］脱脱等撰：《宋史》卷一五七《选举志三》，中华书局1977年版，第3668页。

但是，在教学方法与组织形式的管理上，北宋地方官学又有一定程度的自由，在不违背地方官学学规及其他有关制度规定的范围内，教师可以灵活组织教学。如胡瑗的"分斋"教学就是一种因材施教的教学组织形式。在教学方法上，教师可以采用多种教学方法，如讨论教学法、榜样教学法、直观教学法、游历教学法等，使学生通过各种途径获得知识、习得技能，养成良好的道德品质。

二、形成北宋地方官学教学管理特点的原因

北宋地方官学教学管理之所以有以上特点，是受其时代政治、经济、文化、教育等因素影响的。

1. 加强封建统治的需要

北宋地方官学作为官学的主要形式之一，起着化民成俗、培养封建统治阶级所需人才的作用，其教育教学质量的好坏关系到统治阶级地位的巩固与否。

首先，北宋封建统治集团处在内忧外患之中，需要加强封建统治。由于宋太祖是通过兵变夺取政权的，为了避免别人发动兵变夺权，于是就迫使将帅纷纷交出兵权，集兵权于皇帝一人。而且，北宋政府实行"宰相须用读书人"的用人政策和"兵无常将，将无常帅"的"弱兵弱将"政策。这种政策致使北宋军队战斗力削弱，不能遏制辽、金、夏的侵扰。与此同时，北宋政府冗兵冗吏，就必须加紧对人民的搜刮，从而加重人民的负担，并且严重的土地兼并使许多农民流离失所、贫困不堪，导致农民起义此起彼伏。北宋统治者为了巩固政权，就迫切需要大批人才维护其统治地位。那么，地方官学培养什么样的人才，怎样才能保证培养出所预期的人才等就成了统治者关注的问题。这也促使中央政府加强对地方官学教学的宏观指导，而地方官学就必须为维护北宋封建统治而教化人民，培养统治人才和强国人才。

其次，北宋官僚多为政治主体和学术主体的复合体，致使他们很容易将

学术之争演化为政治党争。① 两宋党争自宋仁宗景祐年间，范仲淹与吕夷简交恶而肇其端。宋代先后出现了四次党争高潮：一是庆历新政引起的"庆历党议"；二是熙丰变法引起的"元祐更化"；三是蔡京专权时制造的党祸，实际上，它是元祐党争的继续和发展；四是南宋宁宗时的"庆元党禁"。② 其中，有三次出现于北宋。由此引发的学术争论主要集中在教育教学是注重"致用""外王"，还是"修身养性""内圣"。就"义利"而言，强调教育教学的"致用""外王"功能的范仲淹、王安石等认为"义"不排斥"利"，甚至宣扬正当利益的获取。而坚守"修身养性""内圣"的二程等则更看重教育教学的伦理政治教化价值，认为"义"与"利"势不两立，"利"是可耻的。伴随着党争的日益激烈，任何一方都想拉拢支持自己政见的士人，排挤反对势力。他们不仅在官场中相互排挤，在学术上也宣讲自己的理论以获得支持。这些由政治党争引起的学术争论，也间接地反映在地方官学的教育教学管理中，最为突出的就是对地方官学的思想控制。比如，《宋会要辑稿·刑法》曾记载，北宋地方官学在徽宗年间曾规定教师不得教授元祐学术政事，对学生的试卷不看文字优劣，先问时忌有无等。

2. 适应经济发展的需要

北宋由于受商品经济发展的冲击，传统的均田制和租庸调制走向崩溃。宋代立国之初就采取了"不抑兼并""不立田制"政策，对私人合法的拥有土地不加任何限制，支持和放任土地的自由买卖。个体经济的发展有了较大的空间和自由度，经济获得较大的发展。农业生产较前代有了显著的进步和提高，手工业较唐代规模更大，分工更细，人数更多。另外，采矿、冶铁、造船、制瓷、雕版印刷、纺织、火药、兵器等的生产和制作都较唐代取得了更大进步。北宋经济的发展自然为地方官学的教学提供了良好的条件，同时也

---

① 金强、葛金芳：《北宋文官政治与熙丰党争》，《湖北大学学报（哲学社会科学版）》2001年第2期。

② 宋鸿：《宋代朋党思想及其对北宋政治的影响》，《河南大学学报（社会科学版）》1991年第4期。

对北宋地方官学的教学提出了新的要求。因而地方官学教学管理就应考虑如何在教学中体现这些新的要求。比如,由于社会行业增多,分工更细,需要更多的专业人才,所以教学目的就不能像过去一样过分重视会背诵经义、诗赋的文职人员,而必须重视各种实用人才的培养,才能满足社会发展的需要。

3. 强化儒家文化的需要

北宋是在经历了唐末以来长期分裂混乱的局势之后建立的。唐末五代的社会动荡,几乎把"君权神授"的观念打得粉碎。尤其是在五代时期,子弑其父、臣弑其君、朝秦暮楚、叛此附彼、卖国求荣、寡廉鲜耻,比比皆是,真是"三纲五常之道绝"。曾巩在《筠州学记》中也描述了北宋世风败坏的情况,认为北宋对于先王之道,"不能皆知其意""能尊而守之者则未必众也""故乐易惇朴之俗微,而诡欺薄恶之习胜,养廉远耻之意少,而偷合苟得之行多"[①]。孔子是封建社会的"圣人",儒家学说是封建统治的精神支柱,尊孔崇儒也就成了封建统治者一贯奉行的政策,目的是为封建伦理寻找理论依据、加强政治思想统治的力量和效果。[②] 由于儒家纲常伦理式微的社会现实,北宋地方官学在教学管理中也就加强了儒家伦理道德教育。

但是,传统儒家文化在宋初面临佛、道的挑战。如何维护儒学文化的主体地位,使儒学能很好地应对佛道的挑战是很多儒学家所忧虑的问题。这种忧患意识明显反映在他们排斥佛道及其他学说、攻击时文、强调儒家道统等学术活动之中。他们认为,在北宋这么一个时代,面对唐末五代的衰乱,佛教光讲"空",道家光讲"无",都是非道德的,不从人的"当然"处讲,对世道人心一点好处都没有。道德意识的觉醒让北宋对经学的研究和学习不再拘泥于"训诂""注疏"之上,而是对这种迷信经典的做法表示怀疑,不断反思,进而建立一种积极实用的经世理念。"中国历史发展有一个内部要求,这

[①] 曾枣庄、刘琳主编:《全宋文》卷七四四《筠州学记》,上海辞书出版社1991年版,第194页。
[②] 毛礼锐、沈灌群主编:《中国教育通史》(第三卷),山东教育出版社1987年版,第10页。

就叫文化精神。一个民族总有一个文化精神,才能有理想,才能往前进。"①那么在北宋,"体用"精神便是其主要的文化精神。"体用"文化的产生是宋儒对着唐末五代的人无廉耻而来的一个道德意识的觉醒。②"体用"文化摆脱了在研究和学习儒家经典时严守传统注疏的做法,转而追求功利,主张从圣人的经典中引申出修身之道、治国之方。因此,基于重振儒家文化的需要,北宋地方官学在教学管理中,以"体用"为指导,对教学方式方法等方面的管理有所改进。

4. 提高学校地位的需要

北宋时期重视文化教育,实行"右文"政策。"右文"政策主要包括:尚文抑武,扩大科举规模,鼓励世人读书仕进;振兴图书事业,充实教育发展的基础;积极赞助文教、公私各方踊跃办学;尊师重教,礼遇文人雅士,以此垂范世人,昭示文治盛典等等。③"右文"政策的实施在一定程度上促进了教育的发展。通过读书、参加科举而出人头地成为当时人们普遍的心态。宋王朝"劝学书"称:富家不用买良田,书中自有千钟粟;安房不用架高梁,书中自有黄金屋;娶妻莫恨无良媒,书中有女颜如玉;出门莫愁无随人,书中车马多如簇;男儿欲遂平生志,六经勤向窗前读。可见,苦读经书是改变人的命运的最好途径。因此,在北宋"为父兄者,以其子与弟不文为咎,为母妻者,以其子与夫不学为辱"④,甚至连"五尺童子"也"耻不言文墨"。这种重视文化教育的现象极大地促进了教育的发展。

但是,随着科举制的深入人心,科举取士和学校养士成了两个相对独立的取向。因为科举考试的内容主要是儒家经典著作以及华丽的诗赋。这些都可以通过人们自学来掌握,只需要具备最基本的文化水平即可,而并不一定要教师教授。学校教育要么变得冷清,要么完全围绕科举考试来进行,成了

---

① 牟宗三著:《宋明儒学的问题与发展》,华东师范大学出版社2004年版,第74页。
② 牟宗三著:《宋明儒学的问题与发展》,华东师范大学出版社2004年版,第75页。
③ 乔卫平著:《中国教育制度通史》(第三卷),山东教育出版社2000年版,第16页。
④ 孔凡礼点校:《容斋随笔》卷五,上海古籍出版社1978年版,第666页。

科举的附庸。因而，科举取士不但没有解决北宋急需人才的问题，还助长了侥幸奔竞之风，很难发现真正有学问、懂治事的人才。北宋有识之士意识到学校教育的重要作用，认为教育如果不立足于学校，读书人不进行考察，就不能核查名实，如果一味注重诗文音律，也不能选到真正的人才，主张读书人生活在乡土而进行教育，然后由州县考察他们的品行。在《松滋儒学记》中，胡瑗更是精辟地阐述了学校教育的作用，认为教化之本在学校。面对学校教育破坏极为严重的情况，北宋进行了"三次兴学"。北宋地方官学教学管理也在"三次兴学"过程中得到极大的改进。

第三节 北宋地方官学教学管理的现代启示

北宋地方官学教学管理有其合理的成分，也有其欠妥的地方。对于合理的成分应该按照时代的要求，创造性地利用；对于欠妥的地方，应该引以为戒。

一、北宋地方官学教学管理简评

首先，北宋地方官学教学管理的许多措施具有积极意义。例如，在学生管理方面，放宽了学生的入学条件，通过学规加强了对学生行为的管理。在教师管理方面，宋代第一次为地方官学委派了专职教师，改变了过去仅靠地方官员的教育热情来办学而不能专心从事教育教学的状况，保证了地方官学教学活动的顺利开展。不仅如此，北宋地方官学还建立了"教官试"制度，从而提高了教师的教学水平。在教学内容的管理方面，注重实用科目与知识的教学。在教学经费的管理方面，中央政府赐予地方官学"学田"，以充学粮，从而为地方官学教学的顺利开展提供了物质条件。在教学评价的管理方面，北宋地方官学在较长时间内普遍实行"三舍法"的教学评价制度，实现了地方官学育才与选才的结合。另外，北宋中央政府在地方设立了提举学事司这一教育行政机构，专门监督地方官学的教育教学。它的设置为北宋地方官学教学管理增添了力量，在中国教育史上具有创新意义，是地方设置专门教育行政管理机构的开端。总之，北宋地方官学教学管理在教学内容、师资、方法、形式、环境、评价等各方面有了长足的进步，这是值得肯定的，其中的许多措施对当前的教育教学管理也具有积极意义。

其次，北宋地方官学教学管理的有些措施也有一定的时代局限性。教育具有个体功能和社会功能。在古代社会，教育倾向于实现其社会功能，这种社会功能主要是政治功能。教育通过实现其政治功能，维护统治阶级的既得利益。因此，使教育具有较高的社会地位，把教育始终置于国家的有效控制之下，是历代统治者重视的问题。[①] 北宋也是如此。加强对北宋地方官学的管理，其目的是为了巩固北宋的封建统治。在这一意义上，北宋地方官学教学管理有阶级局限性，其目的是为了培养遵从封建等级制度和伦理纲常、维护封建统治的各类人才。因此，北宋地方官学教学管理处处体现了统治阶级的意志。例如，在教学内容上，以儒家经义为主要内容，并且对教学内容的解读也必须按照统治者的意愿来进行。在教学评价上，注重学生的考试成绩和遵守规矩的情况，学生言辞不能涉及批评朝政。总之，北宋地方官学着重于培养循规蹈矩的封建统治者所需要的人才，而对学生身心发展、个性张扬的关注不够。不仅如此，北宋地方官学教学管理将教师的奖惩与学生的"升等"联系起来，一方面激励了教师的教学，但是另一方面也为"应试教育"加重了筹码。

二、北宋地方官学教学管理的现代启示

在正确认识北宋地方官学教学管理的基础上，对于当前的教学管理，可以得出以下几点启示。

1. 做到集权与分权的有机结合

集权与分权是对立统一的。一般来说，适当集权有利于组织提高管理效

[①] 参见陈卫：《中国古代教育文化发展轨迹》，《教育史研究》1994 年第 3 期。

率。但是过度集权不但会降低管理效率，而且会抹杀基层的个性与创造性。适当分权有利于组织的民主化，有利于调动基层人员积极性，而过度分权容易导致组织失控。① 因此，凡是带有全局性、根本性、长远性的战略问题，应尽可能地求其协调、集中和统一，上级要指挥下级，下级必须报告上级，以收到协同发展之效。② 北宋地方官学教学管理的集权与分权相结合的方式，对于当前中小学教学管理的改革有重要的借鉴意义。

教育的目的是保证全体学生获得基本的知识技能，充分发挥学生创造性，使学生成为德智体美劳全面发展的人才。为保证教育目的的实现，国家就有必要对教学施以一定程度的集权管理。集权管理的目的在于宏观调控，有利于实现对教学目的、教学内容、师资、评价、经费等因素的总体导向，减少教学管理的盲目性、随意性。不仅如此，普通中小学的教学管理还应有一定程度的分权。分权管理的目的在于培养和发展地方与学校的自我管理、自我发展的能力，保障教学管理目的的真正实现。集权管理在保证学生形成基本素质、养成普遍的道德品质等方面起到了导向作用和标准作用。但是，这对于各个地方和不同学校因地制宜、使学生具备不同的素质就不一定都合适了。因此，国家需要在集权管理的基础上，充分发挥地方、学校的积极性、创造性。地方和学校应在基本原则不变的情况下，根据实际灵活作出决策，处理问题。比如，在课程教材的管理方面，各地区中小学在保证国家规定的基本课程与教材得以实施的同时，有权自主开发地方课程和校本课程。通过国家、地方、学校三级课程管理，增强课程对地方、学校及学生的适应性。

不过，分权管理不仅仅是责任的下放，而是真正权力上的划分，尤其是在学校中，要注意责任和权利的统一。教师是重要的教学管理主体之一。因为教师是发动、引导教学活动，最后能观察教学活动结果的直接主体。吸收教师参与管理，聆听教师的困惑与烦恼，听取教师的意见与建议等，才能使教学管理针对性强、落到实处。另外，由于受到传统观念的影响，学生作为

---

① 闵维方主编：《高等教育运行机制研究》，人民教育出版社 2002 年版，第 257 页。
② 薛天祥主编：《高等教育管理学》，广西师范大学出版社 2001 年版，第 143 页。

管理主体之一，一直没有得到足够的重视。"学生在成为管理主体的过程中拥有较大的发展空间；另一方面又显示出学生在管理活动中的特殊价值，预示着他们同样是学校中不可忽略的管理主体之一。"① 因此，我们应合理吸收学生参与教学管理。当然，学生所参与的教学管理活动是与其学习活动交织在一起的，也就是说，学生不能脱离自己的学习活动而去从事所谓纯粹的管理活动。比如，在教学评价方面，要实现评价主体与客体的统一，不仅要有国家、教育行政机构等自上而下的评价，也要加强学校教学人员的自主评价。自上而下的教学评价是保证学生具有适应社会生活所必需的知识、技能、态度、能力等的关键，是国家人才战略是否得以落实的关键。这种评价在教学评价中起到关键性的主导作用。但是教师和学生也应该积极参与评价，将他们的自主评价与自上而下的教学评价结合起来，才能全面而准确地反映教学的实际状态和学生的发展水平。

2. 正确处理规范与自由的关系

规范与自由是对立统一的。规范对组织成员的行为有一定的限制。因为它具有控制性、历史性、社会性的特点，对组织成员起着标定、导向、约束的作用。② 自由具有灵活性，有利于发挥人的主观能动性和创造性。按照古希腊哲学家的观点，个人只有在自己"自主"时才是真正"自由的"或充分"发展的"。③ 合理的规范有利于更好地保证人们的行动自由；人们的自由又总是受到一定的规范约束的，不存在没有约束的纯粹的自由。北宋地方官学在保证培养封建统治者所需要的人才这一前提下，对学生的入学条件有所放宽，在教学方式方法的管理上鼓励多种教学方法的采用，显示出其教学管理具有一定的自由。同时，北宋地方官学对师生的其他教学要求有严格的规范。例如，北宋地方官学明确规定了教师教和学生学的内容，甚至已经具体到多少

---

① 参见吴志宏主编：《教育管理学》，人民教育出版社 2006 年版，第 169-170 页。
② 李森、陈妙娥：《走向解放的现代课堂教学规范》，《山东教育科研》2002 年第 11 期。
③ [美] V. 奥斯特罗姆等编，王诚等译：《制度分析与发展的反思——问题与抉择》，商务印书馆 2001 年版，第 14 页。

字、多少行，还规定了师生的用语禁忌等。这种教学管理具有明确化、条文化的特点，是适合北宋的时代需要的，因为这样才能保证教学管理为培养封建统治者所需要的人才服务。但是，在当今社会追求个性解放、呼唤创新思维的理念下，这种过于严格的规范不利于师生主体性的发挥。因此，就当前的教学管理而言，如何处理规范与自由的关系是值得思考的问题。

当前的教学管理需要实现规范与自由的有机统一。教学管理必须要有规范，但是规范不能过于整齐划一、要求过细。因为这样的规范容易禁锢师生的思维，扼杀师生的创造性和个性发展，影响教学质量的提高。现代教学规范应注重为师生服务的功能，表现为对"促进人的发展"这一教学理想的追求，突出人的生命解放和个性张扬。因此，现代教学规范应该是开放的，是规范与自由的有机统一。① 在规范的制定方面，应吸纳师生参与；在规范的实施方面，加强对规范的讲解、宣传，使规范得到师生的理解。这样才能有利于师生自觉践行规范，而不是被动地执行规范。同时，在教学管理中还应该培养学生的自我监督与管理的能力。现代社会是一个终身学习的社会，不仅需要有自主学习的能力，还需要有自我管理的能力。学生是学习的主体，培养学生自我管理的意识和能力不仅是时代的需要，也是尊重学生主体性的体现。另外，教学管理还应为师生创设一种宽松、自由的教学环境。在这种宽松的教学环境中，师生灵活运用教材、组织教学，充分发挥其主体性和创造性。

3. 加强道德教育

道德是维系人与人之间关系的纽带，是维护社会公平正义，促进社会稳定发展的重要因素。一个人拥有再大的成就，但是如果没有良好的道德，也不能算作是一个对社会有用的人才。正因为如此，从古至今，道德教育一直是学校教育不可忽视的内容。我国古代封建社会的教育为维护统治阶级的利益，更是重视道德教育。北宋地方官学重视教师的道德修养，在教学内容中

---

① 李森、陈妙娥：《走向解放的现代课堂教学规范》，《山东教育科研》2002年第11期。

注重对儒家义理的阐发,在学校塑造孔子像等,通过隐性与显性相结合的方式,无时无刻不在进行道德教育,这是值得我们学习的。但是由于我国古代的教育主要实现其政治功能,对个体价值的追求关注不够,因此,道德教育目标也主要是培养接受封建社会等级秩序和巩固封建统治的人才,很少关注人的价值、人格独立和个性发展等。对此,应当引以为戒。

首先,促进道德教育追求社会价值与个体价值的统一。过去我国学校道德教育过于重视社会价值,相对而言忽视了个体价值。随着改革开放的不断深入,经济发展的突飞猛进,新思潮、新观念不断涌入,学校道德建设所面临的社会环境也日益复杂化、多元化,个体价值更加受到关注,凸显人的价值、张扬人的个性、关注人的情感、尊重人的人格尊严等已为社会所普遍认可。学校道德教育的价值就在于"提高、扩展人的价值,就在于使人活得更有意义,能最大限度地发挥他的创造才能,更有人的尊严"①。因此,学校教学管理就有必要在关注道德教育的社会价值的同时,更要在"以人为本"的理念指导下,将道德教育的个体价值提升到应有的高度。

其次,重视教师的道德素质。"学高为师,身正为范",表明教师是学生的榜样。不断提升教师的道德素质,使得教师不仅仅是"经师",更是"人师"是有重要意义的。师德直接影响着学生成长,教师的理想信念、道德修养、情操、人格魅力直接影响到学生的思想素质、道德品质和道德行为习惯的养成。教师的言行影响着学生尤其是中小学学生的身心健康发展,因为这一阶段的学生在身心发展水平上还不够成熟,人生观、价值观还处在不稳定的发展状态。由此看来,学校教学管理应将重视提升教师的道德素质作为实现高质量教学的一个前提条件。

再次,加强对隐性道德教育资源的开发和利用。学校教学管理在注重利用显性课程教材的同时,应该合理开发利用隐性教育资源,发挥隐性教育的德育功能,从而培养学生的道德素质。在当前学校教学中,关于显性课程的

---

① 孙喜亭:《人的价值·教育价值·德育价值》(下),《教育研究》1989年第6期。

道德教育资源,即各种德育教材比较多。学校通过有计划地组织这些显性教材进行道德教育,使得"显性教育曾在很长一段时间内在道德教育方面发挥着独一无二的作用"[1]。这种显性道德教育往往通过宣讲、灌输等枯燥的方式进行,很难调动学生的主动性、积极性。相反,学校对隐性道德教育资源的开发还不够。隐性道德教育是指间接的、潜移默化的教育,使得学生在不知不觉中受到熏陶和感染。这一道德教育过程显得自然、和谐、愉悦,容易被学生接受,其影响也更持久。因此,如何有目的地开发和利用隐性道德教育资源,提升道德教育的效果,是学校教学管理必须面对的一个问题。

4. 注重实用人才的培养

教学管理除了注重道德教育以外,还应加强实用人才的培养。为了达到这一目的,需要课程教材联系社会需要,教学活动联系实际生活,教学评价注重形成性评价与终结性评价相结合,实现由重筛选功能向重发展功能的转变。

首先,在课程教材的管理中,加强课程教材与社会需要的联系。为了适应经济社会的发展,北宋地方官学对教学目的和教学内容也作了相应的调整,即通过分斋教学、各斋教授不同的教学内容来达到培养不同类型人才的目的。就当今社会而言,社会行业的增多与社会发展的日新月异,更需要教材联系社会需要、联系当下的生活。当然,注重课程教材联系社会需要并不是要抛弃传统经典,而是在注重经典教材的同时,做到课程教材的与时俱进。因此,课程教材不但应该多元化,还应该结合必修课与选修课的课程设置形式,通过必修课教学,使学生达到国家和社会所提出的基本知识、能力、素质的要求;通过选修课教学,让学生根据自己的兴趣爱好自由选课,充分发挥学生的主动性和积极性,使他们各尽其长、各有所得。

其次,在课堂教学的管理中,注重教学挖掘文本的内在意蕴。北宋地方官学的教师所讲授的教学内容已经不是传统的儒家经典,而是着重探讨儒家

---

[1] 转引自张力:《在道德教育的显性教育中引进隐性教育》,《西南民族大学学报(人文社科版)》2005年第8期。

经典的义理。这对当今教师的教学有借鉴意义，即教师不能照本宣科，而是应根据自身对课程教材的理解，根据社会生活中的具体实例来解读教材。因为一味的"尊经""本义"，必然会形成"课本中心主义"的单向灌输，是不利于文本意义的传达和启发学生思考的。因此，当今学校在教师教的管理方面，应允许师生发挥其主动性和创造性，充分挖掘文本的意义和价值。

再次，在教学评价的管理中，实现评价方式与评价目的的转向。北宋地方官学既采取以科举考试为主的终极性评价，又采取以"三舍法"为主的形成性评价方式，从而使得北宋地方官学的教学评价比较全面。这对于当前教学评价的启发意义在于：注重形成性评价与终结性评价相结合。在当前的教学管理中，终结性评价是用得比较多的。为此，应加强合理运用形成性评价，及时了解学生的学习状况、思想状态、行为动态等，以便及时解决问题，促进学生发展。在教学评价的方式发生转向的同时，教学评价的目的应注重教学评价对改进教学和促进学生发展的价值。由于长期受"应试教育"的影响，教学评价以分数为准，突出其选拔功能与甄别功能，对学生自身的发展关注不够。因此，应正确认识教学评价的目的，使教学评价指向学生发展。

第六章　陆九渊的教学思想

陆九渊（1139—1193年），字子静，抚州金溪（今江西抚州金溪）人，是南宋著名的哲学家、教育家，因他中年以后曾在贵溪象山书院讲学，自号象山居士，世称象山先生。南宋乾道、淳熙年间，正当朱熹在继承前人的基础上完成客观唯心主义的理学体系并且已经有相当影响的时候，陆九渊另辟蹊径，独树一帜，创立了主观唯心主义的心学，形成与程朱理学相抗衡的另一个理学学派。这不仅推动了当时南宋学术与教育的发展，而且成为以后明代阳明学派教育教学理论的先驱，对后世产生了极为深远的影响。"从某种意义上讲，朱陆身后的五百年的哲学思想史、伦理思想史、教育思想史，就是一部朱陆学说相推相荡、有分有合的历史。"[1] 这表明在今天系统地探寻陆九渊的教育教学思想仍然具有重要的时代意义。

第一节　陆九渊教学思想的基本体系

陆九渊的哲学思想是其教学思想的理论基础。陆九渊认为"理"是天地万物的本原，"此理在宇宙间，未尝有所隐遁，天地之所以为天地者，顺此理而无私焉耳"[2]。同时，他又认为充塞宇宙的"理"都在人心之中。"万物森然

---

[1] 郭齐家、顾春著：《陆九渊教育思想研究》，江西教育出版社1996年版，序言第1页。
[2] ［宋］陆九渊著，钟哲点校：《陆九渊集》卷十一《与朱济道》，中华书局1980年版，第142页。

于方寸之间，满心而发，充塞宇宙，无非此理。"① "盖心，一心也；理，一理也。至当归一，精义无二，此心此理，实不容有二。"② 由此，陆九渊导出了心学的基本命题："人皆有是心，心皆具是理，心即理也。"③ 陆九渊把这种哲学运用于教育教学，于是形成了以"心""理"一体为逻辑起点，以"发明本心"作为宗旨的教学思想体系。

一、"明心""做人"的教学目的

既然陆九渊认为"理"是天地万物的本原，那么教学的任务就是教人"明理"，即教学生从世界观上确认，世界是"理"的产物或表现。他说："塞宇宙一理耳，学者之所以学，欲明此理耳。"④ 在陆九渊看来，"理"即是"心"，所以"明理"也就是"明心""发明本心"，或者说"存心、养心、求放心"。陆九渊说："先王之时，庠序之教，抑申斯义以致其知，使不失其本心而已。尧舜之道不过如此。"⑤ 又说："人孰无心，道不外索，患在戕贼之耳，放失之耳。古人教人，不过存心、养心、求放心。此心之良，人所固有，人惟不知保养而反戕贼放失之耳。……保养灌溉，此乃为学之门，进德之地。"⑥

"明心""存心、养心、求放心"都是要人明白"仁义四端"的善性先验

---

① [宋] 陆九渊著，钟哲点校：《陆九渊集》卷三十四《语录上》，中华书局1980年版，第423页。
② [宋] 陆九渊著，钟哲点校：《陆九渊集》卷一《与曾宅之》，中华书局1980年版，第4-5页。
③ [宋] 陆九渊著，钟哲点校：《陆九渊集》卷十一《与李宰》，中华书局1980年版，第149页。
④ [宋] 陆九渊著，钟哲点校：《陆九渊集》卷十二《与赵咏道》，中华书局1980年版，第161页。
⑤ [宋] 陆九渊著，钟哲点校：《陆九渊集》卷十九《贵溪重修县学记》，中华书局1980年版，第237页。
⑥ [宋] 陆九渊著，钟哲点校：《陆九渊集》卷五《与舒西美》，中华书局1980年版，第64页。

地内在于人"心"之中,所以人要对"心"进行反观内省和不断扩充,使"心"中的善性能以本能的形式表现出来,"当恻隐时自然恻隐,当羞恶时自然羞恶,当宽裕温柔时自然宽裕温柔,当发强刚毅时自然发强刚毅"①。

能做到"明心",也就达到了陆九渊教学的最终目标——"做人"。陆九渊说:"人生天地间,为人自当尽人道,学者所以为学,学为人而已,非有为也。"②"须思量天之所以与我者是甚底?为复是要做人否?理会得这个明白,然后方可谓之学问。"③"若某则不识一个字,亦须还我堂堂地做个人。"④

要教学生做什么样的人呢?陆九渊基于对心学的理解,描绘了他的理想人格。首先是做伦理道德上的"完人"。所谓"完人",即是发明了恻隐、羞恶、辞让、是非四端的人的本心,拥有了人道的人,也就是传统所说的圣贤君子。二是要做具有独立自主精神的"超人"。关于"超人"的形象,《陆九渊集》中的相关记载有:"仰首攀南斗,翻身倚北辰,举头天外望,无我这般人。"⑤"大人者,与天地合其德,与日月合其明,与四时合其序,与鬼神合其吉凶。"⑥陆九渊称自己就是这种人。他说:"我无事时,只似一个全无知无能底人。及事至方出来,又却似个无所不知,无所不能之人。"⑦培养造就顶天立地、具有独创精神的"超人",这是陆九渊教学目的观的独到之处。这种人

---

① [宋]陆九渊著,钟哲点校:《陆九渊集》卷三十五《语录下》,中华书局1980年版,第456页。
② [宋]陆九渊著,钟哲点校:《陆九渊集》卷三十五《语录下》,中华书局1980年版,第470页。
③ [宋]陆九渊著,钟哲点校:《陆九渊集》卷三十五《语录下》,中华书局1980年版,第438页。
④ [宋]陆九渊著,钟哲点校:《陆九渊集》卷三十五《语录下》,中华书局1980年版,第447页。
⑤ [宋]陆九渊著,钟哲点校:《陆九渊集》卷三十五《语录下》,中华书局1980年版,第459页。
⑥ [宋]陆九渊著,钟哲点校:《陆九渊集》卷三十五《语录下》,中华书局1980年版,第449页。
⑦ [宋]陆九渊著,钟哲点校:《陆九渊集》卷三十五《语录下》,中华书局1980年版,第455页。

格目标肯定了个体价值和主体意识，充分尊重了人的主观能动性，弘扬了人的进取精神。

事实上，自从隋唐以来，科举取士虽然极大地激发了世人求学读书的积极性，但却使学校成为了科举考试的附庸。学校教学的科目、内容、方法都围绕科举考试的要求来安排，结果导致了学校教学重书本轻践履、重记诵轻理解、重知识技能轻能力个性，教学成了士人应试科举、获取功名利禄的阶梯。① 陆九渊的教学目的不单纯是灌输僵死的知识，而重在培养能力和发展个性上，含有积极的因素。

二、"六经语孟"为主的教学内容

教学内容是实现教学目的和培养目标的重要保证。它规定了教学活动中传递知识的范围和性质，是教师和学生开展教学活动的基本依据。陆九渊根据他提出的"明心""做人"的教学目的，确定了以"六经语孟"为主的教学内容。

陆九渊认为，学生的年龄不同，教学的内容和要求也应不同。他说："古者八岁入小学，十五岁入大学。小学教之射御书数，大学之道则归乎明明德于天下者。今教童稚，不过使之习字画读书，稍长则教之属文。读书则自《孝经》《论语》以及六经子史，属文则自诗、对至于所谓经义、词赋、论策者，不识能有古者小学大学之遗意乎？"②

在小学阶段，陆九渊认为教学内容是"射、御、书、数"。与朱熹相比较，他主张的教学内容少了"洒扫、应对、进退之节"③。这是他们小学教学内容思想的不同之处。陆九渊认为道德意识本来就天赋于本心，儿童的教育

---

① 张传燧著：《中国教学论史纲》，湖南教育出版社 1999 年版，第 97 页。
② ［宋］陆九渊著，钟哲点校：《陆九渊集》卷二十四《策问》，中华书局 1980 年版，第 296 页。
③ ［清］张伯行编纂：《小学集解·小学书题》，中华书局 1985 年版，第 1 页。

应该以本心为根本,因势利导,"须发其自重之意"①,而礼仪规范则是"细节末行"。所以陆九渊认为小学的教学内容应该是从"习字"到"读书",然后"属文",读书的范围是从《孝经》《论语》以及六经子史。

陆九渊认为,大学是在"小学"的基础上,教以切己明理,修己治人的道理。"《大学》曰:'大学之道,在明明德,在新民,在止于至善。'此言大学指归。"② 大学阶段也离不开阅读经典,而阅读经典就离不开经典注释,陆九渊认为二程一派的注释有不少错误,"伊川之言,奚为与孔孟之言不类"③。所以他要求学生借助唐代及其以前的注疏。他说:"后生看经书,须着看注疏及先儒解释,不然,执己见议论,恐入自是之域,便轻视古人。至汉唐间名臣议论,反之吾心,有甚悖道处,亦须自家有'征诸庶民而不谬'的道理,然后别白言之。"④ "某读书只看古注,圣人之言自明白。且如'弟子入则孝,出则弟'。是分明说与你入便孝,出便弟,何须得传注?学者疲精神于此,是以担子越重。到某这里,只是与他减担,只此便是格物。"⑤ 陆九渊认为这正是他的教学思想与别人不同的地方,"今之论学者只务添人底,自家只是减他底,此所以不同"⑥。由此可见,陆九渊所用的经学教材与二程、朱熹一派是非常不同的。

---

① [宋] 陆九渊著,钟哲点校:《陆九渊集》卷三十五《语录下》,中华书局1980年版,第459页。
② [宋] 陆九渊著,钟哲点校:《陆九渊集》卷二十一《学说》,中华书局1980年版,第262页。
③ [宋] 陆九渊著,钟哲点校:《陆九渊集》卷三十六《年谱》,中华书局1980年版,第481-482页。
④ [宋] 陆九渊著,钟哲点校:《陆九渊集》卷三十五《语录下》,中华书局1980年版,第431页。
⑤ [宋] 陆九渊著,钟哲点校:《陆九渊集》卷三十五《语录下》,中华书局1980年版,第441页。
⑥ [宋] 陆九渊著,钟哲点校:《陆九渊集》卷三十四《语录上》,中华书局1980年版,第401页。

三、系统辩证的教学原则

教学原则是教学活动所遵循的基本要求。围绕"明心""做人"这一教学目的，陆九渊提出了一系列相应的教学原则。

1. 自立自得原则

陆九渊重视发挥学生的主观能动性，提出自立自得的教学原则。他经常教育学生说："汝耳自聪，目自明，事父自能孝，事兄自能弟，本无欠阙，不必他求，在自立而已。"① 这就是说，人人都有天赋的善心，这种善心对父自然孝，对兄自然恭敬，本来就不缺少，无须外求，关键在于自己是否能将这善心树立起来。自立就是收拾精神，以自己作为万物的主宰。陆九渊说："请尊兄即今自立，正坐拱手，收拾精神，自作主宰。万物皆备于我，有何欠阙？"② 要自己看重自己，充分地相信自己，奋发向上，最大限度地发挥自己的力量。"自立自重，不可随人脚跟，学人言语。"③ 自得就是自己晓悟，自我习得。陆九渊说："自得，自成，自道，不倚师友载籍。"④ 就是说要独立思考，自己晓悟，自我习得，不依赖师友的帮助，不依赖书本，自我完成，自我实现。

2. 师友相辅原则

陆九渊虽然强调自立自得，但并不因此而忽视教师的引导和朋友的辅助作用。他以古人为学为典范，指出亲师求友的重要性。"古先圣贤，无不由学。伏羲尚矣，犹以天地万物为师，俯仰远近，观取备矣，于是始作八卦。

---

① ［宋］陆九渊著，钟哲点校：《陆九渊集》卷三十四《语录上》，中华书局1980年版，第399页。
② ［宋］陆九渊著，钟哲点校：《陆九渊集》卷三十五《语录下》，中华书局1980年版，第455-456页。
③ ［宋］陆九渊著，钟哲点校：《陆九渊集》卷三十五《语录下》，中华书局1980年版，第461页。
④ ［宋］陆九渊著，钟哲点校：《陆九渊集》卷三十五《语录下》，中华书局1980年版，第452页。

夫子生于晚周,麟游凤翥,出类拔萃,谓'天纵之将圣',非溢辞也。然而自谓'我非生而知之者,好古敏以求之者也'。……人生而不知学,学而不求师,其可乎哉?"① 又说:"自古圣人亦因往哲之言,师友之言,乃能有进。况非圣人,岂有自任私知而能进学者?"② 古圣人也是听取往哲之言和老师、朋友的话,才能有所进步,何况不是圣人,怎么能不听老师的教诲,怎么能不与师友切磋,而有所进步呢?所以,"学者须先立志,志既立,却要遇明师"③。相反,立志之后如果没有明师的指点,良友的切磋帮助,就难免会师心自用以至颠倒本末,混淆是非,甚至陷入私见邪说,人云亦云。"天下若无着实师友,不是各执己见,便是恣情纵欲。"④ 只有常与良师益友切磋研究,相互启发,才能较快地增进知识和避免错误。"亲师友,去己之不美也。人资质有美恶,得师友琢磨,知己之不美而改之。"⑤

陆九渊在与朋友和门人的通信中,对不亲师友的做法多有批评:"近见所在友朋,多有好理会文义反不通者,盖不知学当有师。天之生斯民也,以先知觉后知,以先觉觉后觉,此其理也。诚得其师,则传授之间自有本末先后,不使学者丛然杂然,费其目力,耗其精神,而无所至止也。"⑥ 又说:"所谓学之者,从师亲友,读书考古,学问思辨,以明此道也。……吾人皆无常师,周旋于群言淆乱之中,俯仰参求,虽自谓其理已明,安知非私见蔽说,若雷同相从,一唱百和,莫知其非,此所甚可惧也。何幸而有相疑不合,在同志

---

① [宋]陆九渊著,钟哲点校:《陆九渊集》卷一《与李省干》,中华书局1980年版,第14页。

② [宋]陆九渊著,钟哲点校:《陆九渊集》卷二十一《学说》,中华书局1980年版,第263页。

③ [宋]陆九渊著,钟哲点校:《陆九渊集》卷三十四《语录上》,中华书局1980年版,第401页。

④ [宋]陆九渊著,钟哲点校:《陆九渊集》卷三十五《语录下》,中华书局1980年版,第436页。

⑤ [宋]陆九渊著,钟哲点校:《陆九渊集》卷三十五《语录下》,中华书局1980年版,第470页。

⑥ [宋]陆九渊著,钟哲点校:《陆九渊集》卷十《与曾宅之》,中华书局1980年版,第139页。

之间，正宜各尽所怀，力相切磋，斯归于一是之地。"① 可见，陆九渊在强调为学穷理时，非常重视师友的引导和帮助，以此促进共同进步。

3. 因材施教原则

陆九渊在认可"圣凡同心"的根本前提下，也承认人与人之间存在差别，这些差别具体表现在气质、知识、能力、道德等方面。他说："人之资质不同，有沉滞者，有轻扬者。"②"人皆可以为尧舜，此性此道，与尧舜元不异，若其才则有不同，学者当量力度德。"③"然道之广大悉备，悠久不息，而人之得于道者，有多寡久暂之殊。"④ 所以，他认为教学要根据学生的这些差异，做到因材施教。陆九渊根据学生的资质与其对待学习的态度把学生分为四种类型："一虽知学路，而恣情纵欲，不肯为；一畏其事大且难而不为；一求而不得其路；一未知路而自谓能知。"⑤ 陆九渊提倡要发扬优点，克服缺点，针对不同的学生采取不同的教法。他说："切磋之道，有受得尽言者，有受不得者。彼有显过大恶，苟非能受尽言之人，不必件件指摘他，反无生意。"⑥ "我这里有扶持，有保养，有摧抑，有摈挫。"⑦ 对第一种人要发挥其领悟能力强的优势，引导他们坚持学问的正确路径而肯于学习。对第二种人要树立其自信自觉之心，克服畏大且难之心。第三种人虽然做学问兢兢业业，但是由于

---

① [宋]陆九渊著，钟哲点校：《陆九渊集》卷二《与朱元晦》，中华书局1980年版，第26页。

② [宋]陆九渊著，钟哲点校：《陆九渊集》卷三十五《语录下》，中华书局1980年版，第451页。

③ [宋]陆九渊著，钟哲点校：《陆九渊集》卷三十五《语录下》，中华书局1980年版，第455页。

④ [宋]陆九渊著，钟哲点校：《陆九渊集》卷二十二《杂说》，中华书局1980年版，第271页。

⑤ [宋]陆九渊著，钟哲点校：《陆九渊集》卷三十五《语录下》，中华书局1980年版，第462页。

⑥ [宋]陆九渊著，钟哲点校：《陆九渊集》卷三十五《语录下》，中华书局1980年版，第477页。

⑦ [宋]陆九渊著，钟哲点校：《陆九渊集》卷三十五《语录下》，中华书局1980年版，第468页。

不能把握正确路径而无学习效果，对他们主要是指明路径。第四种人不知路径而自谓能知之，对他们首先要指明其自是之弊，然后又要指出正确路径。总之，四种人的情况各不相同，只有采取不同的对策，才能达到教育的目的，"随其才，虽有工拙，然亦各极其至而已"①。

4. 循序渐进原则

陆九渊认为，为学是一个盈科而进，循序渐进的过程，教学也要按照一定的顺序，由浅入深、由易到难、由近及远。他说："为学有本末先后，其进有序，不容躐等。夫子天纵之圣，自志学十五年而后立，立十年而后不惑，又十年而后知天命。其未五十也，曰加我数年，五十以学易，可以无大过矣。又十年而耳顺，又十年而从心所欲不踰矩。"② 即使是孔子这样的圣人，其为学也要循序渐进，那么一般人就更应该如此了。"大抵为学，但当孜孜进德修业，使此心于日用间戕贼日少，光润日著，则圣贤垂训，向以为盘根错节未可遽解者，将涣然冰释，怡然理顺，有不加思而得之者矣。"③ 陆九渊反复强调为学不可用心太紧，而应结合自身的实际情况，量力随分，循序渐进。"学固不欲速，欲速固学者大患。"④ "'优而柔之，使自求之，厌而饫之，使自趋之，若江河之浸，膏泽之润'，此数语不可不熟味，于己于人，皆当如此。若能如此，静处应事读书接人，皆当有益。优游宽容，却不是委靡废放，此中至健至严，自不费力。"⑤

5. 学思结合原则

---

① [宋] 陆九渊著，钟哲点校：《陆九渊集》卷三十五《语录下》，中华书局1980年版，第475页。

② [宋] 陆九渊著，钟哲点校：《陆九渊集》卷七《与詹子南》，中华书局1980年版，第96页。

③ [宋] 陆九渊著，钟哲点校：《陆九渊集》卷三《与刘深甫》，中华书局1980年版，第34页。

④ [宋] 陆九渊著，钟哲点校：《陆九渊集》卷四《与刘淳叟》，中华书局1980年版，第53页。

⑤ [宋] 陆九渊著，钟哲点校：《陆九渊集》卷六《与包详道》，中华书局1980年版，第83-84页。

陆九渊非常重视学习对人的发展的重要性。他认为人不能不学习，就像鱼不能没有水一样。通过为学可以使人"致明致知"，达到增加知识和增长智慧的作用，"学所以开人之蔽而致其知"①。又说："学也者，是所以致明致知之道也。向也不明，吾从而学之，学之不已，岂有不明者哉？向也不知，吾从而学之，学之不已，岂有不知者哉？学果可以致明而致知，则好学者可不谓之近智乎？是所谓不待辩而明者也。"② 同时，陆九渊主张学习要与独立思考相结合，才会有收获。他认为思起于疑，要做到学思结合的有效途径便是"疑"。由此，陆九渊十分强调"存疑"的重要性。他说："为学患无疑，疑则有进。"③ 只要有疑问，就会有进步。"小疑则小进，大疑则大进。"④ 他举例说："孔门如子贡即无所疑，所以不至于道。……颜子仰之弥高，末由也已，其疑非细，甚不自安，所以其殆庶几乎。"⑤ 子贡就是不存疑，不善于独立思考，所以学习没有什么进步，终不至"道"。而颜渊则大胆怀疑，所以学习有飞跃的进步，造诣很深。因此，陆九渊鼓励学生在学习的同时，要加强独立思考，勇于怀疑，甚至对包括孔圣人在内的古书也不可完全相信。"昔人之书不可以不信，亦不可以必信，顾于理如何耳。"⑥ "理"是判断真理的标准，如果书上讲的道理皆合于理，虽不是圣人说的，也可以采纳；如果不符合于理，即便是圣人所言，也是不能采纳的。"使书而皆合于理，虽非圣人之经，尽取之可也。……如皆不合于理，则虽二三策之寡，亦不可得而取之也，又可必

---

① ［宋］陆九渊著，钟哲点校：《陆九渊集》卷二十《送杨通老》，中华书局1980年版，第244页。
② ［宋］陆九渊著，钟哲点校：《陆九渊集》卷三十二《好学近乎知》，中华书局1980年版，第372页。
③ ［宋］陆九渊著，钟哲点校：《陆九渊集》卷三十五《语录下》，中华书局1980年版，第472页。
④ ［宋］陆九渊著，钟哲点校：《陆九渊集》卷三十六《年谱》，中华书局1980年版，第482页。
⑤ ［宋］陆九渊著，钟哲点校：《陆九渊集》卷三十五《语录下》，中华书局1980年版，第472页。
⑥ ［宋］陆九渊著，钟哲点校：《陆九渊集》卷三十二《取二三策而已矣》，中华书局1980年版，第380页。

信之乎?"① 按照陆九渊"心即理"的哲学命题,以"理"为标准也就是以人"心"为标准,这就突出了学生在学习过程中的自我判断、自我选择的主体精神。

6. 学用一致原则

陆九渊认为学问是实实在在的,有实实在在的用处。"古人自得之,故有其实。言理则是实理,言事则是实事,德则实德,行则实行。"② 所以,读圣贤书,要着眼于实事实学,理论联系实际。他说:"为学有讲明,有践履。《大学》致知、格物,《中庸》博学、审问、慎思、明辨,《孟子》始条理者智之事,此讲明也。《大学》修身、正心,《中庸》笃行之,《孟子》终条理者圣之事,此践履也。"③ 学习知识要与实践结合,一方面,知是行的标准,未"讲明",则不能"践履"。"博学在先,力行在后。吾友学未博,焉知所行者是当为?是不当为?"④ "未尝学问思辩,而曰吾唯笃行之而已,是冥行者也。"⑤ 另一方面,行是"真知"的表现,不能实行就不算真知。他说:"自谓知非而不能去非,是不知非也;自谓知过而不能改过,是不知过也。真知非则无不能去,真知过则无不能改。"⑥ 陆九渊指出当时的学生学习上的毛病是只背诵道理,而不注重实践功夫。针对这种情况,陆九渊要求学生"明实理,

---

① [宋]陆九渊著,钟哲点校:《陆九渊集》卷三十二《取二三策而已矣》,中华书局1980年版,第381页。
② [宋]陆九渊著,钟哲点校:《陆九渊集》卷一《与曾宅之》,中华书局1980年版,第5页。
③ [宋]陆九渊著,钟哲点校:《陆九渊集》卷十二《与赵咏道》,中华书局1980年版,第160页。
④ [宋]陆九渊著,钟哲点校:《陆九渊集》卷三十五《语录下》,中华书局1980年版,第443页。
⑤ [宋]陆九渊著,钟哲点校:《陆九渊集》卷十二《与赵咏道》,中华书局1980年版,第160页。
⑥ [宋]陆九渊著,钟哲点校:《陆九渊集》卷十四《与罗章夫》,中华书局1980年版,第185页。

做实事"①"一意实学，不事空言"②。

四、灵活多样的教学组织形式与方法

为了实践自己的办学主张，陆九渊在教学中采用了灵活多样的教学形式和教学方法，主要有：升堂讲授法、顿悟式谈话教学法、自我修养法、优游读书法和环境陶冶法。

1. 升堂讲授法

升堂讲授，是一种集体教学形式，类似现代班级授课制。在象山书院，生徒众多，陆九渊主要采用的是升堂讲授的形式，给学生传授学业。关于陆九渊在象山书院升堂教授的情景，《年谱》中有较为详细的描述："先生常居方丈。每旦精舍鸣鼓，则乘山轿至，会揖，升讲坐，容色粹然，精神炯然。学者又以一小牌书姓名年甲，以序揭之，观此以坐，少亦不下数十百，斋肃无哗。首诲以收敛精神，涵养德性，虚心听讲，诸生皆俯首拱听，非徒讲经，每启发人之本心也……音吐清响，听者无不感动兴起。初见者或欲质疑，或欲致辩，或以学自负，或有立崖岸自高者，闻诲之后，多自屈服，不敢复发。其有欲言而不能自达者，则代为之说，宛如其所欲言，乃从而开发之。至有片言半辞可取，必奖进之，故人皆感激奋砺。"③ 从这段文字可以看出，升堂讲授是陆九渊在象山书院所采用的基本教学组织形式之一。有时陆九渊还让高足弟子代讲，如邓文范、傅季鲁、杨慈湖、张少石等弟子都曾代他讲学。

2. 顿悟式谈话教学法

佛老思想渗进儒家学说，是宋代文化的主要特征。在这种理论背景下成长起来的陆九渊，自然也受到了佛学思想的影响。禅宗主张传道解经不著文

---

① ［宋］陆九渊著，钟哲点校：《陆九渊集》卷三十四《语录上》，中华书局1980年版，第396页。
② ［宋］陆九渊著，钟哲点校：《陆九渊集》卷十二《与赵咏道》，中华书局1980年版，第160页。
③ ［宋］陆九渊著，钟哲点校：《陆九渊集》卷三十六《年谱》，中华书局1980年版，第501-502页。

字，其思想体系也缺乏一步一环的逻辑推理。因此，禅宗在教学传道及修行方法上盛行"机锋""公案"，即多采用即境举例、动作示意、双关提问、比喻联想等方式，在发问者头脑中造成某种形象，促其发生跳跃式的联想，达到在瞬间明察整体的"顿悟"境界。陆九渊看到了这种方法的作用，在教学活动中也经常采用谈话教学法，启发学生顿悟。例如，陆九渊曾以"起立"这一下意识动作来启发詹阜民体会"礼"不是人安排的，而是自存于人心之中。"某（阜民）方侍坐，先生遽起，某亦起。先生曰：'还用安排否？'"①他又用"断扇讼"事件使杨简悟彻"本心"。乾道八年（1172 年），陆九渊路过富阳县。杨简在那里担任主簿，请教说："'如何是本心？'先生曰：'恻隐，仁之端也；羞恶，义之端也；辞让，礼之端也；是非，智之端也。此即是本心。'对曰：'简儿时已晓得，毕竟如何是本心？'凡数问，先生终不易其说，敬仲亦未省。偶有鬻扇者讼至于庭，敬仲断其曲直讫，又问如初。先生曰：'闻适来断扇讼，是者知其为是，非者知其为非，此即敬仲本心。'敬仲忽大觉，始北面纳弟子礼。故敬仲每云：'简发本心之问，先生举是日扇讼是非答，简忽省此心之无始末，忽省此心之无所不通。'先生尝语人曰：'敬仲可谓一日千里。'"②陆九渊用"断扇讼"来启悟杨简"本心"，就借用了禅家谈禅的即境举例的"机锋"方法。

3. 自我修养法

陆九渊还把"安坐瞑目"作为涵养德性、实现教学目的的途径和方法之一。他认为："义理之在人心，实天之所与，而不可泯灭焉者也。彼其受蔽于物而至于悖理违义，盖亦弗思焉耳。诚能反而思之，则是非取舍盖有隐然而动，判然而明，决然而无疑者矣。"③又说："此道非争竞务进者能知，惟静退

---

① [宋]陆九渊著，钟哲点校：《陆九渊集》卷三十五《语录下》，中华书局 1980 年版，第 470 页。

② [宋]陆九渊著，钟哲点校：《陆九渊集》卷三十六《年谱》，中华书局 1980 年版，第 487-488 页。

③ [宋]陆九渊著，钟哲点校：《陆九渊集》卷三十二《思则得之》，中华书局 1980 年版，第 376 页。

者可入。"① 所以当"心无事"时，须要涵养。在教学过程中，陆九渊把打坐修养方法教给学生。其弟子詹阜民曾描述自己闭目静坐的修养过程："他日侍坐无所问。先生谓曰：'学者能常闭目亦佳。'某因此无事则安坐瞑目，用力操存，夜以继日。如此者半月，一日下楼，忽觉此心已复澄莹。中立窃异之，遂见先生。先生目逆而视之曰：'此理已显也。'某问先生：'何以知之？'曰：'占之眸子而已。'"②

4. 优游读书法

陆九渊重视发展学生的自学能力，倡导学生自己读书钻研，并且在学生的自学过程中进行具体的指导。与朱熹教学生"句句而论，字字而议"③的"分析式"读书方法不同，陆九渊提倡注重整体，把握精神实质的"优游读书法"。首先，读书不必求多求快，而要熟读精思，"读书之法，须是平平淡淡去看，仔细玩味，不可草草。所谓优而柔之，厌而饫之，自然有涣然冰释，怡然理顺的道理"④，"古之君子，知固贵于博，然知尽天下事，只是此理。所以博览者，但是贵精熟"⑤。第二，遇到读不懂的地方，"不必穷索"。陆九渊说："如今读书，且平平读，未晓处且放过，不必太蹥。"⑥ 第三，读书的目的在于体会其中的意旨，把握精神实质。"读书固不可不晓文义，然只以晓文义

---

① ［宋］陆九渊著，钟哲点校：《陆九渊集》卷三十四《语录上》，中华书局1980年版，第399页。
② ［宋］陆九渊著，钟哲点校：《陆九渊集》卷三十五《语录下》，中华书局1980年版，第471页。
③ ［宋］陆九渊著，钟哲点校：《陆九渊集》卷二《与朱元晦》，中华书局1980年版，第23页。
④ ［宋］陆九渊著，钟哲点校：《陆九渊集》卷三十五《语录下》，中华书局1980年版，第432页。
⑤ ［宋］陆九渊著，钟哲点校：《陆九渊集》卷三十五《语录下》，中华书局1980年版，第452页。
⑥ ［宋］陆九渊著，钟哲点校：《陆九渊集》卷三十五《语录下》，中华书局1980年版，第441页。

为是，只是儿童之学，须看意旨所在。"① "所谓读书，须当明物理，揣事情，论事势。且如读史，须看他所以成，所以败，所以是，所以非处，优游涵泳，久自得力。若如此读得三五卷，胜看三万卷。"② 关于优游读书法，陆九渊曾引用一首诗来说明："读书切戒在荒忙，涵泳工夫兴味长。未晓莫妨权放过，切身须要急思量。自家主宰常精健，逐外精神徒损伤。寄语同游二三子，莫将言语坏天常。"③

5. 环境陶冶法

陆九渊认为"佳处草木皆异，无俗物，观此亦可知学"。④ 所以他提倡把教学与游历名山大川、观赏自然景观等课外活动结合起来，寓教于乐。他曾讲学的应天山就是陵高而谷邃，林茂而泉清，不仅风景秀美，而且气候宜人。优美的自然环境为教学提供了极为有利的条件。讲学之余，陆九渊常鼓励门徒下棋弹琴，看松石，观瀑布，登山游览。如在淳熙十五年（1188年）秋，他们师徒一行七十八人，"观瀑半山，登舟水南，宿上清，信龙虎，次于新兴。……"⑤ 在活动中，不仅陶冶情操，激励志趣，而且开拓视野，增长知识。

第二节　陆九渊教学思想的基本特征

陆九渊遵从"万物皆备于我"的主观唯心主义哲学观点，这使得他的教

---

① ［宋］陆九渊著，钟哲点校：《陆九渊集》卷三十五《语录下》，中华书局1980年版，第432页。

② ［宋］陆九渊著，钟哲点校：《陆九渊集》卷三十五《语录下》，中华书局1980年版，第442页。

③ ［宋］陆九渊著，钟哲点校：《陆九渊集》卷三十四《语录上》，中华书局1980年版，第408页。

④ ［宋］陆九渊著，钟哲点校：《陆九渊集》卷三十五《语录下》，中华书局1980年版，第463页。

⑤ ［宋］陆九渊著，钟哲点校：《陆九渊集》卷二十《题新兴寺壁》，中华书局1980年版，第251页。

学思想强调人的主观能动性，提倡以简驭繁，从而就让师生在教学活动中既做到心情愉悦，又取得良好成效。

一、德育优先性

从教学目的和教学内容可以看出，道德教育是陆九渊教学思想的重心。对此，黄宗羲在《宋元学案》中曾有评论："先生（陆九渊）之学，以尊德性为宗，谓先立乎其大，而后天之所以与我者，不为小者所夺。……紫阳（朱熹）之学，则以道问学为主。"① 这既指出陆九渊和朱熹在教学思想上的不同之处，也概括说明了陆九渊教学思想的特色之一。

"尊德性"和"道问学"出自《中庸》第二十七章：故君子尊德性而道问学，致广大而尽精微，极高明而道中庸。意思是说，君子应当尊奉德性，善学好问，达到广博的宏观境界而又深入精细详尽的微观之处，达到高明而又遵循中庸之道。在这里，"尊德性"和"道问学"的重要性是相提并论的，都是作为一个君子所必备的素质，但在朱熹和陆九渊那里却成了理学与心学分歧的标志之一。朱熹强调"道问学"与"尊德性"都重要，但"道问学"在先，认为人应当博学多览，注重知识的积累，从而逐步培养出良好的道德品质。陆九渊则强调"尊德性""先立乎其大者"，如果不能"尊德性"，就没有所谓的"道问学"。"未知学，博学个甚么？审问个甚么？明辨个甚么？笃行个甚么？"②

第一，强调"尊德性"，把做人教育放在教学工作的首位。如何做人呢？首先，陆九渊要求学生"立志辨志"，端正道德认知，树立理想和信念。在陆九渊看来，志向是人做学问的前提，它决定了一个人的行动方向。他在白鹿洞讲授《论语》"君子喻于义，小人喻于利"时，告诫学生说："窃谓学者于

---

① ［清］黄宗羲编：《宋元学案·象山学案案语》，商务印书馆 1933 年版，第 1885-1886 页。

② ［宋］陆九渊著，钟哲点校：《陆九渊集》卷三十四《语录上》，中华书局 1980 年版，第 428 页。

此，当辨其志。人之所喻由其所习，所习由其所志。志乎义，则所习者必在于义，所习在义，斯喻于义矣。志乎利，则所习者必在于利，所习在利，斯喻于利矣。故学者之志不可不辨也。"① 陆九渊在教学时，总把"立志辨志"作为学生道德教育的第一堂课。据《语录》记载，傅子渊从陆九渊处回到家中，陈正己问他陆先生教人以什么为先，傅子渊回答说："辨志"。陈正己又问辨志的具体内容，傅子渊说"义利之辨"。听到这个消息，陆九渊很满意，说傅子渊的回答非常正确。

第二，"不用学规""注重心教"，激发道德情感。在宋代，不管是官办学校还是私人学校，一般都制定有学规。如朱熹在白鹿洞书院讲学时，就制定了《白鹿洞书院学规》，规定了"五教之目""为学之序""修身之要""处事之要""接物之要"的内容，要求教者严格按照学规的要求去教，学者严格按照学规的要求去学。在这样的环境里，学生的主体性无从谈起。而陆九渊所信奉的观点是"万物皆备于我"②，一切不假外求。所以陆九渊在道德教育过程中的突出表现是教人不用学规，不用这些外部强制的方法，而是注重"心教"，强调心的对话和情的交流，凸显情感性。他说："吾与人言，多就血脉上感移他，故人之听之者易，非若法令者之为也。"③ 在教学实践中，陆九渊重视情感的德育模式取得了很好的效果。他的学生杨简说："先生深知学者心术之微，言中其情，或至汗下。有怀于中而不能自晓者，为之条析其故，悉如其心。亦有相去千里，素无雅故，闻其大概而尽得其为人。"④

第三，主张"常践道"，在实践体验中养成德行。道德修养最终还是要到

---

① [宋] 陆九渊著，钟哲点校：《陆九渊集》卷二十三《白鹿洞书院论语讲义》，中华书局1980年版，第275页。
② [宋] 陆九渊著，钟哲点校：《陆九渊集》卷三十五《语录下》，中华书局1980年版，第440页。
③ [宋] 陆九渊著，钟哲点校：《陆九渊集》卷三十四《语录上》，中华书局1980年版，第401页。
④ [宋] 陆九渊著，钟哲点校：《陆九渊集》卷三十三《象山先生行状》，中华书局1980年版，第389页。

实践中去体认和提高的，由此，陆九渊十分重视道德实践活动，他说："要常践道，践道则精明。一不践道，便不精明，便失枝落节。"①"道理只是眼前道理，虽见到圣人田地，亦只是眼前道理。"②"起居食息，酬酢接对，辞气、容貌、颜色之间，当有日明日充之功。"③"圣人教人，只是就人日用处开端。"④因此他要求学生"在人情、事势、物理上做工夫"⑤，从不同的方面将做人的教育贯彻到日常生活的实践中去。重实践是陆九渊道德教育论的基本特点，也是其优点，朱熹也承认这一点，称赞说"陆子静专以尊德性诲人，故游其门者多践履之士"⑥，指出陆门学者"躬行皆有可观""能卓然自立"⑦。可见，朱熹对陆门弟子的道德践履精神是颇为赞赏的。

二、发挥主体性

在陆九渊的教学理论和教学实践中，可以发现与现代主体性教学相似的教学思想及其实施雏形。

第一，提倡"圣凡同心"，树立学生的主体意识。在陆九渊看来，儒家伦理即"天理"被纳于"心"中，人若依"本心"而行，就能成为与尧舜孔孟比肩的圣人。因此圣人不再是高不可攀、可望而不可即的，关键在于一个人

---

① [宋] 陆九渊著，钟哲点校：《陆九渊集》卷三十五《语录下》，中华书局1980年版，第449页。

② [宋] 陆九渊著，钟哲点校：《陆九渊集》卷三十四《语录上》，中华书局1980年版，第395页。

③ [宋] 陆九渊著，钟哲点校：《陆九渊集》卷五《与戴少望》，中华书局1980年版，第63页。

④ [宋] 陆九渊著，钟哲点校：《陆九渊集》卷三十五《语录下》，中华书局1980年版，第432页。

⑤ [宋] 陆九渊著，钟哲点校：《陆九渊集》卷三十四《语录上》，中华书局1980年版，第400页。

⑥ [宋] 陆九渊著，钟哲点校：《陆九渊集》卷三十四《语录上》，中华书局1980年版，第400页。

⑦ [宋] 陆九渊著，钟哲点校：《陆九渊集》卷三十六《年谱》，中华书局1980年版，第503页。

能否自作主宰、自立自重。陆九渊认为，只要人"收拾精神，自作主宰"①，树立主体意识，通过自身努力都可成为圣人。他说："孩提之童，无不知爱其亲，及其长也，无不知敬其兄。先王之时，庠序之教，抑申斯义以致其知，使不失其本心而已。尧舜之道不过如此。此非有甚高难行之事……"② 学生朱济道崇拜周文王，陆九渊开导他，只要能认识到自我的主体地位，识得"本心"，便可成为文王。把学生与圣人相提并论，实质是鼓励学生树立主体精神，发挥主体作用。

第二，主张"自立、自得、自重、自成、自道"，重视培养学生的自主学习能力。从"道不外索"的思想出发，陆九渊突出学生"自我"在教学中的价值，强调学生要自己立志，自己看重自己，最大限度地发挥自己的主观能动性。在陆九渊看来，教师只是起到启发引导的作用，关键还要靠学生自己，"此事不借资于人，人亦无着力处。圣贤垂训，师友切磋，但助鞭策耳"③。所以要独立思考，要自己晓悟，自我习得，发挥主观能动性，自我完善。他一再要求学生："自立自重，不可随人脚跟，学人言语。"④ "自得，自成，自道，不倚师友载籍。"⑤ 作为教育者，要"自有不言之教"⑥，尽量少发号施令，尊重学生的自主意识，充分发挥学生的内在潜能，让学生自己决定学习内容和发起学习活动。在教学中，陆九渊的讲授一般都是提纲挈领式的，细节处让

---

① ［宋］陆九渊著，钟哲点校：《陆九渊集》卷三十五《语录下》，中华书局1980年版，第455页。
② ［宋］陆九渊著，钟哲点校：《陆九渊集》卷十九《贵溪重修县学记》，中华书局1980年版，第237页。
③ ［宋］陆九渊著，钟哲点校：《陆九渊集》卷五《与舒元宾》，中华书局1980年版，第66页。
④ ［宋］陆九渊著，钟哲点校：《陆九渊集》卷三十五《语录下》，中华书局1980年版，第461页。
⑤ ［宋］陆九渊著，钟哲点校：《陆九渊集》卷三十五《语录下》，中华书局1980年版，第452页。
⑥ ［宋］陆九渊著，钟哲点校：《陆九渊集》卷三十三《文安谥议》，中华书局1980年版，第386页。

学生自己去领会。

第三，提倡"存疑""问辨"，激发学生的能动性、创造性。敢质疑、能质疑，是学生学习主动性和创造性的体现。培养学生的创新精神和创新能力首先就要培养学生发现问题和提出问题的能力。陆九渊十分注重学生的质疑问难，认为为学之病，就在于"无疑"，即不善于发现问题。读书不善于发现疑问，容易趋于盲从。有疑才会"有觉"，才能突破旧框架，提出新见解，学问才能有所长进。据《年谱》记载，陆九渊自己就是一位"一见便有疑，一疑便有觉"[①]，善于独立思考与发现疑问的人。

学贵存疑，而解疑的方法在于问辨。问，是向老师、朋友、同学请教；辨，是与老师、朋友、同学讨论切磋。陆九渊说："后生有甚事？但遇读书不晓便问，遇事物理会不得时便问，并与人商量，其他有甚事？"[②] "事理有未明，则不容不疑，思索之，问辨之，则疑有时而释矣。"[③] 读书，接物，处理事务时，有疑惑便询问师友，经过共同商讨，必能增进知识和能力。为了鼓励学生提出问题，陆九渊在象山书院讲学时写一布告以提醒来学者。他写道："道不远人，顾人离道耳。古人谓宿道乡方。二三君子毋徒宿吾方丈，日向群山，得无愧于宿道乡方之言，斯可矣。吾方以此自省，因书此以奉警。艺之进不进，亦各视其才，虽无损益于其道。然至于有弃日，有遗力与未知其方而不能问于知者，则其道亦可知矣。幸勉旃毋忽！"[④]

三、关注非理性

现代教育心理学研究表明，非理性因素是影响学习的重要条件之一。在

---

① [宋]陆九渊著，钟哲点校：《陆九渊集》卷三十六《年谱》，中华书局1980年版，第482页。

② [宋]陆九渊著，钟哲点校：《陆九渊集》卷三十五《语录下》，中华书局1980年版，第456页。

③ [宋]陆九渊著，钟哲点校：《陆九渊集》卷十《与詹子南》，中华书局1980年版，第140页。

④ [宋]陆九渊著，钟哲点校：《陆九渊集》卷二十《示象山学者》，中华书局1980年版，第248页。

陆九渊所处的时代，虽然没有非理性因素的提法，但在陆九渊的教学思想中有很多关于发挥非理性因素作用的内容，涉及动机、情感、意志、直觉和灵感等方面。

第一，动机与学习。陆九渊认为志是人的行为动机，决定了人们读书、为学的方向。他说："耳目之所接，念虑之所及，虽万变不穷，然观其经营，要其归宿，则举系于其初之所向。布乎四体，形乎动静，宣之于言语，见之于施为，酝酿陶冶，涵浸长养，日益日进而不自知者，盖其所向一定，而势有所必然耳。"① 因此陆九渊非常重视在教学前先"立志"，也就是激发学习动机。他说："大凡为学，须要有所立。"② 只有树立远大的学习动机，才能持之以恒，取得成效。"人惟患无志，有志无有不成者。"③

第二，自信心与学习。陆九渊坚持孟子"人皆可以为尧舜"的观点，重视树立学生的自信心。他说"人共生乎天地之间，无非同气。扶其善而沮其恶，义所当然"④，认为圣人并不是高不可攀的，圣贤之道也并不是很难学的。"先王之时，庠序之教，抑申斯义以致其知，是不失其本心而已。尧舜之道，不过如此。此非有甚高难行之事"⑤，鼓励学生"不可自暴、自弃、自屈"⑥，而要奋发精神，树立自信心，"人生天地间，如何不植立"⑦。

---

① ［宋］陆九渊著，钟哲点校：《陆九渊集》卷三十二《毋友不如己者》，中华书局1980年版，第375页。

② ［宋］陆九渊著，钟哲点校：《陆九渊集》卷三十五《语录下》，中华书局1980年版，第438页。

③ ［宋］陆九渊著，钟哲点校：《陆九渊集》卷三十五《语录下》，中华书局1980年版，第439页。

④ ［宋］陆九渊著，钟哲点校：《陆九渊集》卷三十四《语录上》，中华书局1980年版，第401页。

⑤ ［宋］陆九渊著，钟哲点校：《陆九渊集》卷十九《贵溪重修县学记》，中华书局1980年版，第237页。

⑥ ［宋］陆九渊著，钟哲点校：《陆九渊集》卷三十五《语录下》，中华书局1980年版，第433页。

⑦ ［宋］陆九渊著，钟哲点校：《陆九渊集》卷三十五《语录下》，中华书局1980年版，第466页。

第三，情感与学习。陆九渊看到了积极的情绪体验能促进学生的学习活动、增强教学效果。因此，陆九渊十分关心学生的精神状态，经常问他们："近日日用常行觉精健否？胸中快活否？"[1] 教育学生"不可用心太紧。深山有宝，无心于宝者得之"[2]。为了使学生保持轻松愉快的精神状态，陆九渊在教学过程中，注意创造宽松学习环境，如他时常带领学生登山览胜，吟诗作赋。

第四，意志与学习。陆九渊提出意志对学习具有巨大的作用，他说："俗谚云'心坚石穿'……今之学者譬如行路，偶然撞着一好处便且止，觉时已不如前人，所以乍出乍入，乍明乍昏。"[3] 只要意志坚定，任何学习中的困难都是可以克服的。因此，陆九渊提倡学者应辛勤学习，"莫厌辛苦，此学脉也"[4]。

第五，直觉、灵感与学习。陆九渊认为最好的认识方法是直觉或"灵识"，它能立刻抓住实在的本质和规律。他说："人为学甚难，天覆地载，春生夏长，秋敛冬肃，俱此理。人居其间，要灵识，此理如何解得！"[5] 所以，他在教学时经常运用顿悟教学法，使学生在学习的过程中领悟，产生灵感。

四、富有创新性

如果说朱熹是南宋时期集中国古代教学组织形式与方法之大成的教育家，那么陆九渊则是当时最具创新性的教育理论和实践家。"顿悟教学法"和"优游读书法"就是他的教学理论创新能力的体现。在儒、道、佛文化融合的学

---

[1] [宋] 陆九渊著，钟哲点校：《陆九渊集》卷三十五《语录下》，中华书局1980年版，第443-444页。

[2] [宋] 陆九渊著，钟哲点校：《陆九渊集》卷三十四《语录上》，中华书局1980年版，第409页。

[3] [宋] 陆九渊著，钟哲点校：《陆九渊集》卷三十五《语录下》，中华书局1980年版，第434页。

[4] [宋] 陆九渊著，钟哲点校：《陆九渊集》卷三十五《语录下》，中华书局1980年版，第468页。

[5] [宋] 陆九渊著，钟哲点校：《陆九渊集》卷三十五《语录下》，中华书局1980年版，第450页。

术背景下，陆九渊的教学思想受佛教影响很大。他承认自己"虽不曾看释藏经教，然而《楞严》《圆觉》《维摩》等经，则尝见之"。① 禅宗主张顿悟成佛，认为人人皆有佛性，一旦悟了自己心中本有的佛性，则众生是佛。陆九渊吸收了禅宗心性论思想，也认为人人都有先念的善性，圣人和凡人的区别仅仅是悟与不悟的区别。佛教禅师授徒，往往不作正面讲解，而用动作示意，即境举例，或提出"话头""公案"（即前人的一些含义深刻的词语或行为）等办法给学生以简捷的刺激，以此造成顿悟的效果。陆九渊吸收改造了禅宗教育修养的方法，开创了顿悟教学法。

"顿悟教学法"的基本原理，就是教师用简单的刺激准确地点出问题的关键，使学生选择正确的思维模式，实现大跨度的认识飞跃。② 陆九渊认为道德行为是先天的，他的教学内容显然是片面的，但他以简单、准确的刺激造成学生"顿悟"的教学方法却是成功的。据史料记载，陆九渊的顿悟教学法在实践中取得了很好的效果。在陆九渊的指导下，许多学生的认识得到了意想不到的提升，纷纷反映"初来时疑先生之颠倒，既如此说了，后又如彼说。及至听得两月后，方始贯通，无颠倒之疑"③，"自听先生之言，越千里如历快"④，"一蔽既彻，群疑尽亡"⑤。

"顿悟教学法"是教师的教法，"优游读书法"则是学生的学法。为了配合教师的教法，陆九渊指导学生"优游读书"的自学方法。首先，读书要

---

① ［宋］陆九渊著，钟哲点校：《陆九渊集》卷二《与王顺伯》，中华书局1980年版，第19页。

② 袁征著：《宋代教育——中国古代教育的历史性转折》，广东高等教育出版社1991年版，第296页。

③ ［宋］陆九渊著，钟哲点校：《陆九渊集》卷三十四《语录上》，中华书局1980年版，第406-407页。

④ ［宋］陆九渊著，钟哲点校：《陆九渊集》卷三十四《语录上》，中华书局1980年版，第405页。

⑤ ［宋］陆九渊著，钟哲点校：《陆九渊集》卷三十四《语录上》，中华书局1980年版，第408页。

"求血脉"，宏观把握经典的精神实质，而不必"句句而论，字字而议"①，纠缠于细小的枝节和繁琐的注释。陆九渊说："须是血脉骨髓理会实处始得，凡读书皆如此。"② 例如："读《孟子》须当理会他所以立言之意，血脉不明，沉溺章句何益？"③ 其次，如果遇到搞不清的问题，就先搁在一边，继续往下看，"读书不必穷索，平易读之，识其可识者，久将明之，毋耻不知"④。一般来说，材料作为整体总比把它分为片段有意义，作品的许多含义是靠上下文的联系呈现出来的，如果把分散的片段贯穿起来，对一本书进行整体观察，有可能会恍然大悟、茅塞顿开。这样的读书方法完全符合启发灵感思维的认识过程。

五、提倡简易性

《易传·系辞》中说："易则易知，简则易从。易知则有亲，易从则有功。有亲则可久，有功则可大。"⑤ 意思是说，最根本的东西也就是最简易的东西。陆九渊的易简教学思想，正是由此而来。他说："然则学无二事，无二道，根本苟立，保养不替，自然日新。所谓可久可大者，不出简易而已。"⑥ "后世言道理者，终是粘牙嚼舌。吾之言道，坦然明白，全无粘牙嚼舌处，此所以易

---

① ［宋］陆九渊著，钟哲点校：《陆九渊集》卷二《与朱元晦》，中华书局 1980 年版，第 23 页。
② ［宋］陆九渊著，钟哲点校：《陆九渊集》卷三十五《语录下》，中华书局 1980 年版，第 445 页。
③ ［宋］陆九渊著，钟哲点校：《陆九渊集》卷三十五《语录下》，中华书局 1980 年版，第 445 页。
④ ［宋］陆九渊著，钟哲点校：《陆九渊集》卷三十五《语录下》，中华书局 1980 年版，第 471 页。
⑤ 转引自郭齐家、顾春著：《陆九渊教育思想研究》，江西教育出版社 1996 年版，第 175 页。
⑥ ［宋］陆九渊著，钟哲点校：《陆九渊集》卷五《与高应朝》，中华书局 1980 年版，第 64 页。

知易行。"①

首先,"发明本心"是陆九渊易简教学论的中心内容。陆九渊曾用一首诗来表达他的这一思想:"墟墓兴哀宗庙钦,斯人千古不磨心。涓流滴到沧溟水,拳石崇成泰华岑。易简工夫终久大,支离事业竟浮沉。"② 这首诗的大意是,人们入宗庙便起肃敬钦佩之心,到墟墓即生悲哀之情,这悲哀钦敬之心是人所共有的本心,本心是千古不能磨灭的。涓涓细流终成沧溟之水,拳拳之石垒成泰山之巍。易简质朴直达本心的为学之道才是永恒的大事业,旁求他索不着根本的支离之学只能浮沉不定。因此,在教学中他总是强调"尊德性""先立乎其大者",即通过认识本心从整体上去把握"天理",反对朱熹通过博览儒书去逐渐理解和把握天理的观点。由此,陆九渊把教学过程看成为一种特殊的直接明了整体的彻悟过程,而不是从局部到整体的渐进过程。陆九渊自称"发明本心"是他教育的根本做法,其他做法都是非常次要的。从接纳杨简为学生到应天山建精舍讲学,陆九渊一直以发明本心作为教学的重点。

其次,减负是陆九渊易简工夫在教学内容上的体现。当时的教学内容无非是儒家经典,读经又离不开经典解释,但是,自从西汉"罢黜百家,独尊儒术"以来至宋,儒家经典的传注多家并存,一些原本明白易懂的经典,一经传注,反而变得繁琐,徒然增加学生负担。面对这种状况,陆九渊在教学中,提倡只看古注,还原经典的本来面目,以减轻学生负担。他对学生说:"某读书只看古注,圣人之言自明白。且如'弟子入则孝,出则弟',是分明说与你入便孝,出便弟,何须得传注。学者疲精神于此,是以担子越重。到某这里,只是与他减担,只此便是格物。"③ 陆九渊多次强调"减"而不是

---

① [宋]陆九渊著,钟哲点校:《陆九渊集》卷三十四《语录上》,中华书局 1980 年版,第 407 页。
② [宋]陆九渊著,钟哲点校:《陆九渊集》卷三十四《语录上》,中华书局 1980 年版,第 427 页。
③ [宋]陆九渊著,钟哲点校:《陆九渊集》卷三十五《语录下》,中华书局 1980 年版,第 441 页。

"添"是他的学问与别人的区别:"今之论学者只务添人底,自家只是减他底,此所以不同。"①

第三节　陆九渊教学思想的现代价值

在心学体系的指导下,陆九渊在教学过程中抓住了人的主体性,尊重和发挥人的主体精神,有效激发学生的能动性、创造性,使学生乐学,取得事半功倍的教学效果。因此,他的教学思想是值得我们认真领会和发掘其现代价值的。

一、重新构建德育课堂教学模式,增强德育实效性

德育教学是学校德育工作的主要渠道。长期以来,我国的德育教学在提高学生的道德素质、帮助学生树立正确的价值观、规范学生的行为等方面发挥了重要的作用。但是,学校德育的实效性也是我国当前学校道德教育理论与实践的一大难题,突出表现在学生知行分离,言行不一。当然问题的原因是多方面的,但从教学论的角度看,根源在于尽管我国把德育作为学校教育的一个重要组成部分,把课堂教学作为实现德育目的的主要途径,但是德育仍然被排除在教学论的研究范畴之外。而德育教学却遵循着教学论的有关原理、原则和方法,由此形成以教师、课堂、书本为基本特征,"你教我学、你讲我听"的单向灌输的德育课堂教学模式。然而,道德教育的过程不仅需要传授道德知识,而且必须与情感体验相结合,通过意志中介而最终见之于行动。单向传递的德育教学模式忽视了师生、生生之间互动和交流,致使道德教育往往停留在知识层面,难以内化为其内在的价值信念,并转化为道德行为体现于道德实践之中,从而造成学生知行脱节,无法实现学生德性养成的德育目标。因此,构建新的德育课堂教学模式是走出困境、提高德育实效性

---

① [宋]陆九渊著,钟哲点校:《陆九渊集》卷三十四《语录上》,中华书局1980年版,第401页。

的手段之一。实践性是道德教育区别于知识教学的主要特征,实践活动对道德品质的形成和发展起决定性的作用。在西方,道德哲学被称为"实践哲学",亚里士多德就指出伦理学"这门科学的目的,不是知识而是实践"①。关于新一轮基础教育改革,教育部颁布的《全日制义务教育品德与生活课程标准》《品德与社会课程标准》明确指出,品德课程是一门活动型综合课程。对品德课程的这一定性也就体现了对道德教育实践性的肯定。

要架构道德认知和道德行为的桥梁,必须将注重灌输的德育教学模式向突出实践、突出对话交往的德育教学模式转变。第一,德育对话交往教学有利于加强德育教学内容与生活世界的联系。道德原本来源于生活并体现在生活世界之中,学生的道德发展过程与生活过程是同一的。因此,学生道德的发展不可以脱离具体的生活经验,德育教学要在生活层面上对学生进行引导才能促进学生的品德生成。德育对话交往教学倡导从学生的心理实际出发,在生活世界中选择适合学生特点的典型材料,在具有生活化的活动情境中通过学生自主的认知、体验、反省与思索,促进人格品质的发展。第二,德育对话交往教学有利于建立平等和谐的师生关系。对话交往教学主张人与人之间的对话和交流。教师与学生之间的关系不再是"我—他"关系,而是一种"我—你"的关系,双方都以平等的姿态展开思想交流,各方都敞开自己的心扉,教师不再是高高在上的教导者,而是以朋友的身份出现在学生面前,这就为德育课教学中师生之间进行沟通创造了一个良好的氛围,从而增进师生的情感。第三,德育对话交往教学突出实践性,有助于促进学生品德的形成。道德教育从本质上来说,是一种与实践活动紧密相连并主要在实践中进行的教育活动。学生的道德知识向道德素质的内化,必须通过其自觉自愿的道德实践——社会交往活动才能实现。只有通过实践才能进一步加深学生对道德知识的理解,形成正确的价值取向;只有通过实践才能亲身感受和证明道德认识的正确性,进而产生情感和信念;只有经过实践的磨炼才能使学生的意

---

① [古希腊]亚里士多德著,苗力田译:《尼各马可伦理学》,中国社会科学出版社1990年版,第26页。

志由脆弱变坚强。实践性正是德育对话交往教学模式的一大特征。

尽管陆九渊"尊德性"和教做人的思想有着明显的封建纲常名教内容，有其历史局限性，但陆九渊提出"发明本心""切己自反"，强调自我修养，强调"立志""辨志"，提高道德认知和道德判断能力，"不用学规""注重心教"，激发道德情感，培养道德自律，"常践道""日用处开端"，在实践体验中养成德行的思想对当今道德教育模式的构建具有借鉴意义。我们应汲取精华，剔除其糟粕。

二、积极开展主体性教学，培养学生主体能力

学生是教学过程的主体，让学生掌握知识，发展学生能力，为学生的终身发展奠定基础，是教育教学的目的。在传统的教学活动中，注重教师的"教"而忽视了学生的"学"，教师的主导作用成为"决定的作用"，把学生视为容器，忽视了学生的主体作用，最终影响了学生的智慧和才能，压抑了学生的主观能动性。当今世界，树立主体意识，造就国民独立型人格，已经成为国际教育思想变革的一个重要标志。对主体性的追求和培育，最终落脚在教学实践中，通过主体性教学来实现，所以主体性教学成为当前教学改革的现实选择。

所谓主体性教学，是指以充分发挥学生的积极性、主动性和创造性为前提，以创设民主、宽松、和谐的教学氛围为条件，以教师激励和指导学生自主学习、自主建构为特征，以促进学生主体性发展为目的的一种新型的教学观和教学形式。[①] 主体性教学任务着眼于学生的主体性发展，旨在培养具有能动性、自主性和创造性的主体性人才。主体性教学首先是要增强学生的主体意识，使学生意识到自己是全面发展的主体，意识到自己在教学过程中的主体地位、主体责任、主体力量、主体需要和主体活动。主体性教学的重点是要尽量让学生自主学习，培养学生的自主学习能力。主体性教学的核心是培

---

① 袁维新：《论主体性教学的基本特征》，《现代中小学教育》1999年第11期。

养学生的创造性。在思想被严重禁锢的封建社会里，陆九渊提出"圣凡同心"，强调学生的主体地位，提倡"自立、自得、自重、自成、自道"，重视培养学生的自主学习能力，重视"存疑、问辨"，激发学生的能动性、创造性，批判地继承他的这些思想，对于我们开展主体性教学研究，加强素质教育，具有积极的借鉴意义。

三、加强非理性教育，培养创新型人才

逻辑思维和直觉思维在创造性活动中占有同等重要的地位，二者不可偏废。逻辑思维的主要形式是概念、判断和推理，它是证明科学论断的主要工具。在逻辑思维当中，经过一步一步分析，多环节、多步骤地将条件转化为结论，每一步都"言必有据"，遵循推理的法则。而直觉思维是从整体上考察思维对象，调动自己的全部知识经验，通过丰富的想象作出敏锐而迅速的假设、猜想或判断，"突如其来"地表现出思维者的灵感和顿悟。"灵机一动""恍然大悟"就是直觉思维者的心态描述。

但是，综观我国近年的教育状况，可以发现教学关注的是人的逻辑认识能力与逻辑实践能力的培养，以理性教育为主，而人的直觉、灵感、情感等因素没有得到足够的重视。当然，这种教育培养出来的人在解决问题时能体现出思维的严密性、逻辑性和系统性等特点，但同时，他们又存在缺乏灵活性、创造性、类推性和非逻辑性推理能力等缺陷，尤其是在想象力、创造力这些方面存在严重不足。

21世纪将是不同领域科技创造性融合的时代，适应这一时代要求的人才不仅要具有宽厚的基础科学知识，而且应有较强的创造力。为使中华民族在新世纪激烈的国际竞争中立于不败之地，培养开拓性、创造性人才，培养科学技术上的杰出人才，无疑是我国科学技术赶超国际水平的关键。陆九渊重视激发和培养动机、情感、意志等非理性因素的思想，尤其是擅长运用顿悟教学，强调学生直觉、灵感思维培养的方法，对开展非理性教育以提升学生创新意识和能力具有积极的借鉴意义。

第七章　元代书院教学思想

元代统治者作为游牧民族，统一全国后比较重视教育，承袭了唐宋的教育制度和官学体系，但又有所创新和发展。其中，书院也得到了较大发展，较南宋更为兴盛。元初至元二十八年（1291年）就规定："或自愿招师，或自受家学于父兄者，亦以其便。其他先儒过化之地，名贤经行之所，与好事之家出钱粟赡学者，并立为书院。"① 并且要求路府州书院，设直学以掌钱谷，为书院提供经费支持。因此，书院普及到全国的路、府和州县。据统计，元代有书院四百所以上，出现"书院之设莫盛于元"的兴盛景象。由于元代统治者是游牧民族，落后于中原的农耕文化，为了统治的需要，统治者一方面采取让蒙古族学习四书五经、进行耕种等汉化政策，同时充分保持本民族的传统优势和特点，这种汉化与蒙古化同时存在的文教方针，客观上为书院的发展提供了制度保证，也使书院成为一种半官学化的教育机构。正是由于元代政府的重视，书院教育在元代教育体系中占有重要位置，同时也形成了别具特色的元代书院教学思想。

第一节　元代书院教学思想概观

中国古代书院的教学思想是传统教育思想的重要组成部分。那么元代书

---

① ［明］宋濂、王祎撰：《元史·选举志一》，清乾隆武英殿刻本卷八十一志第三十一，第956页。

院的教学理论与实践究竟怎样呢？本着依据史实、实事求是的态度，本章对元代书院的教学内容、教学组织形式、教学方法、师生关系、教学评价等进行梳理和挖掘。

一、教学内容

元初，由于元代书院讲学的主力军是有程朱理学背景的宋代遗民，他们的讲学内容大都是程朱理学。如人称江汉先生的赵复主讲于太极书院之时，"以周、程而后，其书广博，学者未能贯通，乃原羲、农、尧、舜所以继天立极，孔子、颜、孟所以垂世立教，周、程、张、朱所以发明绍续者，作《传道图》，而以书目条列于后"①。遗民胡炳文的家学源于朱熹，他一生立志居家讲学，钻研朱熹理学，先后主讲于信州道一学院、明经书院，教授程朱理学，出现了"儒风之盛甲东南"②的盛况。朱熹门人熊禾，是公元1274年的进士，在元朝不愿意做官，而是投身于修建书院，宣讲程朱理学。《宋元学案》载，他"束书入武夷，筑洪源书堂讲学，凡一星终，乃归故山，筑鳌峰书堂，及门者甚众"③。宋代遗民继承宋代书院的讲学传统，不仅把理学家的学术和理想加以发扬光大，也为我国教育教学留下了一份珍贵的遗产。

随着蒙古族逐渐一统华夏，书院出现了向我国北方移动的现象，元蒙统治者对书院实行了较为宽松的政策，为当时的读书人学习程朱理学提供了较为有利的政治环境和场所，改变了南宋时期北方读书人只习得理学的皮毛而学不到精髓的状况，但有"皆弗得其传，未免临深以为高也"④的所谓"声教

---

① [清]黄宗羲原著，全祖望补修：《宋元学案》卷九〇《鲁斋学案》，中华书局1986年版，第2994页。
② [清]黄宗羲原著，全祖望补修：《宋元学案》卷八九《介轩学案》，中华书局1986年版，第2986页。
③ [清]黄宗羲原著，全祖望补修：《宋元学案》卷六四《潜庵学案》，中华书局1986年版，第2068页。
④ [元]郝经撰：《陵川集》卷二六《太极书院记》，《四库全书》第1192册，上海古籍出版社1987年版，第289页。

不通"① 的局面。改变这种局面最重要的两个人是赵复和许衡，赵复在太极书院的讲学内容主要是程朱理学，理学之中尤其重视朱熹的《四书集注》。虞集对赵复在传授朱子之学方面的贡献有过中肯的评价："昔在世祖皇帝时，先正许文正公得朱子《四书》说于江汉先生赵氏，深潜玩味，而得其旨，以之致君泽民，以之私淑诸人。而朱氏诸书，定为国是，学者尊信，无敢疑贰，其于天理民彝，诚非小补，所以继绝学开来世，文不兹乎？"② 元蒙统治区的著名学者如许衡、窦默、姚枢、刘因和梁枢等人皆师从于赵复，他们都成为元代程朱理学北传的中坚力量。许衡曾主陕西西安正学书院教事，"聚徒讲学期间"③，培养了不少人才。程端礼云："（许衡）以朱子学光辅世祖皇帝，鸿开文运，百年之间，天下学者皆知尊朱子所注之经以上溯孔孟。"④ 从《宋元学案》等相关资料可以看到，元代还有许多程朱学者都讲学于书院。具体情况详见下表。

表 7-1　元代讲授程朱理学的书院及学者统计表

学者	院名	院址	书院活动	资料来源
陈普	云庄书院 鳌峰书院	福建	入元，开门授徒……建州刘纯父聘主云庄书院，熊勿轩留讲鳌峰书院……寻讲饶、广	《宋元学案》卷六四《潜庵学案》
熊禾	洪源书堂 鳌峰书院	福建	熊禾创建并讲学其中	《宋元学案》卷六四《潜庵学案》

---

① [清]黄宗羲原著，全祖望补修：《宋元学案》卷九〇《鲁斋学案》，中华书局1986年版，第2995页。

② [元]虞集撰：《道园学古录》卷四〇《跋济宁李璋所刻九经四书》，《四库全书》第1207册，上海古籍出版社1987年版，第561页。

③ （雍正）《陕西通志》卷二七，《四库全书》第552册，上海古籍出版社1987年版，第407页。

④ [元]程端礼撰：《畏斋集》卷五《弋阳县新修蓝山书院记》，《四库全书》第1199册，上海古籍出版社1987年版，第682页。

续表

学者	院名	院址	书院活动	资料来源
韩信同	云庄书院	福建	建安聘主云庄书院	《宋元学案》卷六四《潜庵学案》
刘应李	化龙书院	福建	入元不仕……后建化龙书院于莒潭	《宋元学案》卷七〇《沧州诸儒学案》
张理	勉斋书院	福建	举茂才，任勉斋书院山长	《宋元学案》卷九二《草庐学案》
任士林	安定书院	浙江	主讲安定书院	《宋元学案》卷六四《潜庵学案》
胡长孺	西湖书院	浙江	（陈刚）授业胡石塘之门，石塘为西湖书院山长	《宋元学案》卷六五《木钟学案》
刘应龟	月泉书院	浙江	主讲月泉书院	《宋元学案补遗》卷七〇
叶审言	明正书院	浙江	任衢州之明正书院山长	《宋元学案补遗》卷七三《丽泽诸儒学案》
戚祖象	和靖书院	浙江	任绍兴和靖书院山长……复用为信之道一书院山长，讫辞不就	《宋元学案遗补》卷七三《丽泽诸儒学案》
袁哀	安定书院	浙江	先生以安定书院山长授海盐州儒学教授，未拜而卒	《宋元学案遗补》卷七五《絜斋学案》
方逢辰	石峡书院	浙江	讲学于石峡书院	《宋元学案》卷八二《北山四先生学案》
方逢振	石峡书院	浙江	其兄方逢辰死后，主讲石峡书院	《宋元学案》卷八二《北山四先生学案》
袁易	石洞书院	浙江	不乐仕进，行中书省署为石洞山长	《宋元学案》卷八十二《北山四先生学案》
周仁荣	美化书院	浙江	荐署美化书院山长	《宋元学案》卷八二《北山四先生学案》
范祖干	西湖书院	浙江	至正中为西湖书院山长	《宋元学案》卷八二《北山四先生学案》

续表

学者	院名	院址	书院活动	资料来源
陈德永	和靖书院	浙江	台省辟为和靖书院山长	《宋元学案》卷八二《北山四先生学案》
戴 良	月泉书院	浙江	至正间为月泉书院山长	《宋元学案》卷八二《北山四先生学案》
卫富益	白社书院	浙江	绝意进取，隐居石人泾讲学，所谓白社书院	《宋元学案》卷八二《北山四先生学案》
方一夔	石峡书院	浙江	隐居富山，曾主讲石峡书院	《宋元学案》卷八二《北山四先生学案》
蒋 沐	横城精舍	浙江	筑横城精舍，以延蛟峰（方峰辰）	《宋元学案》卷八二《北山四先生学案》
周 棐	宣公书院	浙江	由鄞山书院山长移宣公书院	《宋元学案》卷八三《双峰学案》
黄叔英	和靖书院 采石书院	浙江	尝魏晋陵、宣城、芜湖三学教谕，又为和靖、采石两院山长	《宋元学案》卷八六《东发学案》
黄 珏	杜洲书院	浙江	黄珏讲道于慈溪之杜州书院，（王士毅）遂往从之	《宋元学案》卷八六《东发学案》
程端礼	稼轩书院 江东书院	浙江	历稼轩、江东两书院山长	《宋元学案》卷八七《静清学案》
马端临	慈湖书院 柯山书院	浙江	为慈湖、柯山书院山长	《宋元学案》卷八九《介轩学案》
陈 麟	岱山书院	浙江	海上故有岱山书院，先生重兴之，与山中弟子讲学	《宋元学案》卷九三《静明宝峰学案》
祝 蕃	高节书院	浙江	以茂才异等荐高节书院山长	《宋元学案》卷九三《静明宝峰学案》
桂彦良	包山书院	浙江	桂彦良……元乡贡进士，为包山书院山长	《宋元学案》卷九三《静明宝峰学案》

续表

学者	院名	院址	书院活动	资料来源
干文传	慈湖书院	浙江	文传少嗜学……饶州慈湖书院山长	《元史》卷一八五《干文传传》
陈　孚	上蔡书院	浙江	至元中，孚以布衣上《大统一赋》……署上蔡书院山长	《元史》卷一九〇《陈孚传》
汪一龙	紫阳书院	安徽	与曹泾重建紫阳书院，并讲学于书院	《宋元学案遗补》卷八〇
唐良骥	齐芳书院	安徽	建齐芳书院，延仁山金先生讲道著书	《宋元学案》卷八二《北山四先生学案》
魏新之	垂云书院	安徽	倡建垂云书院，并主讲	《宋元学案遗补》卷八二
曹　泾	紫阳书院	安徽	入元，为紫阳书院山长	《宋元学案》卷八八《巽斋学案》
贡　奎	齐山书院	安徽	仕元，为齐山书院山长	《宋元学案》卷九二《草庐学案》
赵　泭	阆山书院	安徽	聘赵泭为师，以教乡之俊秀者	《宋元学案》卷九二《草庐学案》（光绪）《重修安徽通志》卷九二
郑　玉	师山书院	安徽	学者门人受业者众，所居不能容，学者相与即其地构师山书院以处焉	《宋元学案》卷九四《师山学案》
汪维岳	友陶书院	安徽	创友陶书院	《宋元学案遗补》别附卷三
鲍　深	师山书院	安徽	师山被诏，先生摄行师书院山长	《宋元学案》卷九四《师山学案》
胡炳文	道一书院明经书院	安徽江西	延祐中，为道一书院山长，后主讲明经书院	《宋元学案》卷八八《巽斋学案》

续表

学者	院名	院址	书院活动	资料来源
赵介如	双溪书院	江西	任双溪书院山长	《宋元学案》卷七〇《沧州诸儒学案》
程绍开	道一书院	江西	程绍开尝筑道一书院，以合朱、陆两家之说	《宋元学案》卷八四《存斋晦静息庵学案》
黄泽	景星书院 东湖书院	江西	任江州景星书院、东湖书院山长	《宋元学案》卷九二《草庐学案》
夏友兰	鳌溪书院	江西	大德中，建鳌溪书院，捐田五百亩以赡学者	《宋元学案》卷九二《草庐学案》
许衡	正学书院	陕西	许衡主讲，聚徒讲学其间	《宋元学案》卷九〇《鲁斋学案》，（雍正）《陕西通志》卷二七
同恕	鲁斋书院	陕西	侍御史赵世延即奉元置鲁斋书院，以先生领教事	《宋元学案》卷九五《萧同诸儒学案》
欧阳龙生	文靖书院	湖南	任文靖书院山长	《宋元学案》卷八八《巽斋学案》
赵复	太极书院	燕京	赵复主讲书院，传授程朱之学	《宋元学案》卷九〇《鲁斋学案》
姚枢	太极书院	燕京	与杨惟中创太极书院，延聘赵复主讲	《宋元学案》卷九〇《鲁斋学案》
林起宗	邱林书院	直隶	林起宗讲学于邱林书院	《宋元学案》卷九一《静修学案》
杨如山	淮海书院	江苏	任淮海书院山长	《宋元学案遗补》别附卷二
曹鉴	淮海书院	江苏	大德五年，用翰林侍读学士郝彬荐，为镇江淮海书院山长	《元史》卷一九〇《曹鉴传》
程容秀	明道书院	江苏	延祐中，起为明道书院山长	《宋元学案》卷八八《巽斋学案》

第七章 元代书院教学思想

续表

学者	院名	院址	书院活动	资料来源
吴 澄	江东书院	江苏	吴澄主讲其中，郡士受业者甚众	《宋元学案》卷九二《草庐学案》

由于《宋元学案》是关于宋、元两代学术思想研究的著作，它主要记载了这一时期学术成就显著的学者及其门人的生平简介和学术观点，被列传者大多数在学术方面有所造诣，所以，还有相当一部分著名儒士、学者在书院传讲程朱之学，囿于史料的缺憾，很难全面地统计这些书院的数量。但是不难看出，程朱理学也成为了元代书院的主要教学内容。

由于理学在元代呈现朱陆和会的局面，程朱理学在元代书院传授的情况也不完全一样，大约有三种情况：第一完全传授程朱理学，赵复是其代表人物；第二具有"和会朱陆"的讲学特色，其代表人物是吴澄和许衡，时有"南吴北许"之称；第三具有"由陆入朱"的讲学倾向，代表人物有史蒙卿、郑玉等。

对具体的教材而言，元代书院主要使用《论语》《孟子》《大学》《中庸》等儒家经书，以及周敦颐、程颐、程颢、张载、朱熹等理学家的著作。元朝科举考试的内容沿袭前朝以儒家经典为考试内容，而理学家朱熹对儒家经典的注解是当时读书人的主要学习内容，这也影响到元朝各个书院的教学。程朱理学成了书院读书人的必学内容，这导致书院和官学的教学内容趋同。在当时言必程朱理学的环境中，有书院对教学内容进行了革新，兼习其他课程。如山东濮州历山书院设有医学，河南内乡博山书院设有数学和书学，江西鄱阳鄱江书院设有蒙古字学。这在当时虽然只是个别现象，但却在一定程度上突破了程朱理学对书院教学内容的垄断性影响。

就教学内容来看，元代书院所教授的内容都是程朱理学，与宋代不同之处在于元蒙上层阶级为了稳固统治，把程朱理学变成统治中原汉人的一种手段，让书院必须学习程朱理学来禁锢读书人的思想，导致书院的教学内容单一僵化，少了书院自由讲学的氛围。在书院学习的生徒主要目的也是参加科举考试，教学内容更加狭窄。

二、教学组织形式

盛朗西在《中国书院制度》中指出，虽然蒙古游牧民族在政治上统一了全国，但教育仍由汉族儒学大儒主持，元政府对大部分书院虽加以控制，但由于统治阶级自身学术有限和稳固统治的需要，对教学活动未加干涉和过问。所以，元代书院还保留前朝书院自由讲学的风气。宋朝的一些巨儒入元不仕，专心讲学，无视元代官府的限制，依然按宋代书院的旧规办学。另外，即使官学化书院的山长，如同恕主持鲁斋书院，黄泽主持景星、东湖书院，胡炳文主持明经书院，程端礼主持江东书院，并不是拘泥于专业的学习，而是重视传授学术思想。元代书院继承发扬的教学组织形式主要有自由讲学和分斋教学。

1. 自由讲学

在我国历史上，真正的自由讲学只在春秋战国短暂出现过，自董仲舒提出"罢黜百家，独尊儒术"之后，已没有自由讲学。我国历史上一直存在官学和私学两种教育形式，相较而言，私学的教育有更多的自由。私学的老师可以与时俱进阐释自己对儒学的注解，这种遵循儒学意识形态前提下的自由讲学对儒学的自身发展是有益的。从先秦诸子百家的私学，到汉代儒家学者的精舍、魏晋名士的清谈讲学，再到唐代的书院，自由讲学这种教学形式是私学教育的传统并且一直延续不断。书院由于较少受到统治阶级的控制，宋元的理学家利用书院进行自由讲学，研习、讨论和传播自己的学术思想，自由讲学成为书院主要的教学形式。

元代书院实现自由讲学的方式有两种。

其一，是由儒学大儒遵循儒学意识形态进行传道授业解惑式的讲学。这种教学组织形式要求教师具有高深的学术造诣，学生数量不一，教师与学生可能是一对一或一对多。元朝时期理学家入元不仕，不满于蒙古游牧民族的统治，只能延续书院自由讲学的传统，在书院传播自己的学术，间或邀请巨儒来书院讲学。

其二，会讲或讲会。顾名思义类似于今天的学术研讨会，对儒家经典持有不同见解的学者约定时间地点，对同一问题发表自己的看法，辨析异同。讲会制度产生于南宋时期，讲会把会讲发展成为一种学术组织，即由学者们定期聚会讲学的组织。会讲、讲会允许不同学派同时自由讲学，这种教学形式能够体现"百家争鸣"的精神。但是，元代由于其特殊的政治环境，南方学者多入元不仕，讲学山中，自然少与外界往来，不作讲会；而北方则学术氛围差，讲会之风气不盛；再则，元政府为了防止汉人谋反，也不会允许学者聚集一起；另外大部分书院由于官学化的加强，讲习的科目多属制艺举业，讲学活动受到影响。这些使得讲会制度有名无实，从而也就失掉了书院区别于一般学校的特点。所以，讲会在元代不及宋代和后来的明清盛行。

2. 分斋教学

分斋教学源于宋初教育家胡瑗在苏州、湖州（今浙江湖州市）两地州学中设经义、治事二斋以教诸生的形式。后来它被中央太学、国子学采用，书院亦沿用其意而实行分科、分级教学，类似今天的班级教学。分斋教学使教学内容有确切的程度区分，能根据学生的兴趣、爱好和特长来组织教学，调动学生学习的积极性。比如，元代建康路学、上元县学、江宁县学、明道书院和南轩书院等五所学校，大德元年（1297年）在"申明学校规式"时规定，各校在籍儒生一体分治经、治赋名目"坐斋读书，延请讲书训诲"。书院与官学一样，实行分斋教学。又如女真族人富珠哩翀，从中奉大夫浙江行中书省参知政事退休后，欲在顺阳建博山书院。当时规划分置六斋：治礼、治事、经学、史学、书学和数学。前四者为传统学科，书学和数学则已涉及艺术和自然科学等门类，是教学内容方面富有创意的拓展。虽然，在至元四年二月富珠哩翀去世，其"方经营之"的书院是否按其规划开展分斋教学尚待考证，但这种分设专科组织教学的创意，以及由此而展示的书院多样化的文化教育功能值得注意。

三、教学方法

教学方法可谓是最能体现书院的教学特色。中国古代私学学生人数有限，在教学过程中较重视生员自我学习能力的培养，师生之间通过问难论辩明经辩理，在教学过程中形成了重启发的教学传统。书院继承和发扬了这一优良传统，形成了丰富而独具特色的教学方法，如以学生自学、问难和论辩为主，教师指导为辅的教学方法。元代书院除继承了唐宋书院教学的优良传统外，许多教育家在书院的教学实践中，又给予丰富和充实。下面就是元代几位著名教育家在书院教学实践中运用的重要教学方法。

1. 读书指导法

自先秦以来的私学有一个特点就是注重培养学生自我学习能力，书院教学继承了这一优良传统。书院的老师在教学过程中为了培养学生的学习能力，根据自己治学的宝贵经验和实践，为学生在学习的内容、学习的重难点、学习方法等方面事先作了策划和安排，让学生在老师事先安排下自我学习和自我提高。

读书指导法最有代表的是元代理学家程端礼的《程氏家塾读书分年日程》，在他担任建康路江东书院山长期间，根据自己的治学经验同时借鉴朱熹的读书方法制定了该日程。该日程对教学目标、读书年限、学习内容和学习方法等方面进行了详细的说明，相当于一部自学手册。

程端礼的教育目标是培养通儒，即通经、通史和能文的学生，所以《程氏家塾读书分年日程》的学习内容主要包括经、史和文三个方面，可以说日程规定的学习内容相当广泛和全面。为了把较多的学习内容以一种科学的方法让学生习得，程端礼在日程中对自学的先后进行了分类，即学前、小学和大学。对学生学习过程中的细节、日程也有详细的描述，如对每天读什么书、背诵哪篇文章、练习什么字、抄写什么文章、检查和考核的方法等等，都作了具体规定。

程端礼很赞同朱熹提出的"循序渐进，熟读精思，致一不懈，虚心静虑，沉潜玩索，切己体察，着紧用力，善疑诘难，不主私意和持志笃行"，认为这些方法有利于学生的自学自得，对于今天广大学生的自我学习也有很大的借鉴意义。

从以上种种不难看出，《程氏家塾读书分年日程》就是一份详细的教学计划，该计划体现了程端礼丰富的思维治学和教学经验。由于日程在自学的内容、顺序和主次方法等方面的科学性和实用性，深得读书人的喜爱，被全国其他书院普遍效仿，在一定程度上对书院的教学也产生了深远的影响。

表 7-2 程端礼"读作举业日程"表①

一日	一日	一日	一日	一日	一日	一日	一日	一日	一日
以六日之早以序倍读四书本经、传注、或问						三日之早读经、骚、韩文		以全日作头场文	
以九日之饭后看读头场文字，以性理制度、治道故事周而复始										
以九日之夜随三场四类编钞格料批点抹截								夜改所作	

2."治生"的教学方法

许衡曾主讲于正学书院，提出了为学以治生为首务的主张。"治生"就是指谋生之计，解决经济生活问题。他说："学者，治生最为先务。苟生理不足，则于为学之道有所妨。彼旁求妄进，及作官谋利者，殆亦窘于生理之所致。士君子当以务农为生，商贾虽逐末，果处之不失义理或以姑济一时，亦无不可。"②许衡认为生存是第一要务，只有在解决了生存的需要后，才能有时间和精力来一心求学。

在他看来，解决生存的方法不仅是务农，也可以经商。在万般皆下品唯有读书高的年代，许衡能提出这样的教学方法，实在难能可贵。他还以三国时期的诸葛亮身居高官做到衣食自给，才能够做到一生清廉的事例，来说明"治生"的重要性。在近 800 年前许衡就提出具有唯物主义因素、为学不忘

---

① [元] 程端礼撰：《程氏家塾读书分年日程》，清文渊阁四库全书卷二，第 13 页。
② [清] 黄宗羲撰：《宋元学案·鲁斋学案》，清道光刻本卷九十，第 1643 页。

"治生"的主张，不但在当时，就是在今天也有很大的借鉴意义。因为这种主张要求学风、教学内容和方法也要随之改变，这样在某种程度上就改变了书院沉闷僵化的学习氛围，也为后人提倡"实学"和反对理学禁欲主义提供了理论和实践证明。

许衡在自己一生的教学生涯中围绕其"治生"的教育主张，提出了多种教学方法，目的是让学生习得"治生"的本领。

首先，教学要育人。"养育天下以济天下之用"，并对科举培养无用之人、无"治生"能力之人表示不满。由此，他提出"变气质"的教育价值功能说，"养见在之明，开未开之明"。

其次，以德为主。培养学生从小就具备"自下事上之道"，对学生要"教之以洒扫应对进退之节"，要对学生进行格物致知、诚意正心、修己治人，以至修身、齐家、治国、平天下的教育。要求学生从小事做起，严格遵守行为规范，"勿以恶小而为之，勿以善小而不为"，一切好的事情要从小事做起，只要长期坚持做好小事，到了一定的时候就能成就大的事业。

这些教学方法一定程度上对学生起到"开未开之明"之目的，"其为学也，以明德达用为主；其修己也，以存心养性为要；其事君也，以责难陈善为务；其为教也，以洒扫、应对、进退为始，精义入神为终，虽时当柄凿，不少变其规矩也"[①]。后来，他的弟子王梓、耶律有尚、姚燧等，均得此育人之泽，而成为元庭高官。

3. "实悟"和"实践"的教学方法

所谓"实悟"，就是学习不仅要知其然，更要知其所以然，对于知识要读懂弄通。所谓"实践"，是指读书学习不仅要读万卷书，更要行万里路，要知行合一。元代理学家吴澄认为，教学或读书坐而论道不如"实悟"和"实践"。在他看来，教学的根本问题是"求诸己之心"，而不是"求诸人之言"。"身，非身也，其所主者心也。心，非心也，其所具者性也。性，非性也；其

---

① 《欧阳元神道碑》

所原者无也。"① 这就是"学必以德性为本",教学的任务在于发扬天赋的德性,而不在于所获书本知识的多少。他曾说过:"若曰:徒求之《五经》,而不反之吾心,是买椟而弃珠也。此则至论。不肖一生切切然,惟恐其坠此窠臼。学者来此讲问,每先令其主一持敬,以尊德性,然后令其读书穷理,以道问学,有数条自警省之语,又拣择数件书,以开学者格致之端,是盖欲先反之吾心,而后求之《五经》也。"又说:"学者功夫,当先于用处着力。""读《四书》有法,必究竟其理而有实悟,非徒诵习文句而已;必敦谨其行,而有实践,非徒出入口耳而已。"② 并且一针见血地指出:"今不就身上实学,却就文字上钻刺,言某人言性如何,非善学者也。孔、孟教人之法不如此。"③

为了更好地说明"实悟"和"实践"的重要性,吴澄曾形象地举了一个例子:某人如果到某地实地走访观察,对某地的风土人情了然于胸;如果仅仅是道听途说,由于信息来源不一,则导致自己对该地的认识愈加糊涂。吴澄在这里反复强调"实悟""实践"的重要,指出脱离实际只学书本知识的弊病。只有理论联系实际,将知与行有机地结合在一起,通过"实悟""实践"有了切身的体验,才能从中获得真实可靠的知识。

4. 学友切磋互助的学习方法

郑玉曾主讲于师山书院,他本人主张理论和实践要知行合一,学习就是向圣人看齐,在教学方法上提出了自己的见解。在学习上,郑玉主张同窗之间的相互学习,共同进步。为了达到这个目的,他认为择友很关键,反对滥交。"大凡取友,有可交者则交之,至于无人,则上交千古、下求知己于百世之后可也。又岂可以无友之故,辄与人交?不成辅我之仁,成我之德,适足以为我之累,亦所当戒也。"④ 他十分看重学友对个人学习的切磋帮助,"其是始至终、自少至者、长吾之志。成吾之才,惟朋友是赖。""朋友之伦,虽非

---

① [清] 黄宗羲撰:《宋元学案·草庐学案》,清道光刻本卷九十二,第 1664 页。
② [清] 黄宗羲撰:《宋元学案·草庐学案》,清道光刻本卷九十二,第 1667 页。
③ 《草庐吴文正公全集·答人问性理》
④ 《师山遗文·与鲍仲安书》

无届。而于人之情则至近且密也。"① 由于学友同窗之间，朝夕相处，彼此了解，感情融洽，友谊深厚，因而在学习上相互切磋，彼此相帮，解答疑难，交流心得，取长补短，集思广益，就能收到共同提携、学业日进的成效。郑玉重视学友间学习上的切磋互助，发挥群体优势，达到共同进步的目的，他的这一主张是值得提倡和推广的，也提示我们在教学过程中注重生生关系的培养和引导，通过同学间的合作与交流，做到取长补短，求得同学间的"和谐"，达到共同进步与提高的目的。

四、师生关系

师生关系就是指在教育过程中形成的教师与学生的人际关系。由于书院的教学有别于官学纯粹机械的师授生受，师生关系比较融洽。之所以能够做到这一点，是因为书院大师们不但德行学问堪称表率，而且辛勤教诲，始终关心学生的进德修业。朱熹曾对各级学校中普遍存在的师生相视漠然如行路之人之状况很不以为然，在强调"书你自己去读，道理你自己去究索"，鼓励学生"自去理会，自去体察，自去涵养"的同时，也指出了老师的作用在于做学生的引路人，"某只是做得个引路底人，做得个证明底人，有疑难处，同商量而已"②。那么，指引商量的前提，是要有一个融洽和谐的师生关系。只有这样，学生才敢于请疑问难，老师才能有针对性地因材施教，才更能让学生心领神会，心悦诚服。

和谐融洽的师生关系需要教师尽职尽责，热心教学，关爱学生。如果一个教师不热心于教学，谈何融洽的师生关系？教学效果不好也就在情理之中。元代书院的教师一般由山长充任，山长是书院的最高负责人，相当于今天大学的校长。山长身兼数职，例如主管书院教学、院务、财务，选聘教师、印刷等庶务，山长的称职与否直接关系到师生关系是否融洽，进而影响书院的

---

① 《师山先生文集·燕乐堂记》
② 《朱子语类》卷十三，成化九年陈炜刻本，第148页。

教学质量与书院兴衰。元代书院官学化的结果使山长挑选不精，有的山长以官自居，贪图享乐。众所周知，书院都是建在高山之巅，大河之畔，人烟稀少，生活条件艰苦，导致打上官员烙印的山长，大都不能长久生活工作在书院，致使书院的教学质量大打折扣。正因为书院所在之地荒僻，"长此山者，不堪其寂寞，皆即村镇，僦屋以居，朔望乃仅一至，为教事可知已"①。又如美化书院，"茌是官者，薄其地迂廪脊，往往托故不至"，以至于"礼殿六楹，孤立风雨中，肖像弗建，奠谒靡寄，赡粮祭器，若其他供养居止之需，种种匮乏"②。顺昌县双峰书院的山长学官，"以其廪薄地寒，特籍名苟岁月去，而田制之盗霸，既莫于主张。是则朔望无告礼，衿佩无来迹，出内变化，任匹夫为之，破庑颓垣，保奸聚慝，弗问弗省"③。还有一些人，把书院当作升官发财的阶梯，并没有把心思用在教学上，"今世之学官，大率借径以阶仕进……学之所至皆所不问，唯计日书满，以待迁而已"④。有的书院经济基础薄弱，条件艰苦，山长到任不久，往往借故离去，使得书院无法开展正常的教学活动，如姑苏城东的丹阳书院，"老屋数楹，岁乏常入，教官借廪郡庠，几无容托。甫至，突未黔，寻托事去，无以振宣文化。踵袭滋久，见闻为常，礼摧乐暗，莫克扶植"⑤。也有一些书院，尽管财力雄厚，但也有些山长不利用这些条件去做一番事业，而是得过且过地混日子，"每借阶饵腴禄，故视事席未暖，辄乞委引去，视庙堂芜圮，墁瓦飘剥，漫不经意"⑥。这类山长无心教学，对学生视而不见，师生关系僵化，教学效果差也是在所难免的。

然而在元代，也有许多山长值得今天的教师学习。如胡炳文恪尽职守，一年三百六十五天，除岁首年末的十多天，用于人事往还之外，其他时间全都用在明经书院的教学和庶务上。这样的山长，也不在少数。如对元代书院

---

① [元] 蒋易撰：《送武夷山长张道生秩满归浙东序》，《鹤田集》卷上。
② [元] 戴表元撰：《美化书院记》，《剡源集》卷一。
③ [宋] 刘将孙撰：《重修南剑路顺昌县双峰书院记》，《养吾斋集》卷十五。
④ 吴澄撰：《赠绍兴路和靖书院吴季渊序》，《吴文正公集》卷十七。
⑤ [明] 陶安撰：《送丹阳山长刘彦质序》，《陶学士先生文集》卷二十。
⑥ [明] 陶安撰：《送天门孙山长序》，《陶学士先生文集》卷二十。

多有批评的吴澄，就对鳌溪书院山长王南书给予了很高的评价。王氏为山长三年，"庙宇之当修者无不修，课业之当办者无不办。上之临事者，虽欲伺察，而无疵之可指；下之观之者，虽欲诳惑，而无间之可乘。宾客交游之过从，待之无不得其当。不偷惰以废事，不巧免以避事，或厌其繁劳琐细，而君处之裕如也"①。抚州路临汝书院的山长张震，也是这样一个"尽力职事"的人，"租入无弊，廪膳有常。自礼殿讲堂、门庑斋舍久坏而弗修者，悉致其力而新完之，土田之久侵于人者，理而复之"②。这样的情形，的确是众多书院山长任劳任怨、勤于职守的真实写照。这样的山长也深受学生的尊敬和爱戴，师生关系融洽，自然有助于提高教学效果与质量。

五、教学评价

中国古代教学评价制度包括学校学业考评和社会选材考评两个方面，具有学业测定和人才选拔的双重功能。隋唐以后，科举制创立，二者的联系更加紧密。元代书院对教学的评价除了其固有的课考外，由于书院走上官学化道路，受政府的管束，书院学生与官学生员一样接受科举的检验。

1. 形成性评价——课考

考试是书院用以对生徒进行德性与学业考核、评定优劣、确定升降、给予奖惩的一种制度。它源于传统的察举制度，吸取了唐宋以来官学考试与科举考试的诸多优点，在长期的实践中形成了自己的特色，成为中国古代考试制度的一个重要组成部分。中国书院起于唐代，书院的考试也起于唐代。《唐六典》规定，集贤殿书院的学士、直学士、侍讲学士、修撰官、校理官、知书官等，不管是"刊辑古今之经籍"，还是"辨明邦国之大典而备顾问应对"的，不论是"征求"遗逸贤才，还是"撰集文章，校理经籍"的，每个人都得参加考试。到了宋代，考试成为书院的一种制度。有关书院考试的记录，常见于史志文集之中，有入学考试、学业考试和德业考试等。如宋代徐元杰

---

① ［元］吴澄撰：《送鳌溪书院山长王君北上序》，《吴文正公集》卷十五。
② ［元］虞集撰：《抚州路临汝书院复南湖记》，《道园类稿》卷二十五。

《延平郡学及书院诸学榜》也谈及"每月三课，上旬本经，中旬论，下旬策，课册待索上看，佳者供赏"[①]。考试在宋代书院中已成为一种由"规程"与"学榜"公布并确定下来的制度，以德性和学业为考试内容，以招生入学和平时课考为主要形式。

  元代书院紧承宋制，所以元代书院考试应该是存在的，但有关课考的内容却鲜有记载。程端礼所定的《程氏家塾读书分年日程》，最后三年为科举考试作准备，教诸生练习与应付科举考试。虽然这个"日程"最初只是为程氏家塾所订，但它一出台即遇元代开科取士，因而受到欢迎，很多书院都予采纳。到清乾隆年间，皇帝诏令将"读书分年日程"与朱熹的《白鹿洞书院学规》一起颁行全国书院，影响甚大。因此，像宋代书院一样，元代书院应付科举而进行考试是完全有可能的，但留下来的文献对此项记载却很少。

  2. 终结性评价——科举

  科举制自产生以来一直是历代统治者网罗人才、选拔官吏、补充和扩大统治队伍的最主要途径。它是一种地方预选与全国统考相结合，以考试成绩为主、德才貌全面衡量的文官选拔制度。由于通过它可使知识分子进入仕途并有可能获高官厚禄，故其考试标准、内容及其形式对元代书院教育教学的发展产生了极其重要的影响。元政府对肄业书院的学生有严格的要求，规定："自京学及州、县学以及书院，凡生徒之肄业于是者，守令举荐之，台宪考核之，或用为教官，或取为吏属，往往人才辈出矣。"[②] 在恢复科举制度之后，书院生徒与各级官学生徒一样，有资格参加考试，进入仕途。例如建康路学、上元县学、江宁县学、明道书院和南轩书院等五所学校，大德元年（1297年）在"申明学校规式"时规定，各校在籍儒生一体分治经、治赋名目，"坐斋读书，延请讲书训诲"，"晡后书名会食"，就是说书院生徒与官学的生员一样都享受免费"午食"，每月出赋论、经义、史评之类的题目考试，"路学、明道、

---

  ① ［宋］徐元杰撰：《梅野集》卷十一，文渊阁《四库全书》，共163页，第145页。
  ② ［明］宋濂、王祎撰：《元史·选举志一》，清乾隆武英殿刻本卷八十一志第三十一，第956页。

南轩书院，上元、江宁两县学，考中儒人花名，试中经赋，每月开申本路儒学，转申总督府照验，仍将试中经赋装褙成册，每季申解合干上司，以备岁贡相应"①。这说明，书院被纳入国家统一的学制系统，与各级官学一体看待，书院生徒享有各级官学学生同样的权利、同样的待遇、同样的出路，同样接受科举的检验。元代科举制的恢复与实施，极大地鼓舞了元代的各级儒士，"学而优则仕"的古训，已经嵌入社会的神经，一经刺激，整个社会便再次沉浸在读书做官的向往、兴奋与激动之中，使书院与路、府、州和县学一样，成为科举考试制度的附庸，丧失了宋代书院淡泊名利、志在问学修身的初衷。

第二节　元代书院教学思想的特征

元朝政府是我国历史上少数民族——蒙古族在全国建立的统一政权，这决定了蒙古民族文化与汉文化之间必然存在冲突与融合，反映在书院教学上就是程朱理学不断被统治阶级改造，形成了官学化倾向明显的书院教学模式。

一、元代书院教学特征

总体来看，元代书院的教学内容以程朱理学为主，教学方法在继承唐宋书院的基础上加以发扬光大，教学组织形式和教学评价与官学无异，师生关系整体上不融洽。由此，我们可以看出元代书院教学具有以下特征。

1. 科举化

所谓科举化是指书院逐渐被纳入官学体系，书院的教学与官学趋于一致，带有明显的科举烙印。从元代书院的教学内容、教学评价等方面可以看出元代书院教学的科举化特征，程端礼的《程氏家塾读书分年日程》体现出了此特点，这一"读书工程"② 是书院科举化的理论基础，它不但为元代书院采

---

① 《行省坐下监察御使申明学校规式》
② 包括《元史》在内的诸多史料都将《程氏家塾读书分年日程》称作"读书工程"。

用，而且对明清书院科举化的影响也相当大。分析《程氏家塾读书分年日程》及程端礼的思想，可以管窥元代书院为科举而进行教学活动的概貌。

据《宋元学案》记载，程端礼"初用举者为建平、建德两县教谕。历稼轩、江东两书院山长，累考授铅山州学教谕，以台州教授致仕"①，其一生都在从事教学活动。程端礼认为课程教学计划是培养科举人才的重要保证，所以十分注重课程教学计划的制定。"学校法未立，故其所教所学，不过随其学官之所知所能，故犹不免于前日之涉猎剽窃，而无沉潜自得之实，所试经义，固守反复虚演之旧格，而试官不能推本设科之深意，以救末流之弊。"② 正是出于当时教学内容不定，学生自学能力不强及教师素质不高等方面的认识，程氏为其家塾子弟、其所讲书院及官学生徒制定了《程氏家塾读书分年日程》，并将其应用于书院和官学教学之中。程氏是在综合了朱熹的《朱子读书法》《学校贡举私议》《白鹿洞书院教条》《程董二先生学则》《西山真先生教子斋规》以及《果斋训语》等成果的基础上，提出了《程氏家塾读书分年日程》。据《送王季方序》云："余因以辅汉卿所萃朱子读书法六条，以辅其志，仅二年，《四书》《易经》《传注》通念晓晰，同学者不能及远甚。"③ 由于日程对提高教学质量有明显的作用，所以《程氏家塾读书分年日程》虽然是为家塾子弟所作，但实际上成为了指导书院和官学教学的课程教学计划。

作为儒学家的程端礼，对元代科举以程朱理学作为考试内容相当赞同，认为这样可以使经术、理学和举业三者统一起来，以选拔更多精通程朱理学的人才。但是他认为大多数读书应举的士人还没有掌握程朱理学的方法，以至于他们将程朱理学看作是获得科举功名的工具，于是他"不自揆，用敢辑为《程氏家塾读书分年日程》"④。由此可见，《程氏家塾读书分年日程》的指

---

① [清]黄宗羲原著，全祖望补修：《宋元学案》卷八七《静清学案》，中华书局1986年版，第2913页。
② [元]程端礼撰：《畏斋集》卷五《弋阳县新修蓝山书院记》，《四库全书》第1199册，第682页。
③ [元]程端礼撰：《畏斋集》卷四《送王季方序》，《四库全书》第1199册，第675页。
④ [元]程端礼撰：《程氏家塾读书分年日程》序，黄山出版社1992年版，第1页。

导思想就是要培养掌握程朱理学与举业统一的人才。《程氏家塾读书分年日程》规定的书目既是科举考试必须掌握的内容，也是作举业文章的基础。举业文章只是掌握了程朱理学以后的自然流露，"大抵作文办料识格，在于平日。……及作文之日，得题即放胆。……立定主意，便布置间架。以平日所见，一笔扫就，却旋改可也"①。这实际上保证了教学既能使生徒成为精通程朱理学的学者，又能培养出符合朝廷选拔意图的科举人才。程端礼在书院教学中所从事的科举时文教学是建立在掌握理学基础之上的，不但符合传统儒家所谓的"学而优则仕"理想，而且也是对宋代书院科举观的继承和发展。特别是元代以程朱理学为科举考试内容，使程朱之学与科举直接结合起来，书院在教授程朱理学的基础上培养生徒应举既符合朝廷的意图，也能为广大士人所接受。

总之，《程氏家塾读书分年日程》从理论上提出了书院如何为科举而教学的问题，是对宋代以来新儒家书院科举观的总结，它成为元代时期书院为科举而教学的理论基础。但在实际的教学过程中，由于科举对士人产生的诱惑实在太大，这一合理的教学计划被生搬硬套，导致科举考试内容的僵化，加上书院山长素质参差不齐，元代大部分书院都偏离了"理学与举业贯一"的教学理念，片面追求科举，使之完全成为科举考试的训练机构。

2. 心理学化

所谓心理学化，就是元代书院教师在教学过程中，感性地意识到教学应遵循学生的心理成长规律，从而合理安排教学顺序。这一特征主要体现在许衡的阶段教学和程端礼的读书分年日程理论上。许衡曾主教于太极书院、学正书院，在教学实践中认识到教学要有次序，不可躐等，不可躁进。虽然他并没有从儿童的心理特征上认识到教学的循序性与阶段性，但他受朱熹为学之序的影响而提出的阶段教学思想，明显具有一定的心理学色彩。许衡将教学分为两个阶段进行，先进行小学阶段的教学，再进行大学阶段的教学。在

---

① [元]程端礼撰：《程氏家塾读书分年日程》序，黄山出版社1992年版，第1页。

小学阶段，他认为应以《小学》《四书》为教材，同时进行洒扫、进退和应对等实践练习，学习初为人之道。在这一阶段的教学过程中，许衡还十分注意充分发挥学生的主观能动性，调动学生的学习积极性。他采取了小先生制的教学方法，把教学活动进行得灵活有趣。这样的教学方法，遵循了学生的心理发展规律，收到了良好的教学效果。在大学阶段，许衡认为应以《诗》《书》《易》和《春秋》为教材，这一阶段要求学生讲求修己治人之道，以达到统治阶级所要求的人才标准。许衡的阶段教学思想，已逐渐地涉及了儿童的年龄阶段与教学的阶段性之间的关系。

程端礼编制的《程氏家塾读书分年日程》则具有明显的教学心理学色彩，其中年龄阶段与教学阶段的划分更加具体化。在每一年龄阶段，教师根据相应的年龄特征指导学生读不同的书，所用的读书方法与教学方法也不同，所达到的程度也不同。

一是八岁未入学前。这时教儿童读《性理字训》一书，同时又主张将朱熹拟定的《童子须知》贴在墙上，让儿童在饭后记说一遍。

二是八岁入学到十五岁。这时先让学生读《小学》一书的正文；然后指导学生依次学习《大学》《论语》《孟子》和《中庸》的正文以及《孝经刊误》一书。如果有的学生在这一时期学习上失时失序，没有达到要求，就应该让他们停下来，只让他们学习《大学章句或问》，同时再补学《小学》一书。

三是十五岁到二十岁左右。程端礼认为，学童到了十五岁，应当让他们明确自己的志向，"为学以道为志，为人以圣为志"。从这一阶段目标出发，应指导学生从四书注的学习入手，逐步学习《论语集注》《孟子集注》和《中庸章句或问》，同时还让学生抄读《论语或问》《孟子或问》，然后在学完上述内容的基础上，指定学生抄读《周易》《尚书》《诗》《礼记》和《春秋》等教材，并节抄所选定的注解。程端礼认为这样学习，既学通记牢了知识，又在为人上向圣人靠近了许多。

程端礼非常重视这一年龄阶段的学生，主张他们应专门学习历史，白天学习教师所授的史书，夜间对白天所学习的内容进行温习巩固，达到知史于心的程度。他选定的教材为《通鉴》《韩文》和《楚辞》。在学习《通鉴》时应选定一些参考书，如《纲目》，两汉以上选看《史记》《汉书》，唐代部分参看《唐书》及《唐鉴》。这样将参考书与正规教材结合起来学习，拓宽了学生的知识视野，使学生对历史知识的了解也更加巩固和深入。

四是二十岁以后。程端礼认为在这一年龄阶段，学生除了温习所学的知识外，应该用二至三年的时间来专心致力于文章的学习，为科举作准备。按照这个学习程序，到二十二三岁，或二十五岁就可以去应科举考试了。对于在学习上曾"失时失序者"，经过补课，只不过增加二三年的时间，只要自己努力，在三十岁前也可学完课程，参加科举应试。

程端礼的读书分年日程被现代学者称为古代的一部"教学论"。[①] 这一分年日程的创造性在于：首先，它是详细的分年教学计划，规定了各阶段的课程设置及学生所要达到的标准和要求，从而使教学有了明确、具体和详细的规范可循，这在中国教学思想史上是第一次。其次，这一教学计划所涉及的年龄范围，相当于现在从幼儿园到大学的年龄范围，并且各阶段所涉及的教学内容与这一阶段的学生年龄特征也是基本适应的，具有一定的合理性。

当然，程端礼没有科学地分析学生的心理特征，以年龄阶段或教学阶段划分根据也不充分，这与当时的科学发展水平有关。心理学直至近代才出现，因而在这以前的教学思想中所涉及的人的心理知识，也就处于朦胧的经验范围，具有很大的主观性。在这个意义上，说元代书院教学具有浓厚的心理学色彩也是不为过的。

3. 书院教学传统弱化

书院在唐五代已初具规模，北宋时声名显赫，到南宋时则发展成熟，《白鹿洞书院揭示》的制定标志着书院制度的确立。书院在发展过程中逐渐形成了自身的教学精神和传统，书院游离于官方统一教育之外；书院教学的主要目的是完善个人品德和增进学识，也就是所谓的"为己之学"；不同于一般私

---

① 陈侠著：《课程论》，人民教育出版社1989年版，第47页。

学和所有官学中单纯的师授生学的被动学习，书院以学生的读书思考为主，辅之以硕儒的会讲、师生间的讨论和学生相互切磋等教学形式；有别于其他类型的学校，书院有其自身的学术师承关系，最典型的体现是书院祭祀本学派的宗师。

在元代，理学与元蒙政权结合成为官方学术，因而和理学一体化的书院也被视为官学，成为国家学制系统中的一员。书院的教学内容主要是僵化的程朱理学。书院生徒与官学生员一样参加科举考试，教学的目的主要由"为己之学"转为"为他之学"。由于书院的最高长官与其他儒学的教授、学政、学录和教谕一样，处于统一的学官系列之中，可以升迁转调，很多山长忙于自身的升迁，无心教学，师生关系不融洽。由于政府委派山长，容易出现师资良莠不齐的现象，教学质量下降。由于元代特殊的政治环境，书院固有的讲会制度消除；各级政府在下达有关学校的公文、规范时，也无不包括了书院。从整体上看，书院在唐宋形成的优良教学传统在元代受到不同程度的弱化。

元代学者程钜夫非常反感书院官学化的现象，对一些没有官学化的书院，如东庵书院给予了很高的评价："书院之建，既不隶于有司，无势以挠之，岁时假给从己出，无利以汩之，又必择良师友而为之教，则无庞茸冗秽之患矣。故教者用其明，学者保其聪。教者循循焉而不知其所化，学者充充焉而不知其所得。"[①] 从中可以看出，书院官学化存在这样几个问题：一是书院的管理者一心以巴结逢迎上司为事，图虚名而不求实效，荒废了书院的教学。所谓"天下之学，廪稍不足者，士既无所于养；廪稍之有余者，祗益郡县勾稽觊望之资，教官率以将迎为勤，会计为能，而怠于教事。非其人皆不贤，其势然也"[②]。二是责、权、利不明确，上司得以以势干扰书院正常的教学，而书院

---

① 《东庵书院记》，《雪楼集》卷十三，文渊阁四库全书，共383页，第141页。
② 《代白云山人送李耀州归白兆山建长庚书院序》，《雪楼集》卷十五，清文渊阁四库全书，共383页，第163页。

的开支无所出。只有"书院既不隶于有司,而教育之功乃得专焉"①。三是师儒选择不精,良莠不齐,使得师道不立。"国朝以来,中州之学自许文正公既没,师道之不立,未有如今日者。"② 书院所具有的灵活多样的教学形式,渊博精深的教学内容,融洽和谐的师生关系等都大打折扣。

二、元代书院教学特征的原因分析

元代书院教学凸显了科举化、心理学化和教学传统弱化的特征,导致这种现象的原因根本上是书院历史发展的必然,也是统治者对书院加强控制的结果,具体来说是元代书院官学化和理学转变的使然。

1. 官学化

元代书院的官学化,是书院历史发展的必然趋势。虽然书院最初具有私学性质,但书院官学化的进程,几乎与书院的发展同步进行。因为在专制集权的社会里,元朝统治者是不会让一个对传统学术和民族心理都有着重大影响的教育机构长期游离于集权统治之外的。元朝政府在建国初期没有力量创办足够多的学校,以容纳所有的学子,因此鼓励各种民间力量兴办有裨教化的学校。随着国家的统一,政局的稳定,元政府不愿看到民间学校的失控,就用诸如科举考试这样的有效政策使之就范。另外元朝政府是蒙古人建立的政权,更不愿看到书院成为汉人动摇其统治的策源地。

而由于受浓烈的皇权思想和官本位意识的影响,绝大多数书院的创建者,都希望自己的书院能够得到国家的认可,被接纳到国家统一的学制系统中。这样,书院不但可以作为进入仕途的阶梯,也可以得到政府的保护,同时还可享受官学的待遇,得到政府拨给的学田,充实书院教学的经费。所以元代书院官学化,并不只是官方为了加强管理和控制的单方面需要,创建书院的民间力量,也在努力迎合乃至促成这种政策的实施。在当时人们的心中,建

---

① 《代白云山人送李耀州归白兆山建长庚书院序》,《雪楼集》卷十五,清文渊阁四库全书,共383页,第163页。
② 《东庵书院记》,《雪楼集》卷十三,清文渊阁四库全书,共383页,第141页。

学就得有官派山长，才是一所书院体制完备的表现。例如："建宁路浦城县，真文忠公之故居在焉。其孙渊子言其族人，用建安祠朱文公之比，筑室祠公，相率举私田，给凡学于其宫者，而请官为之立师。江浙行中书省上其事，朝廷伟之，名之曰西山书院，列为官学。"① 正是内外两方面的原因，让元朝书院很顺利地走上了官学化的道路。

元朝政府因势利导，通过比较温和的方式将书院纳入官学体系，置于政府的控制之下，与路、府、州县学一体看待，纳入统一的学制系统。元朝政府为控制书院采取了一系列的策略：①创建书院，严把审批。创建书院批报程序的复杂，手续的繁难，是元政府加强书院控制的重要一步。它从根本上杜绝了书院游离于政府的控制之外，把书院的控制权牢牢地操在手里。②委派山长，直接管理。山长是主持书院教学和院务的负责人，向书院委派山长，政府就控制了对书院的领导权。③拨置学田，掌握经济。元朝政府正是通过拨置学田等方式牢牢地控制着书院的经济命脉，有效地控制着整个书院。④书院官办，直接体现书院的官学化。官办书院的官学化特征最为突出，从最初的动议开始，它就处在官府的控制之中，书院的一切权力都来自官府。

元代书院的官学化，是书院从唐代问世，经过宋代的发展壮大，尤其是南宋书院的各种规章制度日趋完善后历史发展的必然结果：是从一种不被重视到被重视，尤其是被统治阶级重视的结果；从在社会地位上不确定不分明，到最终取得了与传统官学几乎同等重要的地位的结果。从这个意义上看，这是书院充满生命力，再也不能受忽视的明证。书院从唐开始，经历了创制、定制并取得合法地位，这是一个新生事物通常要经历的全过程，因此可以说，这个过程的最后完成是以元代书院的官学化为标志的。当然，虽然元代书院的官学化促进了书院教育事业的发展，但也产生了诸多弊端，不仅加强了对广大儒士的思想控制，而且从根本上弱化了书院以自由讲学、学术论辩为特征的办学传统，从而使许多书院混同于一般的封建官学，有的甚至徒有其名。

---

① ［元］虞集撰：《西山书院记》，《道园学古录》卷七，四部丛刊景明景泰翻元小子本，共596页，第92页。

2. 理学的转变

书院和理学从形式到内容是相互渗透交融的，形成了一种互为依托、互为表里的结构形态，书院是理学的基地，理学为书院的精神，二者盛衰同时，荣辱与共，有着休戚相关的共同命运。在元代，理学出现与元蒙政权结合、和会朱陆和转向致用的转变，这一改变也势必影响到书院教学的方方面面。

（1）理学与元蒙政权的结合

尽管南宋后期理学已经从边缘走向中心，在宋理宗以后逐渐得到官方的认可，可是毕竟没有成为制度。换句话说，由于程朱理学与科举仕进之间还没有形成制度化的链接，所以它基本上还处于自由发展的状态，信仰者只能根据自己的理解来保证自己对程朱理学的信服，从而存在不断超越程朱理学的可能性。然而，历史常常出人意料，这种来自汉族文明的程朱理学，没有在宋代完成它与汉族政治权力的结合，却在蒙古人入主中原以后，完成了它的制度化过程，实现了向政治权力话语的转变。

乍看起来，这仿佛是一个顺理成章、水到渠成的历史过程。翻看《元史》可以知道，在蒙元进入中原以后，尽管蒙古人很重视自己的民族文化，并垄断了相当多的政治资源，但是他们也不能不在汉人占绝大多数的地方，接受汉文化的传统与历史。因此，随着蒙古、色目人也形成了认同儒学的士人集团，元朝政府的文化策略就有了相当深刻的转变。首先，在蒙古太宗四年（1232年），耶律楚材就为蒙元人找到孔子后人第五十一代孙元措，袭封其为衍圣公，给予其林庙地，令招收太常礼乐生，并召入名儒梁陟、王万庆、赵著等人。四年后（1236年），又于燕京、平阳建立编修所和经籍所。再过一年（1237年），又令德州宣课使刘中随郡考试，为经义、词赋、论分三科，被俘为奴的儒学之人也可参加考试。于是第二年，各路都举行了考试。其次，在丁未年（1247年），尚未登基的忽必烈与张德辉就讨论过关于儒家文化真谛的问题，以及儒学在统治中的意义。第二年，在和林，张德辉又说服忽必烈修孔子之祭。1271年元朝正式建立时，宣布建国号为"元"，取自于《易经》乾元之义。这样，元世祖也就和汉族皇帝一样，凭借着汉族的历史与传统，把知识权力、宗教权力和政治权力集于一身，确立了自己的合法性，同时也无异于承认了汉族文明的合理性。再次，到元仁宗皇庆年间，科举条制得到施行，规定了凡考经问或明经的人，以《大学》《论语》《孟子》《中庸》为课本，以朱熹《四书章句集注》为参考书。于是宋代形成的理学便在元代与政治权力开始结合，成了有权力的知识话语，使程朱理学成为书院法定的教学内容，独尊朱熹，罢黜其他。独尊的结果，只能是阉割程朱理学的精神实质，使程朱理学丧失了必需的发展张力，进而使书院徒具躯壳，书院教学的自由精神传统逐渐丧失。

（2）和会朱陆

学术的发展恰如河流，有源头，有主流，有分支，有交汇，有归宿。宋代儒学是在汉学基础上发展起来的新儒学，元代儒学与宋代儒学又有着直接的继承关系。因此，讨论元代陆学与朱学之间的关系，自然就涉及宋代儒学。宋代是学术繁荣的时代，儒家学派众多，但是最有影响的当属理学。宋代理学是以儒家经学为基础，兼采佛、道思想而形成的新儒学。理学是以"理"（又称"天理"）作为世界万物的本体。南宋的理学在发展进程中分化为两大派别，朱熹和陆九渊分别成为一个派别的代表人物，故被概称为朱学和陆学。从哲学思想上划分，朱熹的学说属于客观唯心主义，而陆九渊的学说则属于主观唯心主义。由于陆九渊提出"心即理"，故陆学亦称为"心学"。朱熹的理学体系是在吸收了北宋周敦颐、二程（程颢、程颐）等人的学说的基础上建立起来的，故又称为程朱理学。

元代理学总体上继承了宋代理学最基本的思想原则，他们的天道观、心性论和知行观等等，都是旨在论证封建纲常伦理的合理性，即合于天理。元代理学家同样都十分看中四书五经，讲求儒家经义，探究义理之学，坚持儒家传统的道德修养方法。在这个意义上说，元代理学与宋代理学是一脉相承的。因此，朱熹、陆九渊各执一端之说对元代书院教学观的影响甚大。朱熹在认识天理的方法步骤上，强调由外知体验内知，即由外界的格物以达到致知，这又叫做"格物"的写实工夫。但"格物"的写实工夫，容易流于支离繁琐，或者流为训诂之学。而陆九渊的本心论强调直指本心的"简易"工夫，但却存在着谈空说妙、流于禅说的弊病。朱陆之间，从本体论到方法论都有分歧，但主要集中在陆学的"发明本心"与朱学的"格物穷理"的争论。虽然这本来是属于如何体验天理的方法途径问题，但争论的结果却成了两家分歧的焦点和原则，因而它也就成了判断是陆学还是朱学的原则。尽管朱陆两家存在着争议或差异，然而他们在本质上却是一致的，即都是宣扬孔孟之道，维护封建制度，要人们严"义利之辨""存天理、灭人欲"，使自己的思想行为符合封建的三纲五常、仁义道德。这种同一性为二者合流奠定了基础。

元代继承朱陆理学的学者，只有极少数人认为朱学和陆学是泾渭分明，不可调和的。大部分学者如许衡、吴澄、郑玉、许谦、宋濂等看到了朱学和陆学的不足之处，认为如果不能兼容并包，结果是各自的学统将难以为继。元代理学出现朱陆合流，结果使其减少了空疏流弊，具有了笃实精神。朱学方面的人物，一方面坚持笃实的工夫，另一方面也兼取陆学"简易"的本心论，以避免朱学的"支离"泛滥。而陆学方面的人物，在坚持反求自悟的本心论的同时，也兼取朱学致知、笃实的工夫，使陆学不致于谈空说妙、流入禅门。

元代书院的山长发挥宋儒理学思想作为教学思想的理论基础。如郑玉曰："朱子之说，教人为学之常也；其流弊也，如俗儒之寻行数墨，至于颓惰萎靡，而无以收其力行之效。陆子之说，高才独得之妙也；其流弊也，如释子之谈空说妙，至于鲁莽灭裂，而不能尽夫致知之功。"[①] 他批评朱氏的理学过分在书本学习上花功夫，以致使人"颓惰萎靡"，而不体现实用性，结果远离实践；而陆氏的理学在学习知识上不够，多在空谈心性。这种折中朱陆理学的教学观在书院教学内容上表现为强调儒家经典的学习，在培养人方面注重道德修养，教学方法上提出"实学""治生"的主张。

(3) 转向致用

---

① 《送葛子熙之武昌学录序》

元人看到，尽管四书经过朱熹的注释，"其义大明于天下"，江南之人家传日诵，却并不付诸实行，终至空谈误国。元代理学家特别是郝经、许衡等人以此为鉴，他们反对把理学变成"高远难行之理"，而重视把经过两宋理学家发挥过的儒家思想应用于元代的政治实践，以解决社会的现实问题。因此，元代理学的主流，并不十分注重义理的探索，而是重在义理的普及与运用。这反映出元代理学家朝着致用方向的发展，比较重视科学知识的作用。许衡是最突出的代表。他的知识面很广，"凡经传、子史、礼乐、名物、星历、兵刑、食货、水利之类，无所不讲"①。因为他"知历理"，而受命与著名天文学家郭守敬等修订历法，并新制仪象圭表，进行实测，根据天体运行的自然规律，制定了《授时历》，颁行全国。许谦亦以知识渊博见称，他不仅精通"名物度数"，且于"天文、地理、典章、制度、食货、刑法、字学、音韵、医经、术数之说，亦靡不该贯"②，这些都反映了元代理学的致用倾向。

这一转变深刻地影响了书院教学，正如刘鹗在《齐安河南三书院训士约》曰："实学之宜重也。何谓实学？凡有资于经济、达于政事者是也。夫士学以待用，因待用而学，而学又皆无用，可谓知务乎？古之学者三年而通一经，此经一明，推之不可胜用也。昔左史倚相，能读八索九丘之书。当时称为贤辅。今日岂乏异材，学者不可不求实效也。"③ 元代有的书院，如历山书院，在教学内容上出现医学、数学等方面的实用知识。

第三节　元代书院教学思想的现代启示

纵观元代书院，数量多达 400 多所，然而像宋朝的著名书院，如岳麓书院、象山书院等几乎没有，元代书院的基本类型是乡里书院，甚至是家族书院。创建书院的动机，不是为了招徕硕学名儒，吸纳四方学者，以研究讲习

---

① ［元］《许衡传》，《元史》清乾隆武英殿刻本卷一五八列传第四十五，第 1702 页。
② ［元］《许谦传》，《元史》清乾隆武英殿刻本卷一八九列传第七十六，第 1999 页。
③ ［元］刘鹗撰：《惟实集》，清文渊阁四库全书本卷二，第 11 页。

学术，而是为了教育乡里子弟和家族子弟。书院原来具有研究机构和教育机构的双重性质，到了元代其研究性质弱化到可有可无的地步，成为教化的重地。书院培养出来的著名学者更是寥寥无几，书院在教学和学术上都未见明显成效，这从一个侧面反映出元代书院教学的质量不高。然而，以史为鉴，可以知兴替。对元代书院教学思想的兴替得失进行分析，在如何提高今天的教学质量方面，有一定的借鉴意义。

一、优化教学环境，提高教学质量

纵观书院的发展史，书院在宋代，基本上属于国家教育体制外的产物，与政府的关系不是很密切。书院的学术环境比较宽松，学术比较自由，出现了许多教育家和思想家，如朱熹和陆九渊等。在元代，统治者通过一系列的政策，兵不血刃地将书院纳入政府的管理之下，书院虽然在财力方面得到政府的大力支持，有利于教学的正常开展，但书院学术自由的传统被弱化了。古代书院集高等教育和初等教育于一身，其如何处理与政府之间的关系，对于当前学校与政府的关系可以提供一些启发。

当前人们看待"学府"的关系，大致可分为两种截然不同的意见。第一种观点认为，政府和高校应该是平行的关系，政府不应对高校过多干涉。这种"应该"的观点名之曰"应然关系"论。第二种观点认为，政府与高校天生就是不平等的，因而高校企图摆脱政府的干预是不可能的。这种"必然"的观点名之曰"必然关系"论。应当说，这两种观点都是有道理的。但是，任何一种观点都不能绝对化，否则便不可能正确理解和处理政府与高校的关系。这两种观点的偏颇之处在于前者把政府与高校的平行、并列关系看成是完全平等的关系，而忽视了政府的核心地位及其管理作用；后者把政府和高校在现实中所形成的必然关系看成是合理的关系，因此忽视了体制改革的必要性和重大意义。我们认为，政府和高校在国家中的位置虽然从本体上看是平行和并列的关系，但是，二者并不是一种完全平等的关系。

高校活动主要是学术活动，是以知识创新为主要特征的活动，其活动特点具有很大的独立性和创造性，这就决定了其本身的活动不宜受到外界任何力量的随意干涉。同时，高校活动所具有的社会性和国际性特征，又决定了其自身必然受到包括政府在内的社会机构干预的可能性。为此，政府和高校必须做到相互理解，相互尊重，通过理解和尊重达到和谐。从元代书院的教学质量与生存外部环境之间的关系看，要提高教学质量，不仅要变革课堂教学，还应该优化教学的外部环境，达成"学府"的和谐关系。

首先，政府和高校都要立足于民族的振兴、国家的发展和社会的进步这一原则立场，把民族的利益和国家的利益确立为二者的共同利益。只有如此，二者才有共同的基石，才能和谐相处，相互理解，并不断使自身得以完善和发展。

其次，不仅要制定相关的法律条文，规定二者的权利和义务，更要严格执行相关法律条文，切实做到政府与高校的责权利分明。政府主要进行宏观的管理，具体就是培育环境，提供信息，建立公正的人才市场竞争机制，完善对高校的拨款机制，等等。这样既给高校创造了一个宽松的发展环境，又对高校有一定引导和制约作用。同时，政府不能以行政方式干预高校的学术自由，从而激发高校的创新能力，促进高校的学术繁荣。当然，高校必须在国家的宪法、法律、法规所允许的范围之内，基于对国家和社会高度负责的精神，培育自己的学术氛围。

二、强化专业态度，提升教师素质

从整体上看，元代书院的师资水平普遍不高，从而影响了书院的办学水平。当前由于受到社会环境的冲击、教育体制的不灵活、学校管理相对滞后、职前教育与职后培训的延后性等因素的影响，我国中小学教师的整体素质不是很乐观，还有进一步提高的可能性和必要性。对此，可以从元代书院的办学经验中得到许多有益的启示。

首先，加强师德修养。元代书院的教学徒有其名的现象相当普遍，吴澄在为万安刘氏儒林义塾所写的记文中指出："今日所在书院，鳞比栉密，然教之之师，官实置之，而未尝甚精于选择，任满则去矣。养之之费，官虽总之，而不能尽塞其罅漏，用匮则止矣。是以学于其间者，往往有名无实。"① 书院山长任满则去，完全是为混取叙迁升职的资序而已，因而出现人浮于事、无心施教的现象。

著名教育家夸美纽斯（J. A. Comenius）认为教师这一职业是太阳下最光辉的职业，现在社会也认为教师是"人类灵魂的工程师"。教师的另一面却是清贫、责任和奉献。然而，有些教师缺乏为教育献身的精神，缺乏坚定的理想信念，只盯着个人的名利地位和荣辱得失。尤其是在社会转型期，由人文精神失落、功利主义盛行等引发的社会不良现象，对教师提出了更高的要求，促使教师对职业道德也应该有新的理解。事实证明，不论社会怎么变，只有教师立下终生为师、乐于奉献的志向，始终抱着一颗"献身教育、服务教育"的信念，才能不受社会不良风气的影响，爱岗敬业，全心全意地为社会造就人才。

其次，提升教师教学能力。从山长的任用情况来看，元代书院的管理水平和教学质量都比较低。比如元仁宗于延祐二年（1315年）四月，"赐会试下第举人，七十以上从七品流官致仕，六十以上府、州教授，余并授山长、学正"②。又如元顺帝至正三年（1343年）三月，又采纳监察御史成遵等人的建议，用会试中的下等举人来充当学正、山长，而国学中的学生如果会试不中，也具有等同于下等举人的身份和地位。这样一来，山长、学正的数量增加了，而素质却大大降低了，混进了一些不学无术之人，从而使书院的教学质量和教学水平受到了严重的影响。

教师教学能力对于完成教育教学任务，实现教育教学目标，全面提高教育教学质量和实现学生的全面发展具有十分重要的作用。提高教师教学能力的基石是教师要具备精深的专业知识及广博的相关学科知识。深厚的专业学

---

① 《吴文正公集》卷四十一《儒林义塾记》，清文渊阁四库全书本，第347页。
② ［明］宋濂、王祎撰：《元史·仁宗本纪》，清乾隆武英殿刻本卷二十五本纪第二十五，第288页。

科知识是教师得以正确处理教材，准确地讲授教学内容的基础。因此教师应该全面系统地钻研掌握专业知识，不仅要"深进去"知其然，而且也能"跳出来"知其所以然。同时教师也要广泛涉猎，学习其他专业的知识，开阔自己的视野，丰富自己的文化素养。此外，教学具有科学性，教师只有遵循教学规律才能把教学搞好。为此，教师必须系统地掌握教育教学的知识和技能，提高自身的职业水平，从而科学地进行教学实践。

再次，完善教师资格证制度。面对书院师资水平下滑的局面，虞集曾积极建议："为今之计，莫若使守令自求经明行修之士，身师尊之，以求其德化之及，庶乎有所观感也；其次，则操履近正，确守经义师说，为众所服者；又其次，则取乡贡至京师罢归者，其议论文艺犹足以动人，非若泛泛莫知根抵者矣。"① 这实际上对教师的能力和资格提出了要求，要提升教师的专业能力，就要严格选拔教师，以此提高书院的教学质量。长期以来，我国教师队伍的主要来源是师范院校培养出来的各类人才，他们在入职后还参加各种各类的继续教育。但是，随着新时期教师知识能力结构的多样化，多渠道地培养和聘任教师将成为一种新的趋势。全面实施教师资格制度，使有志于从事教师职业的非师范院校的毕业生和其他行业优秀人员，可以通过统一标准的资格认定而成为教师，也为学校实施教师聘任制、形成竞争激励机制等创造条件。

---

① ［明］王圻撰：《续文献通考》，明万历三十年松江府刻本卷五十。

第八章　王阳明的教学思想

王阳明（1472—1528 年）作为明代最有影响的哲学家和宋明新儒学的主要代表人物，他的"心学"理论，强化了儒学由孔孟开创、由宋代理学家发展继承，通过道德践履以尽性至圣的价值取向和文化精神。阳明心学立足于儒，又兼容佛道，其思想更趋缜密，是中国儒学的又一次理论高峰。他早年深受朱陆讲学的启迪。龙场悟道后，王阳明创办并利用书院来阐发他的心学思想。日后由于人在仕途，他采取书院式讲学方法，推动了阳明心学的发展。在家乡赋闲的六年时光，他专意于讲学，将心学发展成熟，并在他周围形成了一个信仰其思想的学者群体，由此诞生了阳明学派。

王阳明不仅是一位思想家，更是一位教育家。他的学术思想，就是通过教学活动传播开来的。王阳明在讲学过程中，积累了丰富的教学经验；且以心学为指导，提出了一些非常有价值的教学思想，尤其是"学者学为圣人""学贵自得""知行合一"等，成为他的教学思想的重要内容。这些是王阳明吸取前人的思想精华并结合自己独特的经历体悟出来的认识，突出强调教学对成就德行和发展人生道德智慧的意义。

第一节　王阳明教学思想的哲学基础

王学心体论的流行结构，是以天理为中心、以感应为机制、以通达为目标的理论系统。它贯彻了体用一源、显微无间的易学天机。"即体而言用在体,即用而言体在用"①,体用一贯,和合而为良知之道。

一、心即理的人性论

人性论是王阳明心学的起点,这个起点最初形成于他对朱熹的"心理为二"问题的批判。所谓"心理为二",在世界观上通常指主观与客观的对立,而王阳明出于论证实践道德的需要,主张心理合一,迫切要求把主观和客观统一起来,以说明封建社会固有的仁、义、礼、智不仅仅是客观的道德规范及统治阶级对人民的制约,更是每个人发自内心的要求,是人心固有的天然本体。

"心即理"是王阳明人性论的中心理想,它是从程朱提出的"性即理"合乎逻辑地推衍出来的。程朱提出"性即理",把伦理学上人性善恶的问题提到唯心主义本体论的高度,同时规定了"理"所具有的封建伦理的内容。但是这样的"理"是离不开心的,也就是说,"理"在道德意识方面的内涵决定了它与人的主观精神的联系。王阳明对"心"与"理"的融合正是从这里开始的。他提出了"心即性,性即理",用先天道德性的内容把"心"与"理"沟通起来,把"性即理"引向了"心即理"。"心即理"的一个意思是:心是人的主宰,心最主要的是道德理性,人最重要的是心,心是人的力量之所在,智慧之所在,所以他屡屡强调心的主宰作用。此处所说的"心"的主宰,不是指知识理性(知识理性是心的知觉灵明),而是指道德理性。王阳明并非不承认心的知觉作用,他的"心外无理"强调的是道德理性的主宰作用,不出于道德理性的活动不具备道德意义。"心即理"另外一个重要含义是:作为道德行为的根源的善,以萌芽状态天赋于人心中。天赋之善即理,故"心即理"。这是王阳明龙场之悟确定道德理性的至上地位之后,又寻求道德理性的根源,并用经典印证之后得出的。王阳明反复强调"心即理",并把它作为道德理性的根源,其契机是龙场悟道。龙场悟道之前,王阳明走的是一条用格

---

① [明]王守仁撰,吴光等编校:《王阳明全集》卷一《传习录上》,上海古籍出版社1992年版,第23页。

物所得的物理填补心的灵明，而后靠涵养转换成天理的道路；龙场悟道之后，王阳明从心中本存之理的观点出发来归约、化解外在物理。他曾指出：尽心即是尽性。王阳明在论说道德意识及道德行为的来源时，提到了人们在一定社会中通过长期社会生活所形成的道德价值观念及主观意向、情感意识，把它们当作人所先天固有的道德性。他把先天道德论的原则与封建伦理的特点内容结合起来，得出了"心即理"的结论，使"理"成为人的主观道德意识、主观价值原则。王阳明提倡"心即理"的目的是为了"合心与理而为一"，把封建道德性与人的思维特性结合起来，以便使封建道德的实行具有更加切实可靠的基础。所谓"心理合一之体"，也就是说，人的心性是以封建伦理为特征的知觉思维特性。《传习录》中说："夫良知即是道。良知之在人心。"① 这是他由"心即理"所得出的必然结论。

二、知行合一的认识论

"知行合一"的提出是在王阳明龙场悟道的次年（正德四年）。在王阳明的哲学中，"知"和"行"就是同一物体的两面，就像车之两轮，鸟之双翼，绝不可断然分开。"知"即是逻辑地包含行，"行"即逻辑地包含知。在王阳明看来，一个行为必须要有两个要素组成：一是理性及其对行为的指导，一是在理性指导下的现实行动。任何现实的活动，都是理性与行为的合一。现实活动中理性指导的方面属知，实地行动的方面属行；行为的方向表现理性的意志，行为的工拙表现理性的精粗。"知"表现为对于行为的意向、推理、决断；"行"表现为在特定的时间中对理性指令的现实作为。这就是他所说的"行之明觉精察处即是知，知之真切笃实处即是行"②。王明阳的哲学，本质上是伦理哲学，他主要是从道德方面构筑其心学体系的，所以在王阳明心学体

---

① ［明］王守仁撰，吴光等编校：《王阳明全集》卷二《传习录中·答陆原静书》，上海古籍出版社1992年版，第45页。
② ［明］王守仁撰，吴光等编校：《王阳明全集》卷二《传习录中·答顾东桥书》，上海古籍出版社1992年版，第28页。

系中，无处不把道德突显出来。他所说的知行，主要是道德意识和道德行为。在论证知行合一命题的过程中，他所举的例子多为道德方面的，如孝亲的活动、忠君的活动等。从道德活动方面来说，知行合一强调道德活动必须是道德理性参与其中并发号施令的活动，一个行为之所以为善，是因为它出于道德理性的自主自觉。一个不自觉的"不期然而然"，和一个失去理性主宰的"迫于情势不得不为"，不管其效果如何，都没有道德意义。

另外，王阳明强调知行本体。能知必能行，即知行本体完整；能知不能行，便是知行本体被私欲割断了。王阳明重点针对并加以纠正的是当时的士风中知而不行的弊病。他说："今人却就将知识分作两件去做，以为必先知了，然后能行。我如今且去讲习讨论做知的功夫，待知得真了，方去做行的功夫。故遂终身不行，亦遂终身不知。"① 在他看来，道德活动是应当表现行为的。道德活动和认知活动的一个不同点，就是认知活动可以是纯粹的知，可以不必见诸行动，而道德活动必须是实施行为的。

"知行合一"是王阳明以道德带动知识，在实践中完成人格修养，获得内圣外王之功的重要理论基础。王阳明本人一生的经历，正是他这一思想的写照。王阳明少年时代豪迈不羁，就表现出与众不同的思想取向。他在11岁时曾问塾师：何为第一等事？塾师说：唯读书登第。阳明说：登第恐未为第一等事，或读书学圣贤耳。② 幼时的王阳明，已经把读书入仕视为等闲之途，他要寻求通过道德修养来达到圣贤之域的新道路。王阳明一生的发展途程，给我们昭示了内圣外王之道的培养途径，他的修养重点在内圣，以内圣带动外王，或者说由内圣达到外王。他的理论的最根本之点在即心即理、即知即行。即心即理促使他把每一个具体观念、具体行为和道德修养联系起来，在具体行为中将道德理性和知识理性结合为一，自觉地把知识活动变为对人格完善

---

① ［明］王守仁撰，吴光等编校：《王阳明全集》卷二《传习录中·徐爱录》，上海古籍出版社1992年版，第3页。
② ［明］王守仁撰，吴光等编校：《王阳明全集》卷三十二《年谱一》，上海古籍出版社1992年版，第610页。

有用的资本。即知即行保证了人格完善活动是有现实结果的。从德性的角度看，知行合一同时意味着德性的培养与道德实践的统一。按照王阳明的观点，凡人皆具有先天的本体，这种本体构成德性的内在根据。但主体在后天的环境中往往受到习俗的影响并产生偏移，从而脱离先天本体，由行而致知，所以王阳明在承认人具有先天德性的同时，更注重后天的道德修养，这也许就是他一生中一直坚持道德修养的原因所在。

三、致良知的道德本体论

良知的本体意义表现为"存在的根据、德性的本原、先天的理性原则诸方面的统一"①。良知是王阳明心学教育的基础，也是王阳明学说的中心。王阳明早年信奉程朱理学，后来转而向内心求理，其一切理论学说都以良知为基础。在王阳明看来，人类的一切理想智慧都发自于本体之良知，良知是能昭明天理、自明善恶的最高的道德本体。王阳明的良知来源于孟子，孟子曾说：人之所不学而能者，其良能也，所不虑而知者，其良知也。王阳明由此出发，认为人人具有不学不思而本有的道德意识，即先验的良知；良知是天地的心，完美地体现了宇宙根本法则，宇宙的根本法则通过人心表现出来。良知只是一个天理自然明觉发现处，只是一个真诚本体。良知就是天理在人心中的自觉。王阳明认为，良知不仅具有昭明天理呈现宇宙法则的本性，同时它也具有自觉的辨别是非的能力，因此，良知也是个是非之心，能够为主体提供内在的价值评价标准。这种价值标准主要体现为每个人先验的是非准则。王阳明晚年就强调：知善知恶是良知，良知是道德情感和道德判断能力的统一。这种统一是建立在良知作为是非不虑而知、不学而能、无间于圣愚、天下古今之所同之上的。这种作为先验的道德标准的良知是判断是非的唯一标准，吾心是是非的最后定论者。王阳明强调，良知是人的至善本性，是造化的灵魂，包含了精神活动的全部内容；而这种作为宇宙最高灵性，体现宇

---

① 杨国荣：《王阳明的哲学历程》，《华东师范大学学报（哲学社会科学版）》1996年第4期。

宙根本法则的良知之所以不能为世人所认识，是因为被私欲之气所蒙蔽，如果人人能去除私欲之气，那么作为天理至善本性的良知自然会显现。他说："良知在人，随你如何，不能泯灭，虽盗贼亦自知不当为盗，唤他做贼，他还忸怩。"① 他指出良知这种先验的道德意识存在于每个人心中，即使是盗贼也有不会泯灭之良知，这种良知正是引导世人趋善避恶的人之本性，如何将这本然之性诱导而出，这就是致良知。致良知就是要将本然之知化为明觉之知：本然的良知是天理之昭明，是至善至美的人之本性，没有任何隐蔽，是高尚的道德本来自明；这种本然之良知人人皆同，人人皆有，但由于私念，使得不同的人对良知的觉醒程度不同，所谓"良知良能，愚夫愚妇与圣人同。但惟圣人能致其良知，而愚夫愚妇不能致，此圣愚之由分也"②。正因为本然的良知不能为每一个主体达到，因此需要主体后天的致知工夫，后天的致知就是让本心的天理复苏，达到良知。

  王阳明强调，致良知也就是战胜私欲，克服私欲对良知的障蔽，复燃主体心中的天理的过程，因为心外无学，格物致知就是要向内用功，学问只是在主体内心求良知。良知之外别无知矣，故圣人教人第一义即致良知，也是学问大头。"所谓人虽不知而己所独知者，此正是吾心良知处。然知得善，却不依这个良知便做去，知得不善，却不依这个良知便不去做，则这个良知便遮蔽了。是不能致知也。吾心良知既不能扩充到底，则善虽知好，不能着实好了，恶虽知恶，不能着实恶了，如何得意诚？故致知者，意诚之本也。然亦不是悬空的致知，致知在实事上格。如意在于为善，便就这件事上去为；意在于去恶，便就这件事上去不为。……诚意工夫实下手处在格物也。"③ 王阳明讲得很清楚，"致知"不得"悬空""诚意工夫实下手处在格物"，良知不

---

  ① [明]王守仁撰，吴光等编校：《王阳明全集》卷三《传习录下·陈九川录》，上海古籍出版社1992年版，第60页。
  ② [明]王守仁撰，吴光等编校：《王阳明全集》卷二《传习录中·答顾东桥书》，上海古籍出版社1992年版，第33页。
  ③ [明]王守仁撰，吴光等编校：《王阳明全集》卷三《传习录下·黄以方录》，上海古籍出版社1992年版，第78页。

落实到行动上，虽有犹无。致良知不仅要求行动，更要求正确地选择行为方式，以致知行获得最佳效果。许多仁人有良知并愿意行动，可方式不当，或事倍功半，或为邪恶所制，甚至以扶正之心作出助恶之行。王阳明甚至认为，致知比树立良知还难。"良知自知，原是容易的。只是不能致那良知，便是'知之匪艰，行之惟艰'。"① 如何才能选择恰当的方式致知，获取最大效益呢？一句话，在顺物中致知。即：一方面，以良心为事物之本，做事不忘良心，以良心为指导，以事物为实现良心的途径。这是王阳明心为万物之本思想的真实含义。另一方面要顺物。顺物并非以心屈从于物，而是因时因地、因事制宜地致知。这也就是毛泽东同志所主张的具体问题具体分析，具体问题具体对待。当彼物为直，我就因其直致知；当彼物为曲，我就因其曲致知；当彼物为方，我就因其方致知；当彼物为圆，我就因其圆致知；彼物大，则我大致；彼物小，则我小致；彼物黑，则我黑致；彼物白，则我白致。每一位有志于扩充内心良知于天下的年轻人，开始时切忌好高骛远只想做伟大之事，一定要从实际出发，因人而论发挥所长才能有所成就。

王阳明的独特之处在于，他的致良知包含道德理性和知识理性两个方面，前者带动后者同步趋进。对于道德和知识两者之关系，王阳明强调道德的首要性，道德能探索一切知识的本源。道德是首领，知识是军师，道德修养可以带动知识探求，道德修养提高了，知识便自然提升了，即便知识的某些方面在某些情境下有欠缺和不足，道德心也会驱迫主体主动地去求索所需要的知识。在王阳明的理念中，道德被赋予了极大的能动性。道德主体就是真正的主体，它具有主动地趋向价值目标并主动地创造终极目的的手段和能力。如果知识主体是被动的，它只有逐渐地增长知识的功能，在道德主体的统领下它的指向才是具有积极意义的。所以王阳明极力强调道德理性对于知识理性的优越性，把道德的培养放在所有培养目标的第一位。

王阳明的致良知学说中包含的道德和知识的关系，具有鲜明的中国哲学

---

① [明]王守仁撰，吴光等编校：《王阳明全集》卷三《传习录下·黄以方录》，上海古籍出版社1992年版，第79页。

的特色。他的即心即理、即知即行，是把每一观念和行为都看作是道德和知识的结合体，要求在每一件事上两者的标准同步达到：道德的提升和知识的飞跃。总之，王阳明不仅突显了心学体系，时时强调道德的首要性，而且把他的心学付诸实践。因此，王阳明的人生就是他学说的示范实践的一生。

第二节　王阳明教学思想的主要内容

王阳明的教学思想和他的哲学思想密切联系在一起。在哲学上，王阳明继承了陆九渊的思想，以"心即理"作为他的哲学的出发点，并进一步发挥和论证了这一心学的基本命题，提出了"良知"本体说。他认为人心中的"良知"就是"天理"，心与事、心与理都统一于良知。"良知"即是心、即是理，"吾心之良知"可以规范一切事物之理，"良知"的贯彻推行就是天地万物的准则。总之，"良知"是心的本体，是心的本然状态，是人人都具有的。圣人和常人的差别在于圣人的"良知""天理"纯粹周全，而常人由于受到私欲的蒙蔽和习俗的影响，"良知"被湮没了，因而不能认识"天理"。因为"良知"人人都有，所以都有受教育的可能；也正由于"良知"常常被各种各样的原因所湮没，所以人人都有受教育的必要。

由此可见，王阳明不仅是一位思想家，更是一位教育家。他的学术思想，就是通过教育活动传播开来的。王阳明在讲学中，积累了丰富的教学经验，提出了一些相当有价值的教学思想，如"学为圣人""学贵自得""知行合一"等。

一、教学目的旨在明伦成圣

王阳明认为学校之中唯以成德为事，即学校教育必须把道德教育放在首位。虽然他也承认礼乐、德教、水土播植等科目各有不同，但都必须在向德的基础上，钻研所学，在学校中增益其所不能。因而，他特别反对世俗之学将"尊德性"与"道问学"分作两件事的做法，主张把二者统一起来，道问学即所以尊德性。王阳明所提倡的尊德性的道德教育，要求将知识融入人生的道德信仰之中，而不是让知识去湮没人生的道德信仰。他认为目、耳、口、心等感觉器官所可得见、闻、言、思的学问都是下学，只有目、耳、口、心所不可得见、闻、言、思的学问，才是上达之学，主张上达只在下学里，要求下学里用工夫，自下学以力行，从而上达于本体良知的把握。这里我们可以看到，王阳明学说的要义就是要提醒人们实实在在地投身到现实中去，飞鸟再高远影子还是会留在地面，一个人理想再丰满，还是要在脚踏实地的建设中慢慢把目标实现。王阳明的明伦，是指明晓封建道德伦理，他把教学的根本思想规定为圣人十六字心传，并称为明伦之学。明伦之学就是依循道心而在不同事物上发挥和显现其作用。具体表现为：就事来说，体现为喜、怒、哀、乐；就情而言，则表现为过犹不及的中节之和；就人伦来说，就是父子、君臣、夫妇、长幼、朋友关系上的五伦。这明伦之学是小孩也能学会的，但要领悟至深，达到极致，圣人也未必，但如果一个社会能够达到明人伦至上，小民亲于下，就将迎来一个家齐国治而天下平安的盛世社会。因此，心学教育的内容就应以明伦为首要任务。

　　王阳明从"明伦之学"出发，以古今对比的方法，猛烈抨击了明代空疏的科举教育。他在《万松书院记》中指出："夫三代之学，皆所以明人伦，今之学官皆以'明伦'名堂，则其所以立学者，固未尝非三代意也。然自科举之业盛，士皆驰骛于记诵辞章，而功利得丧，分惑其心；于是师之所教，弟子之所学者，遂不复知有明伦之意矣。怀世道之忧者，思挽而复之，则亦未知所措其力。譬之兵卒，当玩弛偷惰之余，则必选将阅伍，更其号令旌旗，悬非格之赏，以倡敢勇，然后士气可得而振也。"[①]

　　他认为在唐虞三代时，圣贤之学无不以明人伦为务，而自科举考试兴盛，学校的教学内容不仅失去了唐虞时代的实学和明伦之意，而且严重地败坏了学风和士心，导致士人纷纷"驰骛于记诵辞章"之学，萌生追逐功利之心。

[①] ［明］王守仁撰，吴光等编校：《王阳明全集》卷七《万松书院记》，上海古籍出版社1992年版，第64-65页。

而历代具有忧患意识的仁人志士无不在思索挽救,以期恢复和提倡三代之"明伦之学",但因未见力行,收效甚微。王阳明以"兵事"为喻,号召人们要力行"明伦之学"。

王阳明强调致良知成德业,心学教育以培养德性高尚的圣人为教学目的。在他看来,学校教育重在学生德性的培养,从一定程度来说,道德是一切方面的统领。一切学问都是为了人格的培养,精神境界的提高。在道德与知识的关系上,道德不同于知识,道德是意志的活动,知识是理智的活动,道德高于知识,它要靠意志的培养与锻炼,知识的提高在于理智能力的进步和经验的积累,因此,德性水平的高低不由学问的多少来决定,道德的获得比学问的获得更难,圣人之所以为圣人,首先在于其德。在他看来,道德修养好了,知识自然也在其中,即使知识有欠缺或匮乏,道德心也会促使主体自动地去掌握必要的知识。在王阳明这里,成德是心学教育的一个重要任务,道德被赋予了巨大的能动性。

在对待"学"上,王阳明不赞同朱熹的章句考训的读书方法及狭隘的理经目的,认为学习并不是去研读思考"过去未来事",而仅仅是求"放心"。以"放心"为其治学原则,他进而认为学习儒家四书五经,也不过是在"心体上用功",心体明即是道明。此是为学头脑处。"为学头脑处",即为学的关键。他把看经书的目的概括为"要在致吾之良知",认为只要对所学有益,就可以按照"自心上"的要求,来任意解释经书,达到所有经典皆为我所用的目的。

在贯彻这一教育目的的过程中,要求学生立志是第一要素。王阳明要人立志,是要人立"为圣人之志"。他说:"人苟诚有求为圣人之志,则必思圣人之所以为圣人者安在。非以其心之纯乎天理而无人欲之私欤。"[①] 把成为圣人当作自己努力的目标,就能处处以圣人的标准严格要求自己,达到存乎天理、灭去人欲的境界。人在为学和道德修养上所能达到的水平和境界,与其

---

① [明]王守仁撰,吴光等编校:《王阳明全集》卷七《示弟立志说》,上海古籍出版社1992年版,第68页。

所立之志的大小是一致的。"立志而圣则圣矣，立志而贤则贤矣"；反之，如果"志不立"，则"如无舵之舟，无衔之马，漂荡奔逸，终亦何所底乎？"① 基于上述认识，他一再勉励人们树立自信心，坚信圣人可学而至。因此他在《示弟立志说》中要求学生每时每刻都处在立志、责志之中："怠心生，责此志即不怠；忽心生，责此志即不忽；懆心生，责此志即不懆；妒心生，责此志即不妒；忿心生，责此志即不忿；贪心生，责此志即不贪；傲心生，责此志即不傲；吝心生，责此志即不吝。盖无一息而非立志责志之时，无一事而非立志责志之地。"② 确实，"学莫先于立志"，立志对于推动学习有巨大的作用，志不立则事不成，志不立则学不就。可见，王阳明的立志说是很有见地的。

二、教学内容支持全面发展和德育优先

孔子要求学生"身通六艺"，这是最早的全面发展思想。王阳明继承并发展了这一思想，认为教人为学不可局限于某一方面。在教学内容上，他主张德、智、体、美全面发展。他在《教约》中规定，每天的学习，要"先考德"，然后是"背书诵书"，之后是"习礼"或"作课仿"，然后重复"背书诵书"，最后是"歌诗"。在别的地方，他又多次提到琴瑟、射箭等学习内容的重要性。这些内容概括起来，就是德育、智育、体育、美育。他的德育，就是每天一早检查学生前一天的视听言动是不是都按"人伦之学"力行了，有没有产生过不善的念头，要学生"各以实对"，然后由教师"随时就事，曲加诲谕、开发"；对教师讲评中提出的问题，学生必须"有则改之，无则加勉"。王阳明认为，这种道德教育既是第一位的，又是贯穿教学全过程的。但是，德育不能脱离智育，必须把两者结合起来。他既反对不尊德性的"空空道问

---

① [明]王守仁撰，吴光等编校：《王阳明全集》卷二《传习录中》，上海古籍出版社1992年版，第27-28页。
② [明]王守仁撰，吴光等编校：《王阳明全集》卷七《示弟立志说》，上海古籍出版社1992年版，第69页。

学",也反对不道问学的"空空尊德性",指出:"岂有尊德性,只是空空去尊,更不去问学?问学,只是空空去问学,更与德性无关涉?"[①] 因此,他主张道问学即所以尊德性。在德育优先的前提下,他十分重视智育,要求学生反复"背书诵书""诵书讲书",把书读得"精熟",达到"义礼浃洽,聪明日开"的目的。体育内容很多:射箭时张弓进行了体育锻炼;习礼时周旋揖让也是体育锻炼等。至于美育,弹琴、歌诗、习礼等,都可使人受到"审其仪节度其容止"的审美教育。

王阳明宣传以"明伦、德教"为核心的教育,其宗旨在于传播和推广封建道德伦理,是为了拯救明王朝道德和政治的危机。因此,在教育内容上,王阳明肯定"六经"为最有价值的教材。他说:"六经者,非他,吾心之常道也。……六经者,吾心之记籍也。而六经之实,则具于吾心;犹之产业库藏之实积,种种色色,具存于其家,其记籍者,特名状数目而已。"[②] 经书是永恒不变的真理。王阳明阐述的心、性、理表现在人存在的各种环境中,比如人际交往、表达情感、普及宣传,也就是充斥人世间的自然存在。

王阳明后来在《答王虆庵中丞》中指出,后世科举以科场定终身违背了古代选士以"方德行谊"的原则,导致士人不在"才德"上下功夫,而是竞相奔走于私门,考场上徇私舞弊,君臣上下也是相互猜疑,"忠信廉耻之风薄"。天下有识之士,无不叹惜古道醇厚,今日世风衰薄,而数千百年来,终无所更改,世风如故。正因为教学内容的空疏,学术不明,积弊既久,以致"近世士大夫之相与,类多虚文弥诳,而实意衰薄,外和中忮,徇私败公,是以风俗日恶,而世道愈降"[③]。他对明朝中叶的社会风气败坏、道德水平下降的情况极为担忧,对当时士大夫中形成言行不一、言行相违、追求"着空"

---

① [明]王守仁撰,吴光等编校:《王阳明全集》卷三《传习录下·黄以方录》,上海古籍出版社1992年版,第79页。

② [明]王守仁撰,吴光等编校:《王阳明全集》卷七《稽山书院尊经阁记》,上海古籍出版社1992年版,第65页。

③ [明]王守仁撰,吴光等编校:《王阳明全集》卷二十一《答王虆庵中丞·甲申》,上海古籍出版社1992年版,第404页。

的务虚学风深表愤慨和痛绝,因此倡导将教学内容转向"实学",是很有见地也很有现实意义的。实际上,他希望通过倡导儒家推崇的齐家、治国、化民、平天下的"实学",来培养拯救明王朝危机的实干人才,救"民人社稷"于"困苦荼毒"之中,开明清之际以经世致用为基本内容的实学思潮的先河。但是,由于王阳明的"尽心之学"在本质上过分地突出其道德理性的价值,忽略了作为独立性的知识理性价值存在的客观性及其合理性,混淆了道德理性与知识理性的本质差别,从而阻碍了其"明人伦"的"尽心之学"所蕴含的经世致用思想的进一步发展。由于时代和阶级的限制,王阳明的思想体系中尚有不少缺憾。但是,这种全面发展、德育优先的主张,确实与近代进步教育学说相一致。

三、教学原则强调自得顺情躬行

王阳明从"心即理"的人性论和知行并进的认识论出发,必然在教学中采取"内发说",提倡学生独立理解,然后又将自己的所得运用于实践,尤其是道德实践,从而获得实实在在的提升。因此,这一教学过程就具有一些特有的教学原则。

1. 学贵自得

王阳明在教学中提倡学贵自得,独立思考,反对人云亦云和偶像崇拜。他在《传习录中》说:"夫学贵得之心。求之于心而非也,虽其言之出于孔子,不敢以为是也,而况其未及孔子者乎!求之于心而是也,虽其言之出于庸常,不敢以为非也,而况其出于孔子者乎!"[①] 王阳明认为,学习贵在自得于心,独立思考。经过自己的独立思考认为是谬误的,此话即使出于孔子之口,也不能认为它是真理;经过自己独立思考认为是真理的,此话即使出于常人之口,也不能认为它是谬误。

王阳明从"良知"说出发,肯定每个人都有独立思考的权利,任何权威

---

① [明]王守仁撰,吴光等编校:《王阳明全集》卷二《传习录中·答罗整庵少宰书》,上海古籍出版社1992年版,第50页。

都不值得迷信，任何偶像都不值得崇拜。由此出发，王阳明认为六经也不过是吾心的一种对象化，表明圣人先得吾心而已。"《六经》者非他，吾心之常道也。故《易》也者，志吾心之阴阳消息者也；《书》也者，志吾心之纪纲政事者也；《诗》也者，志吾心之歌咏性情者也；《礼》也者，志吾心之条理节文者也；《乐》也者，志吾心之欣喜和平者也；《春秋》也者，志吾心之诚伪邪正者也。"① 他指出，读书不过是用自己的天理良知"日与圣贤印对""亦只是调摄此心而已"。这也就是说，道德教育不是人为地从外面向学生灌输他们原来没有的东西，而是开发蕴藏在他们本心中固有的道德良知，扩充他们的善端。由此，王阳明甚至大胆地把儒家经典的文字视为"糟粕"，让学生突破此表面的文字，直取内在的与吾心相印的"道"。王阳明力图使人从繁琐的"经院哲学"和无益于身心修养的经学桎梏中解放出来，不做文字奴隶。这种方法，实质上是对人的智力的发现和对人的生命价值的觉悟。

正因为从"学贵得之心"的标准出发，所以在《答徐成之二》中他主张为学不假外求，而是要求"尽吾心"，即致吾心的本体"良知"，并认为是包涵尊德性与道问学的统一，学习也是要做到尽心。关于学贵自得的思想，王阳明认为教学就是要启迪学生的良知，培养学生的自学能力和创造能力。在《传习录下》里他说："学问也要点化，但不如自家解化者，自一了百当。不然，亦点化许多不得。"② 这里的"自家解化"也就是要注重培养学生的自学能力，充分发挥学生在学习中的主体作用，让学生"自一了百"，举一反三，培养学生良好的自学习惯，提高学生的自学能力，充分调动学生学习的自觉性、积极性以及思维能力和创新能力。教师在教学中的引导作用即所谓"学问也要点化"，"点化"的出发点和归宿都是"自我消化"，也就是说，教师的"点化"，在于促使学生自觉发挥主观能动性，积极思考，去感悟，去领会；

---

① [明]王守仁撰，吴光等编校：《王阳明全集》卷七《稽山书院尊经阁记》，上海古籍出版社1992年版，第65页。
② [明]王守仁撰，吴光等编校：《王阳明全集》卷三《传习录下》，上海古籍出版社1992年版，第74页。

否则，教师点化便失去意义。

王阳明提出以个人的"心"即"良知"作为道德本源的标准，显然是从他的主观唯心主义哲学出发的。但是，他打破了当时程朱理学等传统教育思想的束缚，主张学在自得，独立思考。王阳明的良知思想敢于打破对孔孟圣人的崇拜理念，不仅强调了自我意识在学习中的主导地位，突出学习主体在思考中的独立精神，而且开启了阳明学派的心学新风尚。

2. 顺性导情

王阳明的顺性导情法充分体现在儿童教育上。王阳明认为传统的教育严重压抑了儿童的身心发展，"鞭挞绳缚，若待拘囚。彼视学舍如囹圄而不肯入，视师长如寇仇而不欲见"[①]。他要求按照儿童身心发展的特点进行教学，像花园的园丁培育花木那样，用诗歌、礼仪等来"顺导其志意，调理其性情"，使之如春天的草木那样舒畅条达，感到"无厌苦之患，而有自得之美"[②]，于是能够自觉自愿地接受教育，自然会进步。王阳明认为儿童教育应遵循儿童天性喜动、贪图玩乐而拒绝管束这一特点，顺其自然然后再加诱导，才能取得好的教学效果。他还总结儿童诱导的三步法：（1）诱之歌诗以发其志，用唱歌吟诗来教育儿童，这种吟诵类的教法不仅是吸引儿童的注意，而且还将儿童的呼喊引向吟诗，用音乐韵律来调节儿童心理；（2）导之习礼以肃其威仪，礼仪教育对儿童来说很重要，不仅能从小养成遵守规矩的习惯，还能从作揖、拜礼等基本动作达到加深记忆的作用；（3）讽之读书以开其廉耻，通过读书，增强儿童的知识学习，还能滋养其德性，端正品性，提高儿童的思想道德水平。

顺性导情法始于孔子讲学之时，王阳明将其发扬得更为淋漓尽致，不仅强调讲学环境的优美宜人，还乐于与学生共游戏，在玩乐中启发学生的良知，

---

① ［明］王守仁撰，吴光等编校：《王阳明全集》卷二《训蒙大意示教读刘伯颂等》，上海古籍出版社1992年版，第57页。

② ［明］王守仁撰，吴光等编校：《王阳明全集》卷二《训蒙大意示教读刘伯颂等》，上海古籍出版社1992年版，第57页。

更为重要的是在儿童教育上遵循儿童身心发展的自然规律，通过顺性导情法，注重儿童整体素质的全面发展。这是王阳明在中国古代教育史上的独特贡献，很值得我们借鉴。

3. 教学相长

王阳明继承和发展了《礼记·学记》中"严师为难，师严然后道尊"的观点，不仅承认和肯定了"师严道尊"在教育中的举足轻重的作用，将其视为教学得以实施的前提条件，而且分别对"严师""道尊"进行了具体的解说。他认为"严师"不光是外表的威严，更是表里如一，以身示教的"施教之道"，而"道尊"则是指对"施教之道"要敬重。但是，王阳明极力反对"假道学"的师道尊严。在《寄希渊二》里他指出："孔门之教，言人人殊；后世儒者，始有归一之论，然而成德达材者鲜。"① 古之教者，师严道尊，教可施。他认为虚伪的道学很难培养出德才兼备的真正人才。老师严格讲道理才能树立权威，教学才能顺利实施。王阳明这种从师生关系出发的理论启发了新的教育视角，为后代许多教育家所推崇，也很有利于人才的塑造和培养。由此可见其所倡导的"师严道尊"的精神意蕴。

王阳明在张扬"师严道尊"的教学前提的同时，提出教学相长，二者相辅相成。"教学相长"始见于《学记》，本意是指教与学互相促进。王阳明在继承了《学记》这一思想的基础上，又作了新的引申，从师和生人际关系的角度赋予其新的内容。王阳明认为虽然教师和学生的身份不同，但人格是平等的，因此提倡师生教学相长，反对鞭打绳绑，像对待犯人一样拘禁学生，使得学生不敢不愿进入讲堂。据《传习录》记载，钱德洪与黄正之、张叔谦、王汝中丙戌会试归，跟王阳明说，途中讲学，听者有信有不信。王阳明批评说：你们拿一个圣人去与人讲学，人见圣人来，都怕走了，如何讲得通。首先要做到自己是个"愚人"，方可与人讲学。这就是说教师不能有道德的优越感，而是要做到与受教育者人格的平等。他在教学过程中，注重师友讲习之

---

① ［明］王守仁撰，吴光等编校：《王阳明全集》卷四《寄希渊二》，上海古籍出版社1992年版，第9页。

道，容许学生犯错误，并给改过自新的机会。他在《教条示龙场诸生·改过》中指出，一个人犯错误是在所难免的，即使是贤德的人也不例外，关键不在"无过"，而是"贵于能改过"。学生在平日里，难免会忘记礼仪之行，有损廉耻之孝道，这是因为学生不知道礼仪而错误地走入泥潭。只要学生能及时内省己身，心存"改过从善之心"，努力洗涤旧染，即使曾有过害人之恶行也不影响其今后成为一个君子。王阳明还谈到对学生的德行和学业不仅要作严格的要求和检查，而且要善于作思想的诱导，"曲加诲谕开发"，提倡"有则改之，无则加勉"。他坚决抵制道学"师道尊严"的虚伪，承认自己也曾犯过错、做过恶事："某于道未有所得，其学卤莽耳；谬为诸生相从于此，每终夜以思，恶且未免，况于过乎?"① 他针对有人"谓事师无犯无隐，而遂谓师无可谏"的看法，断然指出："非也。谏师之道，直不至于犯，而婉不至于隐耳。使吾而是也，因得以明其是；吾而非也，因得以去其非；盖教学相长也。"② 他认为"谏师之道"，应该是坦诚率直地纠正师长的过失而不至于触犯其尊严，委婉地提出而不至于隐匿师长的过错。因为，假使我正确，就能因此而得以表明我的正确；假使我错误，就能因此而得以纠正我的错误。王阳明把学生提出对老师的改进意见，帮助教师更好地成长，称为"教学相长"。他还将敢于暴露自己过失的人称之为师，以表示闻过则喜、知错必改、衷心铭感之情。处于封建时代的明朝，有这种胸襟表明王阳明确实是一位严于律己、为人师表的明师。

4. 着实躬行

王阳明从"知行合一"论出发，认为知行并进合一，真知必能行，而不行即非真知。所以在教育方法上，非常注重着实躬行。他说："古人所以既说一个知又说一个行者，只为世间有一种人懵懵懂懂的任意去做，全不解思维

---

① [明]王守仁撰，吴光等编校：《王阳明全集》卷二十六《教条示龙场诸生》，上海古籍出版社1992年版，第475页。

② [明]王守仁撰，吴光等编校：《王阳明全集》卷二十六《教条示龙场诸生》，上海古籍出版社1992年版，第475页。

省察，也只是个冥行妄作，所以必说个知方才行得是。又有一种人茫茫荡荡悬空去思索，全不肯着实躬行，也只是个揣摸影响，所以必说一个行，方才知得真。"① 他把这种思想运用到教学中，就是主张把"学"与"行"结合起来，认为"学"的过程就是"行"的过程，"学"是"行"的题中应有之义。他说："夫学、问、思、辨、行，皆所以为学，未有学而不行者也。如言学孝，则必服劳奉养，躬行孝道，然后谓之学，岂徒悬空口耳讲说，而遂可谓之学孝乎？学射，则必张弓挟矢，引满中的。学书，则必伸纸执笔，操觚染翰。尽天下之学，无有不行而可以言学者，则学之始，固已即是行矣。"② 学孝道，就应该按照孝道用实际行动去孝敬父母的，这才称得上在学习孝道；口若悬河地空谈，不能称之为学孝道。学射箭、学写字，推广到学任何事情，都离不开实际行动。从这个意义上讲，"学"的开始就也是行的开始了。学是"学做这事"，"做这件事"就是"行"，学也就是行。《传习录中》他得出一个结论："是故知不行之不可以为学"。学习必须踏实履行，离开了实际操作，就谈不上什么学习。这是一种实践主义的思想，它不局限于具体的实践行动。这种注重知行合一的原则，符合辩证唯物主义认识论的观点，这是教学中的一条最普遍性的原则。只有经过勤学苦练的实践才能获得运用知识的良知，实践就是检验真理的唯一标准。

5. 盈科渐进

循序渐进，孟子称之"盈科而后进"。有源头的泉水，昼夜不停地流淌，等到灌满了各处坑坑洼洼，然后再向前流，一直流到四海。王阳明把先人这些思想广泛运用到教学中，说明无论教还是学都必须坚持循序渐进。《传习录》中他以种树比喻学习，刚刚种时，只有树根和树干，没有枝桠；过些日子，有了幼芽，但还没有树枝；再假以时日，有了树枝，长出树叶；最后有

---

① ［明］王守仁撰，吴光等编校：《王阳明全集》卷一《传习录上·徐爱录》，上海古籍出版社1992年版，第4-5页。
② ［明］王守仁撰，吴光等编校：《王阳明全集》卷二《传习录中·答顾东桥书》，上海古籍出版社1992年版，第30页。

的树开出花朵，结出果实。树就是这样慢慢生长的。因此，人们在开始种树时，不能第一天就去想树枝、想树叶、想开花、想结果，而只管培植去，自然枝叶日茂。教学生亦是如此。人们既已"立圣人之心"，就须踏实向前。在学习上，有了远大的志向后，要低头流泪流汗地实干，才能一步一步地前进。由此出发，他反对在学习上走捷径，认为"功夫最不可助长"。学习的过程，是一个此起彼伏、时进时退的波浪式前进，螺旋式上升的过程。因此，要学有所成，必须循序渐进，不能急于求成；否则，必然是欲速则不达。

四、教学组织形式采取分班制

正德十三年（1518年），王阳明为南赣巡抚，令各县立社学，加强伦理教化，维护封建统治，特颁教约给各学教读，教约合称《社学教条》。其中要求教学活动要适应儿童身心发展的特点，注重日常的品德检查，首次提出分班制度，规定教学日程，反映在教学组织形式上的发展。他提出："凡歌诗……每学量童生多寡，分为四班，每日轮一班歌诗，其余皆就席敛容肃听。每五日则总四班递歌于本学，每朔望，集各学会歌于书院。凡习礼……童生班次皆如歌诗，每间一日则轮一班习礼，其余皆就席敛容肃观。习礼之日，免其课仿。每十日则总四班递习于本学，每朔望则集各学，会习于书院。"[1] 他对教学任务也提出了自己的看法："凡授书，不在徒多，但贵精熟；量其资禀，能二百字者止可授以一百字，常使精神力量有余，则无厌苦之患而有自得之美。"[2] 他还讲道："每日功夫，先考德，次背书诵书，次习礼或作课仿，次复诵书讲书，次歌诗。凡习礼歌诗之类，皆所以常存童子之心；使其乐习不倦，而无暇及于邪僻。"[3] 儿童教育有其自身特殊的内在规律，王阳明能够较早地

---

[1] [明]王守仁撰，吴光等编校：《王阳明全集》卷二《传习录中·教约》，上海古籍出版社1992年版，第58页。

[2] [明]王守仁撰，吴光等编校：《王阳明全集》卷二《传习录中·教约》，上海古籍出版社1992年版，第58页。

[3] [明]王守仁撰，吴光等编校：《王阳明全集》卷二《传习录中·教约》，上海古籍出版社1992年版，第58页。

意识到这一点，并大胆地提出一系列符合少儿身心特点的教学组织形式，无疑为今天正确地从事教学工作提供了可借鉴的宝贵财富。

五、教学方法重视内心体悟

从主观唯心主义的心学体系出发，王阳明提出了以注重内在领悟为核心的教学方法。

1. 自家解化法

在教学方法上，王阳明提出了"自家解化"的方法。他说："学问也要点化，但不如自家解化者，自一了百当。不然，亦点化许多不得。"[1] 所谓"点化"，是指儒家反复强调的启发诱导式的教学方法；所谓"自家解化"，是指学习主体的自我发现和解决问题的方法。二者的区别在于：前者重在诱导学生由一般原理出发，举一反三，触类旁通，从而培养学生认识、理解和应用知识的能力；而后者则偏重于教导学生自己去思考，从而培养学生的独立探究和发现真理的能力以及创造性思维的能力。王阳明倡导"自家解化"的教学方法，宗旨在鼓励人们遇到疑难时，不要迷信权威和书本，应勇于打破陈规陋习，靠自己的独立思考，大胆怀疑，用自己"良知"的"精明灵照"去自家发现和解决问题，从而有所创造和建树。在《书石川卷·甲戌》中他说："先儒之学，得有浅深，则其为言亦不能无同异。学者惟当反之于心，不必苟求其同，亦不必故求其异，要在于是而已。今学者于先儒之说苟有未合，不妨致思；思之而终有不同，固亦未为甚害，但不当因此而遂加非毁，则其为罪大矣。"[2]

王阳明认为，如果发现"君子之论"与古圣贤所说有异，姑且不要忙于下结论，而应当循其学说进行一番怀疑和探讨，直到弄清楚为止；要求学者

---

[1] ［明］王守仁撰，吴光等编校：《王阳明全集》卷三《传习录下·黄省曾录》，上海古籍出版社1992年版，第74页。

[2] ［明］王守仁撰，吴光等编校：《王阳明全集》卷八《书石川卷》，上海古籍出版社1992年版，第74页。

对待先儒之学不能盲从，而是要用"良心"本体作为衡量标准来进行辨析，其目的不在于求其同异，而在于"存心求是"。当学者的思想或观点与先儒的学说有出入，不妨首先深思熟虑一番；如果思虑的结果还是不同，这本来也没有什么过错和害处。只是要求学者不能因此进而诋毁先儒的学说。王阳明肯定和突显了"怀疑"在为学中的重要性。在他看来，学生学习的进步表现为时常有疑问。《文录一·与陈国英》提出："凡人之学，不日进者必日退，譬诸草木，生意日滋，则日益畅茂；苟生意日息，则亦日就衰落矣。"① 如果学生没有疑问，则说明其学习没有用功，只因循守旧，或自以为是，或不动脑筋，滥竽充数罢了。

王阳明通过"自家解化法"，张扬主体和自我精神，鼓励学生大胆怀疑权威，勇于打破陈规陋习，勇于开拓创新，大胆呈现"自家的本体"并且使之不断地"发用流行"，在这种活动中去发现自己的"良知"，发现自己的"真吾"，从而实现自我的人生价值和学术创造潜力，使自己成为"有德者必有言"的圣贤。

2. 自我内心体悟法

王阳明还继承与发展了儒家传统的"内省、自讼"的修养方法，提出"省察克治"。他说："省察克治之功则无时而可间，如去盗贼，须有个扫除廓清之意。无事时将好色好货好名等私逐一追究搜寻出来，定要拔去病根，永不复起，方始为快。常如猫之捕鼠，一眼看着，一耳听着，才有一念萌动，即与克去，斩钉截铁，不可姑容与他方便，不可窝藏，不可放他出路，方是真实用功，方能扫除廓清。"② 在这里，王阳明提倡了修养的自觉性和彻底性。

修养的基本方法即作"格物致知之功"，即是"省察克治"。所谓"省察克治"，反省内心深处的私欲并把它揪出来，进行分析批判，连根拔起，彻底

---

① ［明］王守仁撰，吴光等编校：《王阳明全集》卷四文录一《与陈国英》，上海古籍出版社1992年版，第19页。

② ［明］王守仁撰，吴光等编校：《王阳明全集》卷一《传习录上·陆澄录》，上海古籍出版社1992年版，第11页。

铲除。王阳明主张人的修养要向内用功,不假外求。"格物致知",关键在匡正意念,端正行为的动机,去掉邪念,以保证行为的正当性,这是正确的。人的行为受观念或意识的指导,观念不正确,行为就不正当;行为不正当,是因为观念不正确。这是不言而喻的真理。王阳明非常形象生动地用猫捉老鼠的例子形容抓住头脑中一闪而生之邪念,即不正当的私欲,把它克服掉。这是非常科学的,防患于未然或防微杜渐就要这样做。现实生活中,那些见利忘义、见财起意的人,难道不是一念之差吗?不是私欲过分膨胀的结果吗?可见,克服头脑里哪怕是一闪而过的错误观念,即不正当的私欲,也是不可忽视的,也是做正派的人、有道德的人的保障。

3. 讨论讲会法

阳明心学的诞生至成熟与王阳明的个人经历有关,但其思想阐发主要在王阳明与弟子的讲学中。王阳明与弟子一起探讨学术上重要的有疑难的问题,推动了学术研究的深入。早在龙冈书院,王阳明就开始采取学生问老师答的方式与学生探讨学术问题,还在此做了《龙场诸生问答》。此后,王阳明在讲学中一直采用师生问答的方式进行学术思想的探讨,提问的大多为王阳明的一些高徒,如徐爱、陆澄、薛侃、欧阳德等,他们提问所涉及的内容十分广泛,包括对儒家经典的探讨,也有对儒家哲学范畴和命题的思考,还有对当时学术界争论较为激烈的问题,如朱陆异同等的探讨,更有对心性之学的阐发。学生或直接向王阳明发问,或是自己阐述对一些问题的看法,或疑或惑,再请老师指点。王阳明或赞或否,或引导学生作更深刻的理解。王阳明的学生就记录了他讲学时与学生探讨的内容,后来其弟子集成《传习录》和《大学问》。

这是一段师生论学的问答。澄问:"喜怒哀乐之中和。其全体常人固不能有。如一件小事当喜怒者,平时无喜怒之心。至其临时,亦能中节。亦可谓之中和乎?"先生曰:"在一时之事,固亦可谓之中和。然未可谓之大本达道。人性皆善。中和是人人原有的。惟天下之至诚,然后能立天下之大本。"曰:"澄于中字之义尚未明。"曰:"此须自心体认出来。非言语所能喻。中只是天理。"曰:"何者为天理?"曰:"去得人欲,便识天理。"曰:"天理何以谓之中?"曰:"无所偏倚。"曰:"无所偏倚,是何等气象?"曰:"如明镜然。全体莹彻,略无纤尘染着。"曰:"偏倚是有所染着。如着在好色好利好名等项上,方见得偏倚。若未发时,美色名利皆未相看。何以便知其有所偏倚?"曰:"虽未相着,然平日好色好利好名之心,原未尝无。既未尝无,即谓之有。既谓之有,则亦不可谓无偏倚。譬之病疟之人,虽有时不发,而病根原不曾除,则亦不得谓之无病之人矣。须是平日好色好利好名等项一应私心,扫除荡涤,无复纤毫留滞。而此心全体廓然,纯是天理。方可谓之喜怒哀乐未发之中。方是天下之大本。"①

陆澄对心学工夫境界有所体悟,诉诸王阳明,王阳明肯定了其思想,并指出其所悟不透彻,这又在于对致中和工夫中的"中"本体的参悟不深。陆澄在王阳明指点下,步步追问,王阳明步步引导,师生讨论层层深入,终于使得陆澄认识到要去除私欲,方可达到中和的境界。这段对话体现了王阳明怎样开悟学生,使得学生从中领会要旨。这种学生问与老师答的一问一答,体现了心学学术研究的一大特点,这也是王阳明讲学的特点之一。

第三节　王阳明教学思想的现代启示

王阳明除了前后二十年的官场生涯外,一生的大部分时间都在家乡兴学办学,即使置身仕途,在公务之余也致力于游学讲学,是我国古代著名的哲学大师,又是一位实实在在的平民教育家。王阳明在长期的治学讲学实践中积累了丰富的教学教育经验,形成了独具特色的教育理论。他的"致良知""知行合一"等观点,把"教为人"摆在首位的教育思想,要求学生发扬自主精神、能动作用,树立道德人格的教育主张,他的尊重学生独立人格,以平等、亲切之身与学生论道、论学、论人的教育态度,他的以发明本心为目标,

---

① [明]王守仁撰,吴光等编校:《王阳明全集》卷一《传习录上·陆澄录》,上海古籍出版社1992年版,第23页。

坚持对话、答疑、点拨、启发学生的教学原则，他的打比方、举例子、说趣话的引人入胜的教学方法，他的引导学生自觉读书、明理悟道的教学风格，他提倡师生、学友间互相辩论、切磋学问的教学方式，共同构成了完整的教学理论体系。这些教学思想立足本土化的立场，值得现代教学论批判地继承和发扬，以促进现代教学论更新完善，带给现代教学论学者更多的思考，指导现代教学实践。

一、致良知学说对现代道德教学的启示

王阳明秉承了儒家德育优先的传统，把"致良知"作为了道德教育的本体，把道德教育放在知识教育之上，并且统贯知识教育，形成了一套关于道德教育的教学理论。这虽然存在过分强调道德教育的趋向，但是对于现代道德教学不乏启示之处。

1. 突出学生主体性

阳明心学把良知视作天地万物的本原和主宰。这种建立在人的主体性基础之上的本体论，突出了人的价值。既然人的良知成为天地万物的本原和主宰，人在天地万物中理所当然地处于唯我独尊的地位。这就赋予自然人以平等的地位。在王阳明所处的时代，存在阶级压迫和剥削，等级制度森严，劳苦大众被压到社会的底层，受着极端不平等的待遇。他所论证的不论贫贱富贵，凡为人者，其所被赋予同样的良知，人皆可以为圣人，人人都具有至尊的地位等等，无疑对苦难深重的人们是一种慰藉和鼓舞。对被压迫的劳苦大众来说，认识自己的力量，即所谓"发现自我"，是非常重要，而且是很不容易的，然而这都是使其走向自我解放的必由之路。王阳明虽是站在为封建统治阶级长治久安的立场上所发的议论，但是它的客观影响却比他的意想深远得多。既然人是至尊无上的，良知亦必成为万事万物是是非非的准则。在王阳明所处的时代，不仅孔孟之道、儒家经典是不容置疑的，而且更不能对程朱理学说半个"不"字。王阳明提出"致良知"说，宣称良知即是常道，儒家的经典六经不过是吾心之记籍。凡是同我心中的良知相合的即是真道，凡

是同我心中的良知未合的皆不能苟同。他以"致良知"说同孔、孟、程、朱及儒家经典分庭抗礼，反对迷信，并指斥朱子之学为异端，这在当时的确是振聋发聩的，在思想界起到了不可低估的作用和深远影响。

2. 独立自主，反对权威

在王阳明看来，良知即是非之心，良知是每个人自己判断是非的准则，每个人不必再以外在天理为准则，以权威圣人的言论为根据，不唯上，不唯书，只致自己一点灵明的良知便是唯一法则。"天下之公也，公言之而已矣。故言之而是，虽异于己，乃益于己也；言之而非，虽同于己，适损于己也。"①这里的"公"，是指人人都有同等权利，都有一个平等地位，是包含所有个体在内，并不是指"无我"，而是要有"我"的平等地位。王阳明反对以天下人之学为一家所有，具有反专断、反独裁的积极意义。王阳明还认为，不论什么人的思想理论观点，都要以自己的审察作为确定其是非的准则。王阳明在这里把孔子置于与"庸常"民众同等的地位，朱子们当然就更不在话下了。突出个人的地位，张扬个人认知真理的权利，以个人为准则，反对权威，反对统一标准，反对剥夺个人话语权利，确实可以鼓励人们走上思想自由与解放的道路。

王阳明为使学生在日常行事上有所自我约束，曾订立教约，要求在学业和行动上均有所成就，在《书中天阁勉诸生》中提出"使道德仁义之习日亲日近，则世利纷华之染亦日远日疏"②，要求相感以诚，不言而信，使之能日行日染。然而目前，有些教师反而要求学生去流荡于世利纷华之中，这不正是与人文教育背道而驰吗？王阳明要求学生具有独立思考的胆略，启发学生去破除对圣人和权威的迷信，很有一点个性解放、追求独立意识的精神。针对当时天下非朱子传义不敢言的思想封闭状况，王阳明经过对社会的冷静观

---

① ［明］王守仁撰，吴光等编校：《王阳明全集》卷二《传习录中·答罗整庵少宰书》，上海古籍出版社1992年版，第51页。
② ［明］王守仁撰，吴光等编校：《王阳明全集》卷八文录五《书中天阁勉诸生》，上海古籍出版社1992年版，第80页。

察和思考，逐渐形成了他摒弃旧思想的新意识，大胆地提出"夫学贵得之心"。在这里，王阳明的观点非常明确，就是一切是非标准应以吾心的体验来分辨，而不是盲从于圣人或权威的结论。他质疑了历代树立的不可侵犯的圣人偶像，推敲了朱子的权威地位，主张人人都要独立思考，不再盲从朱熹与孔子的是非为是非，要以我心的良知为是非的标准，这里充分反映了王阳明蔑视一切权威和传统的礼教，专以良知作为判断一切价值标准的崭新观念。他的这一独立意识大大地启发了学生，破除了学生只知熟习吟诵先儒成见的障碍，解放了人们的思想。这一开放的思想也震撼着当时封建专制的大厦，冲击着顽固僵化的思想牢笼，起到了振聋发聩的作用，给思想界带来了光明。正如蔡元培先生所说："明之中叶王阳明出，中兴陆学，而思想界之气象又一新焉。"[①] 而教育中常见的现象是，教师只能按上头的说法为说法，学生也只能按老师的说法为标准。一个问题，一个口径，一种讲法，有时教材有错，教师也只能按错的讲，学生照错的理解，教师没有独立思考，学生更不会独立思考。人类是靠创造进步的，而创造的前提是独立思考。教育往往崇奉单一的课堂教学，而王阳明不是这样，他既重视课堂教育，也重视课外教育，他认为应该使学生在生机盎然、精神舒畅、无拘无束的心境里潜移默化地受到熏陶和教益，在修心和学识两方面同时趋向较高境界。这种先进的教学思想和完善的教学方式将大大提高学校教学、学生求学的效率。

3. 人人平等，满街圣人

王阳明主张人人胸中各有圣人，满街都是圣人。从最根本的意义上来说，是指人人都可以通过不断努力成为圣人。也就是说，人人都具有成圣的可能性，并不是人人已经就是圣人，或本来就是圣人，更不可能是已达到圣人的极致。良知是成圣的根据，但王阳明最重要的核心观念还包含了"知行合一"精神的"致良知"，强调力行，强调行动、实践，通过自己奋发有为，把自己向圣人推进。良知人人皆有，小孩童也有良知。孩童端茶盘过门槛便知小心

---

① 蔡元培著：《中国伦理学史》，东方出版社1996年版，第81页。

翼翼，这是孩童应付环境的综合能力的体现，但这毕竟是简单的、尚未展开的良知能力，如将孩童置于险恶环境中他便难以应付。而王阳明后来则是到人情事变极难处时，愈见其精神。他做过兵部尚书，一生充满传奇色彩，几次遭遇困难偏建奇功，却又屡遭陷害打击，历经千辛万苦之后，提炼出良知学说，表现出勇敢的大无畏精神。他多次置身于险恶的政治军事环境中，化平生所学为高度的应变艺术，通达权变，沉着应对，终于战胜困难，转危为安，自经宸濠、忠泰之变，更坚信良知。在这种大磨难的环境中，良知所蕴含的意志、理智、情感诸方面能力得到了极大的锻炼，他对人生世情的真谛本质有了更加通透的理解，从前种种掩饰、顾虑、牵挂念头一齐斩断，所谓真我、良知越加精粹澄澈，以后不管天崩地裂，只是任良知，放手做。可见，良知虽人人皆有，但有丰富精粹程度高下的个体差异。

王阳明这一主张不论其主观意图如何，在客观上无疑提高了个体的人格地位，提高了人的价值，打破了传统的人性等级论，对封建等级伦理纲常有一定的冲击力与破坏力。后来的进步思想家也利用和发挥了这种思想来反对封建专制制度，提倡人性平等与民本、民权、民主等思想。其消极方面在于，可能被理解为每个人本来就是圣人，当下就是圣人，这就有可能导致人们取消实践的必要性，不重视行动、力行的重要性，最大的危险是有可能消解人们积极有为、自强不息的精神，而只是顺从自然本性，以简单的"适意"为满足。这就与禅宗的精神有些接近。禅宗作为中国化的佛教，提倡自性成佛、顿悟成佛，但发展到后来却变成人人是佛，谁要是问什么是佛，如何成佛，真是开口便错。而王门后学有被称为狂禅派者，实也与王学自身因素有关。

总之，王阳明通过主体性的道德教育，把道德修养变成了主体内心的自觉，因此为封建统治秩序的稳定，客观上又起了很大的促进作用。这说明主体性道德教育有利于达到道德教育的目的。而当今中国从总体上看，正处于信息时代的前沿，诸多良莠不齐的信息会产生一些社会问题与负面影响。因此，阳明心学的养成理论对于促进社会主义中国的道德进步和人们的人格健全，是有理论价值和实际意义的。道德的复杂性在于情感，道德的生命力也在于情感，培养真诚的道德情感是道德修养的必经之路。道德主体的任何道德活动都伴随着一定的道德情感。但这种情感不是一般的心理情感，而是建立在道德理性之上的、付诸行动的、至深的道德情感。道德如果不能在人心生情，它就不可能成为道德行为的真正动力。道德如果不能在人心生正确的情，就会出现可怕的后果。在我国现阶段，社会成员在处理人与人的关系时，在面对社会道德、职业道德和家庭伦理时，都需要培养"诚实""诚恳""诚挚""诚信"等道德情感，以此增进人际关系的和谐，减少种种损害社会正义的不正之风，增强与单位同事和领导之间的协作之风，调节家庭成员的和谐之风，促进社会良好风气的流动发展。

二、顺性导情教学艺术的启示

王门弟子兴旺，是与王阳明独特高超的教学艺术分不开的。概括王阳明教法的特点，可以说是在"良知"的指导下，真诚坦荡，自由活泼，顺性导情，不拘一格。至于在接引、点化各类学生的具体手段上，王阳明更是圆融活泼，教无定法。王门有一位高足王艮，由泰州服古冠，执木简，以二诗为贽，前来向王阳明辩难论学。论罢王艮即自称弟子。退而悔之，次日再来辩难，终于为王阳明折服，甘拜王阳明为师。王阳明说，临阵御敌，我一心不动，门下收了一个弟子，却怦然心动。这是为收了这样一位挚爱真理的弟子而发出的欣悦之叹。在王阳明去世后，王艮创立了泰州学派，这是一个"其人多能以赤手搏龙蛇"的完全平民化的学派，在中国儒学史上构成一道独特的风景线。

王阳明导情法的提出与应用给我们的教学实践很大的启示。教学过程从本质上来说是一种特殊的，有目标、有计划、有组织地围绕着教学内容展开的师生间人际交流活动。但在剖析教学过程以建立某种教学模式时，人们往往倾向于从认知维度上揭示其教学过程的结构和顺序，至于情感维度，则关注甚少。因此情感教学模式的提出，就是试图从情感维度上来透视教学过程，揭示教学过程中可能存在的与情感因素有关的结构和顺序。情感与认知在教学过程中是不能截然分开的,从情感因素的角度来考察教学活动,能够比较完整地透视教学过程中的积极情感活动规律。总之,从课堂来看,师生间的交流不是单纯的知识交流,教师在向学生传授知识的同时,其一颦一笑,一举一动,都传递着一定的情感。因此,研究教师情感在课堂中的运用是完全必要的,它将使师生间形成良好的情感沟通,这种沟通对于知识的传递、思想的交流更容易潜移默化,学生在如沐春风中欣然接受,从而使教学取得更理想的效果。

三、自我内心体悟教学法的启示

"乃若致知则存乎心悟,致知焉尽矣"。[①] 这里的心悟即指主体致良知的心灵体验活动,体验是一种传统的心灵、精神活动方式。在王阳明看来,体验也称体认、体察、体究、体悟、体会。体验实质是一种主体全身心投入的经历。王阳明说,"良知愈思愈精明,若不精思,漫然随事而去,良知便粗了。若只着在事上茫茫荡荡去思,教做远虑,便不免有毁誉得丧人欲搀入其中。"[②]因此,体验是一种超越于事上的精思,是在除蔽中领会和自悟。

王阳明体悟教学法的出发点是除去人心中的蒙蔽,从而发觉心底良知。这一教学法留给现代教学很大的反思空间。如果回想一下学校教育中真正感悟自己心灵的一次次体验,它们都是发生在一定情境中的某种生活化的经历,而非教师的空洞说教。如果通过精心设计的活动、游戏和情景,让参加者在参与过程中观察、反思和分享,从而对自己、他人和环境获得新的感受和认识,并把它们运用到现实生活中,不仅能够发展探究能力、操作能力,更会丰富学生的社会阅历、生活积累和文化积累。所谓领会和感悟,就是内部认知结构的异质重建,即在领会多元性文本意义的基础上,通过主体内部思辨、

---

① [明]王守仁撰,吴光等编校:《王阳明全集》卷七《大学古本序》,上海古籍出版社1992年版,第58页。

② [明]王守仁撰,吴光等编校:《王阳明全集》卷三《传习录下》,上海古籍出版社1992年版,第71页。

整合、参悟，实现人文知识向人文精神的过渡。体悟教学就是指为了解决好教学问题，教师从思想认识和实践操作两个层面入手，领悟课程的实质，自主构建教学的思想、过程和方式，不断调节课堂教学，及时捕捉、重组课堂上出现的灵动的课程资源，促使课堂焕发出更高层次的生命活力。具体来说，在体悟教学中，教师能及时处理教学过程中出现的意外情况，对教育教学情境加以领悟，结合学生实际的认识观，与其进行真诚实际的有效对话，在生成性教学中积累反思。教师在这个过程中通过自身的认知为学生营造适宜的教学情境，以合理性的学习情况建构学生独有的体悟教学模式，同时也因此重建了自身的教学体系。

四、重行思想对现代教学实践的启示

王阳明在提到知与行的关系时说："知是行的主意，行是知的功夫。知是行之始，行是知之成。"① 这就是说知与行是互相渗透、循环往复的，落到实处便是在处事时实践和在摸索中学习。而对真正的致知，在《答顾东桥书》中王阳明有更具体的论述，"夫学、问、思、辨、行，皆所以为学，未有学而不行者也。如言学孝，则必服劳奉养，躬行孝道，然后谓之学，岂徒悬空口耳讲说，而遂可以谓之学孝乎？学射，则必张弓挟矢，引满中的；学书，则必伸纸执笔，操觚染翰；尽天下之学无有不行而可以言学者，则学之始固已即是行矣"。② 这也就是说，在实践中学习，在实践中体会，在实践中致其良知，致即是教和学的过程，亦是行的过程。在行时，王阳明还强调天下至诚，然后能立本。要切实做到诚意和慎独，反对任何形式的作假，反对口头上说善而在行动上作恶，反对在众人面前作善，而在个人独处时作恶。王阳明所提出的"诚"，正是我国传统文化中的精髓。事实上，人若失了诚信，即是一

---

① ［明］王守仁撰，吴光等编校：《王阳明全集》卷一《传习录上》，上海古籍出版社1992年版，第3页。

② ［明］王守仁撰，吴光等编校：《王阳明全集》卷二《传习录中·答顾东桥书》，上海古籍出版社1992年版，第30页。

个伪人，必然受到社会道德的谴责。

  他早年提倡"知行合一"之说，其目的就是为了矫正程朱学者先知后行、乐知畏行的弊端。既然是重行，那么就离不开一件件具体的实际操作，因此重行思想中又隐含了重实的意义。在《答聂文蔚二》中他说："随时就事上致其良知，便是格物"，"致良知便是必有事的功夫。此理非惟不可离，实亦不得而离也。无往而非道，无往而非功夫"。①《传习录》曾记载王阳明对一位抱怨没有时间为学的属官说：我何尝教你脱离公文和诉讼悬空的去学？你既然有官司需要处理，就从官司的事上用功，才是真的格物。不可以因为其他人诬陷，就随着他们的意思处理。这里面有很多意念心思都是私意，只有你自己知道，必须精细省察克治，唯恐因为自己心中的一毫偏倚而错判误判。这便是格物、致知。文书断案等事情，都是实学。如果离开了具体的事情而用功，就是不切实际了。就王阳明本人而言，虽然也曾在龙冈、贵阳等地入书院讲学，但是大多数时间却是为朝廷政务而在外奔波劳碌，一批门徒长年跟着他东征西讨，观其处理政务与涵养心性之法。比如在平定宁王朱宸濠叛乱的战争过程中，无论是闻报前线战况激烈，还是闻报宁王已被擒拿，他仍然语如常，学生听讲学。这些观点对后来的注重实践、注重经世致用的实学是非常有影响的。正是有了理论的说服力和行动的感染力，才有一大批弟子心悦诚服地归于王门，成为儒学思想的忠实信服者和推广者。

  细观现代，教育已经成为立国之本，教育本身应该具有明显的人文性和实践性。在科技先导的今日，教育理所当然地偏向科学技术的传递，但无论如何人文教育始终是教育最基本的情怀。如若学生没了"修身养性"的时间，没了人文实践的提升，连最基本的尊师都失了分寸，甚至无暇顾及培养自己的认知实践能力，某一天教育就会失去良知。从这个角度而言，王阳明的重行思想对当前的教学实践将产生非常积极的影响。

---

  ① ［明］王守仁撰，吴光等编校：《王阳明全集》卷二《传习录中·答聂文蔚二》，上海古籍出版社1992年版，第54-55页。

第九章　颜元的书院教学改革思想

有人认为中国教育是在鸦片战争后被动地发生变化，其实鸦片战争前，中国教育就尝试进行了内在变革。明清之际，颜元（1635—1704年）对漳南书院进行了变革，使其成为教育领域里沟通中西文明的桥梁。维新运动的万木草堂、时务学堂，清末杭州求是书院、湖北两湖书院等，都受到颜元漳南书院的影响。它是我国新教育的雏形，证明了我国古代教育向近代教育的转型并非是照抄西方的教育模式。因此有必要对颜元书院教学改革思想进行梳理，这对目前我国的教育改革也有着重要意义。

第一节　颜元书院教学改革思想的主要内容

颜元教学改革思想的最突出表现就是他在62岁时执教漳南书院的教学实践。这期间，他将成熟的教学改革思想全面贯彻到漳南书院的教学活动中。后来因为水患，书院被淹，实践虽只经历了四个月的时间，但仍然能够从中看出颜元大胆革新，全面贯彻其颇具特色的教学改革思想。

一、对传统教学价值观的批判

传统的教学价值观，重在明天地人，而不屑于一事一艺，所以传统教学的内容注重探求为政之道，或空求心性，而不重视实学。书院在创始之初，是官学的对立面，它探求不为统治者所倡导的理学，但也不将自然科学知识和技艺放在较重要的地位。

颜元以书院为基点，对传统教学价值观进行了批判。在他看来，书院教学是要造就能为天地造实际的圣贤，是能"斡旋乾坤，利济苍生"[①]者。《甲申殉难录》中有"愧无半策匡时难，惟余一死报君恩"之语，颜元读之而"凄然泣下"[②]。又有人言程颐是"不背其师则有之，有益于世则未也"，颜元阅之，"为生民怆惶久之"[③]。因此，只有能"斡旋乾坤，利济苍生"者，才可称之为真儒学。真儒学就是蕴含在一技一艺当中，一技一艺都为实学。颜元对传统教学价值系统进行批判，实际上是继承了墨学精神，认为精一技一艺，"便是圣贤一流"[④]。与其读尽天下书，不如学成一些小能小知，而能有用于民人社稷。

由上可知，颜元对传统教学价值观进行了深刻的反思和批判，他认为一定要大力改革旧教育，把实学授予天下士子，从而培养出真正能担负起治国平天下之大任的人才。

二、育人目标侧重培养豪杰

和倾向于内圣的经世理念相应，宋明儒者追求"人欲净尽，天理流行"的醇儒。醇儒更加注重内在德性的涵养，它的理想人格是纯粹向内的心性体验，这种内圣之学的视野决定了宋明儒学很难培育出经世之材。与宋明儒者的醇儒境界相对，颜元推崇的是自然生命充盈、充满一腔豪爽倜傥之气的豪杰，并赋予豪杰完全不同的内涵。"豪杰既非穷理灭欲的醇儒，也非温文尔雅

[①] [清]颜元著，王星贤等点校：《颜元集》（颜习斋先生言行录卷下），中华书局1987年版，第673页。

[②] [清]颜元著，王星贤等点校：《颜元集》（存学编卷二），中华书局1987年版，第62页。

[③] [清]颜元著，王星贤等点校：《颜元集》（存学编卷二），中华书局1987年版，第62页。

[④] [清]颜元著，王星贤等点校：《颜元集》（颜习斋先生言行录卷下），中华书局1987年版，第667页。

的书生，而是兼具内圣和外王双重层面，涵具智、仁、勇三要素于一身的应世人才，豪杰人格确立的目的就在于扭转醇儒人格单纯内在的价值取向。"①

通过批判宋明理学所倡导的人格，颜元确立起了一种内圣和外王并重的经世致用的豪杰人格。他大力倡导经世人才的培养，倡导实用之学。他在主持漳南书院时，就以此为办学宗旨，将其办成一个以实学教育为特色的书院。他指出："学术者，人才之本也。人才者，政事之本也。政事者，民命之本也。无学术则无人才，无人才则无政事，无政事则无治平、无民命。"② 颜元强调只有推崇实行实用，学习周孔的"事物之学"，才能去除宋明书院教育的弊端，才能培养出真正的人才。关于人才的标准，颜元认为只要具备一种才艺就不失为人才，能够做到"一端一节之实"就称得上是经世之才。可见，在当时书院教学以参加科举考试为主要目标的情况下，颜元敢于提出培养"实才、实德"之士，极具创新意义。

三、教学内容注重事物之学

为了培养德才兼备的实用型人才，颜元在漳南书院的教学中，对传统教学内容进行了大刀阔斧的改革。当时的书院教育，基本上只是科举考试的附庸，颜元对于这种现象非常不满，"八股行而天下无学术，无学术则无政事，无政事则无治功，无治功则无升平矣。故八股之害，甚于焚坑"③。他认为，八股对社会的危害，比儒家的焚书坑儒还要严重得多。他直言道："为治去四秒，其清明矣乎，时文也、僧也、道也、娼也。"④ 颜元不提倡理学、八股，并斥责宋明书院的心性之学脱离现实对社会有很大毒害。为了振颓救弊，颜

---

① 李伟波：《颜元对书院制度的革新》，《忻州师范学院学报》2005年第2期。
② [清]颜元著，王星贤等点校：《颜元集》（习斋记余卷一），中华书局1987年版，第403页。
③ [清]颜元著，王星贤等点校：《颜元集》（颜习斋先生言行录卷下），中华书局1987年版，第691页。
④ [清]颜元著，王星贤等点校：《颜元集》（颜习斋先生年谱卷上），中华书局1987年版，第748页。

元对漳南书院教学内容进行了改革。

书院以"习行"为宗旨,力倡尧、舜、周、孔时代的"六府""三事""三物""四教"之学。"六府",即"水、火、金、木、土、谷";"三事"即"正德""利用""厚生";"三物"即"六德"(知、仁、圣、义、中、和)、"六行"(孝、友、睦、姻、任、恤)、"六艺"(礼、乐、射、御、书、数);"四教"即"文、行、忠、信"。颜元针对当时士人只读死书、空谈性命的状况,还提出了礼、乐、兵、农四种实用之学。据此,颜元在漳南书院设置了六斋,即:文事斋、武备斋、经史斋、艺能斋、理学斋、帖括斋。

从漳南书院的教学内容来看,颜元与理学家的教育主张有很大不同,其书院教学具有鲜明的实学特色,主张培养实用人才。颜元不仅发掘了儒家传统的文化资源,还吸取了西方启蒙思想的因素,丰富了原有的"事物之学"。另外,颜元还特别注重体育教育和军事教育。这是颜元对儒家传统教学内容上的创新,也是他书院教学的特色之所在。

颜元的课程设置已"蕴含着近代课程设置的萌芽,将中国古代关于教学内容的理论推进到了一个崭新的发展阶段"[①]。后期,在康有为和梁启超创建的万木草堂和时务学堂中就借鉴了漳南书院的课程设置,即取颜元的"六府""三事"之旨。因而,颜元漳南书院教学内容上的规划,颇具近代教育之精神,可称新教育的雏形。

四、教学方法强调习行

为能够培养出经世人才,颜元对书院教学内容进行改革的同时,也对教学方法进行了改革创新。

1. 因其材而专其业

"吾于孟子之论治而悟学矣。人之质性各异,当就其质性之所近、心志之所愿、才力之所能以为学,则易成。圣贤而无龃龉扞格终身不就之患,故孟

[①] 李国钧、金林祥主编:《中国教育思想通史》(第四卷),湖南教育出版社1994年版,第230页。

子于夷、惠曰：不同道，惟愿学孔子。非止以孔子独上也，非谓夷、惠不可学也。人之质性近夷者，自宜学夷，近惠者，自宜学惠。今变化气质之说，是必平丘陵以为川泽，变川泽以为丘陵也，不亦愚乎！"① 可见，颜元已初步具备了因材施教的思想。颜元既然认识到了因材施教之理，他就将其付诸教学实践。"颜元有一族孙名保邦，初不识字，颜元爱其勇力，于是便教他习武。习武之人，多喜历史，颜元因之而给他讲历史。保邦因此而产生了学习兴趣，遂逐渐学文。当文字粗通时，颜元便将他接纳为学生，让他随班学习。"② 这是一个非常典型的因材施教的案例。

2. 远其志而短其节

颜元生活的时代，书院教学大多为科举考试服务。颜元反对科举，戮力实学教育。他采取"远其志而短其节"的方法来激励学生。颜元说："学贵远其志而短其节。志远则不息，节短则易竟而乐。"③ 颜元认为，庸人苦于无气，气能生志，而学者则是患于无志，志能生气，志和气是循环相生的。人人可以为尧、舜，圣人是无论谁都可以做的。不能做圣，不敢做圣，都是无志的表现。他鼓励学生说："父母生成我此身，原与圣人之体同；天地赋予我此心，原与圣人之性同。若以小人自甘，便辜负天地之心、父母之心矣；常以大人自命，自然有志，自然心活，自然精神起。"④ "学习，当然有乐趣在其中，但终究还是一个苦差事，若无志气，是难成大器的。颜元的励志主张，从根本上讲是符合'学贵有志'这一规律的。"⑤ "短其节"，是颜元提出的一个教学策略。学习永无止境，在具体教学中，可以将它划分为若干小节，让

---

① ［清］颜元著，王星贤等点校：《颜元集》（四书正误卷六），中华书局1987年版，第230页。
② 陈山榜：《颜元教学方法论探析》，《教育评论》2003年第5期。
③ ［清］颜元著，王星贤等点校：《颜元集》（颜习斋先生言行录卷上），中华书局1987年版，第624页。
④ ［清］颜元著，王星贤等点校：《颜元集》（颜习斋先生言行录卷下），中华书局1987年版，第668页。
⑤ 陈山榜：《颜元教学方法论探析》，《教育评论》2003年第5期。

学生分阶段来学，学生就会一点一点享受到学习的乐趣，从而增强学习信心，增加学生学习的成就感。而这种成就感，可激发其继续努力。颜元觉察到学习一定要激发学生的积极性。他说："人心中具有仁义、位育，但得活理养之，则学成具全体大用，否则血肉腐朽而已矣。如鸡卵中具有羽肉冠距，但得暖气养之，则化成而飞鸣走食，否则青黄死水而已矣。"① 颜元认为，教学很重要，不过一定要通过学生自己去转化，因此，提高课堂效率，一定要想方设法调动学生的学习积极性。

3. 少讲读多习行，从静坐到主动

习行、主动是颜元书院教学的核心。凡事要亲身实践付诸行动，这是颜元教学方法的出发点，也是他书院教学改革思想的特色。但是，当时宋明书院教学，常常是教师高谈阔论，学生则静坐、读书、听讲、诵经，学习效率低下，也学不到真正有用的东西。所以，颜元非常重视"习行"。对于教学中涉及的"讲"与"习"的关系，颜元更强调的是"习"，在《总论诸儒讲学》一文中他讲道："为学为教，用力于讲读者一二，加功于习行者八九。"② "仆妄谓性命之理不可讲也，虽讲，人亦不能听也；虽听，人亦不能醒也；虽醒，人亦不能行也……要惟一讲即教习，习至难处来问，方再与讲。讲之功有限，习之功无已。"③ 由此可见，颜元非常重视"习行"，强调"习"的功用远远超过"讲"的效果。

宋明书院教育"耗气劳心书房中，萎惰人精神，使筋骨皆疲软，以至天下无不弱之书生，无不病之书生，一事不能做"④，因而颜元提出"养身莫善

---

① [清] 颜元著，王星贤等点校：《颜元集》（颜习斋先生言行录卷上），中华书局1987年版，第624页。
② [清] 颜元著，王星贤等点校：《颜元集》（存学编卷一），中华书局1987年版，第42页。
③ [清] 颜元著，王星贤等点校：《颜元集》（存学编卷一），中华书局1987年版，第41页。
④ [清] 颜元著，王星贤等点校：《颜元集》（朱子语类评），中华书局1987年版，第272页。

于习动"①，认为"动"可以使人身体强壮，精神振作。因此，他说："心中醒，口中说，纸上作，不从身上习过皆无用也。"②他强调只说不做，就如纸上谈兵，没有一点用处。他认为："一身动则一身强，一家动则一家强，一国动则一国强，天下动则天下强。"③

颜元习行、主动的教学方法显示了他作为一个书院教学改革家的创新之处。与传统书院呆板的教学模式相比，颜元大力倡导的"习行""主动"，是我国古代教学方法的重大革新。这种教学方法的提出，在当时意义重大。他说："心上思过，口上讲过，书上见过，都不得力，临事时依旧是所习者出，正此意也。"④"大旨明道不在诗书章句，治学不在颖悟诵读……身实学之，身实习之，终身不懈者。"⑤颜元强调"习行""主动"的教学方法已接近现代学校教学方法。当然"习行""主动"教学法过分贬低了理论思维的作用，具有明显的经验主义倾向，应当认识到它的局限性。

五、教学评价倡导重奖掖

民间有句俗语：人非圣贤，孰能无过。其实这句话并不准确，因为即便是圣贤，也难免犯错误。在这个问题上，老子说：知不知尚；不知知病。圣人不病，以其病病。夫唯病病，是以不病。⑥很明显，老子认为圣人也犯错误，而圣人之不错，只是因为圣人善于改正错误而已。在对"过"的认识上，

---

① [清]颜元著，王星贤等点校：《颜元集》（颜习斋先生言行录卷上），中华书局1987年版，第635页。
② [清]颜元著，王星贤等点校：《颜元集》（存学编卷二），中华书局1987年版，第56页。
③ [清]颜元著，王星贤等点校：《颜元集》（颜习斋先生言行录卷下），中华书局1987年版，第669页。
④ [清]颜元著，王星贤等点校：《颜元集》（存学编卷一），中华书局1987年版，第54页。
⑤ [清]颜元著，王星贤等点校：《颜元集》（存学编卷一），中华书局1987年版，第48页。
⑥ 卫广来译注：《道德经》第七十一章，山西古籍出版社2003年版，第102页。

除对圣人稍有维护外，颜元的思想不亚于老子。他说："恶人之心无过，常人之心知过，贤人之心改过，圣人之心寡过。寡过故无过，改过故不贰过，仅知过故终有其过，常无过故怙，终而不改其过。"①

基于这种认识，颜元经常勉励自己的学生要"日新，时省过而改之，时思善而迁之"。他说："吾学无他，只'迁善''改过'四字。日日改迁，便是工夫，终身改迁，便是效验。世间只一颜子'不贰过'，我辈不免频复。虽改了复犯亦无妨，只要常常振刷，真正去改。久之不免懈怠，但一觉察，便又整顿。不知古人如何，我是依此做来。"② 对于那些讨厌别人指出自己缺点的人，颜元则认为那就是固步自封的人，这种人是不会进步的。《颜元集》中是这样记载的："人有恶攻其短者，先生（指颜元）曰：'是止者也。人立志前进，必期自全，故乐人指其阙，恐有阙也。人无志不前，自谓己全，不乐人破其全，恶闻其阙也。'"③ 颜元虽然教导学生要善于改过，但并不主张教师以批评指摘为主，而主张以表扬奖励为主。颜元曾对刘懿叔讲了教子之道："数子十过，不如奖子一长。数过不改也，徒伤情；奖长益劝也，且全恩。"④ 这应是他多年教学经验的高度概括和总结。

六、新的教学制度和教学管理

在教学制度方面，北宋著名教育家胡瑗曾分"经义"和"治事"两斋进行教学，颜元分六斋教学虽受其影响，但对之已有明显的发展和突破。漳南书院建正厅三间，名曰"习讲堂"，这与其他书院的"讲堂"仅一字之差，却

---

① ［清］颜元著，王星贤等点校：《颜元集》（颜习斋先生言行录卷上），中华书局1987年版，第622页。
② ［清］颜元著，王星贤等点校：《颜元集》（颜习斋先生言行录卷下），中华书局1987年版，第666页。
③ ［清］颜元著，王星贤等点校：《颜元集》（颜习斋先生言行录卷上），中华书局1987年版，第640页。
④ ［清］颜元著，王星贤等点校：《颜元集》（颜习斋先生年谱卷下），中华书局1987年版，第789页。

充分反映了漳南书院"励习行""学经济"的办学宗旨。整个书院共开设六斋，文事斋，课礼、乐、书、数、天文、地理等科；武备斋，课黄帝、太公、孙武、孙膑、吴起等五家兵法，并攻守、营阵、陆水诸战法，射、御、技击等科；经史斋，教十三经、历代史、诰制、章奏、诗文等科；艺能斋，教水学、火学、工学、象数等科；理学斋，课静坐，编著程朱陆王之学；帖括斋，课八股举业。1921年，四存学会在北京成立四存中学，模仿漳南书院的建制，设文事、武备、经史、艺能四课。另外，颜元对必修课、选修课和公共课作了一定的区分：六艺为必修课，"凡为吾徒者，当立志学"之；八股为选修课，"愿学八股者听"；六德六行为公共课，统贯六斋。漳南书院的教学规划既体现了颜元丰富而实用的教学内容，亦体现了他的教学制度和分科教学的思想。分斋教学所揭示的专业思想，类似于后世的分科教学法，形成不同的专业。在此意义上，颜元为后来的教育作出了一定的开创性贡献。

在教学管理方面，漳南书院也有其独到之处：斋有斋长，科有科领，还有规章制度——《习斋教条》。颜元重视教学管理，力图使课堂教学常规化。他以十日为一周期，制订了周课程表：一、六日课数；二、七日作文；三、八日习礼；四、九日歌诗习乐；五、十日习射。他还重视对学生的管理。《习斋教条》对学生的请假、作息、值日、仪表、言行举止、学习内容、学习方法等都作出了明确规定。《习斋教条》中的诸多内容，在今天看来或已不觉新奇，甚或已成糟粕，但在当时来说，却是一个创举。漳南书院的教学设施也一应俱全，有教室、厅堂、操场、客舍、仓库、厨灶，甚至还有更衣室、厕所等，设施比较完备，与近代新式学堂相似。

第二节　颜元书院教学改革思想的基本特征

颜元提倡培养经世致用的实学之才，通过习行，深入实践，提升学生对实际问题的解决能力。这体现在他的书院教学改革思想和实践中，使书院教学跳出宋明书院空谈心性、于事无补的窠臼。

一、教学目标的双重性与实效性

颜元书院的培养目标论是建立在他的人才观上的。首先，他强调了人才的重要性，指出"人才者，政事之本也"，"无人才则无政事，无政事则无治平，无民命"[①]。其次，对前代人才的标准，他认为传统儒学造就的是以礼仪为唯一尺度的"伦理化人才"，宋明理学培养的是"峨冠博带，垂目坐，如泥塑""以读书为穷理功力"和"以讲解著述为穷理事业"的只尚空谈、不务实际的所谓的"大儒"。颜元反对程朱的虚浮空疏，主张培养"力砥狂澜""恢宏圣道"，能够"斡旋乾坤，利济苍生"的实德、实干的实用性人才。因此他设想："令天下之学校皆实才实德之士，则他日列之朝廷者皆经济臣。"[②] 在此基础上，颜元提出了他的培养目标论。

1. 培养体用两全、德才兼备的"通儒"

颜元的"通儒"就是指那些"六德、六行、六艺及兵农钱谷、水火工虞之类""上下精粗皆尽力求全"之人。他认为，只有修六德，行六行，习六艺，方能明也；也只有这种体用兼优、德才兼备的人才符合"圣道"，才能"担荷圣道""不误苍生"；"朝廷大政，天下所不能办"，他能办之；"险重繁难，天下所不敢任"，他能任之。可见这种人对国家、对社会都是非常有用的。但这种人是颜元所要培养的理想型人才，是不可多得，亦不可常得的。为此，颜元根据人的个性差异和才能高低，提出培养各种专门人才才是现实而可行的培养目标。

2. 培养经世致用、各专一艺的"专才"

颜元认为，各种专门人才也是社会不可缺少的，通儒难达，专才亦可。"上下精粗皆尽力求全，是谓圣学之极致矣。不及此者，宁为一端一节之实，

[①] [清]颜元著，王星贤等点校：《颜元集》（习斋记余卷一），中华书局1987年版，第398页。

[②] [清]颜元著，王星贤等点校：《颜元集》（习斋记余卷一），中华书局1987年版，第404页。

无为全体大用之虚。如六艺不能兼,终身止精一艺可也。"① 况且,"人之质性各异,当就其质性之所近、心志之所愿、才力之所能以为学,则易成。圣贤而无龃龉扞格终身不就之患"②。因此,只要"学须一件做成,便有用,便是圣贤一流",并援引史实证明之:"试观虞廷五臣,只各专一事终身不改,便是圣;孔门诸贤,各专一事,不必多长,便是贤;汉室三杰,各专一事,未尝兼摄,亦便是豪杰。"③ 还有,如禹终身司空,皋终身专刑,仲专治赋,冉专足民,公西专礼乐等等,这些人皆虽六德之一德、六行之一行、六艺之一艺,但仍不失为圣,不愧为贤。总之,他认为教育目的就是要培养对国家有用的,至少能精于一事一艺的实干人才。

颜元书院的培养目标在于为国家培养有用的统治人才,他从事功的角度出发,以经世致用为根本宗旨,提出了"通儒"与"专才"两个人才培养目标,一方面意在突破传统儒学单一的人才标准,另一方面试图扭转当时由程朱理学造成的"以口舌致党祸""以章句误乾坤"的"虚浮之局"。这种双重的培养目标,既反映了当时中华民族传统文化的繁荣和资本主义萌芽时期社会分工的逐渐精细,体现了颜元能够审时度势,与时俱进,积极适应社会需求的胆略,又有利于学校教育与社会需求达到最大化的契合。由此看来,这两方面的追求都凸显了颜元书院教学的培养目标的实效性。

二、教学内容的实用性与创新性

颜元在书院课程设置及其结构方面改革的突出特点为:一是实,二是新。教学目标的实现要以教学内容作为桥梁,教学内容应该适时恰当地为教学目标服务。在书院教学内容的选择上,颜元同样以"实"为本,反对自汉代以

---

① [清] 颜元著,王星贤等点校:《颜元集》(存学编卷一),中华书局 1987 年版,第 54 页。

② [清] 颜元著,王星贤等点校:《颜元集》(四书正误卷六),中华书局 1987 年版,第 230 页。

③ [清] 颜元著,王星贤等点校:《颜元集》(颜习斋先生言行录卷下),中华书局 1987 年版,第 667 页。

来的注疏训诂、空谈心性，主张"宁使天下无学，不可有参杂佛、老章句之学，宁使百世无圣，不可有将就冒认标榜之圣，庶几学则真学，圣则真圣云尔"①。他认为只有"真学"才能培养出"真圣"。颜元的"真学"意即"实学"，主要指尧、舜、周、孔时代的"六府"（金、木、水、火、土、谷）、"三事"（正德、厚生、利用）、"三物"（六德、六行、六艺）。其中"六府亦三事之目"；三事中的正德、厚生、利用与三物中的六德、六行和六艺相互对应；三物中，六艺最为根本，六艺施于社会则为六行，在己则为六德。颜元认为学习这些内容能使人们从纯粹追求虚无空疏的个人道德完善，转变到主动提高适应社会发展需要的各种素质上来。而这些内容恰恰涵盖了足以"富天下"的农事，足以"强天下"的兵技，足以"安天下"的礼数。

在颜元早年主持制定的《习斋教条》中，他要求学生广泛学习各种自然科学技术知识课程。"凡为吾徒者，当立志学礼、乐、射、御、书、数及兵、农、钱、谷、水、火、工、虞"。老年主持漳南书院时，又将"习斋"中开设的新式课程加以扩展，除理学、帖括两斋外，还分别设置了文事、武备、经史、艺能四斋，并为各斋设置了相应的课程。他的"实学"课程科目很大程度上突破了传统"经世致用之学"的范畴，明显具有了近代"实用科学"即近代人文社会科学知识、自然科学技术知识及其课程科目的意蕴，体现出兼容并包的特色。这些"实学"课程都是服务于培养"专才"的教学目标的。

不仅如此，漳南书院的课程体系还有近代西方科技的印迹。明末清初，随着西方近代科学的渐次传入，中国了解西方近代科学的人也逐渐增多。如颜元曾向好友杨计公请教并一起讨论过学问，就认为应该对近代西方数学知识有一定的了解，这一点在漳南书院的课程计划中就不同程度地反映出来了。另外，在颜元"实学"课程中还包括体育和劳动等课程。体育课程的具体内容包括周旋跪拜、文舞武舞、骑马射箭、举重赛跑、角斗拳击等；劳动课程的具体内容主要是实地参加农业生产活动。他特别重视劳动的育人功能，认

---

① ［清］颜元著，王星贤等点校：《颜元集》（存学编卷三），中华书局1987年版，第77页。

为劳动可以达到"治心、养身"的目的。"颜元主张以'动'的教育去取代宋明理学的'静'的教育,军事、体育、艺能、劳动等课程都是他的'习动'教学思想的具体体现。比较分析其课程结构体系,我们可以发现,从教育的构成部分看,其中已包含了德育、智育、体育和劳育等方面的课程内容;从学科知识构成看,其中已包含了文、理、工、农、兵、法等学科课程。"①

颜元用兵农代替训诂章句,以礼乐替代清谈禅宗。他的教学内容中既有社会科学又有自然科学,突破了传统经学和理学的范围,熔广泛性与实用性于一炉;有破有立,有继有废,集批判性与创新性于一体。这在中国教学内容发展史上具有开创意义。"它远远超过了传统的理学和经学的范围,迈入了广泛的科技世界,不仅标志着一个时代的学术水平,而且透露了近代课程的端倪。"② 颜元的这些观点明显受"西学东渐"的影响,反映资本主义萌芽时期市民阶层的要求,成为近代教学内容改革的雏形。

三、教学方法的开放性与实践性

颜元反对中国传统的口讲耳听、死记硬背的教学方法,认为"孔子开章第一句,道尽学宗。思过,读过,总不如学过。一学便住也终殆,不如习过。习三两次,终不与我为一,总不如时习方能有得"③。他更反对宋明的静坐读书,空谈心性。半日静坐,半日读书,无异于半日当和尚,半日当汉儒。这样的方法会"萎惰人精神,使筋骨皆疲软,天下无不弱之书生,无不病之书生,一事不能做"④。鉴于此,颜元提出了"实习""实行"的教学方法,以达到培养经世致用人才的目标。

---

① 张传燧:《颜元现象的三维透视——论清初颜元在中外近代课程变革中的地位及其影响》,《河北师范大学学报(教育科学版)》2005 年第 6 期。
② 李国钧著:《颜元教育思想简论》,人民教育出版社 1984 年版,第 50 页。
③ [清]颜元著,王星贤等点校:《颜元集》(颜习斋先生言行录卷下),中华书局 1987 年版,第 668 页。
④ [清]颜元著,王星贤等点校:《颜元集》(朱子语类评),中华书局 1987 年版,第 272 页。

首先，颜元站在唯物主义者的立场上，指出"知无体，以物为体"①。物是客观存在的实体，是知的对象、知的来源，求知必须"见之事""征诸物"，才能获得真正有用的知识。进而他强调了实践的必要性，认为人之思想、谈论尽管有千百种道理，都不如身体力行有实际效用。从这些渠道中讨来的见识无异于画饼充饥，即使"心中醒，口中说，纸上作""不从身上习过，皆无用也"。② 只有接触外界事物，亲自动手操作、动身实习，才能客观地把握事物的规律。

其次，颜元又从经世致用的角度出发，认为知识的意义应在于"实行"，在于"实用"，在于"办天下事"，而且也只有在"办事"的过程中，"真知"才能得到验证。可见，他已认识到"习行"不仅是获得真知的重要手段，而且也包含了发挥理论指导实践的作用，还是检验知识真伪的必然途径。他认为经世致用的人才不应单单学习书本知识，更重要的是通过"习行"来"练习世务""历练经济"。他非常赞同陈同甫之言："人才以用而见其能否，安坐而能者不足恃；兵食以用而见其盈虚，安坐而盈者不足恃"，进而得出"学问以用而见其得失，口笔之得者不足恃"。③ 他举例说：如果一个医生"止务览医书千百卷"，纵然能够"熟读详说"，亦"不如习一科、验一方之为医"更具有现实意义。

最后，颜元强调"习行"也是实施智育、德育、体育的有效途径。在智育方面，他说："读书愈多愈惑，审事机愈无识，办经济愈无力。"④ "智以事练""能以行长"，智力水平的提高不能一味死读书，还需适当地在习行中进

---

① ［清］颜元著，王星贤等点校：《颜元集》（四书正误卷一），中华书局 1987 年版，第 159 页。

② ［清］颜元著，王星贤等点校：《颜元集》（存学编卷二），中华书局 1987 年版，第 56 页。

③ ［清］颜元著，王星贤等点校：《颜元集》（颜习斋先生年谱卷上），中华书局 1987 年版，第 747 页。

④ ［清］颜元著，王星贤等点校：《颜元集》（朱子语类评），中华书局 1987 年版，第 252 页。

行，死读书只会读死书。在德育方面，他说"若化质养性，必在行上得之"，修德必须"励躬行"。他现身说法，以"吾儒时习力行，皆所以治心"来阐明他的观点："习行"能够"调人性情，长人仁义"；反过来，"德性以用而见其醇驳，口笔之醇者不足恃"，意即真正的德性要表现在行为上，口舌之德算不上真正有德之人。在体育方面，他有言："养身莫善于习动，夙兴夜寐，振起精神，寻事去作，行之有常，并不困疲，日益精壮；但说静息将养，便日就惰弱。"① 通过"习行"不仅可以健人筋骨、和人气血、修身日壮，而且可以避免因长期静坐导致怠惰的不良习惯。

颜元的习行教学法，与当时程朱理学提倡的"终日兀坐书房，两耳不闻窗外事"的"永无生机"的求学方式相比，无不洋溢着朴素的唯物主义的实践性与积极处世、乐观应世的开放性。在当时的社会背景下，能做到力排众议、独树一帜，倡实学、重习行，强调经世致用，实在是非常难得的。这显然切中了宋明唯心理学的要害，具有解放思想、开启民智之功。

第三节　颜元书院教学改革思想的价值与现代启示

作为我国古代特有的一种教育组织，书院不同于官学，具有广开自由讨论和勤思好学之风。然而随着理学的演变和发展，理学本身固有的弊病却又扭曲了书院教学的本意，阻碍了书院教学的深入发展。在明末清初理学流行之际，颜元敢冒天下之大不韪，以习行教育革新宋明的书院教学，其立足现实的开创精神是难能可贵的，称得上是前所未有的书院教学改革家。

颜元漳南书院的教学改革在当时的影响是微弱的。一是书院存在的时间短暂；二是政府重新提倡理学，文网密布；三是颜元实学思想的某些方面为"古圣成法"所缚，时人难以认同和实行。尽管如此，作为"颜李学派"实学试验基地的漳南书院在中国教育史上仍有着划时代的意义。颜元勇于独树一

---

① ［清］颜元著，王星贤等点校：《颜元集》（颜习斋先生言行录卷上），中华书局1987年版，第635页。

帜，提倡学以致用，主张学习切实有用的知识和技能，力图将当时空疏无用的学风扭转过来，堪称"中国十七世纪思想界中的一支异军"①。其充满实学特色的书院教学改革可以说是书院教育史上的一大革命，体现出超越时代的永恒价值。

一、颜元书院教学改革思想的历史价值

在明末清初，颜元书院教学改革思想对当时教育教学的发展具有较大的现实价值。在教学目标方面，颜元特别强调经世致用，只有能为国为民办实事的人，才称得上真正的人才，而那些没有真才实学，只会空谈心性且自我标榜德行高尚的人，只是于国家无益、于社会无用、于人生无补的庸碌之徒。这一主张突破了儒家重德轻才的传统观念，以对国家、社会和民众是否有用作为判定人才价值的标准，这是对墨家"爱利万民"思想的继承和发展。在人才培养上，颜元改变了儒家长期以来只重视培养全能型治国人才的状况，而将各行各业专门人才的培养凸显出来。这一认识丰富了人才的内涵，拓宽了人才培养目标，扭转了重道轻艺的偏向，满足了社会各行各业发展的需求，促进了科学技术的进步，为中国社会走向近代化奠定了坚实的基础。

在教学内容方面，颜元继承了文武兼备，智能兼求，德、智、体、美和谐发展的"六艺"教育传统，同时吸取了墨家重视科技教育的特色。他将诸多门类的自然科学知识和各行各业的生产技术以及军事技能引入教育领域，在广度和深度上都大大超越了"六艺"的范畴，从而冲破了千百年来传统儒家经史之学的框束，使大量的科学技术知识走入了教育的殿堂。这种以人文社会科学与自然科学技术相结合、知识教育和能力训练相结合为特色的教学内容，充分体现了颜元德才兼备、文武并重、道艺结合和实学、实用的教育思想，成为我国近代教学内容改革的先声。

在教学方法方面，虽然孔子提出过学、思、行结合的原则，但两千多年

---

① 侯外庐著：《中国早期启蒙思想史》，人民出版社1956年版，第324页。

来在教育发展的历程中，学习知识与躬行实践始终未能结合好。这种学习与实践相脱离的现象有其历史根源，自西周后期学校逐渐趋于正规化以后，教育活动已完全从生产劳动以及政治、宗教、艺术等其他社会活动中分化出来，成为独立的社会活动。从教育的发展来看，这是一种进步。但同时，它抛弃了教育与社会生产和生活紧密联系的优点，出现了脱离社会、脱离实践的弊端，这种弊端影响了整个封建时代。虽有孔子、荀子等许多教育家倡导学行结合，但因教学理论与教学实践发展的不一致性，致使这一弊端始终存在。到了宋明时期，理学家静坐读书、空谈性理，使教学脱离实践现象更为严重。在这种情况下，教学的方式主要是口授耳听。颜元突破了口耳相传的方式，强调运用手足的活动，即躬行实践，包括观察、实验、劳动、体育锻炼等等，这是我国古代教育史上一次手足解放的变革，它将理学家脱离实际、背诵教条的教学方法，转变为重实践、重实验的新方法。这些新方法为近代中国教育与社会实践相结合以及教学法的革新提供了先例。

梁启超曾评价说，颜元书院教学改革思想的特点是以实学代虚学，以动学代静学，以活学代死学。"对于二千年来思想界，为极猛烈、极诚挚的大革命运动，其所树的旗号曰'复古'，而其精神纯为'现代的'。"① 颜元对传统书院教学所进行的变革，产生了深远的历史影响，他因此而成为我国近代教学改革的先驱。可以说，漳南书院是我国新教育的雏形，是我国近代教育的渊源，它以实学精神之水灌溉着我们的近现代教育。

二、颜元书院教学改革思想的现代启示

当前，我国新课程改革提出了"三维立体"的知识与技能、过程与方法、情感与态度价值观相统一的整体教学目的观；提出了实践化、过程化、综合化、生活化、开放化的课程内容及资源观；强调教学的实践性、生活性；强调走向社会，走进生活，参与实践；提倡主动探究式、参与实践式、生活体

---

① 梁启超著：《中国近三百年学术史》，中国书店1985年版，第105页。

验式等教学模式；开放课程教学情境，加强课程教学与现实生活、社会的联系。而颜元的教学思想及其改革实践具有"习行主动""实作实践""密切生活"等区别于传统教学的显著特征，在某种程度上与新课程改革所倡导的理念有相合之处。由此看来，不仅应将颜元的书院教学改革思想及其改革实践放到近代世界和中国教育改革的背景下去考察，而且还应当将其放到当今教学改革的背景下来加以考察。

1. 坚持工具价值和理性价值和谐统一的教学价值观

首先，颜元书院教学改革思想注重教学的工具价值。"正其谊以谋其利，明其道而计其功"体现出他的功利主义思想，从教学来看便是实学实用的教学价值观。确实，教育必须跟得上社会的发展，那么课堂教学一定要与社会紧密相关。颜元在明末清初突出了教学的工具价值，几乎与此同时，欧洲文艺复兴发展到高潮阶段，国家加强了对教育的干预，同时也强化了教学的工具价值，这也是历史发展的必然。工业革命以后，教育的工具价值日益彰显，教育对于推动社会经济的发展起着越来越重要的作用。而我国近阶段工业生产水平和科技发展水平需要极大提升，综合国力需要不断加强，所以，当下仍然需要重视课堂教学的工具价值，做到科教兴国。

其次，颜元书院教学改革思想注重教学的理性价值。颜元在重视教学的工具价值时，也非常重视其理性价值。颜元的教学理性价值在于去人之引蔽习染，以恢复人的善性。二战后，科技飞速发展，经济高度发达，教育为此作出了重大贡献。但是，我们也要清醒看到经济科技飞速发展的同时，带来了新的社会问题，那就是人们信仰的危机，精神家园的失落，这是我们应避免的问题。当前，中国在加速向现代化迈进的过程中，教育的经济功能受到重视，科技理性被倡导，人力资源的开发水平越来越高。学校教学在人才培养和科学研究上有非常重要的作用。然而，在强调教学社会功能和价值时，如何从异化的工具人回归为真正的人，成为人们需要解决的一道难题。在经济社会转型的特殊时期，我们到底需要怎样的课堂教学价值取向，是一个需要思考的问题。需要肯定的是，我们要充分发挥教育对社会和人的双重价值的影响，不能有所偏废，顾此失彼。

2. 教学要素的确定与人才观相联系

颜元的思想给予我们的启示是，一切从实际出发，在确定教学目标、教学内容和教学方法时，要根据社会和人的发展需要，使教育符合时代要求，从而促进人的成长和社会的进步。现代社会科技革命蓬勃兴起，出现很多相互交叉、渗透的边缘学科，这就需要加速培养与之相适应的具有复合型知识的人才。想要实现这一目标，就要改变以往单一的专业教育，进行通识教育。不过，现在的问题是学生精通一门不大容易，各门都通又不现实，那么如何解决这个问题？认真研究颜元的培养目标论将给现代学校培养目标的规划提供有益的借鉴。

在当代社会，通识教育、终身教育、大教育观的提出，对课程改革形成了新的挑战。如何真正解决文理融合、科学性与人文性的结合，以及知识与能力并重、分科与综合相结合等问题，我们可以从颜元的书院教学内容观中得到一定的启示。今天的人才既要有德又要有才，就才能来说，不仅要有广博的知识，而且要有专业技能，只有博专结合，一专多能，方可适应社会的需要。从人的素质发展角度来看，既要全面发展，又要合理发展。"所谓全面发展是指作为社会的合格公民，在德、智、体、美、劳等基础素质方面均须达到一定的标准；所谓合理发展，就是从不同个体的独特性出发，使每个学生的特长都能得到最好的发展。"培养德、智、体全面发展的人才，从中体现出来的积极的务实精神也是目前社会应大力提倡的。当前，如何培养出德、智、体全面发展的人才，如何处理好德、智、体三者的关系，颜元的书院教学改革思想和实践给我们提供了一个范例。

3. 教学改革方式坚持传统与现实并重

改革是对当下事实的改造和革新，如果直接否定现实，那改革就是不切实际的。颜元对这一点是有着清醒认识的。虽然颜元认为"八股"毒害学生，但是科举是当时读书人进入仕途的唯一途径，所以颜元希望他的学生不仅仅修身养性，而且能够进入社会的管理层，为社会民生作出自己的贡献，那么课八股就是必由之路，也就是颜元所说的"应时制"。正因如此，改革一定要遵守循序渐进的原则，废除科举并不是一朝一夕的事情，即颜元所谓的"俟积习正"。颜元既考虑到推行"实学"的大局，又符合教学改革的一般规律。当下我们应如何正确处理改革中的各种关系，是采取温和的渐进式改革，还是激进式改革？需要深思和慎重考虑。这一点上，颜元解决问题的方式可以提供一些有益的启示，即改革是对现在事实的改变和变革，必须正视传统、面对现实，任何否定传统和现实的改革都是不切实际的；改革不能一蹴而就，而是应该尊重事物发展规律，循序渐进地进行。

4. 秉持"兼容并包"的办学新理念

理学斋的设置和帖括斋一样，引起了许多人的注目和费解。关于两斋的设立，颜元曾解释道："暂收之以示吾道之广。"[①] 它是颜元"兼容并包"的办学新理念的体现。理学自创立以来，经过朱熹集其大成，传至清初，大约有500年的历史，明清两代奉为官方哲学，而且它的影响已渗透到社会生活的各个方面。颜元虽然对理学的批判不遗余力，但他也毫无门户之见地指出，"程、朱、陆、王诸先生语录，亦不可轻看"[②]，称朱熹为"五百年有功于圣道之大儒"。使实学与理学，新思想与旧思想同处于一座书院之内，任其公平竞争，既显示了颜元对学术自由的尊重，又表现了颜元对自己"实学"的信心，使两种学说优劣互见，让学生"爱而知其善，憎而知其恶"。这种"兼容并包"的思想在蔡元培主持北京大学时被定为办学方针。今天的教学改革，有必要努力打破门户之见，使学术思想自由流动，在"百家争鸣"中传播、弘扬和发展。

5. 彰显不畏艰难、坚持改革的精神

颜元书院教学改革思想是在深刻地批判传统书院教学的基础上形成的。

---

① ［清］颜元著，王星贤等点校：《颜元集》（习斋记余卷二），中华书局1987年版，第413页。

② ［清］颜元著，王星贤等点校：《颜元集》（存学编卷三），中华书局1987年版，第73页。

面对当时占统治地位的理学及其权威程、朱、陆、王等人的虚妄不实之言，颜元勇敢地予以揭露和批判，并明确地提出了自己的观点。虽然遭到不少非议，但他却毫不畏惧，坚持"以实学代虚学"，并将自己的思想付诸实践，在他所主持的漳南书院大胆地革新，创设了文事、武备、经史、艺能等科，实行分科教学，开设了许多自然科学以及军事、生产技能的课程，具有某些近代科学教育的因素，是一次别开生面的教学改革。当然，改革向来不是一帆风顺的，愈艰难就愈要坚持。当前我国的教学改革也面临着诸多困难，因此，我们要坚持改革创新，在创新的教育中培养学生的创新精神。

三、颜元书院教学改革思想的缺憾

颜元的书院教学改革思想无疑符合当时社会的发展规律和实践要求，也反映出教育应该遵循自身客观规律的思想。颜元的书院教学改革思想成为明末清初学术思想界的一丝亮光，为许多人带去光明，同时也遭到批驳。因此，在对颜元的评价上，无论是他所处时代还是后世都褒贬不一。颜元在这里俨然成了保守与激进，落后与进步的分水岭。如梁启超就以肯定的态度评价道："有清一代学术，初期为程朱陆王之争，次期为汉宋之争，末期为新旧之争，其间有人焉举朱陆汉宋诸派能凭借者一切摧陷廓清之，对于二千年来思想界，为极猛烈、极诚挚的大革命运动，其所树的旗帜曰'复古'，而其精神纯为'现代的'，其人为谁，曰颜习斋及其门人李恕谷。"[①] 而近代刘声木则认为颜元是大逆不道的叛逆：虽属一人一家之私言，尚未行于天下，其悖谬乖戾，颠倒是非，淆乱黑白，肆无忌惮，悍然冒天下之不韪，则其人可诛，其书可烧也。这也可说正是颜元思想的魅力所在。不同时代的不同学者可能都会有各自不同的诠释，从而使其思想具有历史的生命力，直至现在仍具有深刻的影响，对当今的教学改革提供了有益的借鉴。尽管颜元书院教学改革思想具有极大的进步性，但也有不足之处。作为封建社会的成员之一，颜元像所有

---

① 梁启超著：《中国近三百年学术史》，中国书店 1985 年版，第 105 页。

的革新者一样，无法彻底摆脱封建主义的束缚，也无法突破传统的羁绊。

颜元所主张的实学只是传统的实学，与晚清的经世致用所提倡的教学内容相比，范围过于狭窄。他所主张培养的人才，是为封建统治服务的人才，从某种程度上说，他还是轻视下层劳动人民的。他的"行先于知""实践重于认识"的思想也有局限性，因为他片面强调直接的感性经验，忽视甚至否定了书本的间接知识，从而陷入了主观经验论的泥坑。这对学生的系统知识学习及能力发展是不利的，对于学生的学习而言，以书本知识为主体的间接经验的学习与掌握，仍是解决由不知向知转化的主要途径。虽然颜元以琴谱与学琴之间的关系为例来说明学琴的关键在于练习，这无疑是正确的，但如果先熟悉琴谱，再来习琴，无疑会更有助于学琴。然而反过来说，对琴谱不熟悉，或者根本没有琴谱，要在练习中学好琴，学到一个很高的程度，也是不可能的。由此，颜元的以行代知，可以近似"知识来源于实践"的判断，但这也只是说知识在最终的意义上来源于实践，并不排斥间接知识的直接运用，也不排斥将已有的知识直接付之于行。更不要说，知识的获得，往往需要有很大的跳跃，大胆的假设，纯粹的经验已经不是知识的唯一来源。更何况，颜元以有用或无用作为判断知识的标准，本身也有问题，因为有用无用并不是判断知识的标准。此外，在教学方法上，他以动为中心，完全否定宋明理学所提倡的静坐读书法，这显然是比较偏激的。如果在教学中机械地使用单一的教学方法，往往会顾此失彼，只重感性的直接经验，而忽视间接的书本知识及理性思维的训练，这对人才的培养是明显不利的。他在教规中规定，凡洒扫应对、汲水、燃火等事务，大多由十五岁以下及程度较差的学生去做，无论何人犯有过失，亦令做这等小事。可见，颜元有时对劳动采取消极的态度。

但是，瑕不掩瑜，无论怎样，颜元书院教学改革思想透射出的进步意义仍是值得我们借鉴和参考的。作为明清之际一位杰出的书院教学改革家，颜元为我们留下了宝贵的精神遗产，他的书院教学改革思想对当前的教学改革具有重要的现实意义。其书院教学改革思想以"实文、实行、实体、实用"

为主线，贯穿于他的整个教学理论体系中。他的培养目标论、教学内容论、教学方法论环环相扣，相互结合，自成一体。其中，教学目标是总领，它决定着教学内容；教学内容又需通过教学方法来实现，以达到教学的目标。三者都体现了"实"的特征，构成了独特的书院教学改革思想。他力图"以实济空""以动济静"，以实的教育代替虚的教育，以动的教育代替静的教育，从而使人们的目光从故纸堆里出来转向现实及未来，这些真知灼见由于种种原因被历史湮没了许久。在今天开放多元的时代，重新挖掘、评价和借鉴其合理内核，能有补于时弊，去开创新时期教育的求实之风。

第十章　民国前期教学思想

民国前期是我国近现代教育教学发展的一个重要时期。从 1912 年到 1927 年，一些留学欧美归来的教育学者与国内教育界的先进分子一起，在"教育救国"思想的指导下，承担起了发展教育的重任。他们通过邀请欧美著名学者来华讲学，进行教育教学调查、研究和实验等活动，发展中国的教育事业。在他们的积极努力下，我国开展了一场前所未有的教育教学改革运动，对教学的现代化进程产生了深远的影响。

第一节　民国前期教学思想概貌

在探索国家民族救亡图存的社会大背景下，民国前期的政治、经济、文化呈现极其纷繁复杂的状况，既有富国强兵的愿望和积贫积弱的现实相交织，又有国家独立的梦想和列强欺辱的现实相激荡，还有西方文明的进步和传统文化的保守相冲突。这反映在教育上主要就是寻找国家独立的途径和方式。但由于试图解决的问题的基点不一，使得教育流派纷呈，形成了多种价值取向的教育教学思想。

一、民国前期教育宗旨的流变

教育宗旨是学制、课程设置、教育内容、教育方法等一系列改革的出发点，因此，教育宗旨的制订受到了广泛的重视。

1. "民初"的教育宗旨

中华民国南京临时政府于民国元年（1912年）1月3日设立教育部，蔡元培担任中华民国首任教育总长。蔡元培在《对于教育方针之意见》一文中，系统阐述了他关于教育方针的主张。不久，教育部召开临时教育会议，研讨教育宗旨和学制方面的改革。1912年9月，教育部颁布中华民国的教育宗旨。因它的酝酿和颁布实施在不同时期，故被称为南京临时政府的教育方针或"民初"的教育宗旨。"民初"教育宗旨的内容是"注重道德教育，以实利教育、军国民教育辅之，更以美感教育完成其道德"[1]。蔡元培的教育思想在这个教育宗旨中得到充分体现，宗旨中的"道德教育"强调资产阶级的自由、平等和博爱思想的教育；"实利教育"要求对发展资本主义生产的知识技能教育；"军国民教育"强调军事体育教育；"美感教育"是指进行音乐、图画、手工等艺术教育。整体上看，这一宗旨具有鲜明的反对封建主义、发展资本主义的特点，它的颁行，为民初教育教学的发展指明了方向。

2. 袁世凯的复辟、复古色彩的教育宗旨

民国4年初，以袁世凯为首的封建顽固势力控制了民国政府，为了有效地恢复帝制，他们在教育方面也开展了复辟活动。1915年1月，袁世凯还以大总统名义颁布了《教育要旨》，指出教育宗旨是："爱国、尚武、崇实、法孔孟、重自治、戒贪争、戒躁进。"究其实质，这个教育宗旨与清政府颁布的教育宗旨无太大区别，只不过是把"忠君"改为了"爱国"，把"尚实"改为了"崇实"，"尚公"改为了"戒贪争"；而"法孔孟"较"尊孔"更为甚之；"戒躁进"实为复辟帝制的理论依据。所以，此次颁布的教育宗旨实为历史倒退的产物。

3. "五四"新文化运动时期的教育方针

1916年6月袁世凯去世。次月，教育总长范源濂宣布实行民国元年发表的教育方针。9月，教育部宣布撤销《教育纲要》。但由于随后的统治者忙于

---

[1] 宋恩荣、章咸主编：《中华民国教育法规选编（1912-1949）》，江苏教育出版社1990年版，第1页。

争权夺利，无暇发展教育，致使民初的教育宗旨并未真正实行。再加上儿童中心主义、实用主义等西方教育思潮的兴起，有人提出了"教育是否应当制定教育宗旨"的问题。在这一情形下，即使有教育宗旨，也仅仅是一个装饰。

二、民国前期教学内容的更新

随着不同时期教育宗旨的颁布，作为教育宗旨集中体现的教学内容和课程设置也在不断调整。总体上看，民国前期的教学内容在逐步革除封建主义教育的教学内容，并将近现代各门科学的基础知识、基本理论纳入教学内容中，具体体现在课程设置与教科书不断调整和更新，以适应社会发展的需要，反映科学研究的新成果。

民国元年1月19日，教育部向各省发出通电，颁发了《普通教育暂行办法》14条和《普通教育暂行课程标准》11条。《普通教育暂行办法》中教科书有如下规定："凡各种教科书，务合乎共和民国宗旨。清学部颁行之教科书，一律禁用。凡民间通行之教科书，其中如有尊崇满清朝廷及旧时官制、军制等课，并避讳抬头字样，应由各该书局自行修改，呈送样本于本部及本省民政司、教育总会存查。如学校教员遇有教科书中不合共和宗旨者，可随时删改，亦可指出，呈请民政司或教育会，通知该书局改正。"① 此外，还规定"小学读经科一律废止"；"小学手工科应加注重"；"高等小学以上体操科应注重兵式"；"中学校为普通教育，文实不必分科"；② 等等。

形成于1912—1913年的"壬子癸丑学制"是我国近代第一个资产阶级性质的学校教育制度，它体现了资产阶级对新政治和新经济的要求。此学制对封建的教学内容进行改革，彻底废止了清末规定普通学校的读经讲经课；对图画、手工、农、工、商等知识技能科目进行了加强，还注重了女手工、数、理、化及外语，女学中的家事、缝纫等众多实用课的教学，以上改革对学生将来的就业均具有很强的实用价值。

---

① 《普通教育暂行办法》，《教育杂志》1912年第4卷第7号。
② 《普通教育暂行办法》，《教育杂志》1912年第4卷第7号。

1915年袁世凯制定了《教育纲要》，《教育纲要》分"总纲""教育要言""教科书""建设""学位奖励"等项。其中"教科书"规定中小学均加读经一科，并在各条规定的说明中反复强调读经的重要。从小学到大学都须读经，儒家经学再次被作为教学科目；此外，还规定在各省设立经学会以讲求经学。这些规定无疑是对"壬子癸丑学制"的否定。随着袁世凯复辟帝制的失败，以黎元洪为首的北京民国政府，在教育界广大进步人士的强烈要求下，于1916年9月17日，撤销袁世凯颁布的《教育纲要》等，并在各类学校取消了读经课及其有关内容。

　　随着新文化运动的广泛展开，其所倡导的民主与科学思想在全社会尤其是教育领域引起巨大反响。就学校教学内容来讲，首先表现在学校教育教学中白话文和国语的推广。文学作品逐渐使用白话文，其中部分优秀的文学作品成为学校教育教学的国语教材和课外读物，这也为国语的推广创造了条件。1917年10月，第三届全国教育会联合会议决《推行注音字母以期语言统一案》，"请教育部速定国语标准，并设法将注音字母推行各省区，以为将来小学国文科改国语科之准备"。[①] 次年11月，教育部正式公布注音字母，供各地推广。商务印书馆、中华书局出版的教科书也开始采用一些白话文。1919年10月，全国教育会联合会提出改小学国文科为国语科，并提议设立国语传习所，利用寒暑假培训教师；学校教学中广泛使用国语和白话文教材成为趋势。1920年，教育部通令规定，凡国民学校都废止所有文言文教材，代之以现代语体文，至1922年止，停止使用一切文言文教科书。其次，中等教育教学开始关注科学和实用。之前的1919年4月，教育部通令中学可以根据地方情形增减部定各科科目和教学时间，给学校较多的自由发展余地。从此中学开始实行选科制，准许学生在完成必修课的前提下，可依个人兴趣、特长和需要自行选择选修科目。20年代初，选科制成为不少著名中学的改革目标，如南高师附中、北高师附中、南开学校中学部、江苏省立一中等实行选科制，形

---

　　① 《推行注音字母以期语言统一案》，《教育杂志》1917年第9卷第11号。

成很大声势。

在已有教育教学改革实践经验的基础上和教育界广大人士的共同努力下，1922年"壬戌学制"（或称"新学制"）颁布实施。学制说明中规定"'小学课程得于较高年级，斟酌地方情形，增置职业准备之教育'；'初级中学施行普通教育，但得视地方需要，兼设各种职业科'；'高级中学分普通、农、工、商、师范、家事等科，但得酌量地方情形，单设一科，或兼设数科'"[①]。此外，学制中还规定中等教育和大学校均需用选科制。1923年6月，新学制课程标准委员会制定了《中小学课程标准纲要》，新的课程纲要规定：小学取消修身课本，增加公民、卫生课，将手工改为公用艺术，图画改为形象艺术；又将初小的卫生、历史、公民、地理合为社会科；设自然园艺科；将国文改为国语（包括语言、读文、作文、写字），体操改为体育。初级中学课程设社会、言文、算学、自然、艺术、体育6科。其中社会科含公民、历史、地理；言文科含国语、外国语；艺术科含图画、手工、音乐；体育科含生理卫生、体育。初中上课开始以学分计，每学期每周上课一小时为一学分，初中修完180学分才能毕业。其中必修科164学分，其余为选修他种科目或补习必修科目。高级中学采取分科制，分设普通科和职业科。"普通科以准备升学为主要目的，分文学、社科和数理三类；职业科主要为就业作准备，分农、工、商、师范、家事诸科，但不以上列者为限，还可根据地方情形增设其他科。"[②]课程分为公共必修科目、分科专修科目、纯选修科目三种，每一种又有若干门课程，以各种学分计算，修满150学分为毕业。此课程纲要虽未经政府正式公布，只是由全国教育会联合会议决刊布，但由于该组织在当时有相当的代表性和权威性，故各地都依此施行。

[①] 转引自钱曼倩、金林祥主编：《中国近代学制比较研究》，广东教育出版社1996年版，第280页。

[②] 吕达：《我国1922年中学课程改革及其反思（二）》，《课程·教材·教法》1990年第5期。

三、民国前期教学方法的变革

教学方法和教学内容都是教学思想的外在表现,教学方法始终是师生实现教育目标的手段。民国前期的教学方法同传统的教学方法相比有明显的不同。"中国两千年封建教育中的教学方法是在长期的教学实践中自然地产生和发展的,而中国近现代教学方法是人们有意识改革的结果。"[1] 由于封建传统方法是根深蒂固的,所以民国前期教学方法改革中始终存在着新、旧教学方法的矛盾,在对中国传统教学方法进行抨击的同时,对引进的西方传统教学方法进行改革,总体趋势是由注入式向启发式转变。伴随清末中西文化的冲突交融和新教育的实施,西方教学方法的引进在缓慢起步,民国初年由点到面逐步推广。总体来说,民国前期是教学方法的"西化"时期,五四以后教学方法的改进才逐步由简单照搬日本和欧美,向探索适合国情的新教学法转变。

清末,西方的教学方法开始输入中国,其中输入最早的是赫尔巴特(J. F. Herbart)的教学法。赫尔巴特的"五段教学法"以学生的心理特点为依据,强调教师的主导作用,注重课堂教学形式的组织化和规范化,较之传统的教学方法有一定的优越性。但由于这种方法本身的缺陷和被简单理解及机械运用,也逐渐与传统的注入式讲授法合流,导致当时国内教学比较呆板和沉闷——注重形式主义,严重影响了教学质量的提升,压制了学生个性的发展。民国成立后,教育上实行了很多革新,教学上倡导把注入式改为启发式,所以,中国学校的教学在民国初年迈出了从创立到发展的第一步。这段时期的学校教学,虽然强调由注入式教学向启发式教学转变,但在教学实践中,尤其是在中小学的教学实践中,教师仍只注意"教",而未顾及"学"的一方面。1914 年,黄炎培进行了 8 个月的调查,调查范围包括 7 个省市的约 120 所学校,调查得出的结论是:"学校训练难言矣,教授大都用注入式。"[2]

---

[1] 丁证霖:《中国近现代改革教学方法的历史与经验》,《教育评论》1986 年第 1 期。
[2] 黄炎培著:《黄炎培考察教育日记》,商务印书馆 1915 年版,第 158 页。

随着初等教育规模的不断扩大，对教学方法的改革首先在小学展开。小学教育在新文化运动兴起前就已经开始采用启发式教学方法，在新文化运动中，启发式教学方法逐步取代注入式教学方法，发展成为教学方法的主流。此外，自学辅导主义、分团教学、蒙台梭利教学法也纷纷输入我国，教师开始研究怎样增进学生的领受力，让学生逐渐在"学"字上用功夫。

1919年的五四运动，宣告了一个新时代的诞生，这一时期是中国教育发展史上的一个重要发展阶段。教学内容和教学方法在这一阶段进行了全面的改造。这一时期，新文化运动的开展有力推动了中国教育的改革；欧美教育家的来华，加速了西方盛行的教学方法的输入；而在国内教育团体的倡导和鼓吹下，改进教学方法的实验也在进行。在被引进的教学方法中，设计教学法和道尔顿制的影响较大。美国"设计教学法"于1918年传入中国，1921年全国教育联合会议决"推行小学设计教学法案"。作为实用主义的一种教学方法，它废除了班级授课制，打破学科界限，抛开教科书，打乱各学科的知识体系，组成新的单元，学生可以自由选择学习的内容；此种方法认为教师的任务就是借助环境激发学生的学习动机，在学生选择活动所需要的教材时提供帮助。俞子夷是当时提倡设计教学法最积极的人，他所在的南京高等师范学校附属小学，成为实施设计教学法的中心。1921年，道尔顿制被介绍到中国，吴淞中国公学中学部最先仿行，舒新城主持得最得力。道尔顿制主张取消教师的课堂讲授，改上课的教室为各科作业室，各科学习内容被编制成作业大纲，规定了学生应完成的各项作业，学生与教师订立学习公约，然后学生自行学习；学生可以根据自己的兴趣，自由支配自己的时间；学生在各作业室自习时，作业室配有作为顾问的教师一名。据统计，到1925年，全国实行道尔顿制的学校有57所。至1925年7月，全国约有100所中小学试行。

传入中国的教学方法，由于其自身存在的一些弊端，再加上新教学方法产生的背景与中国的教育实际大相径庭，在中国的推行并没有带来预期的结果。民国前期，中国教育界的有识之士已经开始探索教学方法的本土化。1919年2月，陶行知发表了《教学合一》一文，首次提出应将惯用的"教授法"改为"教学法",认为不可忽略了"学"的环节,更不可将"教"与"学"割裂开。这是一种全新的观念,它为人们认识教学过程的本质和进行教学方法的改革提供了一个新的研究角度。陶行知提出的教学方法论体现了教学方法和教学论的变革,也是我国整个现代教育观念的变革。这种新的教学方法也揭示了陶行知的教育理论与传统教育理论的根本不同,彰显了他的教学方法的时代性。

四、民国前期教学评价制度的发展

1905年,我国科举制度被废除。此时,西方教育界正在开展教育测验运动,处于领先地位的美国教育测量理论开始传入我国;至20年代末,西方的各种教育理论包括教育测量理论被陆续引入中国,在借鉴西方理论的基础上,我国一些学者开始研究教育测量问题,学校的考试与教学评价制度也随之发生了重大改革。1918年,俞子夷根据桑代克(E. L. Thorndike)的方法编制成《小学国文毛笔书法量表》。1920年,廖世承和陈鹤琴在南京高师开设测验课程,正式地应用心理测验测量学生,并于1921年正式出版《智力测验表》一书。1922年,中华教育改进社邀请美国教育测量学家麦柯尔(W. A. McCall)来华专门指导编制各种测验的工作,加速了教育测验在中国的传播及其应用。此后不久,我国相继编制出版数十种教育测验的著作和量表,陈鹤琴、廖世承、艾伟等均有测验发表;王书林、陈选善也分别撰写出版了《教育与心理测量》《教育测验》等著作。二三十年代的教育测验运动对学校教学中学生成绩考评方法的改革产生了深刻影响。当时很多中学运用了标准化测验进行成绩考评;很多学校的教师还编制了非标准化的客观测验广泛使用于课堂教学;多种客观性考评方法也被教师们运用到学生的成绩考评中。考评方法包括选择法、问答法、填充法、是非法、问答是非法、问答选择法等。此外,利用成绩考评进行教学评价也受到人们的重视。"成绩考评,一方面固然是考查学生的成绩，但另一方面，也即是测量教师教学的效果。"① 当然，当时运用新式教育测验方法进行考评的主要是北京、上海、南京等大城市的少数学校，而全国绝大多数学校基本上仍是采用传统的考评方法。同时，教育教学测验的应用范围也很有限，主要集中在知识、技能等智力领域。

除教育测验外，当时学校采用的主要是等级制和百分制记分法。等级制记分法由来已久，唐代时已经开始使用。当时采用上、中、下三个等级来评定学生成绩。后来又有甲、乙、丙、丁四个等级记分的方法。百分制记分法是我国实施现代新学制后在各级学校中普遍采用的成绩考评方法。此记分法要求评定成绩以百分为满格，每科得六十分为及格，不及六十分者为不及格。百分制记分法一直沿用至今。

五、民国前期教学艺术观的转变

"教学既是科学，又是艺术，它是科学与艺术的综合。无科学性的教学缺少根基，无艺术性的教学没有生命活力。"② 所以，教学任务的顺利完成，离不开教学艺术的充分运用。对于教学艺术，民国前期一些著名的教育家或直接或间接地都作了一些较为独到的论述。

俞子夷是一位自学成才的教育家，他以"将此身心奉教育"作为终生的愿望。他的教育论文达300余篇，其中《教学法的科学观和艺术观》被认为是"最早有系统地论述教学艺术问题，并有创见之作"。③ 在文章中，俞子夷明确提出："我们教学生，若没有科学的根据，好比盲人骑瞎马，实在危险。但是只知道科学的根据而没有艺术的手腕处理一切，却又不能对付千态万状、千变万化的学生。所以，教学法一方面要把科学做基础，一方面又不能不用艺术做方术。教学法是一种学，也是一种术。"④ 因此，教师的教学要让学生

---

① 罗廷光著：《普通教学法》，商务印书馆1932年版，第209页。
② 李森著：《现代教学论纲要》，人民教育出版社2005年版，第254页。
③ 董远骞著：《中国教学论史》，人民教育出版社1998年版，第147页。
④ 俞子夷：《教学法的科学观与艺术观》，《教育杂志》1924年第16卷第1号。

听得懂看得懂，并且具有吸引力而使学生愿听愿看，就要具体化为一些方法技巧。他的教学艺术包括激发兴趣的方法技巧、语言问答的方法及其讲述故事的方法技巧、课堂教学组织的方法技巧，等等。这些方法技巧在不同教学情境中的灵活运用，就达到了艺术的境界。所以，俞子夷认为"教学法大部分偏重艺术方面"。关于教学艺术的形成，俞子夷认为"一半要靠教师的天才，一半也要靠教师平时的修炼。修炼办法，看书里说的原理条件，固然是重要的，但是顶好要有具体事例的记载来补充。一方面要从事参观，把书里的记载来证验证验；一方面自己在精密的准备，实地教学"。[1] 可见，教学艺术要以教学原理为依据，在教学实践中反复修炼，才能达到"神而明之"的境界。

除俞子夷外，民国前期其他的一些教育家对于教学艺术也作了较为精辟的论述。如蔡元培认为："我们教书，并不是像注水入瓶一样，注满了就算完事。最要是引起学生读书的兴味，做教员的，不可一句一句，或一字一字的，都讲给学生听。最好使学生自己去研究，教员不讲也可以，等到学生实在不能用自己的力量了解功课时，才去帮助他。"[2]

著名教育家陶行知曾作了一个形象的比喻，来表达教师要想教好学生需要一定的方法技巧，要做一个"活"教师。他说，"活的教员与活的学生，好像汽车一样，学生比譬是车，教员比譬是车上司机器的。机器不开，车自然不动"[3]。但是，如果教师的性子太急，"把车上的机器开猛了一点，车子行得太快，刚刚要想收机，忽然前面碰到了石头或其他的人，这时候就要发生很大的危险了"[4]。所以，优秀的教师"正同司汽车的一般，要把眼睛向前看准了。若闭着眼睛乱开机，那就要危险极了！学生向前进，教员也要向前进，

---

[1] 俞子夷：《教学法的科学观与艺术观》，《教育杂志》1924年第16卷第1号。
[2] 高平叔编：《蔡元培教育文选》，人民教育出版社1980年版，第116页。
[3] 华中师范学院教育科学研究所主编：《陶行知全集》（第一卷），湖南教育出版社1984年版，第181页。
[4] 华中师范学院教育科学研究所主编：《陶行知全集》（第一卷），湖南教育出版社1984年版，第181页。

都要一同并进"①。此外，陶行知还强调，优秀的教师还要充分利用教学的艺术去设法"引起学生的兴味"，"学生有了兴味，就肯用全副精力求做事体，所以'学'与'乐'是不可分离的"。②

第二节　民国前期教学思想的基本特征

总体上，民国前期教学思想产生于由批判中国传统教学思想向引入西方现代教学思想的过渡时期，也就是说，在批判中国传统教学思想的保守性的同时，模仿和学习西方现代教学思想，进而试图在教育改革过程中改造出适合中国教育实际的教学思想。

一、提倡和确立新的教学思想

我国几千年的历史孕育了丰富的教学思想，但也有许多不合理的传统，尤其是随着时间的推移，其中的弊端表现得更为明显，如脱离实际、戕害人性、强制灌输等等。在对不合理的教学传统进行无情的批判和揭露的同时，许多教育家力主教学改革，提出了关注学生的新的教学思想，如主张学生的和谐发展、重视学生的个性发展、发挥学生在教学过程中的作用等。新的教学思想的提倡和确立历经了艰难的奋争才得以实现。

蔡元培是民国前期对教育教学的发展起重要作用的一位教育家。他在揭露旧有教育弊端的同时，主张教育应从学生出发，促进学生和谐发展。为此，他提出"五育"并重全面和谐发展的教育方针，他认为，在人的培养上，"五育"都很重要，是"今日之教育不可偏废者也"。③ 蔡元培和谐发展的教育思

---

① 华中师范学院教育科学研究所主编：《陶行知全集》（第一卷），湖南教育出版社1984年版，第181页。

② 华中师范学院教育科学研究所主编：《陶行知全集》（第一卷），湖南教育出版社1984年版，第125页。

③ 高平叔编：《蔡元培教育文选》，人民教育出版社1980年版，第11页。

想，反映了资产阶级对个性解放、自由发展的要求，因而被民国政府定为教育宗旨加以倡导。在这一方针的指引下，中小学教学逐步进行了一系列的改革，如小学的音乐、图画、手工成为必修科目，初小体操以游戏为主；中学也将手工、音乐正式确立在课程体系中，还将手工、家事、园艺、缝纫等课程有区别地对男女学生进行训练。在教学方法上，蔡元培反对注入式，倡导启发式。他说："大学并不是贩卖毕业证的机关，也不是灌输固定知识的机关，而是研究学理的机关。所以大学生并不是熬资格，也不是硬记教员讲义，而是在教员指导之下，自动的研究学问的。"① 他要求教师要废止对学生灌输固定知识的教学法，采用启发式教学。他曾经指出："余所最不理解者，吾国小学中学，尚有设计教学与道尔顿制等为学生自动之试验，而大学中何以全为注入式之讲义，课程繁重，使学生无自修余暇，又安有动之机会？"② 为了废止注入式的讲义，他主张改良讲义："讲义只列纲目，细微末节，以及精旨奥义，或由教师口授，或由学生自行参考，以期学有心得，能裨实用。……大学不靠教员讲授，尤靠自习。"③

　　陶行知是我国教育史上一位举足轻重的教育家，他的教育思想对后世产生了深远的影响。其中"教学法"的提出，是对我国现代教学理论的一个重大贡献。归国后的陶行知看到了当时我国教育的"'先生只管教，学生只管受教的情形'后，立即提出以'教学法'来代替'教授法'，这不啻是现代教学理论向传统理论的宣战"。④ 1919年2月，陶行知发表了《教学合一》一文，公开反对教授法。1919年10月，陶行知正式担任南京高师教务主任。是年，他将南京高师全部课程中的"教授法"一律改为"教学法"，这一改革影响了全国。从此以后，"教学""教学法"开始越来越频繁地被人们使用，而"教

---

① 赵纯心：《蔡元培关于大学教育的主张及其实践》，《广西师范大学学报（教育专辑）》1985年第S1期。
② 高平叔编：《蔡元培教育文选》，人民教育出版社1980年版，第231页。
③ 高平叔编：《蔡元培教育文选》，人民教育出版社1980年版，第193页。
④ 郑国民：《从"教授法"到"教学法"——陶行知对我国现代教学理论的贡献》，《教育研究》1994年第9期。

授"和"教授法"的使用逐渐减少。此外,陶行知在《教学合一》中还明确指出,传统教学的弊端就在于太过重教,不知不觉地就将教和学分离了。针对这一弊端,他提出了教学合一的教学理论。在这一理论中,陶行知认为教师的作用应该是教给学生学习的方法和培养学生的能力,要从学生出发,重视发挥学生的作用,促进学生发展。

二、大量引进西方教学理论

民国前期教学思想和理论的发展,是在对传统教学思想的扬弃和对西方近代教学思想的吸收中逐渐建立和发展起来的。在这一发展过程中,从开始的机械复制西方的教学程式和方法,到引入和研究西方的教学原理,通过开展教学改革和教学实验,试图把西方的教学理论和中国的教学实践结合起来,进而促使中国的教育教学向现代化的方向发展。总体来看,这一时期我国模仿、引进国外的教育教学思想和理论较多,自主创建的教学思想和理论较少。

1. 赫尔巴特教学理论的传入及其影响

中国教育自清末走上了向西方学习、建立资本主义新教育的道路后,主要以日本为媒介,吸取当时西方资产阶级的教学理论。当时风行世界的赫尔巴特教学理论经由日本传入我国。此教学理论"第一次以心理学作为教授方法的科学基础,第一次系统地构建了教授过程的模式,较好地解决了从个别教学转向班级教学后,如何有效地同时向众多学生传递系统知识这一难题"。[①] 这一教学理论具有程序性和可操作性等特征,可以有效避免课堂教授产生的混乱现象,即使经验不多的教师也能迅速掌握并使用,这对于正在从传统的封建教育向近现代教育转型的中国非常适合。尽管此理论强调以教师为中心,过于注重形式,但它注重教师的讲解,有利于学生知识的学习和技能的掌握,相比中国传统教授方法是一个很大的进步。中国传统教授方法只注重死记硬背,完全不管知识本身的内在逻辑联系和学生自身特点。赫尔巴特教学理论

---

① 彭泽平、吴洪成:《近代中国单级教学实验探源》,《西南师范大学学报(人文社会科学版)》2001年第3期。

在清末民初的教育界产生了很大的影响，民初可谓是盛行时期。这一时期，赫尔巴特教学理论在中国推行范围比较广，多以师范学校及其附属小学为中心，其影响力扩展到全国。

2. 杜威实用主义教学理论的传入及其影响

新文化到五四运动期间，国人对封建主义的旧思想和旧道德进行了猛烈的批判，在教育界，人们则把批判的矛头对准了封建传统教育。同时，随着中国民族资本主义经济的发展，原有的教育很难满足经济发展的要求，曾经在中国一度盛行的赫尔巴特的教学理论，其弊端和不足日益暴露。而以杜威（J. Dewey）为代表的实用主义教学理论以反传统、求进步的面目登场，在批判赫尔巴特教学理论的同时积极宣传自身，来满足资本主义经济发展对教育的需求。实用主义教学理论注重教育教学的实效，关注学生的主动性和创造性，强调教学内容要适应社会生产力和科技发展的需要，等等，其理论自身的特点，能够满足当时人们的需要，再加上大量的美国教育教学理论著作被翻译成中文，美国教育家不断被邀请来华讲学（包括杜威本人），这些都促成了实用主义教育教学理论在中国得以传播，并对中国的教育教学理论和教学实践产生了广泛而深远的影响。而此时西方教学理论的传入也由以日本为媒介到直接以美国为师，这其中留美学生对西方教学理论的传入起到了主力军的作用。

伴随着杜威实用主义教育教学理论在中国的传播，强调儿童活动的各种新教学方法也陆续传入中国，其中设计教学法和道尔顿制对我国中小学教学影响最大。五四运动以后，设计教学法开始系统地传入中国，在南京及其周边试行后，在许多地方开始流行。设计教学法是美国教育家克伯屈（W. H. Kilpatrick）根据杜威的"从做中学"的思想所创立的一种教学组织形式，在二三十年代小学教育中备受推崇。它有利于克服传统教学强调学生被动学习书本知识等方面的缺陷，1921至1923年，可谓是设计教学法在中国的鼎盛时期。① 1927年，中华教育改进社邀请克伯屈访华，他先后在上海、北京等地介绍设计教学法，他发表的教育言论被刊登在当时的各种杂志上；此外，还出版了《克伯屈讲演集》，这在我国当时的教育界产生了极大影响。道尔顿制传入中国，最早是在《教育杂志》的"欧美教育新潮"栏目的《道尔顿案》一文中加以介绍，此文简单地介绍了道尔顿制的创始经过及实施情况。紧接着，鲍德征的《道尔顿实验室计划》发表在《教育杂志》上，该文对道尔顿制的设计原理、实施办法、作业及考核等方面都进行了系统的介绍，并对道尔顿制的特点也进行了阐述。随后，关于道尔顿制的介绍及其实验不断展开。1925年，应中华教育改进社的邀请，道尔顿制的创始人帕克赫斯特（H. Parkhurst）来华，先后访问了上海、南京、天津、奉天、北京等地，分别在教育部、北京师范大学、北京大学第三院、中华教育改进社和艺文中学，对道尔顿制的原理、心理根据等方面作了演讲，扩大了道尔顿制在我国的影响。

3. 马克思主义教育教学思想的传入及其影响

20世纪初，马克思主义开始被介绍到中国。1917年俄国十月革命和1919年的五四运动，使马克思主义在中国得到迅速的传播，影响日益扩大。一批接受马克思主义思想的知识分子，已经意识到用马克思主义的教育观来分析中国过去的教育和将来的发展方向。虽然当时能够运用马克思主义来研究教育问题的人不多，但它的出现使人耳目一新，充满希望。李大钊、陈独秀、恽代英、毛泽东、杨贤江等人，作为早期马克思主义教育家的代表，他们的教学思想中蕴含着辩证唯物主义的观点。

陈独秀是新文化运动的倡导者和旗手，也是中国共产党的创始人之一。他一直很关注教育，他的文章和言论，在当时的教育界，产生了广泛的影响。陈独秀认为区别新旧教育标志之一就是看采用的是"启发式"教学还是"教训式"教学，他积极倡导"启发式"的教学，反对"教训式"教学；在陈独秀看来，启发式教学既不是现代人的发明，更不是西方人的专利，它是教育

---

① 俞子夷：《读了十二本设计教学法专书的书后》，《教育杂志》1924年第16卷第10号。

规律的反映，是教育实践经验的总结。此外，他还非常重视教学方法的改革，他认为贯彻教育方针、传授教学内容、实现培养目标，都有赖于有效的教学方法。

恽代英是我国早期马克思主义教育家，他既有教育理论修养，又具备教育实践经验；他大学毕业即从事教育工作，发表了大量教育研究论文。他从马克思主义关于一定社会的政治经济决定教育，而教育又反作用于一定社会的政治经济的基本原理出发，提出了"我们要改造教育，必须同时改造社会。要改造社会，必须同时改造教育。不然总不能有个理想圆满的成效"。① 恽代英认为中国教育失败的原因就包括当时有些教师把学校当作"卖身""混饭吃"的地方，毫无师德可言。要改变这种状况，教师必须有教育改造与社会改造的使命感，树立为社会为学生发展教育事业的崇高师德。对当时小学里盛行的注入式教学方法，恽代英认为最大的弊端是"教师太劳，学生太逸"。在这种教学方法下，"学生成了一个无意识的承受知识的器皿，脑筋中不能有一点的创造力"，实际上"注则有之，入则未也"。② 他要求教师"用试验的态度，求方法的刷新"，以取得预期的教育效果。总之，恽代英关于教育改造必须与社会改造同时进行的思想和具体办法，基本上是符合马克思主义教育原理的。

三、广泛开展教学改革和教学实验

辛亥革命成功后，从中华民国成立至北京政府被推翻的十五年间，中国的知识界，特别是教育界的先进分子，以及大批留学日本、欧美回国的教育者，如蔡元培、黄炎培、蒋梦麟、俞子夷、廖世承、舒新城、郭秉文、胡适、陈鹤琴、陆志韦、陶行知等，积极宣传推广欧美先进的教学理论，并在中小学开展教学改革实验，运用西方先进的教学组织形式、教学方法，教学实验

---

① 人民出版社编：《恽代英文集》上卷，《教育改造与社会改造》，人民出版社1984年版，第293页。

② 恽代英：《儿童公育在教育上的价值》，《中华教育界》1921年第10卷第6期。

逐步兴起。在这一时期，比较有影响的教学实验有赫尔巴特五段教授法实验、分团教学法实验、设计教学法实验、道尔顿制实验等。

从 20 世纪初开始，赫尔巴特的教学思想被介绍到我国，并深刻地影响着我国的教学实际。五段教授法是初次在我国进行移植性实验的西方近代教学方式的代表。辛亥革命后，五段教授法的研究及实验已经到了一个新的阶段。俞子夷、杨保恒、周维城等从上海移师苏州，在江苏第一师范学校及其附小继续进行教学方法的研究和实验。江苏一师附小成为民国初年研究教学方法、实验和推广五段教授法的"大本营"，五段教授法被广泛应用于小学各学科教学中，教师还根据各学科的实际进行了灵活的变通。江苏一师附小的实验取得了很大成效，在实践中大受欢迎，在江苏省内外引起轰动。一师附小的骨干教师调任他处后，均成为推行五段教授法的骨干。许多参观团体慕名而来，其他各地纷纷效仿。五段教授法通过实验在中国得到了广泛传播，它以其不可抗拒的力量确立了在中国教学实验史上的地位，影响着中国教学方法近代化的进程。

分团教学的实验在民国初期开始兴起。1914 年，朱元善首先实验分团教学法，接着陈文钟等又在尚公学校进行了实验，开了分团教学法的先河。朱元善主要在小学一年级第二学期及其后开始实验，他说："夫使各儿童之能力务为相当之发展，乃吾侪本旨之所在。故在初等一、二学年对于优等儿童不为特别之处理，而沾沾以提携劣等儿童使其成绩相与平均。"[①] 在尚公学校，陈文钟等人也是根据学生学业成绩分组。朱元善、陈文钟等人实验的分团教学法，是在课程、教材、学习年限统一的情况下施行，基本上与美国的圣·巴巴拉制这种"限定修业年限，使课程标准略有差异"的"作业分组办法"相同。[②] 依据学生学业成绩分组，而学生学业成绩的考核要在一个学期结束之后方能进行，学生组别的调整需要一定的时间，且这种划分过于强调整齐划一，缺乏必要的弹性，引起了教育界的不满，于是 20 年代初兴起了弹性编组

---

① 天民：《分团教授之实际》，《教育杂志》1914 年第 6 卷第 11 期。
② 孙爱棠编：《国民教育之理论与实际》下册，独立出版社 1943 年版，第 344-345 页。

实验。弹性编组实验主要在东南大学附小进行，因在实施中比较麻烦，耗费人力、物力较多，非一般学校所能采纳。在当时，倒是作业分组法较为简便易行因而得到较为广泛的应用。

五四前后，由于蒋梦麟、陶行知等人和新教育社团的大力宣传介绍，杜威教学理论的影响不断扩大，"儿童本位论"观点得到普遍重视，以儿童为中心的各种教学方法相继传入，并被加以实验推广。其中被广为实验的是设计教学法和道尔顿制。

设计教学法自传入中国后，不断进行实验。1919年秋，俞子夷主持的南师附小正式开始设计教学法的研究和试验；次年，顾西林、沈百英在江苏第一师范附小也进行了实验。为了提高教学实验的效果，1920年秋南京高师附小对设计法作了改进，开始试行"分系设计法"，把学科性质相同或相近的几门学科组成混合科，便于儿童提出问题。经过一年多时间对设计教学法的摸索研究和试行，我国试行设计教学法开始进入高潮阶段。在南师附小，设计教学法的实验由最初在低、中年级进行，继而扩展到全校，在当时的小学教育界引起极大的轰动。"1921年，第七届全国教育会联合会提出《推行小学校设计教学法案》，建议师范附小和城市规模较大的小学研究、试验、推行设计教学法，于是设计教学法的试验从南京、苏州、上海一带逐渐扩展到全国教育界。"[①] 设计教学法的实验在20世纪20年代中期形成高潮。1924年后，设计教学法的试验逐渐进入低潮。

道尔顿制传入我国较晚，但因它具有一些与我国当时教育实际需要相切合的突出特点，一经传入，就立刻受到了广泛关注；再加上一些主要书局和报刊的大力宣传和报道，使其得到了我国教育界的普遍认同和接受。由于不少中小学积极、主动地开展道尔顿制的实验，我国迅速形成一股试行道尔顿制的实验热潮。"1922—1930年，我国实施道尔顿制实验的学校有100所左

---

① 吴洪成、彭泽平：《设计教学法在近代中国的实验》，《高等师范教育研究》1998年第6期。

右。"① 最早开展道尔顿制实验的学校是上海吴淞中学,道尔顿制理论传入我国不到半年,吴淞中学便在舒新城等教师的指导下率先在国内开始试行。而实施道尔顿制水平最高的学校则是东南大学附中。东南大学附中的道尔顿制实验在实验的提出、设计、实施、结果的分析等方面都比较周全和完整,使得其实验的信度和效度相对较高,这在当时实施的道尔顿制实验中是极为少见的。这样的实验也是 20 年代我国教育教学实验追求科学化的典范。从 1924 年下半年起,全国试行道尔顿制的学校骤减。1926 年以后,中国的道尔顿制实验热潮急速衰退,实施道尔顿制实验的学校越来越少,在曾经实施过道尔顿制实验的学校里,原来的班级教学形式大幅度地恢复。道尔顿制从传入到衰退,时间虽然不过短短几年,但它对我国的影响是客观存在的,它不仅丰富和开阔了国人对教育教学改革的认识,还使教育民主化思想渗入我国中小学课堂教学。

四、教学改革力图兼顾学生发展和社会需要

民国前期学校的教学改革异常活跃,一个显著特点就是在促进学生发展的同时,力图满足社会进步的需要。如壬子癸丑学制规定取消封建教育的读经、讲经课程和忠君尊孔的内容,逐渐按德、智、体、美、劳五育并进的原则来编制课程。在教学活动方面,实行基础文化知识的教育和独立生活能力的培养,重视青少年身心发展的特点,加强适应共和政体和发展资本主义经济需要的能力培养。而 1922 年颁布的新学制和 1923 公布的《新学制课程标准》则实现了课程的一次重要转变,即由前一阶段以模仿日本、德国为主转向以学习美国为主。这次的改革无论是在课程结构、课程内容还是关于教学活动等方面,与封建旧教育相比较,都取得了绝对的优势,使前一阶段的教学思想得到了进一步的巩固和发展。此外,民国前期的教育家们也作出了不懈的努力,提出了许多科学的观点,有力地推动了教学改革。从总体上看,

---

① 中央教科所编:《中国现代教育大事记》,教育科学出版社 1988 年版,第 102 页。

民国前期的教学改革既面向生活、面向职业、面向科学等,又兼顾学生发展和社会需要。

民国前期的教学改革主张改革要面向生活。当时许多教育家对这一问题的观点基本上是一致的。如陈独秀提出要"以日常生活的知识技能为教育内容"①,李大钊认为"人生必须的知识就是引人向光明方面的明灯"②,黄炎培强调教育就是"授人以学识、技能而使之能生存于世界"③,他们都主张教育教学内容要面向生活、贴近生活。胡适在《归国杂感》上,批评了当时中小学课程设置的不切实际,并提出了建议。他看到家乡小学堂在经费不足的情况下,还花钱买风琴、请中学堂的学生来教英语,认为在这样的山区小学教学生学英语不但没有用,也学不好,还不如学些农家、蚕桑、卫生等方面实用的常识。他很有感慨:"我奉劝列位办学堂,切莫注重课程的完备,须要注意课程的实用。"④ 至于那些中学堂,他说:"如今中学堂毕业的人才,高又高不得,低又低不得,竟成了一种无能的游民。这都由于学校里所教的功课和社会上的需要毫无关涉。"⑤"社会所需要的是做事的人才,学堂所造成的是不会做事又不肯做事的人才,这种教育不是亡国的教育吗?"⑥ 所以胡适十分认同美国教育家杜威的教育主张。在众多有识之士的大力提倡下,学校的教学更加注重学生的发展和社会的需要。在这期间,封建的尊孔讲经的教学内容虽然一度复出,但最终不敌新思想的冲击,被迫再次退出历史舞台。

与此同时,民国前期的教学改革还主张改革要面向职业。这既是为满足社会发展的需要,也是为学生今后的出路考虑。面向职业是当时教育界比较盛行的一种观点。1911年和1913年,陆费逵相继发表了《世界教育状况序》

---

① 陈独秀:《近代西洋教育》,《新青年》1917年第3卷第5号。
② 《劳动教育问题》,人民出版社编:《李大钊选集》,人民出版社1959年版,第139页。
③ 《职业教育》,中华职业教育社编:《黄炎培教育文选》,上海教育出版社1985年版,第44页。
④ 胡适:《归国杂感》,《新青年》1918年第4卷第1号。
⑤ 胡适:《归国杂感》,《新青年》1918年第4卷第1号。
⑥ 胡适:《归国杂感》,《新青年》1918年第4卷第1号。

和《论人才教育、职业教育当与国民教育并重》等文,呼吁社会各界要对职业教育予以重视。陈独秀则认为职业教育应是新教育方针的重要组成部分,他说:"今之教育,倘不以尊重职业为方针,不独为俗见所非,亦经世家所不取。盖个人以此失其独立自营之美德,社会经济以此陷于不克自存之悲境也。"[①] 伴随着资本主义经济的发展,近代教育家们意识到所谓生计问题,既指个人生计,也包括社会生计;它关系到整个国家的经济发展。因此,蔡元培、黄炎培等人为此大声疾呼。黄炎培还身体力行,远涉重洋,考察欧美国家职业教育发展状况,并创建了中华职业教育社和职业学校,大力推广职业教育。在教育家们的倡导和努力下,民国前期的两次学制改革对职业教育都给予了充分的关注,尤其是壬戌学制在中学增强职业教育,兼顾升学与就业的双重需要。

此外,民国前期的教学改革还主张改革要面向科学。这里讲的科学,既指科学知识,更重要的是指课程设置的科学性。课程设置如何才能适应儿童的发展成为当时教育界普遍探讨的问题,用蔡元培的话来说就是"从受教育者本体上着想"[②]。随后,西方教学思想大量涌入,自然主义教育思潮、实用主义教育思潮倡导的"儿童本位"成了当时非常流行的口头禅。壬戌学制在强调"适应社会进化之需要"的同时,要求对学生要"谋个性之发展",于是,课程设置上就有了"分科制"和"选科制",有了根据儿童兴趣和心理来设计课程的实验。虽然当时的探索,人们还带有很大的盲目性,但考虑学生身心发展的特点,站在学生发展的角度来思考教学问题的行为却是值得赞赏的。

五、开始建构教学论学科的独立体系

民国前期,教学论学科体系的构建主要体现在教学论教材尤其是关于教

[①] 陈独秀:《今日之教育方针》,转引自陈学恂主编:《中国近代教育文选》,人民教育出版社 1983 年版,第 398 页。

[②] 高平叔编:《蔡元培全集》第二卷《全国临时教育会议开会词》,中华书局 1984 年版,第 264 页。

授法和教学法的教材编写。民国以前，教学论的内容大都散见在教育学著作中，而且着重于没有系统化的经验论述。我国自编的最早的教学论教材便是清末朱孔文编撰的《教授法通论》。该书对传统教育派的教学理论和方法加以吸收，对日本教学论的模仿也很多。但即使这样的著作在当时也不多见。辛亥革命成功后，教育工作者已不再满足于清末的直译照搬，而将目光转向了中国实际，并且唯恐不能反映当时实情。教育部也进行了一系列的变革，颁布了众多的法律条文，对教授法提出了一些新的要求，如1912年的《师范学校规程》和1913年《高等师范学校规程》都规定教育学科中需包含教授法。再加上西方教学理论的大量传入和教学实验的广泛开展，于是，我国学者接受西方教学理论并结合我国实际，编写教学论教材，开始了建构教学论学科独立体系的阶段。尽管刚开始时，日本的影响犹存，但教学论教材毕竟走上了自编道路，开始了中国化的艰难探索历程。

　　我国近代教学论教材的编写与近代西方教学理论的引进密切相关。有学者以1919年为界，把近代西方教学理论的引进和近代教学论教材的编写分为前后两段，前段主要是从日本引进赫尔巴特为代表的传统教育派的教学论，后段主要从美国直接引进以杜威为代表的进步教育派的教学论。与此相对应，教材编写分自编教授法和自编教学法两个阶段。[①] 民国初期，随着赫尔巴特五段教授法在中国的传播和实验的展开，中国学者在吸收赫尔巴特教学法的基础上，开始自编教授法教材。如商务印书馆编《教授法原理》（商务印书馆1913年版），侯鸿鉴编《最新式七个年级单级教授法》（中华书局1914年版），蒋维乔编《教授法讲义》（商务印书馆1916年版），余奇编《教授法要览》（商务印书馆1917年版）等等。这些国人自编的教授法教材，已经较多地考虑了中国的实际。在侯鸿鉴编的《最新式七个年级单级教授法》中就系统论述了关于我国单级学校的设备、编制、教授、训育及教师资格等方面的内容。蒋维乔也是新教授法的积极提倡者，他通过对国外教育和教科书的研究发现，

---

① 董远骞著：《中国教学论史》，人民教育出版社1998年版，第29页。

当时的中国要推行新教育，除了新教科书，还要有新的教授法。于是，蒋维乔在编写教科书的同时，还进行教授法的编写。他所编写的《教授法讲义》是我国较早的一本教授法教材，在当时很受欢迎，曾出过五版。

1919年，杜威应邀来华宣传实用主义哲学和教育学，其教育教学思想对我国教育界产生了很大的影响。而杜威的学生克伯屈的著作《教学法基础》也深刻地影响着我国教学论教材的编写，该书被孟宪承、俞庆棠以《教育方法原论》为书名译出，于1927年由商务印书馆出版。在当时除克伯屈的著作外，影响较大的还有美国教育家帕克（F. W. Parker）的《小学普通教学法》，俞子夷译以《普通教学法》为书名于1924年由商务印书馆出版。随着进步教育派教学思想及著作的传入，教学论教材的编写也在发生变化。在教授法被提出改为教学法后，国人开始编写教学法教材。1917年，陶行知提出改"教授法"为"教学法"，五四运动开始以后，南京高师将课程中的"教授法"全部改为"教学法"，其影响遍及全国。从"教授法"到"教学法"这一重大变化，大大推动了我国教学理论的近代化进程。全国教育联合会于1925年颁布《新学制师范科课程纲要》，规定必修科目中要有普通教学法、各科教学法、小学各科教材研究等。在内外因素的推动下，至20世纪30年代，教学法教材的编写达到高潮。虽然民国前期编写的教学法教材不多，但也正是有了民国前期的努力，才有了后来的成绩。

第三节　民国前期教学思想的现代启示

在众多教育家和有识之士的推动下，民国前期的教学思想得到了前所未有的发展，各种教育教学活动开展得有声有色。虽然因种种因素，各种教育教学活动在当时并未取得预期的效果，但为我们留下了丰富的教育教学理论和宝贵的教育教学经验，这些理论和经验对当前教育教学的发展具有一定的借鉴和启发意义。

一、积极推进教学改革与教学实验

随着社会大背景的不断变化，教育教学也应随时势不断更新。而教学改革的实施，离不开教育教学实验的开展。教育教学实验的开展，可以作为教学改革的基础和先导。一般来讲，教育教学实验总是以先进的教学思想和理论为指导，体现着相关理论的意愿、要求和价值取向。有时，某项教育教学实验就是某种教学思想或理论的先导和示范，通过实验既可以检验该理论正确与否，又可以促进理论思想的传播和教育教学观的转变，还可以修正教育教学理论存在的不足。也只有经过实践检验的理论才更具有说服力和生命力。所以，在民国前期教学改革和教学实验受到了人们的充分重视。许多教育家发表言论并身体力行进行实践，如陶行知在上世纪20年代就指出：教育教学实验是"发明之利器"，"试验虽不必皆有发明，然发明必资乎试验"；[①] 而且他还进一步强调说："教育界之进步，何莫非由试验而来？""是故试验之消长，教育之盛衰系之。"[②] 在陶行知看来，只有通过教育教学实验才能实现教育理论的发展，教育教学实验的成败影响着教育事业的兴衰。此外，在当时教育救国观点流行的情形下，陶行知还论述了教育教学实验与救国的关系，提出"非试验的教育方法，不足以达救国之目的也"。[③] 另一位教育家廖世承也指出："要知任何制度及方法的产生，均有时地关系。所以适用一处的，或不适用于他处；适用于美邦现时的，或不适用于我国现时。以后采用任何新方法，应该先做科学的实验。实验有效然后再谋推行。"[④] 所以，从总体上看，在这一时期，尤其是在"五四"新文化运动前后，伴随着西方大量先进教学

[①] 华中师范学院教育科学研究所主编：《陶行知全集》（第一卷），湖南教育出版社1984年版，第59-60页。

[②] 华中师范学院教育科学研究所主编：《陶行知全集》（第一卷），湖南教育出版社1984年版，第60-61页。

[③] 华中师范学院教育科学研究所主编：《陶行知全集》（第一卷），湖南教育出版社1984年版，第62页。

[④] 廖世承著：《东大附中道尔顿制实验报告》，商务印书馆1925年版，序第1页。

理论的传入及众多留学者的归国，在对传统教学思想进行猛烈抨击的同时，教学改革和教学实验被大力提倡，中小学也由此展开了如火如荼的教学改革实验。从中国近现代教学实验的发展来看，民国前期可以说是教学实验的兴起时期。通过教学实验的广泛开展和许多教育界先进分子的大力宣传，中国封建主义教学思想受到严重打击，人们的教学思想和教学观念发生了变化，再加上教育界一些进步的教育学者和专家们的推动，中国教学开始由近代向现代迈进。

民国前期广泛开展教学改革和教学实验取得较大成果的历史事实告诉我们，要大力提倡和重视教学改革和教学实验，以便改进教学实践中存在的不合理的因素。虽然目前我国教学改革和教学实验也在不断进行，并且取得了一定的成绩，但还有许多问题值得引起重视，如教学实验的广度和深度都有待于进一步提升。从表面看，目前我国教学实验搞得蓬蓬勃勃，但实际情况比较复杂，实验水平也是参差不齐，致使实验的发展出现了较大的不平衡。这种不平衡在不同地区和学校间的差异上体现得尤为明显。由于我国各省份经济和文化发展水平不同，学校的办学条件和办学水平也存在着较大差异，教学实验的发展在发达和欠发达地区、不同学校间存在着很大的不平衡性。这与民国前期教学实验主要集中在沿海一带有很大的相似处。近年来，教学改革实验更多地在东部及经济较发达地区开展，无论是在实验的数量还是质量上皆占优势。而在西部欠发达地区，中小学教育教学实验的发展则较为缓慢。从学校分布来看，很多有影响的教育教学实验多集中在大城市的重点学校和实验学校，这些学校在很大程度上带动了我国教育实验的发展。但有一部分学校尤其是农村的学校，由于受办学条件和办学水平等因素的制约，实验水平不高，这影响了中小学教育整体水平的提升。如果我们的教学改革和实验只集中在条件优越的大城市和一些重点学校，就会与教育教学实验的初衷相背离，教育教学实验的生命力就难以持久，也势必会削弱教育教学实验在教育改革中的作用。所以，目前应积极宣传和推广教学改革和教学实验，使更多的地区、学校和人员参与到教学实验中，以便充分发挥教学实验对教育教学的促进作用。

二、加强教学思想的本土化研究

本土化的教育教学是指基于自己的资源、问题和需求而实施的教育教学。教育教学的本土化,"就是要从我们所拥有与归属的地理、历史、文化、经济以及民情等交织而成的生活脉络结构中,发现问题,确定需求,并寻求资源,充分反映于教育活动中,并运用教育活动来解决我们的问题,并满足我们的需求"。① 教育教学的本土化还可以理解为"外来教育思想与中国教育实际的会通、融合,是使外来教育思想转化为我国教育实际的一个组成部分,并因而体现出本土特征的过程"。② 无论怎样来理解教育教学的本土化,都有些共同点,即都强调在已有资源的基础上,充分发挥外来教育教学思想的作用,促进自身教育教学的发展,反对不顾已有实际盲目照抄照搬。然而民国前期的教学实践,恰恰忽视了教育教学的本土化。当时的教学改革,存在着一定程度的模仿倾向,而"五四"文化的部分精英又抱着"全盘反传统"的偏激思想,他们把中国的传统思想等同于儒家思想,又把儒家思想窄化为礼教思想。这样就很容易否定中国传统思想,外来的教育教学理论也就很难找到相融合的生长点。当时引进的教学理论中影响最大的是杜威的实用主义教学理论。与实用主义教学理论密切相关的设计教学法和道尔顿制也在我国被广泛地加以实验。然而实验并没有取得人们预期的效果,这其中原因包括各种理论自身的缺陷,更重要的就是忽视了当时的中国实际,盲目模仿,缺乏创新。无论是设计教学法还是道尔顿制,都是在西方特定的环境中形成和发展,作为一种外来文化,想在另一种文化环境中生根发芽,需要有适宜其生长的土壤。当时的中国,无论是在政治经济方面,还是在教育发展水平和人们的教

---

① 钟志华:《"盲人掌灯"还要走多远?——试论我国教育的本土化问题》,《当代教育科学》2005 年第 24 期。

② 郑金洲:《教育现代化与教育本土化》,《华东师范大学学报(教育科学版)》1997 年第 3 期。

育观念方面，都不能与西方同日而语，不加变通地加以模仿，注定效果甚微。

民国前期开展教学实验的经验教训，既为我们提供了好的借鉴，也为我们敲响了警钟。在目前强调全球化和国际化的形势下，国外的教学理论传入更加便捷，相互间的交流更加深入，教学的研究与发展应更多地立足于国内，应走基于本土化和民族化的国际化、全球化道路。一个高度现代化的教育教学思想和实践，应是外来教育教学思想、实践与本土教育教学的高度融合，是本土已有思想、经验的高度升华。任何一个民族和国家的教育都是根植于其特定的民族特性背景之中的，是其特定历史时期社会政治、经济、文化等综合作用的产物。一代比较教育大师萨德勒（M. Sadler）早就提醒我们："不能随意地漫步在世界教育之林，像小孩逛花园一样，从一堆灌木丛中摘一朵花，再从另一堆中采一些叶子，然后指望将这些采集的东西移植到家里的土壤中便会拥有一棵具有生命的植物。"[1] 然而，多年来我国的教育教学一直面临一个重要问题，那就是如何在立足本国文化传统的基础上，吸取国外的有益成分，成就独立自我。中国的教育教学在简单化的理论复制中，与文化传统的精神家园越来越远，渐渐迷失了自我成长的发展方向，成了盲目漂泊的流浪者。因此，如果不解决教育教学的本土化问题，我国教育教学的研究依旧是用自己的汗水浇灌别人的果树，很难培育出适合自己口味的优良品种。

三、树立关注学生及其发展的教学思想

教育教学的实施与接受和人有着天然的联系。离开了人，教育教学也就失去了其应有的意义，失去了其存在的价值。无论是教师的活动——教，还是学生的活动——学，要想取得良好的效果，需要师生双方作为一个鲜活的生命体参与进去，忽视了任何一方的存在，都难达到预期效果。我国作为一个有数千年历史的礼仪之邦，尊师的传统由来已久，而"师道尊严"更是备受推崇。所以，可以说民国以前人们关注的目光更多的是在教师身上，教学

---

[1] 王承绪主编：《比较教育学史》，人民教育出版社1999年版，第66页。

过程中教师也拥有绝对的权威，而学生在很多情况下，只能躲在阴暗的角落。民国成立后，尤其是随着人文主义思想的抬头、进步主义理论的传入以及"五四"新文化运动的兴起，民主与科学的呐喊唤醒了人性的灵光，自由主义的号角启迪了个性的复苏，在一部分人心目中，教育的目的和价值由国家利益至上、社会本位至上，转向关注学生的个性发展与个性培养，注重学生在教学中的地位和作用，并积极探讨如何才能更好地促进学生的发展。这一时期广泛开展的教学实验，将关注的中心由教师、教材、课堂转向或部分向学生及其兴趣、需要和动机，注重发挥学生在教学过程中的自主性，发展学生的个性，这大大丰富了人们对于教育教学的认识。而广泛进行的教学改革，无论是教学内容、教学方法还是教学评价也都体现了对学生的关注。教学方法变革的总体趋势是由注入式向启发式转变，试图调动学生的积极性。教学内容的变革更是受到民主思想及杜威实用主义教育教学理论所主张的"儿童本位""生活教育"等理论的影响，倡导教学内容与学生的生活相结合。教学评价也试图以更加科学的方法来全面评价学生。所以，"也许我们可以这样断言，中国自近代教育产生以来，教育对象之地位还从未受到如此重视。从更广阔的意义来理解，这正是'五四'新文化运动反对旧道德、旧礼教，提倡个性解放、强调人的价值的科学民主精神在学制中的体现"[①]。从总体上来看，民国前期的教学思想中充分体现了对学生的关注，尽管在实践中一些具体做法已不能为目前所采用，且还有许多不足有待改进，但其对教学理论的探讨却值得我们借鉴。

民国前期教育教学实践的经验充分证明了教育教学重视学生及其发展的科学性和必要性。我国当前社会发展强调"以人为本"，它同样也是学校教育教学的根本指导思想。"以学生为中心""为了每一个学生的发展"是每一个教育者心中的"座右铭"。然而目前我国的教育教学实践中仍然存在许多不利于学生身心发展的现象，如只重视知识的传授，教学只惠及优等生，等等。

[①] 王炳照、阎国华主编：《中国教育思想通史》（第六卷），湖南教育出版社1994年版，第448页。

吸取已有的经验，并针对现有教育教学中的弊端，要求学校的教育教学活动要以人为本，面向全体学生，注重学生德、智、体、美、劳的全面发展和可持续发展。我们要坚信，每个学生都能成为一个对国家有用的人，而这需要教育者开发学生的潜能，使学生主动参与教学的过程中，并在这一过程中享受到自身价值实现的乐趣，让学校真正成为学生实现生命价值的沃土。

四、重视教育教学的社会功能

教育教学在关注并促进学生发展的同时，还应密切关注并满足社会需要，进而推动社会进步。民国前期沿袭了清末的教育救国思想，把教育作为改变国家命运的有力工具。在内、外部因素的共同作用下，教育救国思潮空前活跃。当时教育家群体的一个共同特征就是把教育救国作为共同的出发点和原动力。此时的教育家满怀救亡图存、保国保种的爱国热情，积极投身教育探索。无论是蔡元培主张的五育并举、教育独立，还是黄炎培提倡的"大职业教育主义"，与其说是一种教育探索，不如说是一种政治理想的追求更为贴切。然而，教育救国论夸大了教育的作用，把教育看作救国的灵丹妙药，试图通过教育的普及让广大民众能够当家作主，进而使国家迅速走上富强，但他们忽略了教育的特点和当时的中国实际。作为一种培养人的社会活动，教育具有见效慢和周期长的特点；而当时中国国弱民贫、内忧外患的情况不允许人们从事从容不迫的渐进改良。因此教育救国思潮将教育作为救亡图存的唯一有效手段，与时势的需求相去甚远，这也注定了教育救国只能是一种美好的愿望。

审视教育救国思想，客观地评价其成败得失，发现其合理内核和可资借鉴的因素，无疑会为我们今天的教育教学改革提供有益的帮助。在半封建半殖民地的旧中国，教育救国的基本主张很难实现。但在当今新的社会制度下，教育的发展有了新的现实的条件，教育救国思想所包含的通过教育强国、兴国的合理成分便能实现。教育救国思想本身就具有先进性，而对教育社会功能的充分肯定则是其合理性之一。民国时期的教育救国思想为当今"科教兴国"战略的提出和实施提供了启发和借鉴，二者在认同教育的重要性这一点上是相通的。教育兴国，这既是具有社会意义的实践问题，同时也是一个重大的理论问题。现今社会，在很大程度上，可以把一个国家对教育的重视度作为衡量现代化意识觉醒程度的标准。邓小平同志指出："我们要实现现代化，关键是科学技术要能上去。发展科学技术，不抓教育不行。"① 科教兴国是我们面对激烈国际竞争的一项重大举措，而科教兴国的核心则是优先发展教育。当前，我国颁布了法律、法规来保证教育的发展，对教育在社会发展中所处的基础性和先导性地位，人们也已达成共识，这无疑是人们对"教育救国"思想的当代诠释。历史的经验教训告诫人们，教育不能救国，但教育可以强国，可以兴国。让教育救国者苦苦追求却难以实现的理想，通过今天科教兴国战略的实施来实现国富民强的伟大目标。

---

① 《邓小平文选》（第二卷），人民出版社1994年版，第40页。

参考文献

(一) 著作类

[1]《诗经》

[2]《孟子》

[3]《荀子》

[4]《管子》

[5]《论语》

[6]《尚书》

[7]《礼记》

[8]《吕氏春秋》

[9]《国语》

[10]《朱子语类》

[11]《师山遗文》

[12]《师山先生文集》

[13]《草庐吴文正公全集》

[14]《送葛子熙之武昌学录序》

[15]《欧阳元神道碑》

[16]《行省坐下监察御使申明学校规式》

[17] [西汉] 董仲舒撰：《春秋繁露》，中华书局1975、1992年版。

[18] [西汉] 孔安国撰，[唐] 孔颖达正义，黄怀信整理：《尚书正义》，

上海古籍出版社 2007 年版。

［19］［东汉］班固撰：《白虎通义》，商务印书馆 1940 年版。

［20］［东汉］班固撰：《汉书》，中华书局 1962 年版。

［21］［东汉］班固撰，［唐］颜师古注：《汉书》，中华书局 1966、1985 年版。

［22］［东汉］王充著：《论衡》，上海人民出版社 1974 年版。

［23］［后晋］刘昫撰：《旧唐书》，中华书局 1975 年版。

［24］［南朝宋］范晔撰：《后汉书》，中华书局 1965 年版。

［25］［南朝］沈约撰：《宋书》，中华书局 1974 年版。

［26］［南朝］刘义庆撰：《世说新语》，上海古籍出版社 1982 年版。

［27］［北齐］颜之推撰：《颜氏家训》，中国社会科学出版社 2003 年版。

［28］［唐］李百药撰：《北齐书》，中华书局 1972 年版。

［29］［唐］姚思廉撰：《陈书》，中华书局 1972 年版。

［30］［唐］姚思廉撰：《梁书》，中华书局 1973 年版。

［31］［唐］房玄龄等撰：《晋书》，中华书局 1974 年版。

［32］［唐］李延寿撰：《南史》，中华书局 1975 年版。

［33］［唐］杜佑撰：《通典》，中华书局 1984 年版。

［34］［唐］刘知幾撰：《史通》，辽宁教育出版社 1997 年版。

［35］［宋］王溥撰：《唐会要》，中华书局 1955 年版。

［36］［宋］宋敏求编：《唐大诏令集》，商务印书馆 1959 年版。

［37］［宋］王钦若等编：《册府元龟》，中华书局 1960 年版。

［38］［宋］欧阳修撰：《新唐书》，中华书局 1975 年版。

［39］［宋］石介撰：《徂徕石先生文集》，中华书局 1984 年版。

［40］［宋］李焘撰：《续资治通鉴长编》，中华书局 1985 年版。

［41］［宋］刘将孙撰：《养吾斋集》。

［42］［元］马端临撰：《文献通考》，商务印书馆 1936 年版。

［43］［元］脱脱等撰：《宋史》，中华书局 1977 年版。

[44] [元] 程端礼撰：《程氏家塾读书分年日程》序，黄山出版社 1992 年版。

[45] [元] 戴表元撰：《剡源集》。

[46] [元] 吴澄撰：《吴文正公集》。

[47] [元] 虞集撰：《道园类稿》。

[48] [元] 虞集撰：《道园学古录》。

[49] [明] 宋濂、王祎撰：《元史》，清乾隆武英殿刻本卷。

[50] [明] 王圻撰：《续文献通考》，明万历三十年松江府刻本。

[51] [明] 陶安撰：《陶学士先生文集》。

[52] [清] 徐松辑：《宋会要辑稿》，中华书局 1957 年版。

[53] [清] 彭定求等编：《全唐诗》，中华书局 1960 年刊行校点本。

[54] [清] 阮元校刻：《十三经注疏》，中华书局 1980 年影印本。

[55] [清] 王先谦撰：《汉书补注》，中华书局影印本 1983 年版。

[56] [清] 王先谦撰：《后汉书集解》，中华书局影印本 1984 年版。

[57] [清] 徐松撰：《唐两京城坊考》，中华书局 1985 年版。

[58] [清] 张伯行编纂：《小学集解·小学书题》，中华书局 1985 年版。

[59] [清] 黄宗羲原著，全祖望补修：《宋元学案》，中华书局 1986 年版。

[60] [清] 《四库全书》，上海古籍出版社 1987 年版。

[61] [清] 董诰编撰：《全唐文》，上海古籍出版社 1990 年版。

[62] [清] 黄宗羲撰：《宋元学案》，公版书 2015 年版。

[63] [清] 文渊阁《四库全书》。

[64] 杜明通著：《学记考释》，国立四川大学教育研究会 1943 年版。

[65] 周予同注释：《经学历史》，中华书局 1959 年版。

[66] 傅任敢著：《〈学记〉译述》，上海教育出版社 1962 年版。

[67] 孔凡礼点校：《容斋随笔》，上海古籍出版社 1978 年版。

[68] 瞿蜕园、朱金城校注：《李白集校注》，上海古籍出版社 1980 年版。

[69] 钟哲点校：《陆九渊集》，中华书局 1980 年版。

[70] 高时良编著：《学记评注》，人民教育出版社 1982 年版。

[71] 王利器校注：《盐铁论校注》，天津古籍出版社 1984 年版。

[72] 吴树平校注：《东观汉纪校注》，中州古籍出版社 1987 年版。

[73] 王吉祥、王英志注译：《贞观政要注译》，河北人民出版社 1987 年版。

[74] 王星贤等点校：《颜元集》，中华书局 1987 年版。

[75] 肖作政编译：《九章算术今解》，辽宁人民出版社 1990 年版。

[76] 周天游点校：《汉官六种》，中华书局 1990 年版。

[77] 吴光等编校：《王阳明全集》，上海古籍出版社 1992 年版。

[78] 李继闵著：《九章算术校证》，陕西科学技术出版社 1993 年版。

[79] 何清谷校注：《三辅黄图校注》，三秦出版社 1995 年版。

[80] 宁波等校点：《王安石全集》，吉林人民出版社 1996 年版。

[81] 杨天宇撰：《礼记译注》，上海古籍出版社 1997 年版。

[82] 杨宝忠著：《论衡校笺》，河北教育出版社 1999 年版。

[83] 陈奇猷校注：《韩非子新校注》，上海古籍出版社 2000 年版。

[84] 苗书梅等点校：《宋会要辑稿·崇儒》，河南大学出版社 2001 年版。

[85] 阎韬注：《传习录》，江苏古籍出版社 2001 年版。

[86] 卫广来译注：《道德经》，山西古籍出版社 2003 年版。

[87] 黄寿祺、张善文撰：《周易译注》，上海古籍出版社 2004 年版。

[88] 刘彦捷、刘石注评：《颜氏家训注评》，学苑出版社 2005 年版。

[89] 于自力等注译：《传习录》，中州古籍出版社 2008 年版。

[90] 黄炎培著：《黄炎培考察教育日记》，商务印书馆 1915 年版。

[91] 廖世承著：《东大附中道尔顿制实验报告》，商务印书馆 1925 年版。

[92] 罗廷光著：《普通教学法》，商务印书馆 1932 年版。

[93] 孙爱棠编：《国民教育之理论与实际》（下册），独立出版社 1943 年版。

[94] 孟宪承等编：《中国古代教育史资料》，人民教育出版社 1961 年版。

[95] 张志公著：《传统语文教育初探》，上海教育出版社 1962 年版。

[96] 孟宪承主编：《中国古代教育文选》，人民教育出版社 1979 年版。

[97] 高平叔编：《蔡元培教育文选》，人民教育出版社 1980 年版。

[98] 石峻等编：《中国佛教思想资料选编》，中华书局 1981 年版。

[99] 吕思勉著：《秦汉史》，上海古籍出版社 1983 年版。

[100] 程舜英编著：《两汉教育制度史资料》，北京师范大学出版社 1983 年版。

[101] 顾树森编著：《中国古代教育家语录类编（补编）》，上海教育出版社 1983 年版。

[102] 陈学恂主编：《中国近代教育文选》，人民教育出版社 1983 年版。

[103] 李国钧著：《颜元教育思想简论》，人民教育出版社 1984 年版。

[104] 高平叔编：《蔡元培全集》，中华书局 1984 年版。

[105] 华中师范学院教育科学研究所主编：《陶行知全集》，湖南教育出版社 1984 年版。

[106] 人民出版社编：《恽代英文集》（上卷），人民出版社 1984 年版。

[107] 梁启超著：《中国近三百年学术史》，中国书店 1985 年版。

[108] 中华职业教育社编：《黄炎培教育文选》，上海教育出版社 1985 年版。

[109] 毛礼锐、沈灌群主编：《中国教育通史》（第二卷、第三卷），山东教育出版社 1986、1987 年版。

[110] 喻岳衡主编：《传统蒙学丛书·千字文》，岳麓书社 1987 年版。

[111] 中央教科所编：《中国现代教育大事记》，教育科学出版社 1988 年版。

[112] 罗宏曾著：《魏晋南北朝文化史》，四川人民出版社 1989 年版。

[113] 陈侠著：《课程论》，人民教育出版社 1989 年版。

[114] 熊明安主编：《中国教学思想史》，西南师范大学出版社 1989

年版。

[115] 中国学前教育史编写组编：《中国学前教育史资料选》，人民教育出版社1989年版。

[116] 朱智贤主编：《心理学大词典》，北京师范大学出版社1989年版。

[117] 查瑞珍编著：《战国秦汉考古》，南京大学出版社1990年版。

[118] 李国钧主编：《清代前期教育论著选》，人民教育出版社1990年版。

[119] 尹德新主编：《历代教育笔记资料》，中国劳动出版社1990年版。

[120] 宋恩荣、章咸主编：《中华民国教育法规选编（1912—1949）》，江苏教育出版社1990年版。

[121] 曾枣庄、刘琳主编：《全宋文》，上海辞书出版社1991年版。

[122] 瞿葆奎主编：《教育学文集·课外校外活动》，人民教育出版社1991年版。

[123] 叶澜主编：《新编教育学教程》，华东师范大学出版社1991年版。

[124] 李秉德主编：《教学论》，人民教育出版社1991年版。

[125] 许凌云著：《刘知几评传》，南京大学出版社1994年版。

[126] 张艳国等编著：《家训辑览》，湖北教育出版社1994年版。

[127] 杨国荣著：《善的历程——儒家价值体系的历史衍化及其现代转换》，上海人民出版社1994年版。

[128] 顾明远总主编：《中国教育大系·历代教育制度考》，湖北教育出版社1994年版。

[129] 王炳照等主编：《中国教育思想通史》，湖南教育出版社1994年版。

[130] 孙培青、李国钧主编：《中国教育思想史》，华东师范大学出版社1995年版。

[131] 郭齐家、顾春著：《陆九渊教育思想研究》，江西教育出版社1996年版。

[132] 蔡元培著：《中国伦理学史》，东方出版社1996年版。

[133] 钱曼倩、金林祥主编：《中国近代学制比较研究》，广东教育出版社1996年版。

[134] 施良方著：《课程理论——课程的基础、原理与问题》，教育科学出版社1996年版。

[135] 王炳照主编：《中国古代私学与近代私立学校研究》，山东教育出版社1997年版。

[136] 顾明远主编：《教育大辞典》（增订合编本），上海教育出版社1998年版。

[137] 葛兆光著：《中国思想史》，复旦大学出版社1998年版。

[138] 董远骞著：《中国教学论史》，人民教育出版社1998年版。

[139] 吴康宁著：《教育社会学》，人民教育出版社1998年版。

[140] 王承绪主编：《比较教育学史》，人民教育出版社1999年版。

[141] 张传燧著：《中国教学论史纲》，湖南教育出版社1999年版。

[142] 韩成武著：《诗圣：忧患世界中的杜甫》，河北大学出版社2000年版。

[143] 郭旭东著：《宋代法制研究》，河北大学出版社2000年版。

[144] 汪泛舟编著：《敦煌古代儿童课本》，甘肃人民出版社2000年版。

[145] 张瑞璠主编：《中国教育哲学史》，山东教育出版社2000年版。

[146] 孙培青主编：《中国教育史》，华东师范大学出版社2000年版。

[147] 李国钧、王炳照总主编：《中国教育制度通史》，山东教育出版社2000年版。

[148] 郑金洲著：《教育文化学》，人民教育出版社2000年版。

[149] 丁安廉、和学新主编：《主体性教育的教学策略探索》，天津社会科学院出版社2000年版。

[150] 毕宝魁编著：《隋唐生活掠影》，沈阳出版社2001年版。

[151] 薛天祥主编：《高等教育管理学》，广西师范大学出版社2001

年版。

[152] 刘文英主编：《中国哲学史》，南开大学出版社 2002 年版。

[153] 郑阿财、朱凤玉著：《敦煌蒙书研究》，甘肃教育出版社 2002 年版。

[154] 闵维方主编：《高等教育运行机制研究》，人民教育出版社 2002 年版。

[155] 倪文锦、欧阳汝颖主编：《语文教育展望》，华东师范大学出版社 2002 年版。

[156] 北京大学哲学系中国哲学教研室：《中国哲学史》，北京大学出版社 2003 年版。

[157] 周裕锴：《中国古代阐释学研究》，上海人民出版社 2003 年版。

[158] 江铭主编：《中国教育督导史》（第二版），人民教育出版社 2003 年版。

[159] 康永久著：《教育制度的生成与变革——新制度教育学论纲》，教育科学出版社 2003 年版。

[160] 牟宗三著：《宋明儒学的问题与发展》，华东师范大学出版社 2004 年版。

[161] 张岱年、方克立主编：《中国文化概论》，北京大学出版社 2004 年版。

[162] 纪云华、杨纪国主编：《中国文化简史》，北京出版社 2004 年版。

[163] 曾小华著：《文化·制度与社会变革》，中国经济出版社 2004 年版。

[164] 姜维公著：《汉代学制研究》，中国文史出版社 2005 年版。

[165] 毛礼锐、沈灌群主编：《中国教育通史》，山东教育出版社 2005 年版。

[166] 李森著：《现代教学论纲要》，人民教育出版社 2005 年版。

[167] 庞丽娟主编：《文化传统与幼儿教育》，浙江教育出版社 2005

年版。

[168] 曾枣庄、刘琳主编：《全宋文》，上海辞书出版社 2006 年版。

[169] 翦伯赞主编：《中国史纲要》（增订本），北京大学出版社 2006 年版。

[170] 廖其发主编：《中国幼儿教育史》，山西教育出版社 2006 年版。

[171] 吴志宏主编：《教育管理学》，人民教育出版社 2006 年版。

[172] 顾明远、孟繁华主编：《国际教育新理念》，海南出版社 2006 年版。

[173] 王建华主编：《中国教育通史》，北京师范大学出版社 2013 年版。

[174] [苏] 赞可夫著，杜殿坤等译：《教学与发展》，文化教育出版社 1980 年版。

[175] [法] 帕斯卡尔著，何兆武译：《思想录》，商务印书馆 1985 年版。

[176] [美] 马斯洛著，李文湉译：《存在心理学探索》，云南人民出版社 1987 年版。

[177] [古希腊] 亚里士多德著，苗力田译：《尼各马可伦理学》，中国社会科学出版社 1990 年版。

[178] [德] 福禄培尔著，孙祖复译：《人的教育》，人民教育出版社 1991 年版。

（二）期刊类

[1]《普通教育暂行办法》，《教育杂志》1912 年第 4 卷第 7 号。

[2] 天民：《分团教授之实际》，《教育杂志》1914 年第 6 卷第 11 期。

[3] 陈独秀：《近代西洋教育》，《新青年》1917 年第 3 卷第 5 号。

[4]《推行注音字母以期语言统一案》，《教育杂志》1917 年第 9 卷第 11 号。

[5] 胡适：《归国杂感》，《新青年》1918 年第 4 卷第 1 号。

[6] 恽代英：《儿童公育在教育上的价值》，《中华教育界》1921 年第 10 卷第 6 期。

[7] 俞子夷：《教学法的科学观与艺术观》，《教育杂志》1924 年第 16 卷第 1 号。

[8] 俞子夷：《读了十二本设计教学法专书的书后》，《教育杂志》1924 年第 16 卷第 10 号。

[9] 吴杰：《孔子的课程理论和〈学记〉所设想的教学进程》，《东北师范大学学报（哲学社会科学版）》1981 年第 1 期。

[10] 朱志经：《〈学记〉析议》，《湖北师范学院学报（哲学社会版）》1985 年第 1 期。

[11] 常校珍：《〈学记〉的教育心理思想研究》，《四川师院学报（社会科学版）》1985 年第 2 期。

[12] 赵纯心：《蔡元培关于大学教育的主张及其实践》，《广西师范大学学报（教育专辑）》1985 年第 S1 期。

[13] 丁证霖：《中国近现代改革教学方法的历史与经验》，《教育评论》1986 年第 1 期。

[14] 张其凡：《试论宋初的法制建设》，《中州学刊》1988 年第 4 期。

[15] 陈高岑：《〈学记〉疏义》，《四川师范学院学报（哲学社会科学版）》1989 年第 1 期。

[16] 俞启定：《略论"公卿弟子不养于太学"》，《教育史研究》1989 年第 2 期。

[17] 袁征：《宋朝中央和州郡学校教职员选任制度》，《文史哲》1989 年第 6 期。

[18] 孙喜亭：《人的价值·教育价值·德育价值》（下），《教育研究》1989 年第 6 期。

[19] 刘海峰：《唐代乡村学校与教育的普及》，《教育评论》1990 年第 2 期。

[20] 吕达：《我国 1922 年中学课程改革及其反思（二）》，《课程·教材·教法》1990 年第 5 期。

[21] 许梦瀛：《〈学记〉的教学论与教师论》，《河南师范大学学报（哲学社会版）》1991 年第 2 期。

[22] 宋鸿：《宋代朋党思想及其对北宋政治的影响》，《河南大学学报（社会科学版）》1991 年第 4 期。

[23] 袁征：《宋代学校教育的变化与理学统治地位的确立》，《孔子研究》1992 年第 1 期。

[24] 刘永康：《论〈学记〉的择师观》，《四川师范大学学报（社会科学版）》1994 年第 1 期。

[25] 陈卫：《中国古代教育文化发展轨迹》，《教育史研究》1994 年第 3 期。

[26] 周立山：《〈学记〉教育管理思想初探》，《武汉教育学院学报》1994 年第 4 期。

[27] 郑国民：《从"教授法"到"教学法"——陶行知对我国现代教学理论的贡献》，《教育研究》1994 年第 9 期。

[28] 覃照：《〈学记〉教学管理思想探微》，《教育科学》1995 年第 3 期。

[29] 刘颖：《〈学记〉中的教育管理思想》，《教育管理》1995 年第 3 期。

[30] 吴霓：《论魏晋九品中正制与私学的关系》，《华东师范大学学报（教育科学版）》1996 年第 1 期。

[31] 杨国荣：《王阳明的哲学历程》，《华东师范大学学报（哲学社会科学版）》1996 年第 4 期。

[32] 张志勇：《对教学模式的若干理论思考》，《中国教育学刊》1996 年第 4 期。

[33] 白鸿：《唐代蒙学中的书法教育》，《佛山大学学报》1996 年第 5 期。

[34] 郑金洲：《教育现代化与教育本土化》，《华东师范大学学报（教育科学版）》1997 年第 3 期。

[35] 吴洪成、彭泽平：《设计教学法在近代中国的实验》，《高等师范教育研究》1998 年第 6 期。

[36] 陈国灿、高飞：《宋代两浙地区州县官学发展述论》，《台州师专学报》1999 年第 1 期。

[37] 吕晓虹：《复式教学在义务教育中的地位及前景》，《教育评论》1999 年第 3 期。

[38] 郭常亮、陈行龙：《教师地位浅论》，《江西社会科学》1999 年第 3 期。

[39] 李永长、郑勤砚：《中国古代文人画家美术教育模式初探》，《西北师范大学学报（社会科学版）》1999 年第 6 期。

[40] 袁维新：《论主体性教学的基本特征》，《现代中小学教育》1999 年第 11 期。

[41] 李元华：《立志及其在学习中的作用》，《教育史研究》2000 年第 3 期。

[42] 金强、葛金芳：《北宋文官政治与熙丰党争》，《湖北大学学报（哲学社会科学版）》2001 年第 2 期。

[43] 仇立平：《社会地位：社会分层的指示器——上海社会结构与社会分层研究》，《社会学研究》2001 年第 3 期。

[44] 彭泽平、吴洪成：《近代中国单级教学实验探源》，《西南师范大学学报（人文社会科学版）》2001 年第 3 期。

[45] 吴云鹏：《论宋元明清积分制的演变》，《吉林教育科学》2001 年第 6 期。

[46] 王真东：《关于学生问题意识培养的思考》，《中国教育学刊》2001 年第 6 期。

[47] 张天宝、王攀峰：《试论新型教与学关系的建构》，《教育研究》2001 年第 10 期。

[48] 韩凤山：《唐宋官学师德建设的举措》，《江西社会科学》2002 年第 1 期。

[49] 宋宁娜：《〈学记〉所表现的中国古代教学论水准》，《苏州大学学报

（哲学社会科学版）》2002年第2期。

［50］安珑山：《论教学制度》，《西北师大学报（社会科学版）》2002年第3期。

［51］靳玉乐：《论基础教育课程发展的新理念》，《教育理论与实践》2002年第4期。

［52］张传燧、周文和：《〈学记〉教学艺术思想探微》，《教育评论》2002年第5期。

［53］李森、陈妙娥：《走向解放的现代课堂教学规范》，《山东教育科研》2002年第11期。

［54］姜美玲：《回归生活世界的课程价值取向——中小学课程改革的质性研究启示》，《江西教育科研》2002年第11期。

［55］万军杰：《试析唐代的乡里村学》，《史学月刊》2003年第5期。

［56］陈山榜：《颜元教学方法论探析》，《教育评论》2003年第5期。

［57］王攀峰、张玉兰、张天宝：《试论新课程改革中教师角色的转变》，《中国冶金教育》2003年第6期。

［58］李森、潘光文：《行为分析理论视角下的课堂管理策略》，《课程·教材·教法》2003年第11期。

［59］蓝健、章鹏远：《国际复式教学的现状与趋势》，《天津市教科院学报》2004年第1期。

［60］张传燧、蒋菲：《〈学记〉的教师思想与教师专业化》，《教育史研究》2004年第2期。

［61］张天宝：《鼓励创新：新课程课堂教学改革的核心》，《课程·教材·教法》2004年第2期。

［62］刘旭东：《教学制度创新与改善教师教学行为》，《青海民族学院学报》2004年第2期。

［63］陈桂生：《〈学记〉纲要》，《华东师范大学学报（教育科学版）》2004年第3期。

[64] 孙伟儿:《试论〈学记〉的人文价值》,《浙江师范大学学报(社会科学版)》2004 年第 3 期。

[65] 田山俊:《中国古代师资养成特点探究》,《教育史研究》2004 年第 4 期。

[66] 李森:《教师培训制度创新与基础教育课程改革》,《教育研究》2004 年第 7 期。

[67] 徐继存:《教学制度创新与基础教育课程改革》,《教育研究》2004 年第 7 期。

[68] 刘旭东:《论教学制度创新与学校文化重建》,《教育理论与实践》2004 年第 17 期。

[69] 李伟波:《颜元对书院制度的革新》,《忻州师范学院学报》2005 年第 2 期。

[70] 张素蓉:《论复式教学在基础教育规模布局调整中的作用》,《教育学报》2005 年第 2 期。

[71] 王毓珣:《孔子教学形式寻绎与点评》,《课程·教材·教法》2005 年第 4 期。

[72] 张传燧:《颜元现象的三维透视——论清初颜元在中外近代课程变革中的地位及其影响》,《河北师范大学学报(教育科学版)》2005 年第 6 期。

[73] 张力:《在道德教育的显性教育中引进隐性教育》,《西南民族大学学报(人文社科版)》2005 年第 8 期。

[74] 王铁军、方健华:《名师成功:教师专业发展的多维解读》,《课程·教材·教法》2005 年第 12 期。

[75] 徐小琴:《心理暗示在班级管理中的作用》,《教学与管理》2005 年第 15 期。

[76] 钟志华:《"盲人掌灯"还要走多远?——试论我国教育的本土化问题》,《当代教育科学》2005 年第 24 期。

[77] 徐继存:《教学制度建设的理性与伦理规约》,《西北师大学报(社

会科学版）》2006年第2期。

[78] 彭泽平：《"和谐课堂"论——基于"和谐社会"构建与素质教育实施的课堂观》，《中国教育学刊》2006年第4期。

[79] 朱俊荣：《推进素质教育 提升学生的综合能力》，《科技信息》2006年第4期。

[80] 李森、黄继玲：《论新课程情境中的教师形象》，《西南师范大学学报（人文社会科学版）》2006年第6期。

[81] 熊川武：《论自然分材教学》，《华东师范大学学报（教育科学版）》2007年第2期。

[82] 张天宝：《关注学生的生活世界：当代课堂教学改革的重要特征》，《中国教育学刊》2007年第3期。

[83] 高闰青：《课堂教学：让学生诗意地存在》，《课程·教材·教法》2007年第9期。

[84] 李纯、郑红苹：《学前教育的价值诉求与教学应对》，《学前教育研究》2007年第10期。

[85] 劳凯声：《教师职业的专业性和教师的专业权力》，《教育研究》2008年第2期。

（三）学位论文类

[1] 彭海蕾：《幼儿园游戏教学研究》，西北师范大学博士学位论文2002年。

[2] 谌安荣：《阐释与反思：〈学记〉教学哲学思想研究》，湖南师范大学博士学位论文2007年。

[3] 何旭娟：《两汉校园文化初探》，湖南师范大学硕士学位论文2003年。

[4] 兰珍莉：《魏晋南北朝时期教学模式研究》，西南大学硕士学位论文2008年。